KB165140

문예신서
200

공동 생활 속의 개인주의

프랑수아 드 생글리

공동 집필자: 클레르-안 부카이아, 아누크 브로카르, 브누아트 드퀴프-파니에,
줄리 자네 쇼피에, 이자벨 말롱, 엘자 라모스, 플로랑스 바탱

최은영 옮김

東 文 選

공동 생활 속의 개인주의

François de Singly
Libres ensemble
L'individualisme dans la vie commune

This edition was published by arrangement
with Éditions NATHAN, Paris
through Sybille Books, Seoul

차 례

제II부 공동체 구축

제III부 공유 공간에 있는 자기 자신의 공간

제IV부 개별적인 정체성과 각자의 공간이 갖는 이중성

서문: 개인의 이중 생활

현대인은 행복을 추구한다. 현대인은 아주 드문 경우에만 오래도록 행복을 누린다. 왜냐하면 인생 여정의 궁극적인 목적——자기 자신을 실현하기——이 매우 분명하게 정해져 있을지라도 그 실행의 정확한 본질은 분명하지 않기 때문이다. 그것은 개인이 혼자이기 때문에 인생 행로를 따라 자기 자신으로 있는 것을 배우기 위한 개인 경기인가? 신성한 경쟁심을 이용해 개개인 각자에게 자신이 가진 최상의 상태를 제공하게 하는 단체 경기인가? 현대를 살아가는 사람은 이를 알고 있지 못하다. 그래서 동요하고 있다. 그는 단체에 속할 때, 즉 커플일 때 다시 독립을 누리기 위해 빠져 나갈 수 있기를 바라고 있다. 그는 파트너와 함께 있기 때문에 사람들이 자신에게 준 역할 안에서 자기 자신을 상실하게 될까 두려워하고 있다. 그는 혼자일 때 자유롭다——절대적 가치——고 느끼지만, 그런 상황에서 최상의 상태에 이르지 못하게 될까 봐 두려워하고 있다.

이런 동요는 함께 사는 생활과 혼자 사는 생활 양상의 증가로 명백하게 드러난다. 별거와 이혼은 또 다른 방향으로 시계추를 작동시키기 위해, 타인 없이도 지낼 수 있다고 믿기 위해, 즉 자기는 자기 자신의 것임을 믿기 위해 사용할 수 있는 수단들 중의 하나에 불과하다. '솔로 생활'의 시작은 기쁨과 실망을 가져다 주며(J.-C. Kaufmann, 1999) 분명 독립적이다. 그러나 솔로 생활은 만족스럽지 못하며, 그것은 하나의 '수단'이지 '목적'은 아니다.

따라서 현대 개인주의의 역설은 성인들이 고독한 순간과 공동 생활의 순간을 동시에——그리고 비연속적으로——겸하는 삶을, 원한다면 각자가 혼자 있을 수 있으면서 동시에 함께 있을 수도 있는 그런 삶을 꿈꾸는 데 있다. 시행착오를 통해 성인들은 이중 생활——이중 결혼 생활의 의미가 아니라, 개인 생활이 연결되어 있는 결혼 생활의 의미에서의 이중 생활——을 하려고 애쓰고 있다.

따로 떨어져서 함께 사는 것

두 개의 거주지를 가지고 있는 커플들, 즉 따로 떨어져서 함께 사는 것은 별거로 인한 공간 확보 덕분에 두 삶을 분리하고 있으므로 개인주의의 강요로 제기된 문제에 대한 좋은 해결인 것처럼 보일 수 있을 것이다. 개개인은 자기 파트너의 시선을 지속적으로 받지 않는 상태로 자기 집에 있을 수 있다. 그리고 커플은 단지 함께 선택한 순간만을 공유하면 되기 때문에, 그리고 일반적인 습관의 제거로 더 잘 보호받고 있는 것 같다. 언뜻 보기에도 커플과 개인들은 승리자들이다. 커플은 단지 가장 중요한 시기에만 함께 실행하는 계획들에 의해 실재하고 있다. 그리고 개인들은 자신의 근심과 소속의 논리를 아주 잘 조정하고 있다. 일시적인 별거는 결혼 생활을 새롭게 하고, 배려를 증폭시켜 준다. 로랑(28세)은 그런 생활 방식에 만족한다고 진술하고 있다. "모순되긴 하지만, 떨어져 지내면서 우리는 더 가까워졌어요. 거리가 있었으므로 우리 관계의 중요성에 대해 곰곰이 생각해 보았기 때문입니다. 우리는 다시 만날 때마다 매번 항상 다시 시작하는 것 같았고, 재발견하는 것 같았어요. 우리는 다시 서로를 유혹했고, 서로 만나는 것에 행복해하고 있어요. 그리고 우린 여러 시간 동안 이야기를 나누고 있어요."[1] 속박이 배제되어 있는 것처럼 여겨지기 때문에, 부부간의 관계는 만났을 때 진행되는 아주 많은 대화를 통해 돈독해지고 있다.

조사에 따르면, 같은 지붕 아래에서 지속적으로 함께 생활하지 않는 행위에도 또한 (함께 생활하는 삶처럼) 불편한 점들이 있다. 그래서 로랑은 다음과 같이 지적하고 있다. "매일매일이 힘들어요. 좋은 기분으로 일어나고, 우리가 사랑하는 딸을 포옹해 주는 것처럼 아주 보잘것없는 행복을 느끼는 순간에 다른 사람의 부재, 즉 결손을 수용해야만 하니까요. 조직적이어야 하고, 항상 계획을 세워야 하죠. 저의 주말은 온통 우리 두 사람을 위해 할애하고 있어요. 그래서 가끔은 다른 사람들에게 시간을 내주기가 힘들어요. 친구들을 만나기가 힘들죠." 별거는 결혼 생활에 대한 명시의 정도와 파트너 개개인의 시간 할애를 증가시켜 주고 있다. 별거는 복도에서, 욕실에서, 그리고 관계를 유지하는 데 충분할 수 있을 정도의 몇 마디 대화만이 오가는 정원에서 하루 종일 일어나는 부부간의 '자연 발생적인' 만남을 제거한다.

개인 상호간의 교류와 자기 정체성 구축을 위한 논증적인 논리로서의 심리화는 파트너끼리 얘기를 주고받는 방식과 혼동되지 않아야 한다. '확실한 원천'의 개념을 부부 생활에 적용할 필요가 있다.(E. Goffman, 1988) 날씨 같은 사소한 주제들은 관계를 확인하는 관습을 형성하고 있다. 개인에게(그리고 흔히 전문가들에게도) '대화'로 인식되지 않고 있는 평범한 '일상의' 대화는 인간 관계의 안정을 위해 중요하다.(J.-C. Kaufmann, 1993) 마리(46세)는 '자신의 흔적을 남김으로써' 남편의 부재(남편이 주중에 리옹에 있는 동안 그녀는 아이들과 함께 파리에 거주하기 때문에)에 일시적으로 대처하려고 시도하고 있다. "벼룩시장에서 수집한 장식품들은 그에게 가져가요. 떠나기 전에 전 각 방에 꽃을 놓아두지요. 떠나는 게 너무 힘들지 않도록, 그리고 그가 혼자 있다고 느끼지 않도록 하기 위해, 우리가 없는 집이 가능한 쾌적할 수 있도록 냉장고에 메모도 남겨두고 있어요."(Elle, 상동) 마리는 이런 메모를 통해 '함께' 있으면서 동시에 혼자 살고 있는 누군가의 공간처럼 (주말 '가족'이 되는) 남편의 거주지를 주중에 설계하고 있다. 그녀는 남편에게 커플의 규율을 따르도록 하고 있다.

모든 것은 별거가 일시적인 동거 박탈 이외의 다른 것을 뜻하지 않도록, 정체성 재전환의 가능성을 열어 주지 않도록 그렇게 준비되고 있다. 이중 거주지를 가지고 있는 커플은 어떤 타협을 통해 보장된 정체성의 왕래를 경험할 수 있다. 그러면서도 그들은 동시에 서로가 커플에게서 지나치게 벗어나 있지 않기를 바라고 있다. 그들은 사물 세계와 공간 세계에 배우자나 커플의 존재를 포함시킴으로써 벌충할 것이다. 평일에 집에 없는 남자는 동거녀가 살고 있는 공간을 정돈할 수 있다. 예를 들어 선반을 설치하거나 장식물을 가지고 옴으로써 동거녀의 공간을 수정할 수 있다. 부재하는 배우자는 자신을 대신하는 물건들, 특히 의류와 세면도구들을 의도적이든 그렇지 않든간에 놔두고 있다. 반대로 줄곧 그곳에 있는 배우자는 상대 배우자의 개인 소지품을 보존하고 싶어할 수 있다. 니콜라가 이르멜라에게 이런 상황을 요구하고 있다. "전 그녀에게 '원한다면 네 물건을 놔둬도 돼'라고 말했어요. 그녀가 자신의 짧은 바지들과 양말들을 남기는 데에는 시간이 좀 걸렸어요. 사실 어느 날 그녀는 잊어버렸죠. 그래서 전 '괜찮아. 그런 식으로 여

기에 그런 것을 가지게 될걸' 하고 말했어요."(D. Placé, 1995)

공간 속에 부재하고 있음을 표시하는 사람들은 실재하는 사람에게 자신이 항상 '함께' 있다는 것을 상기시켜 준다. 예를 들어 나세라는 주중에는 집에 없는 스테판의 사진들을 많이 배치해 두고 있었다. 반이층의 작은 방 벽은 그의 사진들로 가득했고, 그 아래쪽도 마찬가지이다. "거기에 제가 정말 좋아하는 그 사람의 사진들을 골라 모아두었어요. 전 사실 내려가고 옷 입으러 올라가는 걸 고려했던 거죠. 그 공간에 모든 게 있어요. 게다가 아침 시간은 짧아서 충분하지가 않기 때문에 전 바라보기 위해 그곳에 있어요. 그래서 전 아래층에도 그게 필요해요."(상동) 나세라는 동거남의 시선을 받으며 생활하는 것을 좋아한다. 그녀는 '사랑의 작은 보금자리'를 만들고 싶어했다. 그러나 재정적인 문제가 있었기 때문에 그녀는 침대를 놓기 위해 반이층의 작은 방을 만들 수 있었던 공간을 선택했다. "그건 오히려 우리들의 코너라고 할 수 있죠. 그는 제 사진들로 자기 코너를 만들었어요. 전 제 생각에 가장 예쁜 사진들을 가지기 시작했고, 그 사진들을 제 옆에 놔두기 시작했죠. 제가 벽 쪽에서 자고 그는 다른 쪽에서 자니까요. 사실 그는 제가 별로 좋아하지 않는 제 사진들을 몇 개 좋아했어요. 그래서 우린 서로 '안 돼, 그건 안 돼, 내가 싫어, 그건 놓지 마!' '그렇지만 내 건데' 하며 싸웠죠." 반이층의 작은 방은 절충된 장소이다. 각자 파트너가 반대하는 사진을 가질 수 있기 때문에 자기 소유의 한쪽 면을 가지고 있다. 그러면서 설령 '사적인' 사진들이 그들 역사의 이런저런 순간에 있는 두 사람을, 또는 파트너를 보여 주고 있더라도 그들은 동시에 공유하고 있다.

공식적으로 볼 때, 이 침대는 먼저 그들 부부의 침대이다. 실제로는 특히 나세라가 사용하고 있다. 동거남이 없을 때 그녀가 잠을 자는 곳은 그곳이다. 그러나 동거남이 돌아왔을 때 그들이 위층에서 자는 경우는 극히 드물다. 스테판이 덥다고 불평하기 때문이다. 그래서 그들은 중점 요소가 되는 솜이불 침대를 가지고서 그들의 유일한 방을 다르게 기획하고 있었다. "앉아 있거나 누워 있는 그들은 그곳에서 이야기를 나누거나 텔레비전을 보고 있다. 그들은 그곳에 누워서 잠을 잔다."(D. Placé) 이 부인은 공간과 사물을 능숙하게 조작하는 덕분에, 개인 침대로 변질된 공동 침대(그들의 관계와 파트너가 사진 형태로 존재하고 있다)와 부부 침대로 왜곡된 개인 소파를 마음대로 사용하고 있다. 스테판이 그곳에 있을 땐 항상 펴져 있는 솜이불 침대가 불가피하게 공간의 재구성을 강요하고 있다. 다시 개킨 솜이불로 만남의 장소를 표시하는 소파는 이동된다. 설치된 새 침대는 우연히 발생될 수 있는 방문자의 접대를 불가능하게 만들고 있다. 스테판이 있을 때에는, 나세라의 아파트는 다른 그 무엇보다도 그들의 재회 장소가 되고 있다. 펴져 있는 솜이불 침대는 부부 관계가 거의 양립되지 않던 아파트의 공간이 주말 시간이 되었음을 의미한다. 이런 생활 방식은 관계에 중점을 둔 순간들을 좀더 명백하게 해주고, 다른 관계에(그리고 다른 그룹의 구성원인 자기 자신에게) 할애한 시간과 부부 관계에 할애된 시간을 한층 더 구분지어 주는 효과가 있다. 그 작은 아파트는 번갈아 가며 혼자 사는(그러면서 한편으론 멀리 떨어져 있는 상태로 '함께' 있는) 여성용 아파트도 되고, 방문객들에게는 닫혀진 부부 침실도 된다.

그러한 배치는 교체를 나타낸다. 그들은 서로 (공동 생활과 분리된 생활이라는 분명한 의미에서의) 이중 생활을 할 수 있다. 그러므로 그들은 자율성의 욕구와 그들에게 도움이 되는 친구를 갖고 싶은 바람을 충족시킬 수 있다. 그러나 떨어져 있다는 것은 다른 사람은 자신에게, 그리고 자신이 다른 사람에게 배려를 계획하기 때문에 지속적으로 만나지 않을 수 있는 위험을 포함하고 있다. 그렇기 때문에 상당수의 여성과 남성들은 한 지붕 아래에서 거주하는 행위를 부부 생활의 조건 일순위로 삼고 있다. 그들은 재정적인 압력은 고려하지 않고, 자기 방식대로 개인의 존중과 커플의 영속적인 구성을 연결시켜 주는 동거를 추구하고 있다. 이 책은 긴장 관계를 낳고 있는 이런 구성을 분석하고 있다. 즉 공동 거주지 내부에 침해받지 않는 자기 영역을 생성한다는 것은, 템포 차이가 있기 때문에 결함과 이해 부족을 배제하지 않는 세심한 조절과 적응을 요구하고 있다. 즉 파트너 둘 중 한 사람은 오히려 '혼자' 있고 싶어할 수 있고, 그리고 바로 그 순간 다른 한 사람은 공동체 생활과 친구의 배려 있는 참여를 바랄 수 있기 때문이다.

동행 상태는 사회화된다

가장 현대적인 여성과 남성들은——연대 시민 조약을 옹호하는 지지자의

4분의 3이 함께 거주하는 것이 커플로 행복하게 살기 위한 필연적인 방법이라고 주장하고 있다[2]——공동 거주지에 집착하고 있다. 거주지 공유는 어떤 관계 안에서 참여하고 있는 개인들간의 관계에 무언가를 덧붙여 주고 있다. 적어도 이 책의 주장은 그러하다. 즉 사생활의 강력한 개별화로 특징지어지고 있는 사회에서, 같은 거주지에서 산다는 것은 거주자들 각자에게 공존을 통해 부딪히게 되는 다른 거주자들 자체를 고려하도록 강요하고 있다. '함께' 사는 개인들은 그들이 공동으로 소속되어 있는 공간을 만들어야 한다. 그러나 그들은 그들이 다른 순간에 자신을 '혼자인' 개인으로 규정짓고 싶어할 때에도 또한 서로를 상호 존중해 주어야 한다. 공동 생활이 갖는 복잡성은 공동 생활의 시공간과 별거 생활의 시공간이 번갈아 나타나는 것과 관련 있다. 그러므로 다른 누군가와 함께 살고 있는 사람은, 단지 자기 자신의 고유한 기준에 따라서만 조절되지는 않는다. 그 사람은 (변화하는 정도에 따라) 이기주의의 유혹을, 즉 동시대의 개인주의의 비정상적인 양상을 물리쳐야 한다. 사회 관계는 오로지 가족 내부에서 (또는 그와 상응하는 것 안에서) 사회화된 개인들, 다시 말해 함께 사는 것에 익숙해져 있어서 타인을 고려하는 데 익숙한 개인들간에 사적인 영역 밖에서 맺어질 수 있다.

어떤 사회 계획은 어려움에 처한 개인들을 사회에 복귀시키거나 불안정한 관계를 강화시켜 주기 위해 동거의 힘을 이용하고 있다. 따라서 리바주(Rivages)협회의 하숙집은 소외된 사람들에게 '자유와 구속의 균형, 자율성과 집단 생활의 균형'을 제시하면서, '일상 생활의 평소 습성을 통한 치료'를 실천에 옮기고 있다. 사람들은 교육의 사회 조력자인 '안주인'의 접대를 받고 있다. 그리고 그들은 규칙을 따라야 하고, 일정 금액의 하숙비를 지불해야 하며, 가사(요리와 청소)를 분담해야 한다. 그 대가로 그들은 모두가 존중해 주는 개인 방을 가질 권리가 있다. 목적은, 안주인의 표현에 따르면 남자들과 여자들이 '가방을 내려놓고 회복되는' 것이다.[3] 이런 계획은 함께 사는 행위가 (가정의 위급 상황이 아닌) 어떤 상황 속에서 정체성 구축의 뒷받침이 된다는 견해를 바탕으로 세워지고 있다. 필요한 것은 아무런 공간이 아니라 어떤 유형의 장소이다——여기서는 '하숙집'이라는 표현과 근접하다. 그 표현 속에는 사람들과 상호 존중의 신호인 단체 규약 사이의 관계가 섞여 있다. 비보호자로 구분된 부모들에게 아파트를 제공하고 있는 협회들은 똑같은 관점에서 행동하고 있다. 멀리 떨어져서 거주하고 있거나, 또는 아이들과 함께 살기에 적당한 거주지를 가지고 있지 못한 (대개의) 아버지는 그래서 마치 자기 집에 있는 것처럼 아이들을 맞이할 수 있다. 사람들은 적합하지 못한 공간에서 좋은 관계를 맺는다는 것은 불가능하다고 생각한다. 즉 아버지라고 해서 어떤 상태에 있든 어떤 장소에서든 아버지일 수는 없다는 것이다. 부부 관계 또는 부모 관계가 유지될 수 있도록, 그리고 그 이상으로 사람들이, 즉 성인과 어린이들이 가능한 한 조직을 상실하지 않은 상태에 있을 수 있도록 감옥에 생활의 터전을 바라는 사회적 요구는 아직까지는 이런 영역에 속한다.

같은 공간에서 함께하는 생활

따라서 이 책은 공동 생활이나 '동거'(물론 같은 거주지에서 여럿이 함께 거주한다는 의미로 이해되는 동거이다)를 파악하고 있다. 유토피아적인 담론이 21세기를 예고하는 시기에 사람들은 고향을 떠나고 물리적인 영역의 구속 상태에서 해방되어 있는데(J. Attali, 1998) 과연 공유 영역이 무엇에 이용되는지를 생각해 보는 것이 유익할까? 같은 지붕 아래에서, 또는 같은 국가의 토양을 밟으며 함께 산다는 것은 무엇일까? 이런 질문에 대한 대답은 개인의 견지에서도 이해되고 있는 함께하는 생활의 이익을 더 잘 이해할 수 있게 해줄 것이다. 어른과 아이들은 그들 영토의 보호, 즉 다른 사람들의 공간을 인정하는 행위와 개개인이 '함께' 있는 공동 세계를 구축하는 행위 사이에서 대조를 통해 서로 변모되고 있다.

함께 살고 있는 사람들은 항상 적어도 조금은 서로를 존중하는 것을 배우고 있다. 문을 꽝 하고 세게 닫지 않도록 주의하기, 다른 사람들이 기다리니까 화장하는 데 너무 많은 시간을 들이지 않도록 조심하기, 음악 소리를 크지 않게 하기, 다른 사람들도 먹을 수 있도록 남겨두면서 음식을 담아먹기 등. 수많은 제스처와 행동들은 공동의 삶 전체를 구성하고 있으며, '함께' 라는 측면을 자신의 정체성에 동화시키는 어린이들과 어른들, 남자들과 여자들을 만들어 내고 있다. 《브루클린에서 마지막 탱고를》(K. Douglas, 1997)에서 벤은 나이 어린 여자 엘렌의 집에서 일시적인 공동 임대를 해 거주하고 있다. 며칠 뒤 벤은 샐러드를 준비하느라 주방에 있다. 엘렌이 도착한다. 그는 그녀에게 식사를 함께 나누자고 제안한다. 그녀는 "토끼처럼 먹지 않는다"는 핑계를 대며 거절한다. 그는 턱으로 냉장고를 가리키며 "맞아요. 당신은 건강에 해로운 음식들을 선호하고 있지요"라고 응수한다. 엘렌은 이런 간섭에 노발대발한다. "제발 당신 영역만 신경 쓰세요." [그들은 냉장고를 두 부분으로 나누어 사용하고 있다.] 다른 사람에 대한 배려가 침해되어서는 안 된다. 엘렌은 이런 경계선에 집착하고 있다. (그들의 이야기는 먼저 중성 장소인 식당에서 음식을 점차적으로 나누는 것에서 어느 정도는 구축될 것이다.) 그녀의 편에서 볼 때, 그건 이제부터는 공유하게 된 이 아파트의 한가운데에 혼자 사는 자기 자신을 등록하는 게 된다. 엘렌과 벤은 각자가 자신을 '혼자 사는' 개인으로 생각할 수 있게끔 해주는 경계선과, 그와는 반대로 각자 공유하고 싶은 바를 터득해 가면서 서로서로 사회화되어 갈 것이다.

공동체 사회의 향수에 젖은 견해를 드러내는 것은 중요하지 않다. 그 공동체 사회에서 개개인은 각자 자기 자리를 가지고 있고, 각자 오로지 그 집단 내에서 차지하고 있는 위치에 근거해서만 자신을 규정하고 있으며, 개개인은 '함께 있는' 개인에 불과할 뿐이다. '복귀'는 환상이며, 전통적인 보이스카우트 집단의 이미지를 본떠 쓸쓸한 기억을 가진 '새로운 인간'을 만들고자 하는 꿈을 꾸는 극소수를 제외하고는 어떠한 현대인도 그것을 바라지는 않고 있다. 개인이 정신을 잃고 캡틴의 말을 따르고 있기 때문이다. 공동 생활은 '완전한 개인'과의 단절을 강요하지만, 정반대로 '완전한 집단'을 강요하지는 않는다. 사람의 마음을 끌기 위해서는, 공동 생활은 개인들을 존중해야 하며, 그들이 '혼자' 있고 싶어할 때도 그들을 존중해 주어야 한다. 사생활 속에서 개인은 어떤 때에는 무엇보다도 '함께 있는' 존재로, 또 어떤 때에는 '혼자 있는' 개인으로 자기 자신을 규정하거나 또는 그런 존재로 규정되고 있다. 아파트나 주택은 흔히 이런 이중성에 의거해 공동 공간과 개인 공간으로 나뉘고 있다. 함께 사는 생활은 이런 변동에 의해 이루어지고 있는 반면, 혼자 사는 사람은 자기 집에, 즉 지배적으로 '혼자 사는 개인'의 집에 있다. 동의어 반복처럼 보일 수 있는 것 이면에 있는 동거는 어떤 정체성의 융통성을 가르치고 있다. 공존의 강요, 즉 영토의 필연적인 공유의 강요가 있기 때문이다.

이중성, 그리고 정체성의 유연성

한 가정에, 또는 한 커플에 소속되어 있는 개인은 자기 자신에 대한 두 정의 사이에서 흔들리고 있다. 함께 살고 있는 가정을 기준으로 삼지 않고 행동할 때는 '혼자' 인 정체성을 가지며, 반대로 가정을 기준으로 행동할 때에는 '함께' 있는 정체성을 가지기 때문이다.[4] 대개 개인은 자기 자신과의 균형을 존중하려고 하는 만큼, 마찬가지로 자신의 곁에 함께 머물고 있는 사람들과의 균형도(이런 이중적인 측면하에 그들을 생각하는 것에 동의하면서) 잘 지키려고 애쓰고 있다. 만약 현시대에 커플 생활이 복잡하다면, 그것은 개개인이 동거남이나 동거녀의 '혼자' 있는 자아와 '함께' 하는 자아로서 행동해야 하기에, 그 생활이 항상 네 개의 자아를 구속하고 있기 때문이다.

부모 자식의 관계에서도 또한 상당한 과정들이 진행되고 있다. 어떤 아이는 자기 부모가 항상 한가하지는 않다는 것을 아주 빨리 파악한다. 예를 들어 부모가 피곤할 경우는 어쩌면 부모에게 놀아 달라고 하거나, 문제를 해결하는 걸 도와 달라고 할 수 있는 때가 아닐 수 있다. 그런 상황에서는 아이의 아버지 또는 어머니는 더 많이 혼자 있기 때문에(또는 혼자 있기를 바라기 때문에) 훌륭한 아버지 또는 어머니가 아니다. 아이는 '혼자 조용히 있게 해줘' 라는 표현과, 정반대로 부모가 자기와 함께 뭔가를 해줄 수 있는 적절한 시간을 파악하는 것을 점차 터득해 가고 있다. 그걸 인식하지 못해도, 아이는 자기 친구들의 상태를 고려하는 것을 배우면서 사회화되고 있다. 뒤집어 보면 아이는 친구들과 같이 하든 혼자 하든 자신이 원하는 것을 하기 위해, 가끔은 사람들도 자신을 방에 '혼자' 있을 수 있도록 '괴롭히지 말고 내버려둬 주기' 를 요청할 것이다. 아이는 다른 사람들 사이에서, 그리고 자신의 마음속에서 시계추의 움직임——'혼자' 인 개인의 '똑' '함께' 있는 개인의 '딱' ——을 간파하고 있다.

우리가 '접촉을 통한 사회화 과정' 이라고 명명한 그 사회화 과정은, 서구 현대 사회에서는 함께 사는 생활을 위해 아주 중요한 두 가지 측면을 젊은이들과 성인들에게 준비시키는 과정이다. 제일 먼저 다른 사람에게 민감하고, 다른 사람들이 요청한 것에 주의를 기울이고, 자신과 함께 살고 있는 사람들이 요구하는 시간적 · 공간적 바람에 자신의 바람을 거의 자동적으로 맞춰 주는 행동을 준비시키고 있다. 그런 다음에 개개인에게 자기 자신으로 있는 것을 포기하지 않고 사적인 그룹에 소속할 수 있도록 허용해 주는 정체성의 유연성을 준비시키고 있다. 개인은 어떤 유연성을 보여 주어야 한다. 공동 생활은 다음 두 가지 특성을 만들어 내는 성향이 있다. 하나는 사적인 집단 내의 다른 멤버들이 우연히도 가질 수 있는 상반되는 관심에 대한 고려[5]이고, 다른 하나는 정체성의 유연성이다. 정체성의 유연성은 다른 사람들이 중심이 된 상황의 정의에서 자기 자신이 기준이 되는 또 다른 정의로 넘어갈 수 있게 해주고, 그래서 공동 생활과 개별화를 겸할 수 있는 조건을 만들어 줄 수 있다.

공동 생활이 개별화와 항상 겸할 수 없는 것은 아니다. 사람들은 서로서로 자신들의 개체성을 보호하기 위해 세심한 주의를 기울이고 있다. 그들은 개인 영역을 너무 많이 잃을까 봐, 즉 '하나로 결합되거나' 또는 '친숙해지게' 될까 봐——즉 사회주의 형태들을——두려워하고 있다. 자기 자신이 되어 자기 자신으로 남아 있는 것이 하나의 목표이다. 그 목표는 사람들이 살고 있는 집단의 가치를 평가하기 위한 기준으로 이용되고 있다. 두 방식——공동 행위들이 개별화의 표시들을 용인하도록 노력하기. 예를 들어 함께 음식을 먹기는 하나, 때로는 서로 다른 음식을 먹으면서 개별화의 표시들을 허용하려고 노력하기. 그리고 그런 공동 행위들을 줄이고 '혼자 하는' 활동을 증가시키기——이 공동 생활에 참여하고 있는 개인들의 정체성을 보호하고 있다. 이는 모든 행위가 지나치게 잘난 척하는 도피처럼 이해되는 한, 모든 행위가 오히려 정당한 숨고르기처럼 인식되는 한, 예를 들어 젊은 시절에는 정체성을 구축하기 때문에, 또는 성인들은 직업 활동을 하기 때문에 타당하다고 인식되는 한 가능하다.[6] '함께' 하는 개인들은 '혼자' 가 될 때조차도 그런 사실이 자신이 커플에, 가족에 소속되어 있음을 다시 문제삼지 않고 있다는 것을 증명하고자 여러 방식을 (흔히) 적용하고 있다.

앙케이트

여덟 번의 앙케이트는 개별화에 더 큰 가치를 부여하는 사회적 맥락에서 공동 생활에 대한 새롭고 올바른 사용을 이루고 있는 행동 방식들을 발견할 수 있게 해준다.

부부 관계에 관해서, 세 번의 앙케이트

가장 무거운 첫번째 앙케이트는 50명의 젊은 커플을 대상으로 하고 있다. 첫번째 단계에서는 부부가 그들의 아파트, 장식품, 물건, 소유물을 보여주면서 설명을 해주었다. 조사자는 그들이 각자 (집에서 보낸) 토요일이나 일요일에 한 일과 (바둑판 모양의 도면에) 어디서 그것을 했는지, 그리고 자기 파트너와 하게 될 가능성 있는 상호 작용들을 표시하도록 되어 있는 수첩을 넘겨 주었다. 조사자는 그 두 개의 수첩을 다시 회수한 후, 자신들의 일과를 설명하기 위해 함께 모인 커플과 대담을 했다. 2장, 5장, 7장에서 분석된 전공 논문들은 남녀가 어떻게 해서 커플이 공동 활동을 하지 않는 흔한 순간에도 조금은 '함께' 있을 수 있게 되는지, 공동체가 흔히 표방하고 있는 원칙이 있음에도 불구하고 동거남이나 동거녀가 어떻게 그 원칙을 공동체의 거부로 생각지 않으며 개별적인 영역을 소유할 수 있게 되는지 보여 주고 있다.

두번째 앙케이트는 부부 생활 안에서의 전화기 사용에 대해 접근하고 있다. 그 기계의 명백성은 기계의 사용으로 야기되는 긴장 상태를 숨기고 있다. 전화기는 '부부의' 시간을 빼앗는다고, 대개 그런 식으로 간주되었다. 부부 중의 한 사람이 남자 친구나 여자 친구에게 전화를 거느라 저녁 시간의 일부분을 보내고 있을 때, 다른 한 사람은 이런 형태의 부재를 인정하지 않을 수도 있다. 자기 파트너가 표현하는 그러한 독립의 신호들은(3장에서 서술) 흔히 경쟁 영역으로 체험되고, 자신과 '함께' 있는 것에 대한 거부로 이해되고 있다.

세번째 앙케이트는 부인과 '함께' 하는 생활과 애인과 '함께' 하는 생활을 번갈아서 하고 있는 어떤 남자들의 생활 방식에 대해 기술하고 있다. 만약 그들이 다른 장소에서 허가 없이 두번째 생활을 하고 있다면, 그것은 흔히 첫번째 생활이 제정신을 차리지 못하고 있거나, 또는 더 이상은 제정신을 차릴 수 없는 자기 자신의 정체성에 자신들을 가두고 있다고 생각하기 때문이다. 그들은 적어도 한동안은 안정을 보장해 주는 삶과 새로운 형식의 자아 재인식을 제공해 주는 삶을 겸하는 것을 선택하고 있다.(10장) 이런 선택은 끊임없이 바뀌는 다양한 기대에 부응할 가능성이 있는 유일한 친구를 찾는 것이 어렵다는 것을 보여 주며, 따라서 공동 생활에 잠재되어 있는 불안정성을 은연중에 드러낸다.

부모와 자식간의 관계에 대해서, 세 번의 앙케이트

첫번째 앙케이트는 패스트푸드점에서 진행되었다.(6장) 그 공간은 가족 생활의 전형적 상징인 가족 식사에 대한 어떤 적응들을 파악하기 위해 어쩌면 조금은 도발적으로 선택된 것 같다. 실제로 패스트푸드의 구상은 가장 젊은 사람들의 견해를 중히 여기고 있기 때문에 가족 집단의 옛 기능을 방해하고 있다. 부모들은 이런 환경에 다소 잘 적응하고 있으며, 그들은 불평등한 방식으로 어떤 시간을 창출해 내고 있다. 그 시간에는 권위, 즉 올바른 관습이 자유로운 표현으로 진행될 수 있도록 뒤로 제쳐지고 있다.

두번째 앙케이트는 아직까지 부모의 집에 살고 있는 젊은 성인들에게 진행했던 대담 자료집을 기반으로 하고 있다. 그들은 한편으로는 특히 재정적으로 의존하고 있으면서도, 한편으로는 자율성을 구축하고 있다. 그들은 부모들이 바라는 출발을 준비하기 위해——이는 교육의 목표 중의 하나이다——자기 방에 은신해 있고, 그 방을 자기 관할인 '작은 세계'로, 공동 활동들로부터 충분히 피해 있을 수 있는 '작은 세계로' 만들고 있다.(8장) 그러나 그들은 시끄럽게 다른 거주자들을 괴롭히지 않고, 아파트를 '호텔'로 생각지 않으면서 다른 거주자들을 계속해서 존중해 주어야 한다. 그들은 그들이 가진 자율성이 다른 사람과의 관계를 형성하는 자신들의 사회화 과정을 위협하지 않음을 증명해 주어야 한다.

세번째 앙케이트는 어머니의 거주지와 아버지의 거주지를 공유하고 있는 아이들을 연구하고 있다. 아이들은 선천적으로 대등한 상태인 두 개의 방을 자유로이 사용하고 있다.(11장) 이런 아이들 곁에서 진행한 심층 대담들은,

그들이 두 개의 '자기 집'을 가지고 있기 때문에 어떤 이중 인격을 갖게 되지는 않음을 증명하고 있다. 어떻게 보면 보완적인 두 삶을 가지고 있는 남자들과는 달리, 부모가 이혼한 젊은이들은 특히 후천적으로 방을 서열화시킴으로써 어떤 단일성을 되찾으려 애쓰고 있다. 젊은이들은 청소년 시기에는 가족 집단의 지나친 구속을 거부한다. 그렇다고 해서 그들이 분열 형태에 유리한 것은 아니다. 그 분열 형태는 유일한 감시 체제에서 그들을 해방시켜 주지만, 또한 그들에게 정체성 구축에 대한 보다 복잡한 작업을 요구한다.

형제간의 관계에 대해서, 한 번의 앙케이트

몇몇 가정의 아이들은 개별적인 방을 가지고 있지 않다. 10여 가족에게 실행한 한 번의 앙케이트는 부모들이 보여 준 다양한 전략에 대해 접근하고 있다. 어떤 부모들은 두 형제, 또는 두 자매가 '함께' 사는 법을 배우도록 하기 위해서 형제 관계를 조성해 주고 있다. 또 어떤 부모들은 공동 생활이 개별화 습득을 희생한 대가로 이루어지지는 않기를 바라고 있다.(4장) 이런 두 그룹간의 대립은 두 명령——타인 존중의 사회화 과정('사교적이' 되는 행동)과 개성 키우기——사이에서 취해지고 있는 현대 교육 속에 드러난 긴장 관계를 반영하고 있다.

가족 이외의 공동 생활에 대해서, 한 번의 앙케이트

양로원에 관한 전공 논문 세 개가 관찰과 대담을 통해 완성되었다. 양로원장들은 공동 생활을 생성해 내려고 자주 노력하고 있다. 그런데 가장 명석하고 가장 의존을 덜하는 거주자들이 공동 생활에로의 초대에 반발하고 있다. 그들은 이웃 중 몇몇 사람들이 정신을 조금 또는 많이 잃는 것을 항상 보게 되기 때문에, 그리고 자신의 잠재된 운명을 미리 느끼게 되기 때문에, 이런 최후의 동거를 두려워하고 있다. 그렇기 때문에 대부분의 거주자들은 만남을 피하고 있다.(9장) 그들은 집단 생활을 '보기 흉하게 되는' 위험과 동일시하고 있다. 젊은 성인들처럼 나이든 거주자들도 자기 방에서 시간을 보내며 자신을 보호하고 있기는 하지만, 그렇게 하는 이유는 젊은 사람들과 다르다.

개별화, 그리고 분류 기준들

자기 자신을 버리지 않으면서 함께 있는 존재를 형성한다는 것은 현대 사회의 도전이다. 사생활의 면에서,[7] 사람들은 같은 지붕 아래 여럿이 함께 살고 있기에 경우에 따라서는 공유하면서 사생활에 대응하려 하고 있다. 이처럼 개인의 정체성을 존중하는 공동 생활의 시도를 파악하는 여덟 번의 연구는 중상류 계층에서, '핵심 무리' 에게서 주로 이루어졌다.(H. Mendras, 1988) 이것이 한계다. 자아를 확인하는 행위가 존재하고 있고, '대중적인 별자리' 가 자신에게 맞는 배치를 어떻게 하고 있는지 모르기 때문이다. 마음대로 사용할 수 있는 문화적 · 사회적 · 경제적 재원은, 즉 배부된 카드패는 바뀐다. 그러나 게임의 규칙은 바뀌지 않는다. 사회적 풍토 전체를 검토하지 않을 경우, 핵심 무리를 기술하는 데서 얻는 이익은 좀더 넓은 시야로 시스템 기준을 파악하는 데 있다. 현대인의 정립 원칙은 국민 중에서 가장 높은 학위를 가진 집단에서, 특히 고등교육을 받은 여성들의 집단 속에서 생겨나고 있다. 비록 이런 개념들의 출현이 상대적 자율성을 지니고 있다 할지라도 개인들간의 관계에 대한 심리화는 순수한 개념이 아니다——사람들이, 예를 들어 샤를 테일러(1988)의 《자아의 원천》을 읽으면서 이를 이해하고 있기 때문이다. 대단히 많은 사람들이 모인 집단은 직접적으로는 획득한 정신 문화를, 간접적으로는 전파에 의한 정신 문화를 가지고 있기 때문에, 그 집단의 존재는 사람에 대한 가장 큰 배려가 정당한 규준이 될 수 있게 해주는 보편적인 조건들 중의 하나이다.

또한 시장 사회의 변화에 대해 의문을 가질 필요가 있을 것 같다. 시장 사회는 경우에 따라서는 고려해 볼 만한 개인과 거의 무조건적으로 고려할 권한이 있는 개인 사이에서 이중성을 만들어 내고 있다.(F. de Singly, 1990) 대개 인간은 주로 사적인 영역에서 인정받고 있다. 가장 특혜를 받고 있는 사회 계층에서는, 개인은 두 개의 영역에서 인정받고 있다고 느끼기 때문에 심하지 않는 스트레스를 느끼는 기회를 가질 수 있다. 그러나 인정이란 것을 전혀 받지 못하는 사람들의 계층도 있다. 그것이 바로 개인주의에 대한 부정적 견해이다. 다시 말해 개인은 모든 관계를 잃고 있으며, 엄밀한 의미에서 고립되어 있다는 것이다. 이처럼 '조직에서 탈퇴된 사람들'(R. Castel, 1995)과 소외된 사람들의 존재는 사회적 관계라는 골조에 효력을 미친다. 그건 분명하다. 그리고 그들이 복귀할 수 있는 조건에서 일을 하는 것이 중요하다. 그러나 사회 안에서 함께 사는 생활에 대한 긴장이 오로지 가장자리에 있는 이 집단의 존재로부터 파생되어 나온다고 생각하는 것은 오류다. 서민계층, 중상층에 속하는 사람들 또한 어려움이 있다. 이 책에서 연구한 것이 바로 그런 어려움이다. 실제로 사람들은 사생활에서 한 개인으로서 존재할 수 있는 방법이 있을 때에도, 각자 자신의 존재를 입증할 수 있는 공동 생활을 구축하도록 해주는 해결책들을 사용하지 않고 있다. 이 책은 서로가 상대방의 경험들을 알고 있는 것이 현대의 해결할 수 없는 문제를 풀기 위해, 즉 개인에게 감금한다는 느낌을 주지 않으면서 그를 집단 속에 통합시키기 위해, 전문가들의 담론이나 또는 자신만이 겪은 경험에서 얻은 것이라 할 정도로 그만큼 유익한 하나의 수단이라는 확신을 근간으로 해서 쓰여졌다.

개별적인 공동 연구

공동 생활에 대한 경험과 실험은 교육의 일환으로,[8] 그에 대한 자료는 석사 과정, 박사 논문 제출 자격증 과정, 그리고 박사 학위 논문 과정 학생들과 함께 여러 해 전부터 수집되었다. 이런 까닭에 몇몇 장들은 공동으로 집필되었다. 이 책은 다른 단계에서 기술하고 있는 것을, 다시 말해 개인의 '혼자' 있으려는 태도와 '함께' 있으려는 태도의 타협을 구체화하려고 시도하고 있다. 모든 개별 연구는 공동으로 이루어졌다. 앙케이트를 한 사람들의 시간 투자, 즉 모든 단계의 학생들의 시간 투자와 초기 진술을 검토해 준 카린 살랑 · 크리스토프 지로 · 카미유 드 생글리의 시간 투자를 어떻게 잊을 수 있겠는가?

1

왜 함께 사는가?

공동 생활 속에서의 공간의 입지

같은 공간에서 이루어지는 공동 생활에 관한 성찰에 대한 관심은 보다 전반적인 환경에 이를 정도로 가족 생활의 한계를 훨씬 넘어서고 있다. 혈연주의와 속지주의의 대립으로 생기는 국적에 대한 고전적인 논쟁은 동일한 문제를 바탕으로 하고 있다. 같은 공간에서 사는 행위는, 영토를 공유하고 있는 사람들이 그 영토를 재생산하고 만들어 내고 그 영토에 동화되고 있는 한 어떤 특별한 권한들을 초래하는가? 98년 세계 월드컵 대회에 대한 경이로움은, 프랑스 태생의 부모를 두지 않은 모든 어린이들에게 최소한의 인식——이 경우 선수들의 가족의 뿌리는 프랑스인이 아니다——이 아주 조금이라도 구축되었을 때부터, 프랑스에서의 이런 생활의 중요성을 강조하는 데 있지 않았던가? 프랑스의 영토에서 산다는 것은, 상황이 적합할 때 이 나라를 내세우고 공식적으로 선포할 수 있도록 해주고 있다. 입양한 아이들이 있는(본질적으로 혈연 관계가 아닌), 결합에 의한 가족 구성을 이루고 있는 어떤 가정에서처럼 국가 집단의 개인의 다양성은 태생을 초월해서 공동 공간에서의 결합 현상을 통해 평화적인 공존의 모습으로 존재할 수 있다.

물리적인 공간의 중요성에 대한 문제는 원격 커뮤니케이션의 발전과 함께, 전자 우편이나 인터넷 같은 새로운 매체의 발전으로 제기되고 있다.(D. Wolton, 1999) 어떤 이들은 공동체들, 공동 집단들이 현재 비공간적인 기반을 가지고 있고, 앞으로 점점 비공간적인 기반을 가지게 될 것이라고 예상하고 있다. 그리고 어느 한 집단에 대한 정의는 국지적인 영역을 점점 더 초월하게 될 것이라고 예상하고 있다. 이런 잠재 가능성은 오로지 선택된 공동체 속에서만 살 수 있도록 해줄 수 있을 것 같다. 이는 어떤 또 다른 제약이 없는 선택 논리의 절대적 우위일 것이다. 결과적으로 개인에 대한, 개인의 관계에 대한 명백한 위치 결정은 부수적인 문제가 될 것 같다. 원격 거래처럼 거리가 있는 사생활이 기준이 되었을 듯하다. 이러한 관점에서 볼 때 민족은 단지 과거의 유물 · 영토가 그 집단을 한정했던 시대의 유물에 불과한 것 같다. 이런 잠재적인 현대성을 지지하는 사람들은 더 이상은 공동의 공간 속에 관계를 삽입시킬 수 없다고 (또는 부차적인 방식으로는 삽입시킬 수 있다고) 생각하고 있다. 더욱이 그렇게 하지 않는 것이 바람직하다고조차 생각하고 있다. 게다가 보다 분명하게 영토에 대한 의미를 수정하고, 고프만으로[9] 영토의 의미를 확대시키고 있다. 그렇게 하면 공동의 삶은 주로 공동 행위로 구성될 수 있을 것이다. 그러므로 거리가 있는 상태에서 ('함께 말하기'로 귀결되는) '함께 행동하기'는, 각자 '접속이 끊겨져 있는' 순간에는 자신의 독자성을 나타내므로 이런 공동 행위가 이루어지는 동안에만 존속되고 있다. 그리고 이는 집단을 표현하는 매체가 된다. 물리적 공간의 평가절하의 이면에는 아직도 중요한 부수적인 요구 사항——불규칙적인 소속, 또는 일시적인 공백과 같은 것들——이 숨겨져 있다. 개인이 본래 자유로운 상태에 있으면 타인과의 관계는 접촉이 없는 상태에서도 지속된다. 그러나 어떻게 보면 활동이 억제된 상태에서 계속되고 있다. 개인간의 관계는 공동 행위를 시행할 때에만 그들의 공동 관심사로 인해 다시 활발해진다.

사생활 안에서의 공동 생활이 공공 장소에서 공동 생활을 하는 성인과 젊은이들을 사회화시키는 데 유용하다고 생각되기 때문에 우리는 또 다른 성향으로도 나타나고 있다. 한 국가의 시민이 된다는 것은 어떤 거주지에서 다수와의 공존을 통해 계속해서 습득되는 것이다. 몇몇 경험들은 이런 성향을 공고히 해주고 있다. 그래서 텔아비브에서 구상한 '세 사람을 위한 아파트'라는 계획에는, 예전의 수감자가 두 학생과 함께 살고 있는데, 그 두 학생은 공동 세입자를 관리하고, 그를 자신들의 생활과 연결시키는 책임을 지고 있다. 그 결과 이런 계획에 혜택을 받은 자들이 '학생들의 조심스러운 관심과 그들의 개인적인 지지'를 유용하게 이용해 사회에 보다 잘 복귀하고 있음을 입증해 주고 있다.[10] 함께 생활하는 것은 공동 생활에 해당되는 모든 형식을 체험해 보는 데 있다.

폐쇄된 공간에서 이처럼 여럿이 함께하는 생활에 대한 글을 분석하는 것은 여럿이 하는 공동 생활에 대한 핵심적인 정당성들 중의 하나에 접근하게 해줌으로써, 특히 개인주의적인 현대 사회에 거대한 지평을 열어 주고 있다. 즉 크고 작은 것들의 변화, 공동 영역이 점차 서로 얽혀 중복됨으로 인해 일어나는 젊은이들과 성인들의 변화, 특히 어떤 한 집단의 구성원으로서 개성을 변모시킬 정도로 어떤 면에서 개성을 드러나게 해주는 '접촉' 과정을 통해 젊은이들과 성인들에게 일어나는 변화가 있다. 개인들의 동거(성별 동거와 여러 세대들간의 동거가 가장 흔하다)는 단순히 편리한 것만은 아니다. 그것은 엄격한 의미에서 우리가 이해해야만 하는 사회화의 원동력이 되는 것들 중의 하나이다. 다시 말해 개개인이 사회적 존재, 단순히 개인의 요구 사항을 기준으로 해서는 정의되지 않는 존재, 자신의 이웃을 배려하는 존재가 되는 방식이다. 사적인 영역에서 여러 사람이 함께 사는 생활이 갖는 사회적 기여는 어떤 조건, 즉 같은 공간에서 함께 존재한다는 사실을 바탕으로 이루어지고 있다.

1. 동거의 효과

제도로서의 결혼에 대한 평가절하와 공동 생활의 한 형태로서의 동거에 대한 평가절하는 동일한 비평들을 근거로 하고 있다. 이 둘은——제도와 공간——첫번째로는 역할 속으로, 즉 미리 설정되어 있는 신분 상태 속으로, 그리고 두번째로는 관습 속으로 파트너들을 가두는 것처럼 이해되고 있다. 이는 결과면에서는 결국 똑같이 나타난다. 즉 자기 자신이 되고, 개인의 정체성을 소중히 여기는 그룹을 구성한다는 것은 불가능하다. 내연 관계는 결혼의 악행에 대해 맞서기 위해 허용되었다. 파트너 각자가 (시대의 흐름에 따라) 자신이 해야만 하는 것에 대한 선험적인 정의에 자신을 맡길 수 없기 때문이었다. 이런 형태의 사생활은 어떤 신뢰성, 즉 현대성의 중심적 가치를 나타내는 증거로 이해되고 있다. 거리상 멀리 떨어져 있는 커플들 또한 자신들이 결혼으로 벽을 만드는 것은 충분한 조건이 되지 못함을 증명하고 있기 때문에, 자유로이 함께 느낄 수 있는 제한된 공동의 시간을 구축할 필요가 있음을 긍정하고 있다. (그러나 똑같은 성공을 거두지 못하고 있다.) 다음 부인이 이를 주장하고 있다. "서로를 더 사랑하기 위해서, 제 남편과 저는 떨어져서 살고 있어요. 우린 이런 우스운 생활이 만들어 낸 비밀 정원에 상당히 집착한답니다. 우린 커플이 주는 어떤 규약들을 벗어 버리고 있지요. 예를 들어 언제나 함께 외출해야 할 의무가 있다고 느낀다거나, 정말로 혼자서 솔로로 파티에 가고 싶을 경우 거짓 변명을 만든다거나……. 의심하지는 않아요, 전 제 생활을 좋아해요. 상당수의 남편들이 아내와 자녀들로부터 도망가기 위해 일요일을 사무실에서 보낼 때, 제 남편은 제 곁에 있어요. 우리에게 주말은 곧 축제예요, 나머지 시간도 마찬가지고요."[11]

공동 임대

결혼하지 않고 함께 사는 것은 가능하다. 함께 살지 않으면서 커플로 지내는 것 또한 가능하다. 그리고 커플로 살지 않으면서 함께 사는 세번째 방식도 있다. 공동 임대는 공유 공간 속에서 느끼게 되는 삶의 이익과 불편함을 발견하기 위한 준실험이다. 스테판 맥콜레이는 자신의 소설 《나의 애정의 대상》(1989)에서 스스로 그러한 생활의 관찰자가 되고 있다. 조르주(서술자)와 니나는 친구가 되었기 때문에 중립 상태의 공동 임대는 문제가 되지 않고 있다. 조르주는 동성애자이고, 니나는 다른 남자의 아이를 임신하고 있으며, 하워드는 니나가 함께 살고 싶어하지 않는 사람이다. 그러므로 그녀는 조르주 앞에서 자신의 거부 의사를 정당화하고 있다. "그 사람과 내가 커플로서 앞으로 아이를 키우기 시작하게 되는 순간부터, 우리의 관계가 완전히 변할 거란 생각이 들지 않니? 아이는 결혼이 만들어 낼 수 있을 것 이상으로 우리의 생활을 혼란에 빠뜨릴 거야. 우리가 공동 소유의 아파트를 샀다면 상황은 더 나빴을걸. 그리고 나는 아주 헐값으로 구입할 수 있다 하더라도 하워드와는 아파트를 사지 않을 것이기 때문에, 확신컨대 그와는 아이를 기르지 않을 거야." 니나는 계속해서 조르주와 동거하기를 바라고 있다. 그와 함께하는 생활은 각자가 정해진 위치를 담당하는 부부의 생활과는 다르기 때문이다. "정돈은 가능한 모든 형식을 띨 수 있어. 하워드와 나의 경우가 될 수도 있었을 것처럼 이미 확립된 역할에 구속받을 위험은 없어." (pp.100-101)[12]

공동으로 세드는 기간은 연장되고, 조르주는 친구가 임신하고 있는 동안 그 친구를 부양한다. 이런 사실이 그녀가 폴과 관계를 맺는 데 방해가 되지는 않는다. 폴은 그녀에게 자신의 아들과 함께 살자고 요구하는 사람이다. 조르주는 니나에게 분명한 태도를 취하고 있고, 니나와 함께 있고 싶기 때문에 거부하고 있다. 그의 가족은 그에게 배우자의 가족을 안심시키기 위해서는 니나와 커플인 것처럼 행동하라고 말했으며, 그의 형의 결혼이 그들의 관계를 변화시켰다. 조르주는 망설이고 있다. "제가 보기엔 근본적으로 대범한 것처럼 보였던 일면이 우리의 관계에 묻어 있었어요. 그리고 적어도 공명정대하게 제가 항상 선호해 왔던 것이 바로 이런 일면이었죠. 누군가 우리에게 요구했던 것처럼 결혼한 커플인 체하는 것, 그건 제가 전혀 추구하지 않았던 체면과 그녀를 맞바꾸기 위해 그들이 모든 용기를 십분 발휘하여 우리의 관계에 흠집을 내는 것이었죠."(pp.357-358) 그러나 생각해 보면 조르주는 자신이 환상을 품고 있다고 느끼고 있으며, 니나와의 공동 생활이 부부 생활의 전통적인 특징을――'꽃무늬 편지지, 데워진 커피 냄새, 널브러져 있는 소지품, 그리고 공동 생활의 무질서' ――상당수 차용하고 있음을 깨닫게 된다. 또한 그는 에밀리가 출생한 뒤에는 관계를 끊기로, 그리고 폴의 집에 기거하기로 결정한다. 몇 달 후 조르주와 니나는 서로 다시 만났고, 조르주는 본질을 변화시킨 자신들의 관계가 공간 분리에 맞서 지속되지 못할 것이라고 이해하고 있다. 그는 그들 둘의 공동 생활에 연결되어 있던 그들간의 오래된 암묵적인 동조를 기억하고 있다. "우리는 몇 해가 지나 만날 수 있을 거라 생각했어요. 서로에게 편지를 쓰고, 서로를 만나려고 서로의 집을 방문할 것이라고 생각하기도 했어요. 에밀리에게 생일 선물을 보낼 것 같기도 하고, 니나의 인생을 좇을 수도 있겠죠. 머리에 충격을 받아 브루클린까지 가려고 길을 떠나는 날도 여러 날 있을지도 모르죠……. 그러나 차츰차츰 우리는 서로에게서 멀어져 갈 것이고, 둘 다 늙어 가겠죠. 얼굴도 바뀌어 갈 거구요. 그러다 언젠가는 서로에게 완벽한 남이 되어 버릴 거예요. 우린 그런 상태에서는 아무것도 할 수 없겠지요."(pp.381-382)

소설은 은유적으로 종결되고 있다. 니나와 조르주는 장터의 회전목마를 탄다. 회전목마의 좌석이 점점 더 빨리 흔들리도록 속도가 증가된다. "사랑보다 훨씬 더 강하고 죽음만큼이나 견디기 어려운 원심력 때문에, 우린 족히 20분 동안은 좌석의 귀퉁이에 서로 붙은 채 선회하며 공중에 떠 있었죠."(p.382) 공간——좌석의 공간——은 적어도 사랑의 감정만큼이나 영혼과 육체의 접근이 이루어지도록 영향을 미치고 있다. 니나와 조르주의 경우에 공간은 부부간의 사랑의 대체물이다. 그러나 같은 공간의 공유로 인해 발생된 이런 '원심력'은 다른 곳에서 맺어진 관계와의 경쟁 때문에 연약함을 경험할 수 있다. (동성애자의 또는 이성애자의) 부부간의 '사적인' 생활과 공간적 '사적인' 생활의 분리는 자기 자신의 존재의 요구 사항을 통해 언급된 긴장감들을 제어하기엔 불충분하다. (적어도 조르주의 집에서의) 동거는 감금의 느낌과 신빙성이 없다는 느낌을 만들어 냈다. 이 소설을 따라가다 보면, 공동 임대의 창안은 공동 생활의 이점들을 보장해 주기 때문에 한편으로는 심적(그리고 성적)인 일들을 따르면서도, 한편으로는 사생활의 이상적인 형식을 이루지 못하고 있다.[13]

'동거,' 가정의 비품, 그리고 대화

결혼이 주는 속박이 없는 상태에서 한 지붕 아래 산다는 것은, (용어의 공간적인 의미에서 볼 때) 동거가 가족이라는 집단의 생활 방식에 거의 필수적인 기준들을 이용할 수 있다는 점에서 부부 생활의 효과나, 또는 가정 생활의 효과와 동일시될 수 있는 여러 효과들을(부정적인 면을 포함해) 낳고 있다. 개인 상호간의 관계의 변화도, 가상 세계도 현대 가정의 역사적 토대를 불안정하게 하지는 못했다. 사실 관계에 중점을 두고 있는 현대 가정은 공공 영역에서 분할되어 나오고, 그리고 사적인 이중 생활을 할 수 있게 해주는, 다시 말해 개인 생활과 부부로서의 생활을 할 수 있게 해주는 그런 사적인 공간을 마음대로 이용했을 때 생겨났다.

그러므로 동거를 한다는 것은 사적인 생활을 추구하려는 목적의 중요한 일부분을 간결하게 표현하고 있다. 이 책의 주제가 전원 합의를 얻지는 못했다. 예를 들어 장 클로드 코프만에게 있어 동거는 결혼 생활을 구축하는데 결정적인 기준이 되지 않고 있다. "동거하지 않는 커플들이 있다는 것을 생각할 수 있는 것처럼, 동거는 하되 커플이 아닌 사람들도 있음을 생각해 볼 수 있으니까."《커플 사회학》(1993)의 저자는, 결혼 생활이 유일한 사건인 결혼이라는 것을 통해 더 이상 규제를 받지 않게 된 이후에는 도입을 나타내는 새로운 시작을 부부 생활에서 찾아내고 있다. '함께' 사는 생활의 초기에는 그 집단의 두 구성원이 '공동' 생활을 할 수 있을 정도의 충분한 수준에 올라 있지는 않지만, 그러나 나란히 함께 살고 있다. "즉 동거는 커플이 갖는 여러 측면들 중 한 일면일 뿐이다……. 부부 생활로 차후에 발전되는 관점에 놓이게 된다면 그 한 일면조차도 제한을 하게 된다. 그렇기 때문에 공간은 그 자체로서는 단지 설득력이 약한 의미만을 지니고 있을 뿐이다. 공간은 상호 교류가 이루어지는 장소에 불과하다는 의미로 자주 축소되고 있으며, 아직은 그 공간이 결혼 생활을 할 수 있는 집은 아니라는 것이다."

《결혼 생활의 뼈대》(1992)라는 저서에서, 장 클로드 코프만은 "커플이 어떻게 시작되는가?"라는 질문에 답하고 있다. 그는 커플이 결혼이나 동거에 의해서 시작되는 것이 아니라 세탁기를 소유하게 되면서부터 시작된다고 대답하고 있다. 내연 관계의 부부는 각자 자신의 부모의 집에 세탁물을 해결하러 가지 않는다. 그들은 '개인이 공동 조직에 가담'할 정도로 '부부 생활의 임무를 공동으로 제시하는' 부부간의 통합을 하는 데 필요한 결정적인 단계를 뛰어넘고 있다.(상동, p.51) "너의 세탁물을 어디에서 해결하는지 말해봐, 그럼 네가 커플인지 아닌지 내가 말해 줄게"라며 장 클로드 코프만은 장담하고 있다. 놀라운 발언이다. 부부인지를 지적하기 위한 표시가 대부분의 경우에 공유하지 않는 행위였기 때문이다.[14] 따라서 현대인의 부부 생활에 중점적인 핵심은 공유하지 않는 행위로 이루어지며, 공유하는 기계(즉 두 사람 소유의 기계)가 여성에 의해 사용되는 것일지도 모르겠다. 그러한 비품을 특히 부부간의 통합의 표지로 생각하는 것은 어떤 이유에서일까? 세탁기로 인해 두 파트너가 그들의 공동 조직의 수준을 어쩔 수 없이 확장시키고 있기 때문이다. 그들은 이제 더 이상은 마치 함께 나란히 사는 두 개인처럼 행동할 수 없을 것이다. 그들은 공동 장비로 등록되는 하나의 단위를 형성하고 있다. 행위나 또는 기계와 관련된 행위들에 대해 성적 의미를 부여하려는 문제는, 비록 그러한 문제가 수많은 협상을 생성시킬지라도 그리 중요한 문제는 아니다. 자동차는 대부분 남자의 전유물처럼 남자에 의해 사용되지만 그래도 가족의 것일 수 있으며, 세탁기는 여자가 사용하는 것이기는 하지만 이 또한 마찬가지로 가족의 것일 수 있다. 개인이 부부라는 집단을 형성하려면 몇몇 집단 규칙들을 따르겠다고 승인해야만 한다. 통합의 개념이 갖는 의미가 바로 그러한 것이다. 다시 말해 '내' 빨래는 '너의' 빨래와 함께 세탁기 속에서 세탁될 것이기 때문에 내 세탁물의 입지가 바뀐다는 것이다. 두 사람의 세탁물이 서로 섞여 더 이상은 한 사람만을 위한 세탁물이 아니며, '우리의' 세탁물이 되기 때문이다.

결혼 생활에 대한 이론적인 개념에 따르면, 각각 개별적으로 의미를 지니던 요소들이 충분히 공동 소유물이 되기 위해 (개인적인) 입지를 상실했었을 경우에만 진정으로 두 사람이 함께하는 생활은 존재하고 있다. 그럼에도 불구하고 지극히 고무적인 결혼 생활에 대한 이론적인 개념은 동거의 입장을 과소평가하고 있다. 세탁물의 예를 다시 들어 볼 경우 어떤 젊은 여자가 일정 시간이 지난 후에, 그리고 대부분의 경우 '공동의' 것이 되는 이런 활동을 원칙적으로 책임질 것을 승인한다면, 이는 그녀가 자기 남자와 한 지붕 아래서 살고 있기 때문이 아닐까? 만약 그들이 두 개의 거주지에서 살고 있었다면, 그녀는 그렇게 하지 않았을 것이다. 우리의 관점에서 볼 때, 공동 소유의 세탁물은 함께 동거하는 생활을 나타내는 하나의 증상이다. 즉 원인이라기보다는 결과인 것이다. 특히 똑같지 않은 '개인적인' 형태로 이해된 어떤 집단을 만들어 내는 것은 바로 똑같은 공간에서 함께 보낸 시간의 길이이다. 만약 따로따로 세탁되던 두 세탁물이 주로 여성 배우자에 의해 단 하나의 세탁기에 모여진다면, 그것은 다른 관점에서 볼 때 어떤 또 다른 순간에, 또는 똑같은 시간에 남자 배우자 또한 그런 행위를 혼자 실행하면서 그러면서 한편으로 집단 활동에 책임을 질 수 있기 때문이다. 같은 지붕 아래에서 함께 산다는 것은, 나의 견해로는 둘이 사는 생활이 부부의 통합과 사회화를 생성시키고 있으므로 둘이 사는 생활의 중심 요소가 된다.

피터 베르거와 한스프라이드 켈너(1988)에 의하면, 부부의 통합은 습관에 달려 있다기보다는 배우자간의 언어적 상호 교류에 더 많이 의존하고 있다. 즉 '결혼이라는 범위 안에서의 세계 재구성은 주로 대화를 통해 이루어지고 있다' 는 것이다. 어느 한쪽이 내뱉는 표현은 또 다른 배우자에게 자신의 기준을, 자신이 선호하는 것을 나타내 주며, 자신의 제안, 즉 자신의 계획을 정당화시키거나 또는 합법화시키지 못하고 있다. 그렇기 때문에 결국 배우자들은 공유 세계에 대한 견해를 서로 공감하고 있다. 더욱이 우리들은 대화가 대부분 동거를 필연적으로 초래하고 있다고 생각하고 있다. 베르거와 켈너는 이를 말로 표현하지 않고 있다. 그만큼 그들에게 커플이 함께 살아야만 한다는 것은 명백한 일이다. 커플이 떨어져서 사는 것은 당연히 가능하고, 전화나 전자 우편 덕분에 지속적으로 대화를 나누는 것도 가능하다. 그러나 같은 주거지에서 함께 거주하지 않은 상태에서 이루어지는 부부간의 대화는 부분적으로는 형태와 의미를 변화시키고 있다. 이제 대화는 개별화될 수 있는 행위들을, 그리고 언술이 연관되어 있는 행위들을 동반하는 데 사용되지 않고 있다. 대화는 핵심적인 대상, 주된 행위가 되고 있다.

얼굴을 마주 보고 하는 대화의 특성을 이해하기 위해, 1911년에 행해진 도서관 50주년 기념사로 대통령이 한 연설[15]을 다시 읽어보자. "가정을 만들어 내는 것은 바로 책이라고 믿습니다. ……책을 읽는 노동자의 삶과 책을 읽지 않는 노동자의 삶을 비교해 보십시오. 책을 읽는 노동자는 가족과의 저녁 식사 후에 바느질하는 부인과 공부하는 자녀 사이에서 램프 아래 자리를 잡습니다. 그러고는 책을 읽습니다. ……그가 읽는 것이 무엇이든지 간에 그는 밤 늦은 시간까지 책을 읽습니다. ……그의 감정이 너무도 강렬해져서 그는 그런 감정을 혼자서만 느낄 수 없게 됩니다. 그래서 그는 아주 큰 소리로 그 구절을 읽지요……. 그리고는 바늘을 든 채 그의 말을 듣고 있는 아내와 공부하다가 멈췄던 곳을 손가락으로 가리키고 있는 아이에게 상당히 만족해하며 자신의 기쁨을 전합니다." 어제와 오늘의 공동 생활의 특징 중의 하나를 이해하기 위해, 이 장면에서 분명하게 드러내고 있는 성적인 특성——아빠는 책을 읽고, 엄마는 바느질을 한다——에 대해서는 개의치 맙시다. 가족 집단의 각각의 구성원들은 성별과 세대에 맞는 서로 다른 활동을 하고 있지만, 그럼에도 불구하고 각각의 구성원은 다른 구성원들과 함께 있다. 아버지가 몇 시간 뒤에 책의 구절을 이야기할 정도로, 또는 출장 가서 똑같은 글귀를 읽었을 경우 그 구절을 편지에 인용할 정도로, 일시적으로 자신의 관심을 끌었던 구절을 오래 기억하고 있으리라고는 상상할 수 없다. 만약 이 가족의 구성원들이 그날 저녁의 일상을 수첩에 적어두었다면, 그들은 주된 활동으로는 독서와 바느질 또는 학과 공부를 개략적으로 나타내고, 부차적인 활동으로는 어쩌면 대화를 나타낼 수 있었을지도 모른다. 엄밀히 따져 보면 이는 이치에 맞지 않다. 해석이 장면 그 자체의 의미를 바꾸고 있기 때문이다. 다시 말해 언술이 같은 공간에 있는 여러 사람들의 공존을 하나의 집단으로 변형시키고 있기 때문이다. 축제에 경의를 표하는 대통령이 얘기한 독서가 가족 생활을 창조하는 데 일조하였다고 생각한 것은 당연했다.

거주지에서 이루어지는 이러한 서로의 만남은, 자기 고유의 활동이나 다른 사람들의 고유한 활동에 관한 이런 해석은 무엇을 생성시키는가? 평온한 상태에서 근친의 존재에 맞서는 행위는 무엇을 야기시키는가? 개별적인 차이를 평등화하는 효과를 과대평가할 필요가 없는 공유 세계에 대한 견해가 분명하다. 고프만이 상호 작용이라는 용어로 지적하고 있는 것의 형식을 취하고 있기 때문에, 그것은 분명 공동 생활에 대한 습득일 것이다. 즉 '배우자들이 서로 즉각적이며 물리적인 상황에 대면하게 될 때, 자신들이 그들 각자의 행위에 행사하는 상호 영향' (1973*a*, p.23) 즉 타인과의 관계로 인한 사회화일 것이다.

2. 같은 지붕 아래서 함께 사는 생활의 미덕

특히 오귀스트 콩트는 개인을 단순한 가족의 구성원으로서만이 아니라, 사회적인 존재로도 변화시켜 주고 있는 가정의 사회화[16]에 대한 견해를 강조하고 있다. 그는 자신의 저서 《인류의 종교를 이루고 있는 사회학의 특징》(1851)에서, 가정 생활은 개개인 각자가 형제애나 자식으로서의 애정을 무의식적인 관계 속에서, 부모 사랑과 부부애를 무의지적인 관계 속에서, 자신을 오로지 혼자 있는 개인이 아닌——극단적인 경우에는 비사회적인 사람이 될 수도 있다——다른 사람들을 고려하는 개인으로 규정하도록 배우고 있는 한, '이기적인 본능에서 보편적인 공감으로의 실질적인 이행 단계'를 보장할 수 있다고 쓰고 있다. 가족은 또한 이기주의를 낳을 수도 있다. "어떤 측면에서 가정의 존재가 타인을 위해 살아가는 매력을 우리가 느낄 수 있기에 가장 적합하지만, 다른 한편으로 가정의 존재는 우리를 개개인이 타인을 가장 잘 속일 수 있는 그런 상황에 처하도록 하고 있다."[17](1851) 모든 것은 가족의 기능에 따라 좌우되며, 그 집단의 내적인 힘의 관계에 따라 달라진다. 구성원들 중에서 한 사람의 입장에 선 지나친 이타주의는 원하지 않지만, 또 다른 구성원이 지닌 이기심과 맞서는 효과를 가질 수 있다. (그것이 단지 가정의 어머니가 보이는 행위일 경우에는 우리는 헌신이라고 생각한다.)

너무도 자주 사회학에서 재확인되고 있는 개인과 집단간의 대립, '나' 와 '우리' 의 대립은 오귀스트 콩트에게서 초월되고 있다. 자기 자신으로 남아 있거나, 또는 어떤 집단에 섞여 있으려는 것 사이의 대립에는 또 다른 양자택일이 실존하고 있다. 이는 개인의 변화 정도를 바탕으로 한 질문이다. 개인은 행동할 때 다른 사람들의 관점을 어디까지 고려하고 있는가? 개인은 자신이 바라는 적절한 바람과 근친들이 기대하고 있는 바람을 적절히 존중하면서 섬세하고 다양하게 혼합하고 있다. 이런 두 기대를 혼합하고 있는 것의 구성은 구체화된 사회화 작업과 동시에 그 작업이 이루어졌던 상호 작용에 대한 명확한 본질에 따라 다르다. 자아 조절은 같은 공간 속에서 공존을 통해서만, 다른 사람과의 동거 속에서만 가능하다.

이런 행위를 더 잘 이해하기 위해서는 두 가지 형태의 정체성의 변화를 구별할 필요가 있다.

'결혼한 자아'

'같이 사는' 개인은 배우자와의 관계 때문에 변화한다. 그 결과 수정된 개인의 정체성은 '결혼한 자아' 의 형태를 띠고 있다.(F. de Singly, 1988*a*) 보완하는 차원에서의 추가가 아니라 이전의 정체성을 바꾸는 것과 관련이 있다. 그러나 두 가지 모호한 점이 있다. 첫번째로, 이런 정체성의 변화는 이전의 사회화를 어디까지 달성하고 있는가? 동일 사회 집단, 배우자간의 사회적 · 문화적 동질성은 이런 변화의 욕구를 제한하고 있다. 두번째로 이런 변화는 역행할 수 있는가? 별거 후에 결혼한 자아는 무엇이 될까? 결혼한 자아는 더 이상 법적인 효력을 날마다 가지지 못할 수도 있다는 사실에도 불구하고 그는 어떻게 자기 자신을 유지하고 있을까?

정체성 왕래

'같이 사는' 모든 개인은 함께 사는 사람들의 기대에 다소 민감하게 반응한다. 따라서 그는 친구들의 요구에 부응하면서 자신의 행동을 (다소) 변화시킬 것을 수용하고 있다. 또 다른 순간에는, 특히 친구들이 면전에 있지 않기 때문에 그는 '혼자 있는' 개인이 되고 있다. (아니, 상황을 복합적으로 만들고 있다. '함께하는' 개인이다. 그러나 그 개인의 소속 기준은 변화한다. 예를 들어 개인은 사적인 친구들과 '함께' 있다.) 따라서 개인은 여러 형태의 정체성들 속에서, 즉 '혼자인 자아' '가족 구성원들과 함께하는 자아' '가족의 통제를 받지 않는 친구들과 함께하는 자아……' 등 사이에서 동요하고 있다.

자신의 정체성에 대해 일어나는 일반적인 변화의 정도가 어떻든지간에 개인의 행동의 변화는 있기 마련이다.(첫번째 단계) 자신의 자아가 거의 '결혼의' 상태에 처해 있지 않더라도 타인의 존재를 고려하지 않고 사는 개인은 없다. 뒤집어 말하면, 새로운 정체성을 형성한 개인 또한 똑같은 태도로 행동하지 않는다는 것이다. 그리고 개인은 자신이 처한 상황에 적응하고 있다. 예를 들어 우리는 젊은 커플들이 서로가 다르다는 것을 느낄 수 있도록 해주는 과정을, 특히 자신의 파트너와 함께 있느냐, 아니면 아파트에 혼자서만 있느냐에 따라 그들이 다르게 행동하도록 이끄는 과정을 어떻게 인식하고 있는지 간파할 수 있을 것이다.

시간과 공간에 따라서 자아가 취하고 있는 표현의 다양성은, 사회학자들에게 자아는 존재하지 않으며 상대의 요구를 충족시켜 주기 위해 후천적으로 재구성되는 것일 뿐이라고, 그러므로 자아는 하나의 허상에 불과할 뿐이라는 결론을 내리도록 유도하고 있다.[18] 이는 하나의 실수이다. 자기 자신의 변화, 그 '다양한' 자아는 어떤 단계(여러 상황 중의 한 단계)에서 생성되며, 이는 또 다른 단계에서만은 배제되지 않으며, 그 자아는 하나의 단일성을 가지고 있을 것이다. 이 두 단계는 독립적이지 않으며, 상호 작용을 하고 있다. (두번째 단계의) 자아의 변화는 모든 개인에게 동일하게 일어나지 않는다. 그런 변화는 (첫번째 단계의) 정체성에 대한 정의를 구성하는 하나의 요소가 되고 있다. 뒤집어 보면, '결혼한 자아'의 완성은 단지 개인이 처한 상황의 변화 내에서만 실행되고 있다.

(중장기적으로 볼 때) 정체성의 상대적 안정은 정체성 왕래라 명명한 단기적인 움직임과 연결되어 있다. 자기 집에서 혼자 살고 있는 개인과 어떤 거주지에서 다른 사람들과 함께 거주하는 개인간의 가장 큰 차이는 정체성의

이동이 보여 주는 생활 방식에서 드러나고 있다. 이중 거주지를 가지고 있는 커플의 경우 보다 큰 문제로 거론되었으며, 남자와 여자의 상황이 판이하게 다르다. 남자는 일주일에 며칠 집에 있으며, 여자는 아이들과 함께 가족의 주거지를 지키고 있다. 그러므로 여자는 항상 '함께' 있다. 여성의 측면에서 볼 때, 남편의 부재로 인해 자아를 연출하는 구속을 경감할 수 있을지라도 말이다. "가장 즐거운 거요? 아파트에서 맨발로 걸어다니는 거요. 그것도 얼굴에 진흙팩을 하고, 발톱에는 매니큐어를 바르고, 매니큐어가 잘 마르도록 발가락 사이에 솜을 끼워둔 채로, 맨발로 아파트를 거니는 거요." '혼자인' 개인에게는 마주 보고 있을 사람이 없기 때문에 자신의 사생활 속에서 타인을 고려해야 하는 구속이 없다. 그러나 '함께하는' 개인은 적어도 조금은 구속을 받고 있다.

3. 동거의 유용성에 대해

여럿이 함께 사는 생활은 사회화의 관점에서 볼 때 개인의 사회 정착에 아주 유익한 구속이다. 노베르트 엘리아스(1991)의 표현을 빌리자면, 이는 특히 개개인이 '개인들의 사회' 속에서, 다시 말해 똑같은 움직임 속에서도 다른 사람을 존중하는 개인들을 존중할 줄 아는 사회 속에서 살아가는 방법을 배우기 때문이다. 불가피한 공간적 동거는 단지 현대적 관계를 기본으로 해서 상호 교류가 이루어지는 경우에만 의미가 있다. 즉 개인은 '함께 살' 준비가 되어 있고, 공동 생활의 동반남(동반녀)이기 위해, 참고 견디기 위해 자신이 실행해야만 하는 적응을 받아들일 준비가 되어 있을 경우이다. 이는 근친들이 자신을 하나뿐인 자아를 부여받은 사람으로 인정해 줄 때, 근친들도 마찬가지로 노력을 하고 있다는 조건일 때 그러하다. 사적인 영역에서 생성된 관계는 '공동체의 관계'와는 일치하지 않는다. 이는 집단이 개인보다 앞서 존재하지도 않으며, 개인을 지배하지도 않기 때문이다. 또한 사적인 영역에서 생성된 관계는 '어떤 집단에 소속되어 있는 관계'와도 관련이 없다. 이는 개인이 이성에 의해서만 행동하지는 않으며, 독창성을 요구하고 있기 때문이다. 개인의 우월성의 측면에서는 어느 집단에 소속되어 있다는 논리에 속하며, 상호 애정적인 만족을 만들어 낸다는 측면에서는 공동체 논리에 속하는 세번째 관계[19]와 관련이 있다. 임시로 우리는 그것을 이타주의적인 개인주의라고 명명하자.

뒤집어 보면, 계속해서 혼자 사는 생활은 개인에게 근친들이 보장해 준 정체성 인정을 박탈시킬 수도 있으며, 그리고 개인 스스로가 실행해야 하는 이중의 작업——근친들에게 그 대신 인정을 보장해 주는 작업과 공동 생활이 가능할 수 있는 것에 공헌하는 작업——을 개인에게서 빼앗을 수도 있다. 이 두 요소는 분리될 수 있다. 혼자 사는 사람에게는 자신을 재인식하게끔 해주는 아주 가까운 친구들이 있을 수 있다. 어떤 사람은 서로 애정 관계를 맺지 않은 채로도 같은 공간에서 다른 사람과 함께 살 수 있다. 커플의 생활과 가족 생활에 대한 특성은(그것의 해석이 고전적이든, 재구성되든, 동성애적이든, 또는 이성애적이든, 어떻든지 상관없다) 이 두 요인의 결합, 즉 인정과 동거의 결합 속에서 나타난다. 따라서 친구 관계와 가족 관계는 서로 구분된다. 유일하게 가족 관계만이 (대개) 특수한 결과와 함께 공동 생활에 기반을 두고 있다. 만약 두 측면간의 구별이 타당한 것이라면, 그렇다면 보호자인 부모와 함께 사는 의붓부모와 그 보호자인 부모의 아이 사이에 있는 관계의 본질에 대해 의문을 제기해 보는 것은 필연적이다. 이런 관계는 부모의 권위의 공식적인 부재로 인해(특히 비보호자인 아버지가 자식과 긴밀한 관계를 유지하고 있을 경우) 친구 관계와 유사했다.(I. Théry와 M.-J. Dharvenas, 1993) 그러나 이런 등가 관계는 동거와 관련되어 나타나는 효과를 과소평가하고 있다. 오히려 의붓아버지가 반대로 의붓자녀들과 같은 지붕 아래서 함께 살고 있기 때문이다. 이런 측면에서 볼 때 의붓아버지는 평범한 보통 친구는 아니다.

현대인의 가족을 정의하기 위해, 제1의 구성 요소인 인정을 가장 많이 강조하는 경향이 있다. 이는 바로 현대 철학자들이 가족과 공동 생활의 유용성에 대해 곰곰이 생각하면서 행한 것이다.(T. Todorov, 1995) 따라서 베로니크 뮈노-다르데(1999)는 성인은 자기 형편에 맞게 살 자유가 있으므로, 공립 고아원을 열기 위해서 가정의 집을 폐쇄하지 말아야 했는지 자문했던 플라톤에 의해 처음으로 제기되었던 문제를 재론하고 있다. 철학자들의 대답은 사적인 영역에 거의 내재되어 있는 성별간의 불평등을 강조하는 부정적인 대답과 아이들이 참을 수 있는 나쁜 대우를 강조하는 부정적인 대답 사이에서 주저하고 있다. 긍정적인 대답은 각자에게 부여되고 있는 개인적인 인정 때문에 정체성 구축에 일조하는 가정의 기여를 강조하고 있다. 그러므로 가정은 해체되면 안 된다. 가정은 아이들이 조건 없이 대우받을 수 있는 ('그 안에서 끝까지 보살핌을 받는') 보다 나은 환경을 제공하기 때문이다. 이러한 무조건성은 부모가 베푸는 무상의 정성에서 파생되어 나오며, 또한 영속성에서 나오고 있다. 따라서 다른 제도 속에서 일어나는 일들과는 다르게, 이 사람들의 단일성에 기인하고 있다. 아이는 '특별한 사람'으로 여겨지고 싶어하고, 앞으로의 발전을 위해 인간으로서 자기만이 지닌 고유한 가치의 생생한 의미를 지니고 싶어하며, 그리고 자신의 도덕적인 능력을 시행해 보고 싶어한다.(뮈노-다르데가 인용한 존 롤스의 표현에 의함)

보살핌과 연결되어 있는 무상의, 무조건적인 사랑은 아이가 자아를 찾고 상당한 수준의 자아 존중을 할 수 있도록 해주기에 충분하다고 생각할 수 있다. 그렇게 생각하기 때문에 사람들은 가정 생활의 또 다른 측면, 즉 같은 공간에서의 공존을 잊고 있다. 그런데 가정 안에서 가장 어린아이조차도 자신은 그 자체로서 사랑을 받고 있으며, 다른 사람들의 생활을 존중해 주기 위해 어떤 공동의 규칙들을 따라야만 한다는 것을 알고 있다. (가능성이 있는) 형제자매들 중에서도 가장 어린아이는 언니오빠들에 비해 차별화된 대우를 받을 권리가 있으며, 그러면서도 한편으로는 자신도 몇몇 동일한 원칙을 따르고 있는 가족이란 집단에 속해 있음을 인정해야만 한다. 가족의 애정이 공동 생활의 규제를 제거하고 있지는 않다. 가족의 애정은 인간 관계의 개별화로 인해 (가족의 대체물인 학교나 일반 고아원처럼) 제도의 생활 규범에 비하면 생활의 규제를 분명 완화시켜 주고 있다. 또 다른 사람들의 존재로 인해 발생되는 이런 규제는 개성화에 대한 조절틀을 형성하고 있다. 동거의 속박이 없는 애정어린 정체성의 인정이 지나친 자아 팽창이나 지나치게 강한 이기주의를 낳을 수도 있다. 완전히 뒤집어 볼 수 있듯이, 인정의 측면을 포함하고 있지 않는 동거의 규제들은 총체적인 제도들의 극단적인 환경 속에서처럼(E. Goffman, 1968) 자아의 궁극적인 목적인 비개성화를 초래하고 있다. 현대의 가정이 완전한 제도가 아니라면, 가정이 개인들이 사회화되고 성숙해질 수 있는 집단의 장소일 수 있다면, 이는 가정이 두 구성 요소, 즉 개인과 집단을 배합할 줄 알기 때문이다. (또는 알고 있을지도 모르기 때문이다.)

제 I 부

공동 생활을 통해 타인 존중을 배우기

어느 혹독하게 추운 겨울날,
한 무리의 고슴도치들이 영하의 추위에 맞서 각자의 체열로
서로를 보호하기 위해 촘촘하게 모여 있었다.
그러나 그들은 곧 서로 떨어져 있도록 만드는
자신들의 몸의 일부인 가시가 다가오는 것을 느꼈다.
자신의 몸을 따뜻하게 하려는 욕구가
그들을 또다시 접근하게 할 때마다 똑같은 불편이 되풀이되었고,
그 결과 그들은 추위와 가시의 따가움의 고통 속에서
우왕좌왕하였다.

—— 아르투어 쇼펜하우어, 《소품과 단편집》

2

접촉을 통해 사회화되기:
음악과 텔레비전에 있어서 부부의 프로그램 편성

응용심리학의 베스트셀러인 한 책의 제목——모든 것은 여섯 살 이전에 행해진다.(F. Dodson, 1972)——은 우리를 미소짓게 하고 있다. 그렇다면 그 이후의 나머지 생은 단지 인생 초반기에 대한 확인이요, 암송이요, 결산에 불과하다고 순진하게 생각해서는 안 되는가? 그러나 전통사회학은 최초의 사회화 과정에 지배적인 입장을 부여해 주면서 암묵적으로 그러한 전제 사항을 기반으로 하고 있다.(F. Dubet, 1994) 사회학자들은 오히려 성인을 완성된 존재로 보고 있다. '부모들의 다양한 사회적 출신' 의 권위는 세상에 대한 그러한 시각을 나타내는 표지이다. 남자는 또는 여자는 역사를 만들 수 있다. 역사는 어린 시절을 기준으로 했을 때에만 의미가 있다.[20] 포괄적인 의미의 사회학(J.-C. Kaufmann, 1992, 1997)이 재생될 때에도 초기 교육의 중요성은 또다시 확인되었다. 커플들은 공동 생활 초기에 서로를 위해 일신할 수는 있지만, 시행착오의 일정 기간이 지난 뒤에는 그들 서로가 부모의 슬하에서 익힌 것들을 확인해 주는 습관을 드러내고 있다고 생각할 수 있다. 공공연하게 선포된 창의성은 현대성에 대한 환상일지도 모른다. 최초의 사회화 과정이 갖는 힘이 인류 역사의 긴 시간과 맞먹기 때문이다.

부수적인 사회화 과정의 형태

가장 지배적인 외형적 특징에 대한 가정의 반응으로 두 가지 이론적인 태도가 가능하다. 첫번째는, 예를 들어 심리학의 팔로 알토학파나 또는 사회학의 어빙 고프먼의 저서 일부를 가지고 상황과 상호 작용에 중점을 두는 데 있다. 두번째는, 우리들의 태도로 최초의 사회화 과정의 단순한 배열로, 또는 정체성을 거의 감지할 수 없는 지역에서의 보완물로는 더 이상 생각되지 않는 부수적인 사회화 과정을 재평가하는 데 있다. 성인은 자기 구축을 끝내지 못했다. 어떤 면에서 보면 그들은 지금도 '영속적인 교육' 을 받고 있는 중이다. 그들은 가까운 사람의 시선 덕분에 자기 자신에 대해서 깨닫고 있다. 그들은 또한 또 다른 사회 능력, 즉 행동하기 이전에 같은 지붕 아래 함께 살고 있는 사람들의 바람과 관심을 고려하기 위해 조금은 자기 자신으로부터 벗어날 줄 아는 능력을 획득하고 있다.

엄밀히 말해 개인은 커플에 속한 순간부터, 그리고 자기 파트너와 함께 거주지를 공유하게 되면서부터는 절대 '혼자' 가 아니다. 동거인에 대한 자신의 지위 때문에 개인은 자신의 동거남이 또는 동거녀가 세상을 인식하고 있는 그대로의 세상을 볼 수 있다. 그리고 그 지위는 이런 표시에 따라 개인의 행동을 조정하고 있다. G. H. 미드(1963)에 뒤이어, 다수의 사회학자들(E. Goffman, 1975; C. Dubar, 1991)은 사회화 과정을 자신에 대한 다른 사람의 관점의 국제화로 이해하고 있다. 정체성은 중요하거나, 또는 일반화된 다른 사람(친구나 사회)의 암묵적인 요구, 또는 명백한 요구에 따라 변화된다.

애정이 있는 공동 생활의 결과로서 나타나는 자기 해탈의 과정은 명백히 구분되고 있다. 즉 그것은 자신과의 거리이며, 자신에 대한 비판적인 시각의 형태이다. 이는 자기 파트너를 존중하고 파트너와의 관계를 유지하기 위해 자신의 행동 노선을 바꾸도록 유도하고 있다.(1절) 그러한 과정은 확인 의식과 유사하다.(E. Goffman, 1973b) 그러나 그 과정은 적어도 두 가지 기능적 특성으로 인해 그것과는 사뭇 다르다. 첫째, 그것은 단기간의 상호 교류 속에서는 설정되지 않는다. 배우자는 다른 사람이 즉각적인 보상을 요구하지 않는데도 편안하게 있지 못할까 봐 자신의 행동을 변화시키고 있다. 따라서 이는 상호적이어야만 하는 안녕이나 안부 인사에 견줄 수 있는 움직임은 아니다. 둘째로, 이런 과정의 실행은 수혜자의 관점에서는 보이지 않을 수도 있다. 어쨌든 이미 실행한 노력을 강하게 강조한다는 것은 행위의 의미 일부분을 상실시킨다. 그러므로 선택된 기록은 관계의 존재를 강조하는 (선물처럼) 표시자의 예외적인 기록이 아니다. 자아의 상대적인 망각을 입증하는 제스처는, 어떤 행위나 어떤 행위의 부재를 이용해 일상 생활에서 불시에 나타난다. (자숙하는 행동은 흔히 볼 수 있는 존중 형식의 일면이다.) 따라서 만약 배우자 중의 한 사람이 피곤한 상태라면, 혼자 외출할 생각을 했던 또 다른 사람은 그의 곁에 머물기 위해 그와 함께 남아 있을 수 있다. 다른 사람에 대한 배려는 자기 자신에 대한 객관적인 판단과 일시적으로 다른 사람의 입장이 되어 볼 수 있는 능력 여하에 달려 있다. 공동 생활은 항상 적어도 정체성 변화를 조금은 증가시키고 있다. 그리고 정기적으로, 공동 생활은 그런 식으로 자신을 둘로 나눌 수 있기 때문에 보다 덜 자기 중심적인 개인을, 다시 말해 자기 자신을 꼭 중심으로 하지 않는 개인을 변모시키고 있다. 개인은 동거와 애정을 통해 요구되는 조정 속에서 자신의 걱정과 타인의 걱정을 결합하는 방법을 배우고 있다.[21] 특히 음악이나 텔레비전 때문에 발생되는 아파트의 소음은 자신만의 행위를 정착시키는 가운데 가까운 사람을 고려하는 태도의 다양성을 이해시켜 줄 수 있다. 쉽게 말해 음악에 대한 합의는 쉬이 이루어진다.(2절) '내가 좋아하는 음악' 은 타인이 없는 동안, 즉 자신이 '혼자' 있는 동안에 듣는다. 부부라는 팀이 모였을 때는 타협에 이르는 협상이 이루어진다. 그러므로 자주 듣는 음악은 서로가 싫어하지 않는 음악일 것이다. 이는 부부의 공통 기호를 만들어 낼 수 있다. 음악은 또한——자신을 위한 음악, 다른 사람을 위한 음악 순으로—— '바뀔' 수도 있다. 그러나 이런 유형은 가장 많이 사용하는 해결책은 아니다. 계속해서 개개인의 귀를 거슬리게 자극하기 때문이다. 언제나 음악적 분위기의 구상은 공동 생활을 즐겁게 만들기 위해 두 배우자가 보여 주는 능력의 표시이다. 텔레비전과 관련해서는 이런 목표에 도달하기가 분명히 말해 더 어렵다. 단순한 소음의 문제가 아니기 때문이다. 텔레비전은 시간을 갉아먹기 때문에 자기 파트너를 더 많이 이용하고 싶어하는 배우자(흔히 여자)의 경우 방송 프로그램과의 경쟁으로 인해 화가 난다.(3절) 텔레비전은 성의 사회 관계가 가장 잘 지각될 수 있는 영역 중 하나이므로 지배하거나 아니면 지배받는다. 수단을 통한 타협——음악에서처럼 둘 다 좋아하는 방송을 찾기——은 거의 불가능하다. 기호가 좀더 분명하게 갈리기 때문이다. 텔레비전의 경우는, 다른 배우자가 있음으로써 발생된 자기중심적 사고의 범주 탈피의 한계에 이르게 된다. 선호하는 방송 프로그램을 시청할 권리를 주장한다는 것은 자신의 권리를 요구하는 방법이다. 사람들은 원하는 것을 시청할 수 있다는 조건하에 자신의 배우자에게 상당한 권리를 양보하고 싶어한다. 그러므로 프로그램을 교대로 번갈아 보는 것은 피하고 싶은 관계들 중 가장 흔히 사용되는 해결 방식이며, 대결과 종속 관계를 구성하고 있다.

1. 자아 해탈

'함께 사는' 방법을 배우기. 남성의 진술

일상 생활에서 자아 해탈이 해석되는 방식을 이해하기 위해, 한 여성(22세, 영업사원, 석사 수준)과 한 남성(22세, 언론보좌관 수업중)을 따로따로 인터뷰[22]한 대담을 분석해 보자. 이들은 가구 딸린 아파트에서 3개월 전부터 함께 살고 있다. 그것은 하나의 시도였다. "우린 서로가 커플을 유지할 수 있을지 어떨지를 알 수 없었기 때문에 가구 딸린 아파트를 원했어요. 그래서 다음날 갑자기 '아파트를 돌려 드릴게요' 라고 말할 수 있었죠. 그러고는 서로 헤어졌어요." 부부 생활에 더 많이 저항을 하는 올리비에의 진술과 부부 생활에 보다 참여적인 세브린의 진술은, 배우자에게 새로 태어난 공동체 사회의 틀 속에서 처신을 잘하고 있다고 평가받기 위해 서로가 기울인 노력이 어떠했는지를 보여 주고 있다.

올리비에는 자신이 사랑하는 세브린과 함께 살지 않으려고, 초기에 자신은 그녀를 돌볼 수 있을 정도로 융통성 있고 남을 위해 기꺼이 마음을 써주는 남편이 될 수 없음을 그녀에게 설명했다. 그는 '유죄와 무책임함을' 주장했다. 그는 언론보좌관이 되는 길을 배우고 있는데, 이기주의처럼 인식될 수도 있는 면은 자신의 직업이 주는 구속의 결과라고 주장하고 있다. 그리고 이런 직업은 그가 매순간, 특히 사회적으로 사생활이라고 정해 놓은 시간에도 준비 상태로 있기를 요구한다. 어떻게 보면 회사와 결혼을 한 그를 다르게 표현해 보자면, 그는 동시에 내연의 남편이 될 수도 없다. "나에게도 생활이 있어요. 고독한 생활이 아니라 아주 독립적인 생활이오. 전 예상치 못했던 일들을 많이 합니다. 또 밤마다 글을 쓰지요. 다시 말해 '전 그렇게 출발해서, 제가 몇 시에 귀가하게 될지를 모릅니다.' 전 누군가가 아주 힘들

거라고 생각하곤 했어요. 특히 그녀는 그걸 잘 알고 있었어요. 그녀 스스로 자신의 생활을 어떻게 조직했는지를, 그리고 제가 온종일 밖에 나가 있는 것을 그녀가 참고 견딜 수 있었는지 어땠는지를요." 올리비에는 커플이 두 개인을 모아 놓은 것이 아님을 자신도 알고 있다는 걸 증명하고 싶어했다. 그가 공동 생활을 받아들이고 있는 현재, 그는 자신이 자기 자신의 상태에 있으면서 동시에 '함께' 사는 개인으로 조금은 규정되어야 한다고 느끼고 있다. 그는 대담 내내 자신이 세브린을 위해 한 노력들이 자신의 정체성을 변질시키지는 않았다고 주장하고 있다. "전 근본적으로는 변하지 않았어요. 그러나 제 자신에게 무언가를 하도록 강요하고 있지요. 오늘 저녁은 외출하면 안 돼. 그래요, 그렇게 제 스스로 자율적으로 규제를 하고 있어요. 자제하지는 않아요. 그렇죠, 뭐."

따라서 올리비에는 세브린과 함께 임시 거주지로 생각되는 가구 딸린 아파트에 거의 장식을 하지 않고 살았었다. 그는 비디오 클럽을 관리하고 있는 한 친구에게서 '빼앗은' 포스터들을 벽에 붙여두었다. 이 선택에 대해 질문을 받자 그는 조금 당황해했다. 그는 커플이라는 이름하에 행동했었음을 주장하면서도 그 포스터를 혼자서 선택했다는 것을 부인할 수 없었다. "어쨌건 우리는 함께 협의했어요. 결국은 이름하여 합의를 봤죠. 《펄프 픽션》 포스터는 우리 둘 모두 굉장히 좋아했어요. 아주 잘했다고 생각했죠. 그리고 《아담스 패밀리》 포스터는 그녀가 아주 좋아했어요. 전 그녀에게 아무것도 강요하지 않았어요. 전 포스터를 가져왔고, 그녀에게 의견을 물었고, 그러고 나서 포스터들을 벽에 붙였어요." 올리비에는 협의를 추종하는 사람은 아니다. 그는 자기 동거녀의 기호를 자주 예상하지 못하고 있다. 따라서 그는 자신이 행한 행위를 경우에 따라 수정하면서 경험에 의해 예상치 못했던 동거녀의 기호에 대응하고 있다. "음악 선택은 제가 합니다. 만약 이것이 그녀를 불쾌하게 하는 것이면, 그녀는 제게 말을 합니다. 그러면 보통 저는 바꾸죠. 음악에 있어서 우리는 전혀 다투지 않아요. 그러나 텔레비전의 경우는 그렇지 않죠. 진심으로 다투는 것은 아니에요. 그녀는 여성과 관련된 프로그램들을 보고 싶어하죠. 전 그런 것들을 몹시 싫어하고요. 그런 것들은 절 착각하게 만들 거든요. 전 오히려 축구 경기나, 사색할 필요가 없을 정도로 사건이 전개되고 말이 나오는 영화를 좋아하죠. 그녀는, ……그녀는 온종일 아르테 채널만 봐요. 모든 게 맘에 달렸어요. 좋은 물건들이 나오잖아요. 저도 가끔은 시청할 의향이 있어요. 우린 합의했죠. 한 사람이 다른 사람이 보고자 하는 프로그램을 좋아하지 않을 경우, 다시 말해 제가 싫어하거나 그녀가 싫어하는 프로그램일 경우에는 다른 것을 하기로요. 책을 보는 거예요. 텔레비전에 대해서는 서로가 언급을 하지 않았어요." 세브린의 존재는 올리비에에게 그녀의 기호가 그리 명백하지도 일반적이지도 않다는 것을 상기시켜 주고 있다. 음악과 관련해서는, 그는 자신의 직업과 능력 때문에 자신이 선택할 역량이 있다고 평가하고 있다. 텔레비전의 경우 프로그램은 복잡하다. '소녀들의' 기호가 그에게는 우습게 보일 수 있다. 그도 '소년의' 기호가 더 우수한 것은 아님을 알고 있다. 이런 의심은 어떤 또 다른 측면, 즉 문화의 간섭으로 인해 두드러진다. 여성은 문화적 합법성과 연결될 수 있기 때문이다. 그러므로 그는 피곤함을 이유로 문화를 거절할 권리와 세브린과 가까워지도록 해주는 문화 체계를 따르는 순종 속에서 머뭇거리고 있다.

다른 사람을 고려한다는 것은 적어도 세 가지 형식을 취한다. 누군가 자신에게 강요했었을 무언가에 이의를 제기할 때 파트너의 말을 경청하기. 선호하는 시스템을 자기에게 따라 달라고 요구하지도 않은 상태에서 파트너가 자기 자신의 것인 양 행동하지 않는 것을 받아들이기. 그리고 공동 프로젝트를 둘이서 완성하기. 올리비에는 세번째 양식을 적용하는 게 가장 어렵다. "둘이서 하는 무슨 활동이오? 그런 공동 프로젝트가 없는 게 우리에겐 가장 큰 문제예요. 그래서 그것을 찾아보면…… 우리가 공동으로 할 수 있을 법한 유일한 것들로는 아마도 스포츠 · 영화 · 연극일지도 모르죠. 드물지만 시간이 있어서 우리가 그것을 할 수 있을 경우 우린 만족해합니다. 항상 같은 기호를 갖지는 않지만 우린 매우 좋아하고 있어요. 우리가 어떻게 선택해야 하죠? 그녀가 만약 '아니, 거절할래' 라고 말하면 우린 그걸로 끝을 내죠. 아니면 우리 둘 모두 보고 싶어하는 것이겠죠. 그것도 아니면 그녀는 다른 시간에 그곳에 갈 수도 있지요. 그리고 저 또한 그럴 수 있을 거고요……. 전시회가 그녀의 관심 밖이라거나, 내게도 별로 관심 가는 것이 아니라면 그렇다면 우린 전시회를 보러 가지 않아요. 결국에 저는 그곳에 가지 않아요. 그녀는 갈 수도 있겠죠. 영화관의 경우가 제게는 비슷한 상황이겠군요. 밤이면 우린 서로 얘기해요, '너 정말 그거 좋아하는 거야?' 라고.

저녁에는 문제가 더 적어요. 전 우리가 바로 이런 이유 때문에 함께 있다고 생각해요. 우린 그럭저럭 어느 정도는 논의를 해요. 가끔은 불의의 반발이 있을지라도 제가 생각하기에 우두머리는 없어요."

올리비에는 그녀와의 관계나 자신에 대해 말을 하도록 유도되었기 때문에 세브린과의 대화 조절을 강조하고 있다. 그러면서 한편으론 자신이 솔선수범해서 대화 조절을 하지 않은 것에 고마움을 느끼고 있다. "제 경우는 말하는 것을 좋아하지 않습니다. 그런데 그녀는 말하는 것을 굉장히 좋아해요. 어느 순간에 전 궁지에 몰리게 되죠. 그래요, 그녀는 말을 많이 하지는 않아요. 그러나 낮에 있었던 작은 일화들을 이야기하죠. 반면 전 아니에요. 전 말을 하지 않아요. 우린 텔레비전을 볼 때 서로 토론을 합니다. 그러나 특히 전 저에 대해 말하진 않아요. 전 다른 사람에 대한 화제로 잘 돌리지요. 우린 텔레비전에 나오는 시라크 대통령의 문체를 가지고 농담을 하지요." 올리비에와 세브린 사이에서 실토된 차이는 남녀 관계의 전형이다. 일반적으로 남자들이 여자들에 비해 자신에 대해 설명하는 것을 덜 좋아하기 때문이다. 그러므로 자신에 관한 일과 교분에 대한 일은 사회적으로 여성적인 활동이면서 동시에 문화적인 활동이라고 간주되는 그런 활동과 가깝다. 올리비에는 자신이 남성 정치인들을 우롱하고 있다고 높이 평가를 하면서도 한편으로는 '선두에 있음'을 두려워하고 있다.

올리비에는 관계가 일련의 이완된 순간들과는 또 다른 것임을 인정하면서 공동 생활의 원칙을 잘 지키고 있다. 동거 '전후'를 비교하게 된 그는 "그건 근본적으로 다르죠"라고 평가한다. "제게는 세브린이 항상 휴가중이거나 축제중이고, 흥분해 있는 것처럼 보였어요. 반면 전 매일매일을 살기 위해 그녀를 보고 있고요. 이는 우리의 관계를 무르익게 했어요. 그리고 나도 이것 때문에 성숙했고요. 전 제 집에 누군가가 있음을 수용해야만 했었으니까요. [그들은 남자의 집이 아닌 새로운 거주지에 정착했었다.] 전 저를 위해 생각할 필요가 없었어요. 우리들을 위해서 생각해야만 했죠. 설령 그것이 간단한 것일지라도 전 일과표를 가져야 할 것 같았어요. 우리의 관계에서 이런 것은 그리 많이 심각하진 않았어요. 2년이 지나서 우린 우리가 어디로 가고 있는지를 알게 되었거든요. ……우린 이미 3개월 동안 휴가를 함께 보내며 체험했었거든요. 우린 어려운 처지를 함께 체험하진 않았어요. 그러나 우린 24시간 중 24시간을 서로의 눈을 바라보고 있는다는 것이 무엇인지를 이해하게 됐어요. 유일한 차이점이 어쩌면 우리를 좀더 가깝게 만들어 주었는지도 모르죠." 올리비에는 그래서 아파트가 중요한 역할을 한다고 평가하고 있다——그러나 아파트가 아직은 그들의 공동 과업은 아니다. 사랑이 그 열정적인 형식으로 뜨거워지지는 않는다. 사랑이 동거로 인해 형식의 일부분을 바꾸고 있다. "구속이 있어요. 그 구속이 아직까지는 보다 강력하죠. 열정은 아니에요. 그러나 우리가 원하건 원치 않건 이 아파트는 우리들의 관심 대상이지요. 우리가 서로 다퉜을 때 그녀는 도망칠 수 있습니다. 그러나 전 그녀가 다시 올 거라는 것을 알죠. 그녀의 옷가지가 집에 있으니까요. 그건 하나의 단일성이에요, 우리들의 소유이고, 바로 여기에 있는 거지요. 그리고 우리는 그것을 지키려고 해요." 부부 관계는 공간과 이 공간이 강요하는 규칙을 통해 표출되고 있다——"부부 관계는 우리에게 달려 있어요."

'함께 사는 것'을 배우기. 여성의 진술

동거남에 대한 세브린의 판단은 엄격하다. 대담의 상당 부분이 올리비에의 노력이 충분하지 못함에 대한 비판으로 할애되었다. 그녀는 그가 자신의 생활 방식을 조금도 예상하지 못해 둘의 생활을 더 어렵게 만들고 있다고 말함으로써, 그가 '조금 나이 든 소년 스타일'로 남아 있다고 생각하고 있었다. 그녀는 두 가지 예를 들어 보였다. 우선 텔레비전의 예를 보자. "전 매주 파리 축제 스타일의 프로그램을 생각합니다. 그가 하지 않는 게 바로 이거예요. 그는 생각조차 하지 않아요. 우린 시종일관 텔레비전에 열중하지 않아요. 자주 보는 것도 아니고요. 그러나 그건 바로 제가 생각하는 것이에요. 만약 우리가 원한다면 적어도 우린 그것을 가지겠죠. 그러나 그는 텔레비전을 생각지 않아요." 다음은 정돈의 예를 보자. "전 지나치게 까다로운 성격의 소유자는 아니에요. 그래도 특히 둘이 살 때는 기본이란 게 있죠. 전 혼자 살았을 때는 몸이 움직이는 대로 그냥 내버려두곤 했었어요. 그러나 우린 둘이기 때문에 노력을 해야 하죠. 예를 들어 더러운 옷가지를 아무 데나 질질 끌리게 내버려두지 않는 거요. 다른 사람도 그곳에서 보낼 테니까요." 이 문장들이 외관상으로는 객관적인 것으로 보이나, 마지막 문장들은 자신의 동거남을 겨냥해서 한 말이다. 좀더 뒤에 그녀는 올리비에가 가방을 잘못 정돈해 두어 넘어졌다는 이야기를 했기 때문이다. 그녀는 자신도 매일 옷 갈아입는 것을 좋아하고, 옷이 끌리지 않도록 하는 게 어렵다는 것을 인정하기 때문에 절도 있는 어투를 취하고 있다. ("바닥에 있는 옷들은 그의 것보다는 제 것이 더 많죠. 남자 바지는 세 개인데, 제 치마는 열다섯 개나 되거든요.")

자신의 동거남을 분명하게 사회화시키기 위해——이런 계획을 전혀 언급하지 않은 올리비에와 달리——그녀는 올리비에가 그 타당성을 인정해 주었던 가사 분담 원칙을 심사숙고해서 만들었었다. 예를 들어 '음식을 먹게 해준 사람은 설거지를 하지 않기' 같은 것을. 그녀는 올리비에가 혼자 살 때 '아무거나 먹었었기' 때문에 요리는 자신이 하길 원했다. 그리고 그 '보완물'(그녀가 사용한 용어임)로 설거지를 요청했다. 불행히도 그는 설거지하는 것을 잊고 있다. 세브린은 귀가했을 때 모든 것이 정돈되어 있지 않음을 본다. "주방은 아주 작아요. 제 머린 그 생각으로 꽉 차죠. 그래서 전 설거지를 해요. 전 전업주부가 아니기 때문에 제가 설거지를 하게 되는 것이 불쾌해요." 그녀는 자주 동거남의 행동에 주의를 주고 있다. 그녀는 실망하고 있다. "이것 때문에 우린 심하게 다투는 일이 자주 있어요. 그는 지나칠 정도로 아무 말도 하지 않아요. 전 그가 그런 사실을 인정하고 있는지 어떤지조차 알 수가 없어요. 제가 심하게 질책을 하면 잠시 후에 그는 설거지를 하죠. 그러나 일주일이 지나면 그와 같은 일이 다시 시작돼요. 가족 차원이면 정말 이래선 안 되죠. ……그 사람은 제가 자기에게 해주고, 자기는 거의 아무것도 하지 않는 것에 익숙해져 있어요. 언제나 제가 굴복해서 결국은 홧김에 그걸 하리라는 것을, 그리고는 제가 지겨워한다는 것을 예측하고 있어요. 바로 이 때문에 소리를 조금은 지르게 돼요. 자주 그러죠." 세브린이 확신하는 것은 올리비에의 무관심이 자신에게 반감이 있어서 그런 것은 아니라는 사실이다. 올리비에는 자신의 소지품에 대해서도 소홀히 하고 있다. 그녀는 공동 소지품이라고 생각하는 것을 그녀 혼자서 정돈하려는 유혹을 뿌리치고 있다. "제가 귀가했을 때 가끔 전 정돈하고 싶었어요. 그러나 전 정돈이 저 혼자만의 일이 아니라고 생각했어요. 누군가 올 사람이 있으면 가끔은 제가 정돈해요. 전 노력하고 있어요. 정말 지나칠 정도로 너무 난잡할 경우엔 제가 정돈을 하죠. 그러나 보통은 난잡함이, 우리들이 만들어 낸 난잡함일 경우 전 '정돈하는 것은 내 소관이 아니야' 라고 생각해요. 그래서 전 정돈을 하지 않아요. 그렇게 하지 않으면 정돈을 하게 될 사람은 언제나 제가 될 테니까요."

세브린은 동거남보다 자신이 더 조심하고 있다고 평가하고 있다. 그녀는 포스터에 대한 자신의 견해를 말하면서 장식품에 대한 예를 다시 들고 있다. "만약 언젠가 제가 무얼 사게 된다면 전 우선은 보기만 하고, 그런 다음에 그의 의견을 듣기 위해 그에게 보여 줄 것이고, 그러고 나서 그와 함께 살 겁니다. 저 혼자 단독으로 사지는 않을 겁니다. 그요? 그는 심사숙고하지 않아요. 그게 그의 특기예요. 포스터를 가져와서는 '맘에 들어? 걸어 놓을까? 어디에 걸었으면 좋겠어?' 하고 물으면서 그 포스터를 보여 주죠." 그는 그녀에게 너무 늦게 의견을 물어보았고, 그녀가 하기 싫어하는 것을 억지로 시키고 있다. 그는 다 끝난 사실 앞에 그녀를 데려다 놓고 있다. 그런 확인된 사실에 집착하지 않으려고 세브린은 미묘한 말의 뉘앙스를 고려해 표현하고 있다. "우리 서로 맞춰 나가고 있어요. 그것에 대해 논의를 하죠. 무익하진 않아요." 따라서 그녀에게 있어 밸런스란 '모든 것에 대한 최고의 노력을 하는 사람' 은 바로 그녀이고, 여기에 '그는 단지 그러한 사실을 인식하고 있다' 는 사실이 추가되어 있는 것을 가리킨다. 그래서 그녀는 동거를 하기 위해 외국으로의 전근을 포기했다. "지금이 저의 개인 생활과 직업 생활 사이에서 하나를 선택해야 하는 순간이죠. 예전에 전 아주 열정적이었어요. 그걸[잠재적 공동 생활] 생각할 필요가 있었을 때, 전 보다 풍요로운 개인 생활을 선호하고 있다고 생각했어요." 이 젊은 여자는 오로지 집단의 이익에 헌신하는 전형적인 부인으로 보이기를 바라지 않고 있다. 그녀는 다음과 같이 강요하면서 부부 침대에서도 그녀가 원하는 자리를 차지했다. "벽 쪽을 차지하는 건 바로 저예요. 전 그에게 '난 벽 쪽이 좋아' 라고 말했어요. 그는 내게 말하죠. '왜? 나도 벽 쪽이 좋은데.' 실제로 그는 정말로 그것에 많이 집착하지 않고 있고, 그동안 전 아주 잘 있다고 느끼고 있어요. 더 안정감이 있거든요. 난 꼭 그쪽에서 자고 싶었어요. 그게 실용적이에요. 적어도 밤마다 그가 나를 넘어가지 않으니까요. 그렇게 하는 게 더 좋아요." 그녀는 올리비에보다 먼저 잠자리에 들며, '부부 침대' ("저는 소유자들이 이것을 어떻게 부르는지 몰라요")는 한 자리 반을 가지고 있으니까. "자리를 차지하고 자는 건 저예요. 그는 그 상황에 적응을 하거나, 아니면 이불을 밀거나 잡아당겨야만 하죠." 낮에 이기지 않으면, 세브린은 밤에 복수한다. 인터뷰를 하던 또 다른 순간에 그녀는 그들 커플을 상징하는 사물에 대한 질문에 다음과 같이 대답했다. "이불이오. 이불은 커플인 두 사람에게 제공됐을 제1의 사물' 이기 때문이에요. '우리 둘도 그 속에 있으니까요.'" 그녀는 분명 좀더 공동체적인 동거를, 좀더 그녀 자신을 존중해 주는 동거를 바라고 있다. 올리비에 때문에 영화 보러 몇 번 함께 나간 것을 제외하고는 그들이 함께 외출한 경우가 별로 없음에 그녀는 '불만을 토로한다.' 그들의 집에서 그녀는 동거남의 취미와 관심사에 보조를 맞춰 주고 있다.

결국 그녀는 그들 공동 생활의 신뢰에 두 요소를 제시함으로써 종합 결산이 전체적으로 봤을 때 부정적이지 않다고 생각하고 있다. "이전엔 우린 별거했었죠. 그러나 지금은 '그것을 최대한 이용해야만 해' 라고 불안하게 생각지 않아요. 전에는 의무적이라고 생각했어요. 그러나 지금은 그렇게 생각하고 있지 않습니다. 와야 할 것이 온 것으로 생각하고 있어요. 특히 그런 게 변했어요. 두려워하지 않으며, 미래를, 앞으로 있을 휴가를 좀더 많이 계획할 수 있는 거요." 공동 생활의 계속성 이외에도 세브린은 또한 올리비에의 집에서 변화를 느끼고 있다. "그가 조금은 더 친절해진 것 같아요. 조금 더 이해심이 많아졌어요. 그것은 우리가 서로를 알게 된 이후 나타난 변화예요. 그가 조금 더 가까워졌지요. 인간 관계에서 더 친근해졌어요. 두 사람이 단순하게 서로를 이해하고 있는 것 이상으로 더 가까워졌어요." 그러므로 그녀는 올리비에가 배우자가 될 정도로 서서히 변화되고 있다고 판단하고 있다.

애정이 있는 동거라는 환경 안에서 일어나긴 했지만, 이런 전환은 사실 일어나기가 매우 힘들다. 첫번째 이유는, 현대 개인주의가 (그 부정적인 측면에서) 소위 진실성이라는 이름하에 다른 사람들의 관점을 고려하는 개인 자신과 관련한 모든 일에 대해 평가절하할 수 있기 때문이다. 두번째 이유는, 사회화로 인해 어떤 소년들은 일상 생활을 다른 누군가에게 의존하는 데 익숙해져 공동 책임을 지는 데 무관심하기 때문이다. 사실 젊을 때 집에서 집안일을 한다는 것은 단순히 지겨운 가사를 배우고자 함이 아니다. 공동 생활의 규제를 충실히 지키는 것을 배우기 위함이다. 따라서 사회화는 타인에 대한 배려와 서비스의 의미를 발전시킨다.

오늘날 부부 관계에 있어서는 남자들이 여자들보다 훨씬 더 많이 변화해야만 한다. 그들의 부차적인 사회화가 단지 배우자의 특이한 요구에 적응하는 것만은 아니기 때문이다. 사회화는 실제적이면서 동시에 도덕적인 능력의 일반적인 학습을 포함하고 있다. 여자들은 획득된 능력을 특별한 관계에 전이시켜야 하며, 남자들은 이를 커플에 적용시키기 위해 그런 능력을 획득해야만 한다. 그러므로 여자들 집에서보다는 남자들 집에서, 부차적인 부부 사회화는 그들이 가지고 있던 이전의 사회화를 부분적으로 더 많이 해체해야만 한다. 그러한 성적인 차이는 세브린이 구체적으로 어떻게 행동해야 하는지를 모르고 있지만 그래도 인식하고 있는 위험을 나타낸다. 우리는 그녀가 동거남의 선의에 대해 자신이 보인 반응을 이야기해 줄 때 이를 알게 된 것처럼 말이다. 그들이 공동 생활을 시작하던 초기에는 직업과 관련해 제약이 많이 따랐는데도 불구하고 올리비에는 저녁마다 아파트에 있을 수 있도록 했다. "'난 널 혼자 내버려두지 않을 거야' 라고 그는 말하곤 했어요. 그래서 그는 어떤 것들을 취소하곤 했어요, 외출하지 않았어요. 이주일이 지나자 전 그가 불행하다고, 그가 잘 지내는 상태가 아니라고 생각했죠. 우린 대화도 없었어요. 제가 대화하고 싶어하질 않았었거든요. 전 너무 피곤했었어요. 전 수용하려고 애쓰는 중이었고요. 그리고 그는 '내가 외출했어야 했을지도 몰라. 네가 잠자리에 들었으니까 말야. 그런데 지금 난 집에 있잖아' 라는 생각에 유감스러워했지요. 그래서 제가 그에게 말했어요. '알았어, 네가 하고 싶은 걸 해. 내 생각하지 말고 네 인생을 생각해. 우리가 함께할 수 있는 시간은 주말이 되겠지.'"

견습 시절에는 시간이 없었으므로 세브린은 배려를 그런 식으로 했던 동거남을 통해 하게 된 이런 기초적인 경험을 그만하고 싶어한다. 그녀는 끄집어 내진 만족감이 그렇게 크지 않았으며, 올리비에의 노력은 그녀의 입장에서 보기에 충분한 '수익성' 이 없었다고 생각하고 있다. 그녀는 혼자 있는 것 또한 기분 좋다는 사실을 알게 되었다. "내 시간을 갖기 위해 혼자 있을 때, 전 그때를 이용해요. 휴식을 취하죠. 그렇게 하는 것이 아주 좋거든요. 제정신을 차리게 돼요. 그가 귀가하면 먹고 식탁을 치우고 설거지를 해야 하죠. 그러면 금방 밤이 되어 버려요. 우린 얘기를 나누어요. 그러나 제가 속내 이야기하는 것을 힘들어하는 만큼이나 그도 의견 나누는 것을 힘들어하죠. 그의 입을 열게 할 필요가 있어요." 그녀의 편에서는 동거남에 대한 관심이 그녀의 시간을 빼앗는 것으로, 가사의 책임 증가로 해석되고 있다. 그녀는 자신의 요구를 바꾸었다. 그리고 그녀는 다른 형태의 배려를 요구하고 있다. 즉 아파트에 남아 있는 동거남의 단순한 출석이 아니라, 공동 생활의 기능에 대한 정신적 실질적인 책임을 요구하고 있다. 사람들도 올리비에의 견해처럼 느끼고 있는데, 올리비에의 편에서 볼 때 첫번째 단계는 그에게 이미 많은 노력을 요구하지만, 두번째 견해는 지극히 평범한 것 같다. 두 배우자를 '함께' 하는 개인들로의 변화에 관해 의견 일치를 본 이면에는 부차적인 사회화의 내용에 관한 불일치가 있다. 세브린은 그것을 함께하기를, 특히 집안일을 함께하기를 더 강조하고 있다. 반면 올리비에는 (별개의 활동이 유지되는 것을 허용하면서) 함께 있는 것을 강조하고 있다. 여성은 노동 공동체를 요구하고, 남성은 오직 영토화하는 것을 승인하고 있다. 세브린의 반격은 영토화하는 것에 중점을 두고 있는, 다시 말해 함께 살 때부터 그곳에 있으려는 욕구에 중점을 두고 있는 동거남의 노력을 자유롭게 해방시켜 주고 있다. 이런 사실이 그 대신 올리비에에게 가사의 참여 정도를 확충하도록 고무시켜 주는지는 확실치 않다.

따라서 그들에게는 변화를 실행하는 본질에 대한 일치가 이루어지지 않고 있다. 세브린은 자신이 '전업주부' 가 되지 않기 위해 올리비에의 행동을 요구하고 있다. 그러나 그녀의 동거남은 그런 일에 전혀 관심이 없다. 처음부터 커플 안에서, 그리고 임시 거주지에서 살면서 동거로 인해 필연적으로 만들어진 부차적인 사회화는 추상적이지 않을 또 다른 사회화에 어떤 형식의 배려를 요구하고 있다. 이 배려는 배우자가 가진 평가 기준의 포착이며, 그것들을 존중하는 것이다. 세브린이 인정한 올리비에의 선의는 태도에서, 즉 그녀가 무엇보다도 기대하지 못한 행동 속에서 나타나고 있다.

2. 소음에 대한 배려

공동 생활에서는 파트너끼리의 사회화가 일어난다. 누구나——불평등한 방식으로 우리는 세브린 · 올리비에와 함께 이를 방금 지적하였듯이――행동하기 전에 자신과 함께 살고 있는 사람의 행적에 주의를 기울인다. 그러므로 '함께' 사는 개인이라는 사실을 명심하면서 배우자는 일시적으로 변화하고 있다. 남자나 여자가 혼자 아파트에 있을 때, 또는 별거나 이혼을 한 뒤에 '혼자' 살게 될 때, 그가 또는 그녀가 부부 생활 때문에 포기했었던 일부 활동들을 다시 재개하는 것에 행복해할 수도 있다. 더 이상 함께 살지 않는다는 사실에 느끼게 되는 해방감은 힘들게 노력하지 않아도 된다는 느슨함에 기인한다. 제어 원칙이 다른 사람과 협상하려고 하지 않는 한 '혼자' 있는 것이 휴식을 더 취하게 해준다. 함께 사는 것, 그것은 혼자인 자아에 의해서만 규정되지 않은 행동의 원칙들과 함께 더불어 사는 것이다. 자신에 대한 절대 권력을 상실하는 것은 모든 사회적 관계를 교육받는 배움의 이면이다.

접촉을 통한 사회화는 파트너들의 가치 체계, 태도 체계를 결정적으로 변화시키면서 파트너들에게 영향을 주지는 않는다. 그것은 또 다른 단계에서, 즉 다른 사람을 고려해야 하는 의무의 단계에서 그들을 변화시킨다. 그러나 지속적이고 변환할 수 있는 사회화는 불안정하다. 왜냐하면 개인이 검토해 본 어떤 사람과 함께하기로 받아들인 행위들에 꼭 동의하는 것은 아니기 때문이다. 개인은 관계를 유지 · 보존하려는 목적에서 그렇게 행동하고 있다. 개인은 다른 사람의 기호를 따르기로 마음먹을 수도, 또는 어떤 경우에는 따르지 않기로 마음을 정할 수도 있다. 비록 공유하는 습관이긴 하지만, 그래도 두 파트너에게는 동등한 의미를 부여하지 않을 부부 생활의 습관이 자리잡게 된다. 한 사람에게는 이런 습관적인 행동이 무엇보다도 개인적인 애정의 증거이지만, 한편으론 또 다른 사람에게 그런 행동은 검토했던 활동에 속해 있다는 표시이다. 선험적으로 공동 습관을, 즉 결혼 생활의 습관들을 과대평가하지 않아야 한다. 우리들의 견해로 보면, 그것은 파트너 중의 한 사람이 다른 장소에서는 행하지 않는 것이라기보다는, 오히려 관계가 변했을 때 다시 문제가 될 수 있는 불안정한 타협들이다. 대화를 하던 중 우리는 '일상의 저녁' 과 같은 경우에 굳어진 아주 그럴듯한 견해를 타협안에서 얻었다. 그런데 일상 생활 속에서는 신기하게도 습관의 미덕만으로 전개되는 저녁 시간은 거의 없다. 잠자러 가는 시간에도 사정은 마찬가지이다. 사람은 다른 사람보다 훨씬 일찍 잠자리에 들기를 바라는 습관이 있을 수 있다. 이는 협상의 범위에 든다. 그러나 매일 밤이 같은 밤은 아니다. 어떻게 그것을 배우자에게 말할 수 있는가? 그 또한 잠자리에 들려고 들어오는 것을 수용한다는 사실을 어떻게 얻고 있는가? 그리고 또 다른 측면으로 비추어 볼 때, 이런 초대를 한 번 이상은 어떻게 물리칠 수 있는가? 아니면 반대로 자신의 배우자가 피곤해 보이기에, 사람들은 서로를 얼마나 많이 이해하고 있는지를 강조하려고 피곤해 보이는 배우자를 동반하게 된다는 사실을 어떻게 나타내는가? 매일매일의 생활의 전개는 즉흥적으로 만들어 낸 것도 아니며, 판에 박힌 것도 아니다. 갑작스러운 움직임과 습관적인 움직임이 공존하고 있다. 규격화된 행동의 틀은 습관적인 움직임에 속하며, 타인을 배려하는 표시와 여기서 형성되는 사회화는 갑작스러운 움직임에 속한다.

다른 사람에게 주의를 기울이기 위한 기술 중의 하나는, 별개의 활동들이라도 그 활동이 다른 사람에게 '반대하는' 것으로 인지되지 않도록, 그래서 자신의 존재를 회피하는 방식으로 이해되지 않도록 하는 것이다. 즉 가벼운 설명, 약간의 유머, 관례적인 인사의 반복, 이런 모든 것은 혼자 하는 행위가 유폐의 동의어는 아니며, 함께 있는 즐거움을 배제하지 않고 있음을 표시해 주기에 아주 좋다. 그러기에 집에서는 각자 자기 마음대로 행동할 수 있다. 그러나 협상해야 할 것은 여전히 남아 있다. 즉 경우에 따라서는 공유하는 환경과 배경음에 대해서 협상해야 한다. 각자 개인의 일을 하면서 동시에 공동의 프로그램을, 공동의 음악을 듣는다는 것은 하나의 선택이다. 또 다른 선택도 있다. 예를 들어 두 파트너가 그들 별개의 활동을 배가시키며 그들만의 소리 세계에 젖어들 수 있다. 그때는 상호 도피의 감정으로 나쁘게 해석을 할 위험이 있다. 아니면 단 한 사람만이 음악을 듣고 싶어한다. 두 사람에게 음악 듣기를 강요할 필요가 있을까? 그것을 거부한다면? 또는 거절도 협박도 없게 하려면? 특히 아주 작은 주거지에서, 소리가 잘 울리는 환경은 분명 가장 '공간적인' 장소의 차원이 된다. 다른 것들은 아주 쉽게 분할을 할 수 있기 때문이다. 소음의 협박은 다른 사람이 있다는 것을 항상 상기시켜 준다.

경계선의 역할을 하는 헤드폰

한 개인에게 있어 첫번째 이웃은 함께 살고 있는 사람이다. 벽이나 칸막이들이 어느 정도 장애를 제한해 주기는 하나 완전히 제거해 주지는 못한다. 개인 공간과 공동 공간을 나누는 경계선, 또는 여성 지역과 남성 지역을 분리해 주는 경계선, 또는 아이들 지역과 부모들의 지역을 분리해 주는 경계선은 마지노선만큼이나 분명하다. 그 경계선을 긋는 것보다 더 쉬운 것은 없다. 클래식 음악을 제외하고는 취미가 완전히 다르다고 주장하는 크리스텔과 마크(각각 회사 사장, 아티스트)가 강조하고 있는 것처럼 유일하게 헤드폰이 효율적인 분리를 가능케 해준다. "록 뮤직의 경우는 전혀 다릅니다. 전 록은 절대 듣지 않거든요. 록 음반은 플레이어 위에 올려두는 일조차 절대 하지 않아요"라며 부인이 털어놨다. 그리고는 그들이 함께 있을 경우에는 "우린 헤드폰을 사용해요. 우리가 함께 듣는 것은 유일하게 '현대 작품'들뿐이거든요. 이를 제외하면 우린 같이 듣는 게 없어요. 그렇기 때문에 헤드폰을 쓰죠. 그렇지 않으면 혼자 있을 때 음악을 들어요"라고 덧붙여 말했다.(H. Martiskaienen, 1997)

헤드폰은 공통적인 것이 전혀 없어 보이는 음악 세계를 청각적으로 분리해 주고 있다. 이러한 경계가 강화되는 것은 크리스텔에게 방해가 되지 않는다. "우린 공동으로 사용하는 것을 많이 가지고 있어요. 음악은, 음반은 우리 둘 모두가 동시에 구입하지는 않아요. 책도 마찬가지고요. 우린 음악과 책에 있어서는 각자 자신의 영역을 가지고 있어요. 만약 우리가 헤어지게 될 경우, 그런 것들은 나누어 갖기에 아주 편할 거예요. 아무런 문제도 발생하지 않을 겁니다. 분쟁의 소지가 되지 못하죠."(상동) 대립은 사전에 분리되었던 개인 구역들의 표지로 이해된다. 헤드폰 사용은 두 세계의 경계선을 연장시켜 주고 있다. 그들은 서로가 영역을 침범할 위험 부담 없이, 적어도 최소한은 개인적인 영역에 대해 상호 존중하고, 그리고 홀로 남겨져 보내는 시간에 대해서도 의견 일치를 본 것처럼 그렇게 자신의 집에서 지내고 있다. 견고한 장벽을 구축한다는 것은 위의 이런 조건에서만 유용하다. 그렇지 않은 경우에는 장벽 그 자체는 인간 관계를 침해하게 될 것이다. 둘 중 한 사람이 너무 빈번하게 헤드폰을 쓸 경우, 헤드폰을 쓴 사람은 혼자 있는 게 더 좋다고 표현하고 싶은 것일 수 있기 때문이다.

헤드폰은 동의하지 않고 있음을 강조하고, 그리고 '함께 있다'는 느낌을 제거해 주기 때문에 사람을 모호하게 고립시킨다. 그러므로 소음을 감수하는 피해와 분리되는 불편 중에서 하나를 선택해야만 한다. 엘렌(23세, 레크리에이션 사회자, 고졸)과 필립(21세, 경제학과 학생)[23]은 서로 자신의 요구 사항을 이야기했다. 엘렌은 텔레비전을 보기 원했고, 필립은 공부하고 싶다고 했다. 그래서 그들은 다른 방에서 각자 시간을 보내곤 했다. 엘렌이 헤드폰을 쓰고 텔레비전을 보고 있을 때 필립은 그렇게 단절되는 것을 좋아하지 않았다. 그래서 헤드폰으로 단절되는 시간을 갖게 된 지 2개월이 지난 뒤에 엘렌은 그전보다는 텔레비전을 덜 시청하게 되었다. "전 독립적이었어요. 텔레비전 외의 다른 기쁨을 찾게 되었죠. 예를 들어 전 이젠 음악을 들어요. 그도 공부하면서 음악 듣는 걸 좋아하고요. 전 책도 읽고, 편지도 쓰죠." 이 여성은 동거남뿐만이 아니라 텔레비전으로부터도 자유로워졌고, 그리고 공동 영역은 아니지만 그래도 필립을 괴롭히지 않는 새로운 영역을 찾아 정열을 쏟게 됨으로써 더 자유롭게 되었다.

자기 집에 있을 권리와 함께 있어야 하는 의무 사이에서의 공간 제어

헤드폰은 관계를 회피하는 듯이 보일 수 있다는 염려 때문에 아주 드물게 사용했던 해결책이다. 또한 소리와 소음은 다른 사람의 존재에 대한 긍정적인 표시로 해석될 수도 있기 때문이다. 그래서 안나는 자그마한 자신의 집에 두 체제가 있다고 구분짓고 있다. "한번은 우리 둘 다 아파트에 있을 때였는데, 마치 각자 자기 방에 있는 것 같았어요. 그 사람은 집에 있었지만 헤드폰을 쓰고 있었어요. 전 음악 소리에 그 사람이 집에 있다는 것을 느꼈죠. 우리 둘이 함께 있을 때 전 제 집에 있다는 느낌을 가질 수 없습니다. 우리 두 사람의 집에 있다고 느끼죠. 더욱이 저녁마다 식사를 하면서 우리가 서로 얘기를 나눌 때, 그리고 서로 함께 웃을 때 그렇게 느낀답니다." 다른 사람의 존재와 함께 있다는 느낌이 상기됨에도 불구하고 장애가 발생하기 때문에 공간 제어는 쉽지 않다. 전화를 큰 소리로 받는다거나, 코를 곤다거나, 음악을 또는 다른 스타일의 음악을 듣고 싶어한다거나 하는 장애가 발생하기 때문에 제어는 어렵다. 공동체에 대한 사랑은 타인에 대한 관용의 문턱을 우발적으로 넘어섬으로써 조화를 이루고 있다.

커플이 존재할 수 있도록 개인의 영역을 개방하는 것은 결국 피할 수 없는 감정을 만들어 내고, 더 이상은 자신의 집에 있는 것이 아니며, 자기 자신을 상실하게 되는 효과가 있다. 아침처럼 자아를 재정비하는 시간에는 여전히 더 예민하게 반응하고 있다. 그러므로 피에르와 이자벨은 자신들의 집에선 각자가 균으로부터 격리되는 각자의 무균 인큐베이터 안에 머물러 있는 상태이길 바라고 있다. 적어도 일어날 때만은 그러고 싶어한다. 이자벨은 남편이 '아침마다 30분 동안 듣는' 음악 소리를 잘 참아내지 못한다. 피에르는 음악이 '영혼의 상태와 조화를' 이루어 준다고 주장하면서 그녀에게 자신의 말을 정당화시키고 있다. 이자벨은 자신의 관점을 주장하면서 반박한다. 매일 아침마다 그녀는 '혼자 있는' 것처럼 제정신을 차리기를 바라지만, 음악 소리는 누군가와 함께 살고 있다는 사실을 환기시켜 준다. 피에르는 자신의 기분과 음악적인 분위기 사이에서 교감을 추구하고 있기 때문에 굉장한 요구 사항을 제시하고 있다. 그들은 똑같은 파장 상태에 있지 않다. 대화를 좀더 하다 보니 문제가 갑작스럽게 발생했다. 이자벨은 자신에게 '스트레스가 되는' 중세 시대의 음악으로 프로그램을 짜고 있는 피에르의 계획이 불만이다. 그녀는 분위기 전환을 요구하고 있다. "전 제게 말을 해주는 목소리가 그리워요. 예, 맞아요. 그거예요. 여러 해 전부터 전 항상 라디오 소리에 잠을 깼어요. 제가 라디오를 갖게 된 이후로 말이에요. 정오가 되기 전에 음악은 안 돼요, 아님 좀더 신선한 음악이든가요." 이자벨은 자신의 습관을 바꾸고 싶어하지 않고 있다. 피에르 또한 마찬가지이다. 그녀는 '아침마다 올려 놓을' 음악의 목록을 정하라고 제안하였지만, 피에르는 이를 받아들이지 않고 있다.

불화의 원인을 없앨 목적이었기 때문에 그녀는 장면을 하나 더 얘기해 주었다. 음악적인 마찰이 갖고 있는 문제점을 설명하기 위해 핵심을 얘기해 주었다. "언젠가 아침에 우리가 서로 격하게 다툰 적이 있었어요. 그 사람은 원하는 채널이었기 때문에 볼륨을 아주 크게 높였었지요. 그게 절 화나게 했어요. 그래서 '자기야. 자긴 내가 집에 있기를 바라지 않나 봐' 라고 그에게 말했었지요. 우리 둘이 집에 있을 때, 그리고 서로가 깨어 있을 때, 그래도 우리는 서로 나눌 얘기가 있겠죠. 그렇지 않으면 집에 있을 것 같지 않아요. 그는 음악을 아주 크게 듣고 있었어요. 전 고함치며 '소리 좀 낮춰. 소리 좀 낮춰서 들으라고. 말을 할 수가 없잖아. 그렇게까지 크게 들을 필요는 없잖아' 라고 말했어요." 이자벨은 남편이 일시적으로나마 자신의 기호를 포기해 주는 것이 애정의 표시라고 생각하고 있다. 반대로 고집을 피우는 것은 결혼 생활을 거부하는 하나의 표현이라고 생각하고 있다. 그녀는 세 시기의 장면 분할로 타협을 볼 것 같다. (그들의 코드화에 따르면) 토론을 위한 시기, 좀더 '남성적인' 음악이 흐르는 시기, 조금은 더 '여성적인' 라디오 방송이 흐르는 시기. 그런 프로그램이 커플을 이루며 사는 이자벨의 바람에 더 잘 부응할 수 있을 것 같다. 커플이 되면 개인의 경계선들은 방어 진지가 아닐 것이다. 공동 생활에 맞서는, 또는 마주 보고 있는 캠프에 대항하는 지나칠 정도로 강한 보호 장비가 되지는 않을 것이다.

칸막이가 없는 것은 건축가들이 요구한 것이고, 이러한 칸막이의 부재는 많은 실망스러움을 배출하고 있다. 공간을 유연하게 사용할 수 있는 이점들은 그러한 옵션, 즉 고립의 불가능성이 갖는 불편한 점들과 전혀 이웃하고 있지 않다. 함께 사는 공동 생활은 오로지 단 하나의 조건에서만 참고 견딜 수 있다. 즉 분리되는 시간이 존재하고, 그리고 그런 시간에 그에 알맞은 공간이 존재하는 상황에서만 공동 생활은 참고 견딜 수 있다. 그러므로 칸막이들은 가족의 관계에서 개별화할 수 있도록 해주는 보증이다. 비록 칸막이가 자리를 잘못 잡고 있을지라도 그래도 칸막이들은 언제나 없었을 때보다는 나으며, 개인 생활과 공동 생활을 번갈아 할 수 있도록 해주고 있다.

결혼 생활의 상징인 음악적 일치

칸막이들의 경계선을 무시하고 듣는 음악은 다른 사람이(따라서 웬만한 공간적 분리가 있었음에도 불구하고 간접적으로는 커플이) 있다는 것을 긍정적으로 알려 주는 신호일 때에는 관대히 넘어가고 있다. 그렇지 않으면 음악 청취는 아주 빈번하게 금지당하거나, 아니면 어떤 제한 속에서 용인되고 있다. 결국 음악 청취는 부부간의 반감을 거의 일으키지 않고 있다. 배우자들이 공동의 음악에 서로 맞춰 가거나, 서로 관용을 베풀며 합의를 보기 때문이다. 음악은 남자와 여자가 호의를 가지고 있다는 것을 입증하는 영역이며, 서로 좋게 타협을 이끌어 내기에 적합한 영역이다. 이유는 다음과 같다.

첫째, 배우자가 집에 있지 않을 때 음악을 듣는 것이 가능하기 때문이다. 그렇기 때문에 자의적이든 그렇지 않든 우연히 발생하는 희생을 보상할 수 있다. 예를 들어 아그네스(24세, 무역상담원)의 경우, 남편 스테판(25세, 기술영업원)[24]에게 어떤 스타일의 음악은 듣지 못하도록 금지하고 있다. "제가 집에 있을 때 하드록은 들을 수 없어요. 그러니 스테판 혼자 집에 있게 될 경우 하드록을 듣는 건 당연하다고 생각해요. 그렇지 않으면 국제적인 버라이어티를 듣겠죠. 그때 누가 선택을 하느냐고요? 그건 상황에 따라 달라요. 오로지 하드록인 경우에만 그렇다는 겁니다."

둘째, 상대 배우자가 음악을 지나치게 크게 듣는 경우가 아니라면 마음대로 행동할 수 있기 때문이다. 흔히 음악은 제2의 활동인 것처럼 '덤으로' 듣는 것이다. 그러나 역설적으로 이런 정의는 음악을 결혼 생활의 실질적인 상징으로 여길 수 있도록 유도하고 있다. 개인은 개인의 활동을 공동으로 함께 행하는 것이라고 여기고 있는 활동과 겸하거나, 아니면 자신이 항상 어느 그룹의 멤버라는 것을 상기시켜 주는 활동과 겸하고 있다. 개인은 자신의 배우자가 고유한 개성을 지니고 있음을 인정하고 있다. 그러면서 다른 한편으로는 자신도 자신만의 고유한 활동을 계속해서 하고 있다. 세드릭(22세, 법학부 대학생, 같은 전공을 공부하는 동갑내기 다리아와 함께 산다[25])이 이를 말해 주고 있다. "음악에 있어서 우리는 충분히 타협했습니다. 그녀는 남미음악을 더 많이 듣고, 전 록을 많이 듣죠. 그렇지만 저는 그녀가 듣는 음악도 좋아합니다. 그녀가 음악을 들을 때면 저도 행복해요. 전 뭔가 음악을 듣고 싶을 때 그녀에게 조언을 구합니다. 독단적으로 음악을 선택하지는 않아요. 그녀의 음악적 기호를 아주 잘 알고 있으니까요. 혹 그녀가 별로 좋아하지 않는 음악을 듣고 싶을 때는 그녀에게 물어봅니다. 그 음악을 틀어도 괜찮은가 하고. 그녀가 싫다고 하면 다른 음악을 듣죠."

마지막으로, 사람들이 동시에 다른 일을 할 수 있다면 상호성의 원칙은 오히려 적용하기가 더 쉽기 때문이다. 그러므로 거의 즐겨 듣지 않는 음악을 듣는다는 것은 불쾌한 방송을 시청하는 것보다는 덜 고통스럽다. 따라서 음악 스타일을 바꾼다는 것은 다른 사람을 자극하려고 청취한다는 증거이다. 샤를로트(23세, 대학생. 광고실장인 25세의 빅토르와 결혼[26])는 이러한 배려가 실현되는 것을 높이 평가하고 있다. "전 그와 똑같은 장르의 음악은 듣지 않아요. 저는 알랭 슈숑 같은 프랑스 음악을 더 많이 들어요. 그는 아마 혼자 있을 때에도 그런 종류의 음악은 듣지 않을 겁니다. 함께 있을 때 우린 이것도 들어 보고 저것도 들어 보고 하죠. 혼자 있을 때 저는 우리 둘이 함께는 아주 드물게 듣는 그런 음악을 들어요. 전 혼자 있을 때의 기회를 이용하고 있답니다. 만약 제가 좋아하지 않는 음반을 다른 사람이 틀고 싶어한다면? 그런 경우가 극히 드물게 발생하긴 하죠. 그럴 때는 '우리 음악 들을까? 어떤 음악 듣고 싶어?' 라고 서로에게 물어봐요. 혼자만을 위한 음악을 듣는 경우는 없습니다. 그럴 순 없지요. 그렇게 되는 건 싫습니다."

부부간의 사회화는 (선행하는 조건들이 채워질 경우) 지나치게 많은 노력을 하지 않아도 음악에 대한 공유 프로그램을 구축하도록 이끌고 있다. 열정적이지는 않지만 흔히 음악적 기호는 존재하기 때문이다. 프랑수아(30세, 언론담당관. 23세인 소피와 함께 산다[27])는 이런 사실에 동감하고 있다. "다행스럽게도 우리는 서로가 잘 지내지 못할 정도로 상대방이 싫어할 수도 있는 어떤 특별한 유형의 음악을 즐기는 팬은 아니에요. 다만 제가 재즈에 대한 아주 작은 욕구불만이 있을 뿐입니다. 예, 단순한 욕구불만이지 그 이상은 아니에요. 소피가 친구들과 저녁 약속이 있거나 외출을 하게 될 때, 전 그때를 이용해 제가 좋아하는 음악을 듣고 있습니다."

어느 프로그램 편성자의 협박

일방적인 권력이 갖는 위험은——경우에 따라서는 남성 권력이 갖는 위험[28]——그것이 비록 감정을 실은 것은 아닐지라도 존재하기 마련이다. 예를 들어 사범학교 학생 커플[29]을 보자. 파브리스(22세)는 음악 교사이며, 동거녀 로르(26세)가 이를 강조하고 있다. "음악을 독점하고 있다고 생각해 보세요. 결국 전 그가 집에 없을 때를 최대한 이용해 FM 방송을 듣겠지요. 그가 집에 있을 때 음악을 선택하는 사람은 다른 사람이 아닌 바로 그 사람이라는 것을 잘 알고 있으니까요." 또한 로르는 아침마다 파브리스가 아직 일어나지 않았을 때를 이용해 자신이 좋아하는 음악을 듣고 있다. "그는 깊은 잠을 잘 자요. 전 일어날 때 보통 BBC 방송을 켜요. 그러고는 차를 만들죠. 전 조용히 차를 마시고, 그리고 BBC 방송을 들으며 아침을 먹어요. 그러고 나서야 다음 일을 해요. 편지를 작성한다거나 타이핑할 것들을 하죠." 파브리스는 일어나자마자 로르가 듣고 있는 것을 "BBC 방송은 정말 참고 듣기가 힘들어. 내가 서부에서 가장 지루한 방송을 들어야 하다니"라고 헐뜯으면서 상황을 장악하려 한다. 그는 방영되고 있는 방송을 꺼버리고, 로르는 자신이 '남성 우월주의적인 권위'라고 지칭한 바로 이런 행동을 참아야만 한다. 그는 로르가 어느 정도 즐겨 듣는 음악을 튼다. 그러고 나면 그녀는 이의를 제기한다. "'도움이 안 돼'라고 말하겠어요. 결국 사람에 따라 다르게 느껴지는 거겠지만. 내가 만약 지금 가정을 위해서 일을 하고 있는 중이라면 그렇게 하지는 않겠죠. 그러나 제가 공부를 하고 있는 경우라면 그리고 소리가 정말로 큰 경우라면, 전 '볼륨 좀 낮춰 줘'라고 말하겠어요. 그런 경우라면 공부를 하는 사람이 방으로 가야 하고, 음악을 듣는 사람이 거실에 있어야 한다고 생각하니까요." 그녀는 '저는 이렇게 말하겠어요'라는 표현을 세 번이나 반복했다. 그러나 결국은 파브리스가 원하는 음악을 듣도록 항복하고 만다. 그녀는 동거인이 자신의 기호를 조금은 더 존중해 줄 수 있도록 하기 위해 어떻게 행동해야 하는지 모르고 있다. 대부분의 커플들은 각자의 기호에 대한 이해와 번갈아 가며 상대의 기호를 존중해 주면서 이러한 힘의 관계를 조절하고 있다.

3. 실행을 강요하거나, 아니면 협상하기

선술집의, 카페의 동의어

텔레비전은 근본적으로 분명 소리를 적게 내고 있고, 주의를 더 많이 요하며, 그리고 동시에 더 많은 조건을 요구하고 있기 때문에 모든 것이 복잡해진다. 더욱이 몇몇 텔레비전 프로그램들은, 예를 들어 축구 경기 같은 경우는 직접 생방송으로 시청할 때에만 의미가 있다. 방송 프로그램 방영은 부부 생활의 평일 시간과 일치할 수도 있다. 다시 말해 두 배우자가 같이 있는 시간과 일치할 수 있다. 그때 두 사람 중 한 사람이 텔레비전을 불청객으로 느낄 수 있다. 남자들이 더 텔레파지(telephages)처럼 보이기 때문에, 특히 여자들이 그렇게 느끼고 있다. 이런 위험은 남자들 또한 이런 행동의 통제를 요구하고 있기 때문에 증가하고 있다. 경우에 따라서는 상호 존중하자는 동의가 구축되기도 전에 텔레비전은 많은 '마찰'을 만들어 내고 있다. 여성은 텔레비전에 집중해 있음으로써 발생되는 배우자의 부재를 수긍하지 못한다. 이런 행동은 카페 · 선술집 이전 세대들, 그러니까 아파트나 주택의 내부에 특별한 거주 공간, 즉 '개인 사생활'의 공간을 만들어 낸 이전 세대들의 것이다. 그러므로 텔레비전은 여성에 의해 남성의 영역 구축화를 피할 수 있는 하나의 수단이다.(O. Schwartz, 1990) 남성은 다른 세계로 달아날 수 있기 때문에 마치 집에 있지 않는 것처럼 집에 있다. 또 소설을 읽으면 여행을 하지 않고도 상상의 세계로 나아갈 수 있도록 문을 열어 준다. 그러나 독자, 즉 여성 독자는 텔레비전과는 반대로 책 속에 갇혀 있기 때문에 아무런 소리를 생성해 내지 않는다.

텔레비전에 대한 남성의 직감

여성이 놀이에 동참하고자 한다거나 축구 세계로 들어오고 싶어할 경우, 축구 경기는 여성을 거부하지 않는 남성 지역을 생성하는 징조가 된다. 린다(25세, 논문 준비중, 스웨덴인)[30]와 함께 8년 전부터 살고 있는 마르코(24세, 논문 준비중, 이탈리아인)는 경기장 분위기를 다시 만들고 싶어한다. "예를 들어 볼까요. 이탈리아팀이 참여하는 유럽 축구 대회의 경기들이오. 우리 나라 팀이 경기할 경우, 전 그런 경기는 그냥 놓칠 수가 없어요. 전 심판에 대한 제 견해와 끊임없는 관심을 제 주변 사람과 함께 공유하고 싶어요. 다른 사람이 공부를 하고 싶어한다거나 책을 읽기 원한다면 분명 그건 문제가 되지요. 전 그 경기를 보기 위해 뭔가를 포기하거나, 아니면 사람들과 함께 그 무엇인가를 준비하겠지요. 문제는 제가 이런 종류의 관심을 함께 공유할 수 있는 친구들이 많지 않다는 겁니다." 마르코는 린다가 참아 주기를 정말로 바라고 있었다. 혼자서 경기를 보는 것은 사실 조금은 축제 분위기의 흥을 깨기 때문이다. 축구 경기는 하나의 열정일 수 있다. 이런 유형의 또 다른 활동들과는 달리 축구는 혼자서 하는 게 적다. 축구 경기는 사회성을 요구한다. 그런데 성별이 분명하게 구분되는 활동의 특성이 공동 행위가 될 수 있는 기회를 제한하고 있다. 이런 스포츠는 배우자간에 어떤 차이가 있음을 상기시켜 준다. 성적 정체성의 차이 같은 것을. 그런 차이는 언제나 존재하고 있으나, 그러나 공동 생활이라는 미명하에서는 다소 드러나지 않고 있다.

텔레비전의 비열한 경쟁

텔레비전에서(또는 경기장에서) 하는 축구는 휴식 시간일 때만 자기 자신의 일면을 재정비하는 시간을 인정해 주고 있다.[31] 남성적인 열정이 보통 텔레비전에까지 확장될 때, 그 열정은 오히려 더 위협적이다. 그래서인지 카트린(29세, 직물 스타일리스트)은 파트릭(28세, 전문기술자격증 획득 후 부매니저로 일하고 있다)이 지나칠 정도로 텔레비전을 자주 시청하는 것을, 특히 30평방미터인 자신들의 거주지에서의 잦은 시청을 참지 못하고 있다.[32] 파트릭은 이런 불만 사항을 알고 있다. 그러나 자신의 생활 태도를 바꾸고 싶어하지 않는다. 그는 자신의 활동과 카트린의 활동 사이에 평행선을 구축해 둠으로써 자신을 보호하고 있다. "우리에겐 서로가 공감하지 못하는 취미가 있습니다. 전 책을 보면서 긴장을 풀기보다는 방송을 시청하면서 긴장을 풀며 휴식을 취하고 싶어요. 그러나 카트린은 책을 보며 휴식하는 것을 더 좋아하죠. 또 저는 정말 보고 싶은 프로그램인데 그녀가 싫어하는 것일 때면, 우린 이것 아니면 저것을 해야 하는 것에 서로 불평합니다. 그러나 이런 일이 더 큰 문제로 확대되지는 않습니다. 그리고 그녀가 뭔가를 정말 시청하고 싶어할 때, 전 조금은 투덜거립니다만 그녀가 시청할 수 있도록 내버려둡니다. 저도 보기도 하고요. 그런데 그 프로가 제 입장에서 볼 때 정말 재미없거나 또는 너무 피곤할 경우, 전 보면서 졸거나 잠들어 버립니다. 그러나 이런 경우는 극히 드물답니다. 오히려 그 반대로 프로그램을 좋아하는 경우가 빈번하게 많습니다. 전 자주 제가 좋아하는 프로그램을 찾아냅니다. 그리고 그녀에게 스포츠 같은 프로그램을 시청하라고 합니다." 그는 자신이 화면에서 빠져 있음을 강조한 뒤, 불공평한 점유를 하고 있다는 사실을 부인하지 않는다. 텔레비전을 그가 더 많이 소유하고 있기 때문이다. 그녀에 의하면 이런 소유권은 합법적이지 못하다. 그것이 이웃 공간들을 침범하고 있고, 그리고 공유되긴 하지만 공동체를 제한하기 때문이다. 그녀의 남편이 보고 있는 프로그램들은 그녀가 볼 때 함께 시청하며 얘기도 나누면서 결혼 생활의 기쁨을 누릴 정도로 그렇게 충분히 재미있는 것이 아니다. "제가 좋아하는 것이 아니에요. 더 이상 얘기할 필요가 없어요." 짧은 순간에 모든 것을 삼켜 버리는 텔레비전의 돌풍을 피하기 위해 카트린은 레스토랑에 가고 싶어 한다. "레스토랑에는 텔레비전이 없으니까, 그러니까 레스토랑에서 먹고 싶어요. 음악도 없고, 아무것도 없으니까요. 먹으면서 대화를 할 수밖에 없을 테니까요. 그런 상황은 서로에게 말할 수 있게 해주고, 뭔가에 대해서도 말할 수 있게 해주잖아요. 여기에는 습관들만이 있을 뿐이에요. 레스토랑에선 습관대로 할 수 없잖아요. 텔레비전을 켜는 습관 같은 것은 얘기를 나누기에는 별로 좋지 않으니까요." 텔레비전으로 인해 빼앗긴 부부의 공간은 다른 곳에서 보충되어야만 한다. 남성 영역 구축에 대한 논쟁으로 여성은 남성을 밖으로 끌어낼 수 있다. 여성은 자신만의 남자일 수 있도록, 그리고 그가 '혼자 사는' 개인이라는 것을 덜 느낄 수 있도록 남성을 밖으로 불러낼 수 있다.

텔레비전 채널과 가족의 텔레비전을 고장내기

텔레비전은 이중 기능으로 긴장을 불러일으킨다. 텔레비전은 가정으로부터 피하고자 하는 배우자가 자유로이 사용할 수 있는 가장 좋은 도구이다. 동시에 텔레비전은 부부를 모여 앉게 하거나, 또는 가족 모임을 연결해 주는 중요한 매체이기도 하다. 이런 두 가지 기능이 동시에 실현되기는 어렵다. 또한 배우자 중 한 사람이 텔레비전 세계를 지배하고 있을 때, 그 사람은 상대 배우자 앞에서 자신의 행동을 변화시키는 데 어려움을 느끼고 있으므로 지속적으로 실현되기도 어렵다.

텔레비전이 갖는 첫번째 기능은 파트너가 있음에도 불구하고 배우자를 '혼자인 개인'으로 만들 수 있다는 것이다. 그러므로 텔레비전은 교류를 하고 싶어하는 상대 배우자를 화나게 만든다. 때때로 이런 행동이 남자들을 귀머거리로 만들어 19세기의 자위 행동에 견줄 만한 효과를 가질 수도 있을 것 같다. 다음은 카롤린(23세, 교육대학 학생)의 주장이다.[33] "제가 짜증이 나는 것은 바로 텔레비전 때문이에요. 그는 채널을 바꿔대는 이상한 강박관념 같은 것이 있어요. 그리고 텔레비전 화면 앞에 있으려는 버릇이 있지요. 의미가 없는 일인데도 그는 텔레비전 앞에만 있어요. 식사 준비가 다 돼서 불러도 그는 텔레비전 앞에서 화면을 보고 있어요. 최소한 열 번은 불러야 한다니까요. 한 열 번 정도 부르면 자리에서 일어나요. 제가 부르고 있다는 것을 느끼지 못하는 것 같아요." 그녀의 남편 베르나르(27세, 관리팀장)는 후회하지 않는다. 그는 텔레비전 프로그램을 보고 있는 것을 그만두고 싶지 않아 한다. "문제는 텔레비전에서 제가 관심 있어 하는 것을 한다는 겁니다. 그러니 그것을 볼 수밖에요. 조금 이따가 먹고 싶을 뿐이에요." 텔레비전을 보는 의무가 결혼 생활의 의무보다 더 매력적이다. 이런 고백은 그의 배우자를 조금도 기쁘게 해주지 못한다. 그녀로서는 식사 시간과 자신이 정성 들여 준비한 메뉴에 관심 갖지 않는 것은 일종의 무관심, 즉 불성실함의 표현으로 생각된다. 저녁 시간이 끝날 무렵에도 텔레비전은 여전히 이 커플을 갈라 놓고 있다. 카롤린은 너무 늦은 시간에 잠자리에 들지 않는 것을 고맙게 생각하고 있다. 그러나 베르나르는 반대로 그렇게 생각하고 있지 않다. 그녀는 '혼자 있고' 싶지 않기 때문에 그가 잠자러 들어와 주기를 바라면서도 그보다 먼저 침대에 눕는다. 그녀의 남편 베르나르는 계속해서 텔레비전을 보다가 그 앞에서 잠이 든다. 그는 새벽 두세 시경에 깨서 부부 침대로 간다. 베르나르는 소위 '텔레비전' 이라는 애인 때문에 부부의 침실을 저버리는 것처럼 보인다. 공통점은 거기까지다. 텔레비전 수상기도 마찬가지로 소파에 있는 이 두 사람에게 아주 멋진 순간들을 허용해 주기 때문이다. 소파가 텔레비전의 문제를 벌충해 주지는 못한다. 카롤린은 그가 지나치게 개인적으로 행동한다는 증거로 베르나르와 텔레비전의 거리가 너무 짧다고 판단하고 있다. 그녀는 그가 좀더 한가한 남자이기를, 말하자면 좀더 결혼한 남자처럼 행동하기를 바라고 있다.

베르나르가 부인의 집에서 성가신 일이 무엇이냐고 질문을 받았을 때, 그는 아주 다른 영역에 대해 대단한 비평을 하였다. 그는 카롤린이 그녀의 부모님과 너무도 가까이 지내고 있기 때문에 결혼한 여자 같지 않다고 생각하고 있었다. "전 우리가 함께 있기 때문에 부모님을 뵈러 자주 가지 않는다고 생각했었어요. 특히 시부모님을. 그런데 전보다 더 자주 처부모님을 뵙고 있다는 생각이 들어요. 전 주말을 우리 둘이서 보낼 거라 생각했어요. 우리 둘만 있고 싶었어요. 물론 우리도 사람을 만나고 싶은 주말이 있겠지요. 그러나 만나고 싶은 사람이 꼭 처부모님은 아니라고 생각해요. 난 결혼이라는 것이 연결고리를 깰 수 있을 것이라고 믿었어요. 우리가 조금은 더 개별적일 수 있을 것이라고 믿었었지요. 그게 결혼이라는 거 아닐까요."

이 커플에게는 부부의 개별화라는 것에 대한 개념 두 가지가 서로 상충되고 있다. 여성이 으뜸으로 생각하는 것은 같은 공간에서 커플로 지내는 시간들로, 그 시간은 다른 사람들과 함께 지내는 시간들도 공존할 수 있는 시간들이다. 그러나 남자는 무엇보다도 커플이 가족으로부터, 또는 친구들로부터, 떨어져 있는 시간들이라고 생각하고 있다. 베르나르는 '둘만이 있는 것'과 (예를 들어 텔레비전을 시청함으로써) 혼자 있게 해주는 것 사이에 어떤 방정식을 세우고 있다. 반면에 카롤린은 모임이 보다 큰 친밀감을 요하고 있다고 생각하고 있다. 그러므로 그들간의 오해는 부부의 개별화와 개인의 개별화간의 관계 해석이 일치하지 않는 데에 기인하고 있다. 그들의 정체성 구축은 유사한 원칙을 근간으로 하고 있지 않다. 베르나르는 '함께' 라는 것이 배우자와 함께하는 것을 의미한다는 조건으로, '함께' 있으면서 동시에 '혼자인' 개인으로 다시 되돌아가고 있다. 카롤린은 '함께' 사는 개인의 생활 양상을 바꾸고 싶어한다. 예를 들어 '누구의 부인' 에서 '누구의 딸' 이나 '누구의 친구' 로 바뀌고 싶어한다. 일요일마다 베르나르가 외출하고 싶어하지 않을 때면, 카롤린은 고기 사러 나가는 데 동행해 줄 수 있는지를 알아보려고 친정어머니에게 전화를 한다. 아니면 주말에 특별한 계획이 없을 때, 그녀는 베르나르가 조금도 좋아하지 않는 '친구를 기쁘게 해주려고' 그 친구에게 전화를 건다. 결국 그들은 서로가 명백하게 마음을 털어놓지 않은 상태에서 둘의 생활에 어떤 공허함이 있음을 느끼고 있다. 그들의 대답은 서로 상충되고 있으며, 폴 와츠라윅 · 자넷 헬믹-베빈과 돈 잭슨(1972)이 묘사한 사람처럼, 그리고 사람들이 그렇게 재구성할 수 있는 사람처럼 악순환되고 있다. 여성의 입장에서 보면 "당신이 텔레비전 프로그램을 보느라고 나를 피하기 때문에 난 대신해 줄 인간 관계의 보상물을 찾은 거"였고, 남성의 입장에서 보면 "당신이 항상 당신네 부모님한테 의존하거나 또는 친구들한테 의존하니까 난 텔레비전 화면 앞으로 피하는 거"였다. 각자 결혼 생활의 현실 속에서 자기 나름대로 해석하며 살고 있다. 다시 말해 서로 접촉하기보다는 서로를 피하면서 살고 있다.

텔레비전과 관련한 세 가지 조절 사항

커플에게는 텔레비전과 관련해서 세 가지 조절이 필요하다. 즉 시청하기에 적절한 시간, 시청할 프로그램의 성질, 그리고 텔레비전에 할애할 시간을 정할 필요가 있다. 이런 사항에 대한 각각의 결정은 두 배우자가 서로의 생활 리듬과 '개인의' 생활과 '공동의' 생활 사이에서 느끼는 균형을 고려해 주는 태도에 따라 달라진다.

아그네스(24세, 무역상담원)와 스테판(25세, 기술영업원) 커플의 경우, 공동 생활을 한 지 4년이 지난 뒤에도 세 가지 면에 일치를 보지 못해 긴장 상태가 지속되고 있다. 첫번째 충돌은 아내의 말에 따르면 남편이 텔레비전에 할애한 공간이 너무 크다는 데서 발생하고 있다. 대담초부터 아그네스는 불평을 토로했다. "그이는, 그는 하루 24시간 중 24시간을 텔레비전만 봐요." 스테판은 텔레비전, 조작대를 이용한 게임, 비디오를 즐긴다. 그러나 아그네스는 텔레비전에 반대하지는 않는다. 그녀도 스테판이 일단 출근하면 자신이 아침마다 텔레비전을 켠다는 것을 인정하고 있다. "전 고요함을 좋아하지 않기 때문에 제가 집에 있다는 것을 느끼려고 켭니다. 그래요, 전 정말로 라디오에 그렇게 반응을 하진 않아요. 텔레비전에도 반응하지 않고요. 라디오나 텔레비전 소리는 제가 집에 있다는 의미지요. 마치 누군가가 집에 있다는 느낌이 들거든요." 그녀에게 텔레비전은 고독함에 맞서 주는 대용물이다. 그렇기 때문에 스테판이 집에 있을 때 그녀는 텔레비전을 덜 켜두고 싶어한다. 그런데 스테판은 똑같은 상황을 만들고 있지 않다. 그는 온종일 텔레비전을 시청하고 싶어하기 때문이다. (아침마다 그는 그녀를 깨우지 않으려고 무슨 일이 있어도 텔레비전을 켜는 행위는 스스로 금하고 있다.)

불화가 되고 있는 두번째 사항은, 남성이 텔레비전을 공동 생활의 다른 중요한 측면들을 무시하는 방편으로 이용하고 있다는 사실이다. 저녁마다 아그네스는 텔레비전은 집 안이 정돈된 뒤에 봤으면 하지만, 스테판은 우선적으로 해야 하는 일을 거부하고 있다. 아그네스는 텔레비전 때문에 화가 나는 것만큼이나 남자의 '속성'에 대해서도 화를 냈다. "전 텔레비전 앞에 앉아서 정돈되지 않아 어지러운 식탁을 보고 싶지 않아요. 그런 건 참을 수가 없어요. 여긴 공간이 아주 작아요. [18평방미터밖에 안 된다고요!] 물건들이 제자리에 있지 않을 때면 마치 시장에 있는 것 같다니까요. 그런데도 그는 정돈하는 법이 없어요." 이 젊은 부인은 가사에 스테판이 해야 할 분담을 상당 부분 얻어내려고 텔레비전을 논쟁거리로 이용하고 있다. 오로지 다른 나머지 것들이 모두 완성되었을 때에만 자유 시간은 시작될 수 있는 것 같다. 이것이 바로 아그네스의 생각이다. 그러나 스테판은 집에서만은 즐거움이 일보다 우선되어야 한다고 생각하고 있다. 하기 싫은 일을 잊어도 좋으니까 그 일 앞에서 쉬거나, 아니면 뒤이어 오는 시간을 잘 보낼 수 있도록 되도록 빨리 일을 끝내야 한다. 지금은 그런 경우가 아니지만, 이런 딜레마는 동의를 얻어내려는 상호간의 의지를 통해서만 해결될 수 있을 것이다.

마지막으로, 프로그램을 선택하는 취향이 서로 상반된다. 흔히 볼 수 있는 일이기는 하나, 그러나 분쟁은 이미 상당히 커져 있었다. 젊은 아내는 더 이상은 노력하고 싶어하지 않는다. 그녀는 텔레비전에 대한 자신의 욕구를 포기하지 못할 정도로 가사에 대해서는 이미 지나치게 많은 것을 양보하고 있다고 말하고 있다. 그렇기 때문에 스테판이 이미 열다섯 번은 본 그런 영화에 대해서, 그녀는 자신의 바람을 고집하고 있다. "전 그 영화 안 봤어요. 그러니까 제가 그 영화를 보려고 하면 그건 제가 조금은 이기적인 것일 수 있어요. 그러나 그가 보겠다고 하는 건 정말 이기적인 거죠. 이미 열다섯 번은 봤으니까요. ……그러고는 우린 아무도 이기지 못한 것처럼 비디오를 돌려요. 우린 서로 정말로 일치하지 않는다니까요. 그렇기 때문에 우리는 책이나 비디오, 이런 유의 것들을 혼자서 구입할 수 없어요. 상대의 의견을 따르지는 않는다 하더라도, 그래도 알고는 싶으니까요." 스테판은 '그래도' 라는 표현을 강조한다. "전 평상시에 CD를 살 때 그녀가 그래도 좋아할 것들로 삽니다." 배우자를 고려했다는 것을 상기하는 덕분에 그들의 상반되는 의견은 일시적으로 부드럽게 마무리되고 있다. '그래도' 라는 표현이 그 무엇보다도 커플이 존속하고 있다는 사실을 강조해 주고 있다. 두 배우자가 부부 생활의 배려를 최우선으로 밝히면서 '그래도' 이해하려고 노력하고 있다는 것을 강조하고 있다. 이러한 의도 표명은 긴장이 사라질 수 있을 정도로 충분히 행위로 이어지고 있지 않다. 조절 사항이 만족스럽지 못할 때, 여기처럼 마치 남성이 가사에 아주 조금 참여하고 있는 것처럼 신중하게 검토된 행동 또한 해결되지 않은 또 다른 문제들을 폭로하는 것이 되어 버리고 있다.

어떻게 셋이서 사이 좋을 수 있을까?

반면 어떤 커플들의 경우를 보면 텔레비전이 관계를 확인해 주는 의식이 되기도 하고, 상대를 배려한다는 증거, 예를 들어 포옹과 같은 증거가 되기도 한다. 비록 관심사가 달라 시청 프로그램이 불평등하게 배분된다 할지라도 그래도 텔레비전은 함께 시청하고 있다. 그다지 즐거워하지 않으며, 텔레비전을 시청하는 사람은 '함께' 사는 개인으로 규정된다. 그는 자신의 배우자가 이러한 행동을 고맙게 여기고 있는 것보다 더 쉽게 함께 있는 개인이기를 받아들이고 있다. 그리고 방송 프로그램에 대한 자신의 개인적 관심이 상대가 배우자로 있는 것을 방해하지 않음을 보여 주고 있다. 텔레비전은 어느 정도의 기분 전환, 즉 받아들일 수 있을 정도의 고정관념 탈피를 요한다. 그래서인지 카린(25세, 법학과 대학생)은 아메드(29세, 경제학 박사과정)[34]와 함께하기 위해 그의 곁에서 텔레비전 보는 것을 감내하고 있다. "저녁에 집에 있을 때 우린 비디오 보는 것을 참고 이른 저녁에 텔레비전을 봐요. 제가 침실로 책을 읽으러 가고 난 뒤에도 그는 계속해서 텔레비전을 본답니다. 그는 책 읽는 걸 끔찍이 싫어하고, 저는 텔레비전 보는 것을 싫어하니까요. 전 텔레비전이 정말 싫거든요." 그녀의 동거남도 카린이 함께 있어 주는 것을 좋아한다. "늦은 저녁 시간엔 서로 떨어져 있게 돼요. 처음엔 제 곁에 그녀가 함께 있어 주고요. 전 그녀가 가버리는 게 싫습니다. 저와 함께 있어 줬으면 좋겠어요. 그러나 그녀는 머리를 사로잡는 뭔가를 시청하는 것을 끔찍이 싫어해요. 책 읽는 걸 훨씬 더 좋아하죠."

그러므로 텔레비전을 켜둔 상태에서 즐겁게 동석할 수 있기 위해서는 다음 두 가지 조건이 보충적으로 충족되어야만 한다.

텔레비전을 더 많이 즐겨 시청하는 사람은 혼자인 것처럼 기쁨을 느껴서는 안 된다. 이는 그런 행동 때문에 커플이 된 후에 계속해서 불행을 느끼고 있는 프랑수아(25세, 광고과장, 소피와 결혼. 소피는 23세이고, 학생이다)의 입장이다. 그가 보기에 텔레비전은 커플 속에서, 그리고 인간 관계를 이루는 생활 속에서는 금지되어야 할 것 같은 어떤 독점욕을 이상적으로 요구하는 개인적인 관계를 강요하고 있다. "독신이었을 때 전 텔레비전을 더 많이 봤었어요. 친구와 있을 때를 제외하고는 거의 봤었지요. 아파트에 있었다는 것은…… 그래도 소피와 함께 있어도 따로 있었다는 거예요. 그녀와 함께 텔레비전을 보기 때문에, 그리고 우리 서로 나쁜 습관을 가지고 있기 때문이에요. 전 누군가와 함께 텔레비전을 본다는 게 두려워요. 정말 고독한 거거든요."

텔레비전을 아주 조금 시청하는 사람은 자신의 배우자와 함께 텔레비전을 감상하는 시간을 참을 수 있을 정도로 함께 있는 것을 좋아해야 한다. 스테판과 아그네스 커플의 경우, 스테판이 텔레비전을 좋아하고 배우자와 함께 있는 것을 좋아하지만, 반면에 아그네스는 스테판에 비해 그렇게 민감하게 느끼고 있지 않다. "남편은 항상 저랑 함께 있고 싶어하지요. 방법이 없어요. ……제가 만약 '저 잘게요' 라고 말하면, 그는 제게 '텔레비전 끌게, 이리로 와' 라고 말할 거예요. 혼자 있고 싶어하질 않으니까요. ……제가 텔레비전 앞에 앉아 있을 경우, 그건 영화가 재미있다는 의미예요. 관심 없는 영화라면 전 자러 들어갈 거예요. 제가 '자러 가고 싶어요' 라고 말한다면 당신은 절 따라올 거라는 거 알아요. 그래서 전 그곳에 남아서 잠이 들죠. 그렇지 않으면 그이는 따라올 거예요." 아그네스는 남편의 지나친 '맹종' 이 성가시다. 부부 생활의 융화를 의미하는 남자의 바람 때문이다. "그게 바로 우리 사이에 있는 아주 사소한 문제예요. 스테판은 혼자 외출하는 것도 싫어하고, 제가 혼자 나가는 것도 싫어해요. 결국 우린 항상 함께 외출해요. 전 나이트 클럽에 가는 것처럼 외출하고 싶진 않아요. 예를 들어 제가 밤에 회사 사람들과 모임이 있을 때, 회사 사람들은 맥주를 마시러 가거나 레스토랑에 가죠. 그러나 스테판이 좋게 생각하지 않거든요. 그럼 전 할 수 없이 집에 오게 되죠." 아그네스는 스테판이 자신의 일을 자유롭게 할 수 있다면 텔레비전에 빠져 집에 있는 것을 나쁘게 생각지 않는다. 텔레비전은 이들에게 있어 서로의 일치하지 않는 또 다른 면들을 들춰내 주는 것으로서, 부부 생활의 높은 수위의 위험을 알려 주는 기능을 하고 있다.

'함께' 하는 시간에 대해 이들이 갖고 있는 서로 다른 개념이 그들을 또한 갈라 놓고 있다. 젊은 부인은 자신이 혼자 외출할 권리가 있고, 그리고 가사에 도움받아야 할 권리가 있는데, 그런 권리와는 반대되는 스테판의 욕구, 즉 함께 있으려는 스테판의 욕구에서 이득을 얻지 못하고 있다. 그들 사이에서 문제가 되는 것은 바로 함께하는 시간들이다. 즉 공동 생활에 대한 개념이 문제가 되고 있다. 둘 중 한 사람이 공동 생활의 개념에 관심을 갖게 되면, 그때부터 두 배우자의 세계관은 텔레비전으로부터 많은 구속을 받게 된다. 이런 행동과 관련한 충돌은 기호의 다양성이 근간이 되고 있다. 그러나 그 이면에는 특히 상반되는 태도로 함께 보내야 하는 시간을 생각하는 것들이 관련되어 있다. 함께 있기 위해서는 (각자만의 기준에 따라 정의된) '자유로운' 시간을 잃게 되는 것을 감내하는 것도 관련이 있고, 심사숙고한 행동에 반영된 상호성의 원칙과 그들 존재에 대해 두 배우자가 보인 모든 노력과 배려 속에서 등가 원리를 정의하는 것도 관련이 있다.

교 체

두 배우자 모두 텔레비전을 (강도의 의미에서, 부부 관계의 부속물로써) 거의 똑같은 태도로 평가하는 커플인 경우 협상은 훨씬 더 쉬워 보인다. 마치 정체성의 목적이 지나칠 정도로 중요한 것처럼, 마치 남성 우위가 편애를 받는 영역으로 생각되는 것처럼 타협이 거의 이루어지지 않는 축구를 제외한다면, 동의는 그럭저럭 어느 정도의 상호 교체를 통해 실현되고 있다. 이는 샤를로트(23세, 대학생)와 빅토르(25세, 광고실장) 사이에서 일어났던 일이다. "가끔 우린 약속을 해요. 희생도 하고요. 그러나 그 다음날이 되면 또 다른 것이 선택되죠"라고 샤를로트는 인정했고, "텔레비전 때문에 언쟁을 하지는 않아요. 간단한 협상을 하죠. 일주일에 세 번이나 축구 경기가 있을 때면 우린 그 중에서 한 번만 보기로 했어요"라며 빅토르가 강조했다.

수상기를 개별화한다는 것은 프로그램 선택의 문제를 조절할 수 있다는 것이다. 그러므로 공동으로 함께 행하는 행동을 구축하는 문제는 더 복잡하다. 공유 직위를 갖고 있다는 사실이 어떤 면에선 양보의 대가로, 그리고 또 다른 면으로 볼 땐 개인적인 행동들을 함께 겸하도록 해주는 타협의 대가로 조금은 이런 작업을 유리하게 해주고 있다. 그러므로 연구 대상이 되고 있는 한 커플의 경우에는, 여자(25세, 박사 과정 학생, 영화 석사 학위를 가지고 있는 동갑내기와 함께 산다)가 자신의 전공인 사회학과 관련한 기호를 확인시켜 주는 다큐멘터리를 선호하고 있다. 그렇기 때문에 그녀의 배우자는 보고 싶을 것 같은 영화를 녹화해 두었다가 조금 뒤에, 거의 언제나 그녀가 잠자리에 든 뒤에 보고 있다. 그들은 저녁 시간의 전반부는 함께하고, 후반부는 떨어져 있다. 저녁 시간이 이 남자와 여자가 두 형태의 정체성을 공존할 수 있도록 해주고 있다. 다시 말해 '혼자' 있는 정체성과 '함께' 하는 정체성을 공존토록 해주고 있다. 그 균형이 완벽하지는 않지만, 적어도 행동에 있어서는 그러하다. 이 경우(아주 드문 경우이지만) '함께' 하는 시간이 형성되는 것은 바로 여자의 기호에 맞는 텔레비전 프로그램을 보고 있을 때이다. 그리고 영화처럼 남성의 기호에 맞는 프로그램을 시청하는 시간은 '혼자' 보내는 시간이다. 함께하는 저녁 시간의 전반부가 홀로 보내는 고독한 후반부의 시간의 정당성을 높여 주는 데 일조하고 있다. 그러므로 부딪히면서 이룬 조절은 목적을 달성시켜 준다. 다시 말해 그들의 개인적인 면과 부부 생활의 측면을 가장 쉽게 조절할 수 있도록 개인을 변화시켜 주고 있다.

3

다른 사람을 고려하기:
결혼 생활에서 전화하는 태도

클레르-안 부카이아

광고에서 오퍼레이터들은 전화의 이점들을 강조한다. 특히 결혼 생활의 관계를 유지시켜 주거나 가족 관계를 이어 주는 휴대전화의 이점을 강조한다. 예를 들면 공항에서 남자가 조금 늦을 거라고 알려 주기 위해 아내에게 전화를 건다. 전화기 반대편에서는 젊은 여자가 기다리고 있었다고 얘기한다. 남자의 얼굴로 화면이 바뀌고, "아이는 어때?"라고 말하는 장면이 나온다. 카메라는 다시 "아가야, 안녕? 자니? 아빠야"라고 배에다 수화기를 갖다대며 "바꿔 줄게"라고 말하는 여자의 불룩이 나온 배를 다시 보여 준다. 그리고는 여자가 수화기를 다시 들며 "너무 신기해, 애기가 움직였어"라고 말한다. 그러면 남자는 "정말? 아가가 움직였다고? 날 알아보나 봐. 다시 바꿔 줘 봐"라고 말한다.[35] 이런 광고 화면들은 멀리 떨어져 있어도 친밀한 관계라는 것을 과장해 표현해 주고 있다. 휴대전화가 시공을 초월해 커플과 가족을 이어 주고 있다. 전화기가 '참석한 부재자'의 새로운 상태를 만들어 주고 있다. 부재하는 이유가――일, 친구, 여가 생활――무엇이든지간에 자신의 일 때문에 빼앗긴 시간의 일부를 회복할 수가 있다. 두 개의 거주지를 가지고 있는 커플의 경우에서처럼 커플의 관계는 독립성과 개인 생활과도 양립할 수 있다. 커플의 관계가 이제는 구속이 아니다. 그것은 애정을 보이려는 증거일 뿐 그 이상은 아니다. 자유, 이동, 방랑 생활과 정착, 뿌리내리기와 뒤따르는 관계를 얻고자 애쓰는 새로운 삶의 방식이 다양한 형식으로 생기고 있다. 성인들에게 휴대전화의 성공은 특히 집착하지 않는(또는 덜 집착하는) 관계의 가능성에서 비롯되고 있다.

전화기의 용도가 참석할 수 있는 부재자의 모습으로 요약되지는 않는다. 그것은 또한 부재할 수 있는 참석자의 또 다른 장면을, 그런 장면의 상황들을 창출해 준다. 첫번째의 경우는, 휴대전화를 통해 서로 만날 수 있는 떨어져 있는 두 배우자간에는 모든 것이 거리를 두고 이루어지곤 한다. 반면 두번째의 경우에 배우자들은 모여 있다. 그리고 무엇보다도 그들은 지금 함께 있지 않다. 전화기가 그들을 일시적으로 갈라 놓고 있기 때문이다. 그런 점에서 전화기는 바로 부부 생활 관점에서 바라본 장애가 된다. 전화기는 연락을 주지 않는 배우자를 성가시게 하거나, 또는 배우자가 불만을 토로하게 할 수도 있다.(1절)

유연성은 공동의 공간 속에서 '혼자인' 개인의(또는 두 개인의) 출현을 정당화해 줌으로써 부부 생활의 기능으로 유용하게 쓰이고 있다. 그러나 전화기와 함께일 경우 유연성은 신호를 바꾸고 있다. 그 순간에는 '혼자'인 개인이 '배우자가 아닌 다른 누군가와 함께' 하는, 부재하는 누군가와 함께하는 개인으로서의 특징을 지니기 때문이다. 두 배우자가 사용하고 있는 이 기구의 용도에 대한 조사가 이를 입증하고 있듯이, 전화기는 결혼 생활의 방식을 복잡하게 함으로써 사적인 관계의 흐름을 어지럽히고 있다.[36] 개인은 감내하기 위해 전화벨이 적어도 시스템적으로는 관계를 피해 벗어날 수 있는 방식처럼 이해되지 않도록, 두 사람에게 생활의 불만족을 뜻할 수 있는 외출처럼 인식되지 않도록, 그리고 배우자로부터의 회피라는 느낌이 들지 않도록 조절해 줄 것을 요구하고 있다. 두 사람이 함께하는 시간과 개인 시간을 분담하기 위하여, 즉 개인 시간이 피해 양상으로 체험되지 않도록 하기 위한 올바른 사용 규칙은 정돈되어 있다. 한창 저녁 시간에 주고받는 직업상의 대화와 말하고 싶어하는 가까운 친구는 개인적으로, 그리고 커플의 구성원으로서 관리할 필요가 있는 일상의 장면들이다. 다양한 길이의 옷들을 겹쳐입는 방식처럼 전화는 서로 조화를 이룰 수 있는 장면을 포개 준다. 서로 다른 시간과 공간에 있는 사람들의 관계를 겹칠 수 있도록 해준다. 회피 방식들은 강력한 항변들이 둘의 생활을 파괴하지 못하게끔 고안되어야 한다.(2절)

전화기를 개별화하는 것이 기적을 만들어 내지는 못한다. 그러나 광고에서는 반대로 기적을 만들어 내고 있다. 전화기의 개별화는 배우자로부터의 독립을 향상시켜 주기 때문에 긍정적인 측면을 가지고 있다. 그러나 바로 그런 이유 때문에 부정적인 측면도 묵과할 수 없다. 배우자로부터의 독립이 이를 아주 중요시 여기고 있는 상대 배우자에게 때론 문제를 가져다 줄 수 있기 때문이다. 조절의 특성은 기계에 따라 다르지 않다. 그것은 독립성과 공동체 사회의 소속을 새로운 방식으로 조정할 수 있는 각각의 '단계에서' 할 수 있으면 만들려고 하던 사람들의 능력을 가리킨다.

1. 전화기, 두 사람 생활의 위협

전화기는 부부 생활의 관계와 경쟁 관계에 돌입하게 되는 잠재적 관계를 만들어 내는 유일한 기구가 아니다. 또 다른 행동들이 텔레비전처럼 똑같은 방식으로 기호화될 가능성이 있다.(2장 참고) 개인의 시간에 부여된 가장 무거운 짐은 상대 배우자가 자신이 버림받았다고 느껴 나쁘게 체험될 수 있다는 것이다. 전화는 시간을 마구 소비하는 활동과 유사하다. 그러나 전화는 인간 관계를 형성하는 잠재된 공간을 만들어 내기 때문에 공동 생활을 변모시키고 있다. 어떻게 보면 부재하는 시간이 증가되고 있다. 무엇보다도 부재는 배우자가(또는 자신이) 언제나 그곳에 있는 것은 아니라는 표시이다. 그리고 상대방이(또는 자신이) 다른 인간 관계 속에 포함되어 있음을 의미한다. 전화는 혼자서 하는 활동이 아니다. (용어가 갖는 이중적인 의미에서 그러하다고 볼 수 있다. 즉 '혼자 있는' 개인으로서의 배우자의 행동과 다른 누군가와의 관계없이 행하는 배우자의 행동이라는 의미에서 그러하다.) 전화기의 특수성은 세번째 사람, 즉 제삼자를 두 사람의 생활 속에 들어오도록 하는 데 있다. 우리는 전화기가 세 가지 중요한 방식으로 사생활을 혼란스럽게 하고 있다고 생각해 볼 수 있다.

한쪽으로 밀어두기

전화 사용으로 인해 발생된 가장 중요한 혼란은 주된 활동의 상태가 변화하는 데 있다. 텔레비전에서(비디오 테이프가 아니라 텔레비전에서 직접) 상영되고 있는 영화를 시청하고 있는 가족을 상상해 보자. 전화벨이 울린다. 문제가 발생하게 된다. 누군가가 전화기를 들면 함께 영화 보는 상태를 잃게 되고, 가족 중 한 사람이 그 자리에서 빠지게 되기 때문이다. 남아서 계속해서 보고 있던 사람들이 그에게 빼먹은 영화 줄거리를 얘기해 주어야 할 것이다. 때에 따라서는 전화 소리가 들릴 경우, 그들은 신경질을 내면서 그가 제자리로 돌아오기를 바랄 것이다. 전화 소리는 함께 영화 보는 상황을 방해하며, 어떻게 보면 그 상황을 뒤로 제쳐두게 한다. 외부로부터 부름을 받은 사람과는 별개로 현존하는 가족의 관계가 긍정적으로 느껴지고 있다면, 그 관계의 방해는 부정적인 기록으로 이해될 수 있을 것이다. 마술적인 효력으로, 전화는 계획에 없던 외부인과의 관계를 주된 장면으로 변화시키고 있다. 그러므로 걸려 온 전화와 관련이 없는 사람들의 측면에서 볼 때 전화기는 어떤 박탈의 감정을 만들어 준다.

잘 모르는 친구

전화는 개인적인 측면을 지닌 행동이기 때문에 스피커는 거의 사용되지 않고 있다. 배우자 중의 한 사람이 전화기를 들 때, 다른 배우자는 누가 전화했는지 알 수 없다. 대화는 전화 건 사람의 익명성 때문에 동시에 그 사람이 말하는 것으로 인해 비밀에 싸이게 된다. 그러한 상황 속에서 전화는 평소의 대화 질서를 혼란스럽게 한다. "대면하고 나누는 평소의 대화는, 인정받은 대화 참여자는 아니지만 얘기되고 있는 것을 감시하는 것 같은 사람들이 공손하게 멀리 떨어져서 있는 반면, 대화 참여에 승인 받았던 사람들은 솔직하게 동등한 방식으로 대화에 몰입한다는 것을 구성 원리로 삼고 있다."(E. Goffman, 1973b, p.209) 전화 대화에서 배제된 사람은 전화상의 대화 내용을 신중하게 계속 좇지 않는다. 대개 절반만의 권리를 가지기 때문에 전화 대화에서 배제된 사람은 제스처를 이용해 "누구야?"라고 물어볼 수 있다. 그 사람으로서는 스피커로 얘기하라고 강요하는 것이 더 어렵다. 그렇지 않으면 그는 믿음이 부족한 사람처럼 보여질 위험이 있다.

대화 상대자가 누구인지, 그리고 그가 무슨 말을 하는지 모르면서도 전화

대화를 주시하는 사람은 자기 배우자의 또 다른 존재 방식을 발견할 수 있다. 전화는 친구들 때문에 숨겨진 측면들이 밝혀지기 때문에 불안한 것일 수 있다. 크리스탱(27세, 안내원. 26세이며 학생인 제롬과 함께 산다)은 제롬이 학교 친구들과의 인간 관계를 형성하는 전화를 재고할 때 이런 혼란을 느끼고 있다. 딱 한 번 그녀는 제롬이 전화로 하고 있는 대화에 분명하게 끼어들었다. "그녀는 수업과 관련된 정보를 얻기 위해서만 전화하는 대학 친구였어요. 수업을 이용해 이득을 취하는 친구였지요. 그녀는 그의 시간을 빼앗곤 했어요. 한번은 그녀가 저녁 열한 시에 전화를 했었어요. 전 안색이 약간 안 좋아졌어요. 전 그녀 때문에 조금 화가 났어요. 그래서 제롬에게 짧게 얘기하고 전화를 끊으라고 부탁했어요. 그녀는 4일 중 3일은 불가능한 시간대에 전화를 하니까요. 그가 어디에 있는지, 그가 무엇을 하고 있는지를 물으려고 말이에요. 전 그녀가 그런 것은 몰라도 된다고 생각해요. 그녀는 공부하지 않으면서도 수업에 대한 얘기를 나누려고 그이의 세계를 난처하게 만들고 있지요. 그건 그이의 문제예요. 하지만 그녀가 밤 열한 시에 우리를 방해해서는 안 되죠. 그는 가까운 친구가 아니에요. 그러니까 전화를 해서는 안 된다고요." 제롬은 자신에게 걸려 온 전화를 받았고, 그녀는 여러 가지 이유로 이를 참지 못하고 있다. 크리스탱이 강조하고 있는 시간은 하나의 핑계인 동시에 폭로자이다. 결국 그 시간에 전화를 한다는 것은 상당히 친한 관계라는 표시인 것이다. 우리가 서로 허락한 친구의 범주에 속한다면 늦은 시간에라도 방해할 자격이 있다. 이 대학 친구는 그런 위치를 인정받고 싶어한다. 크리스탱은 자신의 맘에 들지 않는 인간 관계의 진전을 막기 위해 애써 간섭을 하면서 이를 거부하고 있다. 그녀는 제롬의 어깨 너머에서 자신이 그렇게 행동하는 것이 당연하다고 생각하고 있다. 여자의 이야기 속에는 제롬의 의견이 존중되지 않고 있었다. 크리스탱은 제롬이 학생으로서의 신분보다 결혼한 사람으로서 훨씬 더 많은 것을 구축하고 있음을 보여 주면서 '우리'——"그녀가 우리를 방해해서는 안 되죠"——라는 표현을 사용하고 있다. 사적인 영역에서 정체성의 교체 가능성이 있을지라도 어떤 측면은, 특히 어떤 시간에는 존중되어야 한다. 즉 커플의 일원이라는 사실이 우선시되어야 한다는 것이다. 남학생으로부터 전화가 걸려 왔다면 크리스탱은 분명 화를 덜 냈을 것이다. 제롬과 그 여학생의 관계가 모호한 것처럼 보이기 때문에, 그만큼 더 자격도 없는 사람이 갑작스럽게 전화로 사생활에 끼어드는 것을 허용해 주지 않고 있다. 일상 생활에서는 교체의 원리가 부정을 저질러서는 안 된다. 즉 '혼자' 있는 개인은 '함께' 있는 개인보다 더 합법적이지 못하다. 이는 '혼자' 있는 개인이 '다른 누군가와 함께 있으면서 '혼자' 있는 개인의 형태를 취하는 것보다 더 합법적이지 못하다.

집요하게 괴롭히기

전화를 건 사람이 귀찮게 해도 된다는 권리를 가지고 있더라도 그런 사실이 방해하는 것을 막을 수는 없다. 모든 것은 정도의 문제이다. 가족의 구성원이라는 사실이, 또는 친구라는 사실이 자주 전화하는 것을 무조건적으로 정당화시켜 주기엔 충분한 이유가 되지 못한다. 결코 완벽한 접근의 권리는 없다. 그렇기 때문에 알렉상드랭(47세, 주부. 막심과 결혼한 지 26년. 막심은 49세이고, 경영감독관이다)은 전화를 남용하는 친정어머니의 전화에 더 이상 응수하지 않고 있다. (수첩에 있는 대로) 관찰 기간인 일주일 동안 그녀의 어머니는 스물네 번이나 전화를 했다. 그녀는 화가 났다. "어머니의 전화는 저를 괴롭힐 목적인 거예요. 그녀는 제가 무엇을 하고 있는지 알려고, 그리고 당신은 하루에도 오십 번은 죽을 거라는 것을 제게 알리려고 끊임없이 전화를 하세요. 그리고 결국에 가서는 마치 우리가 원하지 않기 때문에 여기로 살러 올 수 없었던 것처럼 얘기하시죠. 그렇게 하는 것이 그녀가 가족의 일원이기 위해 찾아낸 방법 중 가장 좋은 방법인 거지요. 그리고 또 그녀는 혼자 있는 게 심심하니까 감시하는 측면에서 그렇게 하는 거죠." 이 어머니는 참을성이 없었기 때문에 도와 달라는 자신의 요청의 의미를 퇴색시키고 있었다. 알렉상드랭은 어머니의 전화 메시지의 내용을 믿지 않는다. 어쩌면 그녀는 어머니의 늘어놓는 얘기를 피하고 싶어 전화기를 테이블 위에 내려놓을지도 모르는 일이다. 그녀의 남편은 전화기가 미치지 않는 영역에 있으며, 더욱이 그는 대담중에 그 문제를 상기시키지 않고 있다. 대개 전화는 막심이 없는 낮에 걸려 왔다. 알렉상드랭은 물론 자신이 '누구의 딸' 의 자격으로 방해받고 있다는 것을 잘 알고 있다. 그녀는 어머니의 전화를 명확하게 표현하고자 인칭대명사를 사용하고 있다. 반면 그녀는 어머니를 집에서 모시는 것에 대한 거부를 상기할 때에는 배우자의 자격으로서 '우리는' 이란 대명사로 바꾸어 사용하고 있다. 따라서 알렉상드랭이 보여 준 방어는 상황은 다르지만 그래도 크리스탱이 사용한 메커니즘과 어느 정도 견줄 만한 메커니즘에 속한다. 그들은 서로가 결혼 생활의 환경이 혼란스러워지는 것을 바라지 않고 있다. 알렉상드랭은 전화기를 통해 계속해서 얘기를 하는 어머니로부터 멀리 떨어져 있고, 크리스탱은 남편의 여자 동료가 전화로 끼어드는 것을 밀어내고 있다.

전화기는 외부 세계를 연결해 주는 것이기 때문에 가족을 보호해 주는 보호막을 형성하고 있는 소소한 요소들 중의 하나이다. 전화기는 또 다른 지평선을 향해 빠져 나갈 수 있는 구멍이다. 그러면서 한편으로 전화기는 적이 아니면 적어도 경쟁자와 위험으로 이해되고 있는 사람들의 침입 위험을 증가시키고 있다.

소외된 느낌

외부와의 관계를 유입해 주는 전화기는 이중의 움직임을 만들어 내고 있다. 다시 말해 전화기는 부부 생활이 미치지 않는 범위로 배우자 중의 한 사람을 일시적으로 끌어내는가 하면, 다른 한편으로 배우자가 새로운 대화에 끼어들지 못하도록 하고 있다. 이렇게 일시적으로 떨어뜨려 놓는 것은 준배반의 형식으로 체험될 수 있다. 그래서 블랑딘(24세, 대학생)은 동반자 도미니크(26세, 정보처리기술자)가 보낸 시간들이 너무 길다고 느끼고 있다. "저녁 시간 내내 전화하면서 보내는 제 남편요? 휴, 전 정말 뿌루퉁한 얼굴을 그에게 해보여요. 전 참지 않아요. 우린 주중에는 저녁 시간에만 함께 얼굴을 볼 수 있기 때문에 그가 그러는 게 싫어요. 그래서 그가 20분이 넘도록 전화를 하게 되면, 전 전화로 저녁 시간을 보내는 것말고는 다른 할 일이 없냐고 물어봐요. 사실 전 혼자 있다는 느낌이 드는 게 싫어요. 그리고 전 그와 함께 무언가에 대해 얘기를 나누거나, 아니면 그가 가정 생활에 조금은 참여해 주길 바라기 때문에 그가 전화하며 시간을 보내는 건 정말 지겨워요. 그가 사람들에게 전화하는 건 괜찮지만, 그렇지만 저녁 시간 내내 전화기를 붙잡고 있는 건 싫어요." 이 부인은 남편이 특별한 관계를 유지하고 있다고는 의심하지 않는다. 그러나 공식적으로 봤을 때 그들 부부 생활에 할당된 시간이 다른 사람들과의 인간 관계를 위한 시간으로 소비되는 것을 참지 못하고 있다. 그녀는 특히 집에서 고독함을 유발시키는 그들의 생활 방식이 취소되는 것을 거부하고 있다.

이 부인이 무슨 일을 하고 있을 때 걸려 오는 전화는 그녀를 많이 방해하지는 않는다. 따라서 전화하는 데 할애되는 시간 자체는 문제가 아니다. 다만 전화를 하지 않는 배우자가 처한 구체적 상황에 따라 문제가 달라진다. "저녁 시간의 일부를 전화하면서 보냈던 적이 저도 있었는 걸요. 그럴 경우 도미니크는 피아노를 쳐요. 시간이 늦었다거나 제가 책을 읽고 있는 중이라면, 걸려 오는 전화는 제게 별로 방해가 되지 않아요. 그러나 제가 얘기를 하고 있는 중이라거나, 전화벨이 울리고 그래서 그가 30분 동안이나 이야기를 하고 있는 경우라면 방해가 되죠. 전 참지 않아요. ……그가 통화중일 때 보통은 지나치게 간섭하지 않습니다. 제가 전화를 해야만 하는 경우를 제외하고는요. 제가 그에게 무슨 말인가를 하면 그는 제가 어찌됐건간에 전화로 인생을 논한다고 얘기하지요. (웃음) 그러나 우리에게 문제가 되는 것은 전화가 아니에요." 부부의 이야기에서 자주 볼 수 있듯이 이야기의 끝은 갈등의 논리적 귀결을 과소평가하고 있다. 이 부인은 전화가 분위기의 흥을 깨는 상황들을 설명하고 있다. 즉 두 배우자가 '함께 있는' 개인의 입지를 지니고 있을 때, 다시 말해 그 두 배우자가 분명 함께 있을 때 전화기는 분위기를 깨고 있다. 이와는 반대 상황인 경우에, 그들이 특히 '혼자 있는' 개인일 경우라면 전화벨이 꼭 부적절한 것은 아니다.

따라서 결정적으로 전화를 거부하는 원칙은 없다. 블랑딘에 따르면, 전화는 음악이나 독서처럼 '혼자서 하는' 활동 범주에 속한다. 혼자서 하는 활동은 집에 모여 있는 두 파트너가 이런 유의 행동을 이미 취하고 있다 할지라도 지속되어야 한다. 이런 경우 전화기는 아무런 문제 없이 그에 상응하는 행동으로 대체된다. 그러므로 그들 중의 누구 한 사람과 연결하려고 애쓰는 사람들은 그들이 어떤 정체성의 상태에 있는지를 잘 알지 못하기 때문에, 그렇기 때문에 외부에서 걸려 오는 전화로부터 난점이 발생하고 있다. 사람들은 전화를 받은 사람이 '혼자' 일 때 또는 '혼자' 있을 수 있을 때 연결될 수 있는지를, 아니면 이와는 반대로 그 사람이 또 다른 사적인 관계의 구속을 받고 있으므로 방해받을 수 없는 상태인지를 알아차릴 수 있을 듯한 그러한 표시를 만들 필요가 있을 것 같다.

또한 어떤 보충적인 요소가 고려되어야 할 것이다. 예를 들어 이런 기구에 할애한 시간 말이다. 사실 전화를 하는 순간에 배우자가 통화중일 수도 있고, 그래서 집중받지 않을 수도 있다. 그러나 상황은 연장되고, 배우자는 할 일이 있어서 다른 길로 자신의 배우자와 연결하려고 애쓸 수도 있음을 표시해 주는 것은 아무것도 없다. 따라서 지속되고 있는 시간은 추가적인 위험을 함축하고 있다. 두 배우자들의 행위를 나쁘게 연결시킬 기회를 증가시켜 주기 때문이다. 블랑딘이 지적한 30분의 한계는 분명 그들의 저녁 시간의 일부가 원칙 없이 짜여져 버린 방식을 드러내 보이고 있다. 각자 개인 활동을 하는 데 열중하면서도 한편으로는 동시에 상대방이 음악 듣기를, 책읽기를, 텔레비전 시청을 그만둘 수 있는지 보려고 규칙적으로 조사하고 있다. 지속되는 행동들은 서로의 화합을 제한하기 때문에 언제나 그들의 관계를 방해한다.

브리지트와 로랑(41세, 38세, 둘 다 건축가. 공동 생활한 지 10년) 커플의 경우 시간 조절은 아주 민감한 부분이다. 그러나 그들은 또한 행동들과는 다른 분류를 개입시키고 있다. 이는 저녁마다 전화 사용에 대한 판단을 변화시키고 있다. 그래도 여전히 로랑이 블랑딘에 비해 더 반발하고 있다. “전 그게 정말 싫어요. 그런데도 그런 일이 너무 흔했답니다. 전 브리지트가 다른 누군가와 오랫동안 전화를 하는 동안에 잠자리에 들어야 하는 게, 그녀가 제 곁에 누워 있지 않은데도 잠들 수 있다는 게 싫어요. 특히 그녀가 다른 누군가에게 전화를 할 때가 싫어요. 그녀가 일을 할 때면, 그건 괜찮아요. 그러나 전화를 할 땐 참을 수가 없답니다. 예전에 비하면 많이 좋아지긴 했지요. 무엇보다도 우선은 제가 일을 많이 하기 때문이죠. 그리고 브리지트가 일을 많이 하고 있다고 느낄 때면 좀더 이해하지요. 남자 친구들이나 여자 친구들에게 전화를 걸 수 있다는 것이 하나의 돌파구라는 것도 압니다. 그러나 반대로 제가 집에 돌아올 때라든가, 브리지트를 거의 보지 못했을 때, 그리고 전화하기 위한 시간에만 신경을 쓸 때면 전 화가 나서 참을 수가 없습니다. 그렇게 될 경우 전 ‘그만해, 더 이상은 못 참겠어. 그만두지 않으면 내가 나갈 거야!’ 라고 얘기합니다.” 로랑은 대화 상대의 이름을 대지 않았다.

그러나 그가 화가 난 책임은 브리지트한테 있었다. (그의 말에 따르면) 그녀가 좋은 관계를 유지하는 데 지나칠 정도로 소홀했기 때문이다. 예를 들면 한 침대에 동시에 잠자리에 들기, 그리고 한가한 시간에 그를 위해 기꺼이 시간을 할애하는 배우자 갖기에 배려를 하지 않았기 때문이다. 이런 이중의 요구 사항이 그녀에게는 확실한 것처럼 보였다. 즉 더블 침대에 눕는 것이 결국은 공동으로 함께하는 활동이며, 누군가와 함께 산다는 것 또한 여가 시간을 함께 공유하는 것이기 때문이다.

'함께 있는' 개인이 될 수 있는 여러 가지 방법

"그래도 그녀가 일을 할 때면 그건 괜찮아요"라고 말할 때 느낄 수 있는 두번째 조건을 특별히 기억해 보자. 로랑은 브리지트가 일을 할 때와 전화를 할 때로 상황을 나누어 구분하고 있다. 그는 첫번째 상황을 더 잘 수긍하고 있다. 이는 그녀가 자신만의 행동을 하는 것이지 활동 분류를 어지럽히는 것은 아니기 때문이다. 인생은 단면으로 나누어진다. 일과 일이 아닌 것으로. 일에 속하는 것은 부부 생활이 아니다. 그러나 여가 생활에 속하는 것은 부부 생활에 속한다. 이와 상응하는 행위는 결과적으로 배우자가 모르는 동안에 브리지트가 가진 '한가한' 시간을 정당하지 못한 것으로 만들고 있다. 로랑은 이처럼 비밀스러운 순간들을 받아들이고 있지 않다. 특히 그들이 또 다른 관계 때문에 정당하지 않게 되기 때문이다. 이 남자의 반응은 개인의 생활과 둘이 함께하는 생활이 서로 연결되는 방식을 더 잘 이해시켜 주고 있다. 이 남자는 배우자가 언제나 항상 배우자의 상태에 있을 수는 없다는 사실을 부정하지는 않고 있다. 무엇보다도 일을 할 때 남자나 여자는 부부 관계로 정의되지 않는 한 개인일 뿐이다. 게다가 (물론 분리되어 있다는 의미에서의) '혼자' 있는 개인이라는 요소로 정체성 구축을 얼마나 많이 합법화할 수 있느냐 하는 것은 바로 전문적인 연구에 대한 관심 중의 하나이다. 그러나 그는 나머지 시간은 무엇보다도 서로 함께해야 한다고 평가하고 있다. 따라서 그는 브리지트에게 이런 원칙에 응해 주기를 요구하고 있으며, '자기 배우자와 함께' 있는 개인이기를 바라고 있다. 그리고 그는 부부간에 함께하는 모임을 매우 좋아한다. (함께 잠자리에 드는 것도 그러한 모임의 상징이다.) 그렇지 않을 경우, 따로 있게 되는 상황에서도 그는 배우자가 '다른 누군가와 함께' 있지 않고 '혼자' 있는 것을 더 좋아한다. 그는 배우자가 자기를 빼놓고 친구와 인간 관계를 맺으면서 정체성을 형성해 나가는 방식을 거부한다. 배우자로부터의 독립은 아주 편협한 제한 속에서만 관대하게 이루어진다.

로랑의 설명은 '혼자 있는' 개인의 상태를 명백하게 다음 두 가지로 밝히고 있다. '혼자 있지만 다른 누군가와 함께 있는 개인' 그리고 '다른 사람과도 함께하지 않은 상태의 혼자 있는 개인.' 질투는 배우자가 관계를 맺고 있을 때에만 나타난다. 의심의 여지가 없는 명백한 질투다. 이 남자가 한 표현을 빌리자면, 그는 자신의 부인이 개인적인 접촉을 하도록 내버려두는 것이 '지겹다.' 브리지트는 친구에게 전화할 때 집에 있었다. 즉 그녀는 부부생활에 미치는 범위 안에 있었던 것이다. 그러나 집에 있다는 것만으로는 로랑을 안심시키기에 불충분했던 것이다. 겉보기에만 떨어져 있는 것임을 보여 주는 사소한 신호들을 이따금씩 보내는 조건하에서 두 배우자를 만족시킬 수 있다는 공간의 공존은 전화 때문에 무너질 수 있다.

사실 전화상의 대화는(아주 드물지만 개별적인 방문과 비교해 보았을 때) 또 다른 세계의 인간 관계를 곁다리로 만들어 냄으로써 '함께하고 있다'는 느낌이 지속되는 것을 방해하는 것처럼 보인다. "당신의 경우 전화 때문에 가장 불쾌했던 것은 무엇입니까?"라는 질문에, 그는 다음과 같이 대답했다. (침묵이 흐르고……) "제가 대화에 참여하는 것을 브리지트가 원하지 않을 때요. 제가 보기에 브리지트가 비밀에 싸여 있는 것처럼 보일 때요. 그럴 땐 참기 힘듭니다." '비밀'이란 단어는 여러 관계들 속에 잠재되어 있는, 그러니까 그 관계들 속에서도 제외된 여러 관계들간에 숨어 있는 경쟁을 나타낸다. (이는 특히 전화가 대화를 여러 번이나 아주 나쁘게 만들 수 있기 때문이다.) 로랑은 이렇게 침입당하는 것을 나쁘게 생각하고 있다. 그는 자기 배우자가 말하는 것을 듣고 있으면서도 '개입'해서는 안 된다고 생각하고 있다. 배우자 옆에 있었기 때문에 로랑은 자신이 '함께' 사는 사람으로서 들을 권리가 있다고 표명한다. 그러나 상담자의 질문에 대답을 하면서 로랑이 밝혔듯이 전화기 옆에 그렇게 있었다는 행위는, 전화를 듣고 있는 저쪽의 대화자의 시선을 피해 결혼 생활의 영역을 재창출하기에는 충분치 못하다. "당신은 배우자가 저녁에 외출을 하는 게 좋으세요, 아니면 전화를 하면서 저녁 시간을 보내는 게 좋으세요? 선택하라면 어떤 게 더 좋은가요?" "그녀가 저와 함께 외출했으면 좋겠어요. 전화를 하는 상황은 진짜 일어나는 상황과는 아무런 관계도 없고, 사실과 달리 겉으로만 둘이 같이 있게 되는 것이기 때문에 그녀가 외출하는 게 좋겠어요." 로랑은 잠재하는 것이 공간 속에서 함께 실존하고 있는 현실보다 더 '사실'이 되는 수단들을 가지고 있을 것 같지 않는 세계를 꿈꾸고 있다.

2. 전화기의 바른 사용

고양이가 집에 없을 때, 쥐들은 전화를 한다

결혼 생활의 마찰과 자신에 대한 여러 가지 정의 속에 나타난 지나치게 복잡한 역할을 피하기 위해 많은 사람들은 일하는(또는 여행) 시간에, 더욱이 자신들이 객관적으로 혼자 있는 시간에 전화를 하면서 개인적인 인간 관계를 만들어 가고 있다. 거주지는 배우자가 부재하는 동안에 '사적인' 거주지가 된다. 전화는 '결국 혼자'인 사람의 관점에서 사용되기 마련이다. 배우자가 없을 때 이용하는 전화는 이중의 기능을 한다. 즉 배우자와 둘이 함께 보내는 생활을 쓸데없이 방해하지 않는 기능과, '함께' 사는 또 다른 개인이 되기 위해 자신의 시간을 갖는 기능을 한다. 배우자가 함께 있지 않을 때 가족들이나 친구들에게 전화를 하는 것은 불신의 표시가 아니다. 사람은 저마다 자식으로서의 입장, 형제로서의 입장, 친구로서의 입장이 있으며, 그 관계들은 부부 관계와는 별개로 유지되어야 한다는 것을 생각해 볼 수 있다.

배우자가 집에 있을 때 전화하기를 피하는 것은 함께하는 시간을 보호해 줌으로써, 그리고 다른 사람과의 경쟁 관계 때문에 함께하는 시간을 해치지 않게 함으로써 그 시간을 존중해 주려는 태도이다. 엠마누엘라(24세, 대학생. 공동 생활한 지 1년 6개월)가 제한하는 행동이 바로 레이몽(26세, 컨설턴트)이 일하고 돌아와 있을 때 전화하는 것이다. "혼자 있을 때에도 전화는 할 수 있기 때문에 전화하면서 시간을 보내지는 않아요. 제가 한 시간이나

한 시간 반을 계속해서 전화했었다면 그는 분명 화를 냈을 거예요. ……극단적으로 말하자면, 집에 다른 사람이 있는데도 전화를 쉬지 않고 계속해서 하는 것은 나쁜 버릇이죠. 그러나 전화를 15분만 한다면 그건 나쁜 버릇이라고 할 수 없겠지요. 다만 여러 시간을 계속해서 전화한다면 그건 다른 누군가를 존중해 주는 행위라고는 할 수 없어요." 전화 사용 시간의 기준은 인간 관계에 참여하는 특성을 나타내 준다. 외부와의 상당히 긴 대화는 배우자 옆에 있으면서도 잠재적으로는 부재하고 있음을 강조한다. 엠마누엘라는 상호 작용을 하는 상황에서 다른 사람에게 체면을 잃지 말라고 요구하는 올바른 교육 덕분에 그렇게 행하고 있다. 사실 계속되는 전화는 갑작스럽게 변경되거나, 또는 세심한 관심을 기울여야 하는 위험성을 동반하고 있기 때문에 어떤 기대를 만들어 내고 있다. 그 기대란 바로 배우자가 강제로, 또 다른 것을 실현해야만 하는가의 여부를 알지 못하도록 하는 것이다. 어떤 상관들은 상호 개인간의 직접적인 인간 관계가 종국에는 별로 의미가 없음을 지적하면서 약속 시간에 똑같이 행동하고 있다. 사람들은 인간 관계에 대한 질투심에 이제는 더 이상 사로잡혀 있지 않다. 엠마누엘라의 말이 옳다. 사람들은 배우자가 구박을 받아서는 안 된다는 올바른 사용법을 지키고 있다.

배우자를 보호하려고 애쓰는 것과 자기 자신을 보호하려고 애쓰는 것은 동일한 움직임이 아니다. 전자의 경우는 배우자가 '함께' 사는 개인으로서 배려받고 있는 반면, 후자의 경우는 자신이 (분리되어) '혼자' 있는 개인으로 존중되고 있다. 막심이 집에 없을 때 주고받는 전화를 정당화하기 위해 알렉상드랭은 두번째 기능을 강조하고 있다. "전 혼자 있거나, 또는 집에 있지 않을 때 언제나 똑같은 사람들에게 전화하지는 않아요. 전 그가 집에 없을 때 보통 사적인 친구들에게 전화를 하려고 해요. 그를 귀찮게 하고 싶지 않으니까요. 그리고 저녁엔 각자 바쁘고, 제가 그 사람을 방해하려고 할 수도 있지요. 우리 서로 나눌 얘기가 정말로 많을 때에는 전 낮에 해요."

얘기를 나누는 기쁨에 취한 또 다른 자아

배우자가 없을 때, 부부의 집은 각자 자신의 집에 있으면서도 여자 친구나 남자 친구와 함께 있을 수 있게 해주는 전화기 덕분에 원래의 의미에서 벗어나 접대의 공간이 된다. 전화상의 인간 관계는 어떤 확실한 기쁨을 야기시켜 주기 때문에, 별도의 완벽한 활동인 것처럼 체험된다. 알렉상드랭은 친구 베티와 바로 이런 관계 방식으로 전화를 이용하고 있다. "우린 언제나 할 얘기가 있어요. 그리고 우리 둘 중 한 사람이 문제가 발생해서 할 얘기가 있다면, 우린 전화로 그 얘기를 하지요. 그리고 서로에게 더 이상은 해줄 얘기가 아무것도 없다는 것은 우리가 이미 서로 만났었기 때문이 아니에요. 그녀는 바로 옆에 살고 있고, 그리고 우린 매일 만난답니다. 사실 우리는 전화로 대화를 이어 가고 있어요."

알렉상드랭이 베티와 유지하고 있는 친구 관계는 얼굴을 서로 대면하는 만남을 통해 이루어지기도 했지만, 동시에 일 대 일의 상호 작용을 연장시켜 주는 전화상의 대화를 통해 성립되고 있다. 그녀들은 언제나 서로에게 해줄 이야깃거리를 가지고 있다. 피터 베르거와 한스프라이드 켈너(1988)의 가설과는 반대로, 알렉상드랭은 여러 가지 대화 영역을 이끌 수 있는 능력이 있다. 이는 분명 부부간의 대화가 이 부인의 세계관 전체를 통합시켜 주고 있지 못함을 의미한다. 그녀는 전화를 통해 우정의 세계를 견고히 하고 있다. 이중 거주지를 가지고 있는 커플이 상상 속에서 둘이 함께하는 생활과 개별적인 생활 사이를 유기적으로 연결시켜 주는 이상적인 형태일지라도, 미래가 그런 형태로 그려질 것이라는 것은 확실치 않다. 어쩌면 전화와 휴대전화, 그리고 (전자 우편을 이용한) '편지' 가 관계의 독립성과 둘이 함께하는 생활의 유지를 결합시켜 줄 수 있을지도 모른다.

'우스운 이야기' 를 기술하는 기능

알렉상드랭처럼 엠마누엘라는 가족 · 친지들과 배우자, 그리고 여자 친구와의 관계를 서로 다른 태도로 바꿔 가면서 유지하고 있기 때문에 이중 인생 ——성적인 측면은 빼고——을 가지고 있다. 엠마누엘라는 마리 샤를로트를 보고 난 바로 직후일지라도 하루에 세 번에서 다섯 번은 그녀에게 전화를 하고 있다. 이 두 여인은 두 가지 주된 관계로, 즉 집에 있으면서도 전화기 덕분에 친구를 바꿀 수 있고, 중요한 제삼자를 바꿀 수 있는 그런 관계로 규명되고 있다. 그녀들에게는 오로지 평소 일상 생활의 관계 속에서만 의미가 있는 여자 친구들이 있다. 그녀들은 모든 것을 이야기하고, 아무것도 아닌 것에 대해서도 이야기를 하며, 마치 자신들 고유의 일을 계속하면서 배우자들끼리 (전화를 통해) 서로 얘기할 수 있는 것과 아주 유사한 것들을 이야기하고 있다. (우리도 똑같이 할 수 있다.) 그녀들은 낮 시간에는 얘기를 통해 친구가 자기와 함께 있어 주기를 요구하고 있다. 친구나 가족은 둘 다, 둘 중의 한 사람이 똑같은 방식일 필요는 없겠지만, 이야기를 나누는 정체성을 구축할 수 있도록 만들어 주는 한(다시 말해 이야기를 통해 만들어진 정체성을 형성할 수 있도록 가능성을 만들어 주는 한) 중요한 인물이 될 것이다.

대화가 단순하게 어떤 세상을, 대화자와 공동의 '노모스(nomos)' 를 창조할 수 있도록 해주지는 않는다. 또한 대화는 고독과 의심이 드는 순간 자기 자신을 안심시켜 주는 수단을 제공해 준다. 이는 엠마누엘라가 분명히 밝히고 있는 부분이다. "전 제가 무얼 해야 할지 모를 때 전화를 하게 됩니다. 보통은 마리 샤를로트에게 하지요. 전화해서는 그녀에게 '따분해, 뭘 해야 할지 모르겠네' 라고 말해요. 그럼 그녀는 '나도 그래' 라고 얘기하죠. 그래서 우린 서로 아무것도 아닌 일을 얘기하느라고 여러 시간 동안 대화를 해요. 사실 전 특별히 해줄 얘기도 없고, 그녀도 특별한 얘기를 해주는 것은 아니지만 그래도 어떻게 해서든지 서로 말을 할 수 있게 되므로 그 때문에, 단순히 전화를 거는 즐거움으로 [친구들에게] 전화를 합니다. 전화를 거는 즐거움이 뭐냐고요? 혼자 있지 않게 된다는 거지요. 또 누군가를 부를 수 있다는 거예요." 이런 유의 대화는 배우자가 질투하지 않도록 '수다, 쓸데없는 말' 로 약호화될 수 있다. 그러나 그런 대화는 유용한 것으로 인식되고 있다. 전화상으로 이루어지는 관계는 그 자체만으로는 충분치 못하다. 그런 관계는 대체되는 관계가 아니며, '함께 행동하고 있음' 이나 '함께 자리하고 있음' 을 나타내지는 않는다. 전화는 '함께 말하기' 를 독점하고 있다.

남자들은 여자들이 그런 식으로 상당 부분 드러내지 않고 잠재적으로 관계 맺고 있는 것에 대해 잘 알지 못한다. 남자들의 전화 사용은 여자들에 비해 좀더 쓸모가 있다. 약속을 정한다거나 구체적인 내용을 주고받기 위해 사용하고 있다. 그러므로 엠마누엘라와 함께 사는 레이몽은 거리를 두고 갖게 되는 이러한 연결 상태를 거의 즐기는 편이 아니다. "길어야 5분이죠. 우린 저녁 약속이나 주말 약속을 정하기 위해, 우리가 해야 할 것이 무엇인지 결정하려고 전화를 걸지요. 어떻게 가야 하는지 알아보기 위해 전화할 뿐이에요. 서로 얘기를 질질 끌지 않아요. 전화로 오래 얘기하는 걸 싫어합니다. 어휴, 끔찍해요! 전 친구들과 간단하게 얘기 나눕니다. 전화로 얘기하는 것이 전 정말 싫거든요. 특히 서로 지하철로 두 정거장 정도 떨어진 거리에 살고 있는 경우라면 더 진저리나게 싫어요."

세상의 이치를 환기시키는 듯한 부부의 해학

많은 남자들이 아직도 자신의 부인이 친구들과 나누는 긴 대화를 이해하지 못하고 있다. 또한 그들은 그 대화 시간을 제한하려고 한다. 그들은 거의 송신을 방해하면서 시간을 통제하려고 한다. 에티엔은 소피(둘 다 25세이고 기술자다. 한 지붕 아래 산 지 2년) 앞에서 그런 식으로 행동하고 있다. 소피도 대충 그렇게 하고 있다. "제가 기분이 좋으냐 나쁘냐에 달렸어요. 제가 대화를 방해할 것인지 말 것인지에 달렸지요. (웃음) 어떻게 하냐고요? 전화기 버튼을 누르고는 '여보세요, 끊겼나 봐, 무슨 말인지 안 들려' 라고 말하지요. 대화가 너무 길게 지속되고 있다는 생각이 들면 전 이 방법을 자주 사용해요. 아주 고전적인 방법이죠. 그렇지 않으면 마주 보고 있는 사람이 들고 있는 수화기에 대고 말해요. 소피는 전화기를 잡고 있고, 전 전화기 옆으로 가서는 '안녕, 잘 지내?' 라고 말하죠. 또 제가 지긋지긋할 때는 '야! 푸후!' 라고 해버려요. 아니면 '냐냐냐냐냐냐!' 라고 소리지르면서 옆으로 지나가죠. 그러면 소피의 반응은 그녀의 기분이 좋으냐 나쁘냐에 따라 다르게 나타나죠. 기분이 나쁠 땐 화를 내고, 기분이 좋을 때에는 그냥 웃어 버리죠."

(소피보다는 적게 사용하는) 에티엔은 동거녀가 전화를 끊었으면 할 때에는 경험에 의해 통제를 하고 있다. 해학을 통해 발생되는 '대화 공해' 는 남자의 수완에 따라, 또는 여자의 유머에 따라 두 사람의 놀이로 변형될 수 있는 이점을 지닌 방어 전략이다. 따라서 전화상의 관계는 유희적인 상호 작용을 허용하기 위해 '독점적인' 측면을 상실하게 된다. 이와 같은 상황은 또한 에릭(데생 교수)과 함께 사는 나탈리(사회학자)에게도 일어나고 있다. "갑작스럽게 긴급하고 중요한 얘기나 일과 관련한 문제, 또는 일을 기획하는 것과 관련한 문제를 얘기하게 되는 전화가 있을 때도 있어요. 그러면 전 그에

게 [남편에게] '쉬! 쉬! 쉬! 내 전화야. 조용히 좀 해줘' 라고 말해요. 전화하는 데 집중하고 싶으니까요. ……바보 같은 말을 계속하면 전 눈을 크게 떠 보이며 그러지 말라고 하죠. 그는 계속해서 방해를 해요. 그때의 전화가 일과 관련된 전화라는 것을 이해하지 못했으니까요. 결국에 가서는 알게 되고, 그러면 그만두죠."(C. de Gournay, P.-A. Mercier, 1996, p.93) 에릭은 일과 관련한 전화보다는 친구들의 전화에 더 자주 끼어들어 간섭하고 있다. 자기 아내가 전화하는 것을 좋게 생각하지 않기 때문이다.

자기 자신을 보호하기 위해 거르기

공동 생활 속에서 '전화상의' 독립성 보호는 여러 방식으로 약해지고 있다. 전화상의 대화가 독립적으로 보호받기 위해, 배우자가 듣지 않는 곳에서 전화를 하도록 요구할 수 있다. 그리고 또 어떤 때에는 부부의 세계와 친구의 세계, 직업의 세계가 별개로 완전히 분리되기를 요구하고 있다. 로빈슨 크루소의 임시방편적인 태도를 위해서라면 전화기의 전원이 차단되어 있거나, 또는 브리지트가 하는 것처럼 전화가 엄격히 걸러져야만 한다. "그래서 저는 제가 가진 자유로운 직업 덕분에 정말 좋아하는 행동이 하나 있지요. 가끔 전 아침 시간을 빼먹고 집에 있거든요. 그럴 경우 제가 집에 없는 게 당연한 거니까 그럴 땐 전화를 받지 않아요. 그리고 집에 없는 게 당연한데, 제가 왜 전화 때문에 귀찮아해야 하는지 그 이유를 모르겠어요. 꼭 나를 위해 시간이 주어지는 공간을 탈취당하는 기분이 들어요. 제가 또 다른 무언가를 해야 할 것 같은 시간이기는 하나, 그래도 혼자 있고 싶어하는 제 시간인데 말이죠. 특히 전화와 함께 있고 싶지 않은 그런 시간이죠. 그래도 실제로는 전화벨 소리가 저를 죄인인 듯 취급하며 제게 스트레스를 주기 때문에, 전화벨 소리가 저의 신경을 자극하지 않도록 전 전화기를 들어요." 브리지트가 자신의 시간을, 일하는 시간에서 훔쳐낸 시간을 벨 소리에 제공하는 경우는 아주 드물다. 그러므로 전화를 받는다거나 전화벨 소리를 듣게 되는 것은 문제가 되지 않는다. 전화기의 전원을 차단해 두는 행위는 보통 열려져 있는 공간을 단 한 사람만을 위한 닫힌 공간으로 바꿔 준다.

브리지트는 개인적으로 자기 자신을 되돌아보기 위해, (엄밀히 말해) '혼자' 있는 자신을 때때로 추구하고 있다. 커플 구성원들은 부부 생활 속에 잠깐이나마 들어올 수 있도록 권한을 줄 신분을 결정했을 때 여과 장치를 이용하고 있다.[37] 또는 결국은 같은 말이지만, 그들이 집에 있을 때 보호하길 바라는 사람이 누구인지를 결정했을 때 그렇게 하고 있다. 그래서 시릴(29세, 마케팅팀장. 7년 전부터 사장 비서인 27세의 제랄딘과 함께 산다)은 사생활 영역에서는 직업적인 역할로부터 벗어나 있기를 바라고 있다. "전 우리가 응답기를 이용해 그런 대로 전화를 걸러내고 있다고 생각해요. 주로 일과 관련해 걸려 오는 제 전화 때문이죠. 집에서 일 때문에 전화받는 것이 싫거든요. 그러므로 전화가 울리면 우린 그때부터 바로 그런 이유 때문에 응답기를 이용해 전화를 선별하려는 경향이 있지요. 체계적으로 선별하지는 못해요. 사실 대부분은 응답기에 대고 말한 사람이 누구인지를 알려고 애쓰죠. 전화가 일과 관련된 것만은 아니니까요." 응답기 덕분에 가정집으로의 접근이 열려져 있는 상태는 아니고, 접근을 위해서는 신분을 밝혀야만 한다. 전화벨 소리 이면에 숨어 있는 사람은 누구일까? 가족 중의 한 사람일까, 아님 친구일까, 그것도 아님 동료일까? 상대방의 전화번호를 남겨 주는 전화기도 똑같은 요구에 부응하고 있다. 즉 우리가 원할 경우에만 전화를 들 수 있도록 전화를 하고 있다.

그러나 늑대와 세 마리 양 이야기와는 다르게 '투명하게 신분을 밝힘' 이 지니는 상징성은 항상 같은 뜻으로, 그리고 지속적인 태도로 결정되고 있지 않다. 시릴의 배우자는 좀더 선별적인 방식으로 올바른 여과 장치법에 대해 정의 내리고 있다. "저한테는 전화가 저녁마다 제게 스트레스를 주는 기구죠. 전 낮에 전화를 많이 하기 때문에 저녁에 집에 돌아왔을 때, 그리고 전화가 울릴 때 우린 언제나 응답기를 틀어 놔요. 우린 전화를 걸어 온 사람의 용건에 따라 전화를 선별한답니다." 남편이 하는 것처럼 제랄딘도 일과 관련된 전화를 조심한다면, 그녀 또한 자신을 지루하게 만드는 몇몇 가족 관계는 거부할 수 있을 것이다. 그녀는 '누구의 조카' 로 몇 분 동안 전화를 받게 되는 것에는 관심이 없다. (그녀는 그녀 자신이 그러한 신분이겠노라고 결정할 경우에만 그런 신분이 될 것이다.) 그러나 반대로 '친구' 가 되는 것은 기뻐할 수 있다. "예를 들어 제가 전화하고 싶지 않은 고모가 전화를 하였을 경우, 우린 응답기를 틀어둔 채 내버려두죠. 그리고 제가 얘기를 하고 싶은 친구한테 전화가 오면 전 수화기를 들고 얘기를 해요. 그래요, 전화기 자체가 없어서는 안 돼요. 전 항상 응답기를 틀어 놓고 전화를 선별하고 있어요. 그렇기 때문에 절 아는 사람들은 그런 사실을 알고는 '여보세요, 여보세요, 거기 아무도 없어요?' 라고 말해요. 우린 수화기를 들어올릴 시간을 버는 거예요." 브리지트는 어떤 경우에는 '누구의 딸' 역할을 해야 하는 자신의 위치에서 전화를 거부하고 있다. "보통 땐 로랑에게 전화를 걸러 달라고 부탁해요. 응답기의 전원이 켜져 있지 않으니까요. 로랑에게 이렇게 말해요. '오늘 밤은 당신이 전화를 받아요. 엄마랑 통화하고 싶지 않으니까. 그러니까 엄마가 전화하면 전 집에 없는 거예요' 라고. 사실 엄마의 전화에만 해당되는 요구죠. 그러나 응답기의 전원이 켜져 있을 때면 응답기를 이용하죠. ……조금은 제 의지에 따를 때도 있어요. 제가 글렌의 방에 있을 때 걸려 온 전화의 경우에는요. 글렌의 방에서 전화 응답기가 돌아가는 소리를 듣게 돼요. 그럼 전 들어 봐요. 탁, '어머, 엄마잖아.' 그렇게 확인하고는 대답하지 않아요. 하지만 다른 누군가가 전화를 걸어 온 경우에는 대답을 하며 소리쳐요. '끊지 마요, 전화 끊지 마요, 응답기 끌게요." (웃음) 그 전화가 어머니일 때 전화를 받지 않는 것이 꼭 사이가 나쁘다는 표시는 아니다. 정복하기 힘든 세대간의 고유한 자유가 바로 이런 행동에 포함되어 있을 수도 있다. 방문을 해야 하는 사람은 자녀들이고 반대로 어른들은 방문을 하지 않으니까(L. Roussel, O. Bourguignon, 1976) 방문할 때 결정하는 사람도 아들이나 딸이지 부모는 아니다.

결국 여과 장치의 사용은 정체성의 유연성이 긍정적으로 또는 부정적으로 채색되어 있는 방식을 이해하도록 해주고 있다. 전화기를 드는 행위는 곧 희망하는 사람임을 나타내는 표시가 되고, 전화기를 들지 않는 행위는 냉대받는 사람임을 의미한다. 전화를 거부하는 행위는 단지 검열하는 듯한 배우자의 통제에 따라 달라진다. 더욱이 혼자 사는 사람들조차도 응답기를 사용하고 있으니까. 응답기는 개인이 모든 사람에게 항상 시간을 내줄 수 없다는 증거를 내세움으로써 현대화를 나타내는 표시 중의 하나이다. 개별화는 ——일종의 사생활——자신이 세상의 주인이라는 인상을 주는, 아니면 적어도 자기 세계의 주인이라는 인상을 주는 새로운 경계 속에서만 생성된다. '세계화' 는 국경의 상대적인 소멸을 바탕으로, 그리고 좀더 개별적인 통제

형식의 생성을 바탕으로 세워진다. 개개인 각자가 세관원이다. (전자 우편을 통한) 메일의 성공은 분열과 국경을 초월하고 새로운 공간을 만들어 내기, 그러면서 한편으로는 편지함을 열거나 열 수 없는 개인의 지휘하에 놓여지게 되는 상태의 조화로 이루어지고 있다. 우편물 배분 시간이 개인의 의사에만 달려 있는 것은 아니다.

전화의 양면성

딴생각을 하는 것은 기쁘게 하거나 화나게 한다. 만약 개인이 자신이 처한 상황에서 즐거워하고 있다면, 그는 '전화받고' 싶어하지 않을 것이다. 반대로 다른 공간을 상상하고 있었다면, 전화는 자기 집에 있으면서 그곳을 빠져 나갈 수 있도록 해주는 요행이 될 것이다. 그렇기에 전화는 집 밖으로 나가서 보는 것보다는 오히려 집에서 보는 게 더 좋은 비디오 영화 테이프와 같은 것이다. 전화에 대한 보고서는 바로 이러한 첫번째 단계에서 벌써 양면성을 띠고 있다.

개인이 커플을 이루며 함께 살고 있을 때, 이런 양면성은 적어도 다음 세 가지 이유로 증가되고 있다. 1) 배우자 개개인의 기대가 항상 연계되어 있지는 않다. 예를 들면 한 사람이 응답기를 이용해 전화를 선별하고 싶어하는데, 다른 사람은 그러고 싶어하지 않을 수 있다. 그리고 한 사람은 직업과 관련한 모든 침해를 거부하지만, 다른 사람은 그러지 않을 수 있다……. 2) 전화는 흔히 혼자 하는 행위이다. 전화하는 행위는 전화를 받지 않은 배우자나 전화를 거는 배우자가 소외된 느낌을 가지도록 할 수 있다. 그러기에 전화는 "당신이 부부가 함께해야 하는 시간을 부당하게 사용하는 이유가 뭐예요? 뭣 때문에 나보다 당신 친구에게 말하는 걸 더 좋아하는 건가요?"라고 말하게 되는 비난의 동기가 된다. (이러한 비난은 오히려 남성적인 것이기 때문에 이런 방향으로 얘기는 진행된다.) 버림받은 느낌이 드는 배우자는 다른 곳에 관심을 갖고 있는 누군가의 곁에 있다는 것이 불만이다. 그래서 그는 투덜대고 관심을 끌려고 애쓰며, 관심을 끌기 위해 똑똑한 체한다. 3) 이와는 반대로 사람들은 둘이서만, 또는 가족하고만 집에 있고 싶어할 수 있다. 친구들이, 동료들이, 또는 부모님이 문을 두드리고 도움을 필요로 하고 있다. 그러나 사람들은 그들을 받아들이지 않고, 그들의 말도 들어 주지 않는다. 응답기가 대신 돌아간다. 사람들은 다른 곳에 있는 척한다. 고요한 평온이 추구되기는 하나 양심의 가책이 원래대로 상기될 수 있다.

전화는 분명 부부 생활 속에서 자유를 증가시켜 주고 있다. 전화는 특히 더 많이 버림받을 것 같은 친구들과의 관계를 유지하기 위해, 그런 의미에서 사용될 수 있다. 이 기구의 불편함은——여럿이서 대화를 하는 것은 거의 불가능하다——장점으로 바뀐다. 전화기는 '결혼' 생활과 관련해 함께하지 않아도 되는 개인적인 친분 관계를 생성해 내거나, 또는 그런 관계를 보존하려는 수단이 되기 때문이다. 우리가 이미 알고 있듯이, 부부의 관계와 우정의 관계가 피해를 입지 않도록 조심하기 위해서는(아니면 그 반대로 하기 위해서는) 그 두 장면이 너무 자주 부딪치지 않으면 되고, 배우자가 있을 때 친구에게 전화하지 않으면 된다. 반면 전화는 또한 통제의 강력한 수단이 되고 있다.[38] 알리스는 (각자 자신의 거주지에 있으면서) 자신이 7년을 함께 살았던 남자와 헤어지게 된 요인이 어떤 여자 때문이라며 이를 입증하고 있다. "비교해 보면, 제가 독신으로 있은 지 2개월 반 됐는데, 최근 몇 년보다도 독신으로 지낸 2개월이 훨씬 더 즐거웠어요. 그건 변화였어요. '당신 지금 어디에 있어?' 라고 묻는 전화를 받지 않아도 되고, 그리고 저녁마다 외출할 수 있는 것에 제가 얼마나 고맙게 생각하고 있는데요. 그건 공포였어요. 외출하는 저녁마다 그는 제가 집에 있었는지 없었는지를 알려고 전화를 했었거든요. '당신 지금 어디야? 뭐 하는데? 집에 들어갈 때 나한테 전화해 줘. 집에 들어가자마자 나한테 전화해 줘' 라고 말하려고 전화를 했었지요. 그래서 전 저녁에 외출하게 될 때마다 스트레스를 받았었어요. 두려웠고요. 응답기에 어떤 메시지가 남겨져 있을까? 응답기가 마치 악당 같았어요. 전 응답기를 치우고 싶었어요. 그러나 그게 전화기에 통합되어 있는 거잖아요. (웃음) 전 외출할 때마다 메시지를 받았었지요."(C. Peyraud, 1998, p.45) 전화(휴대전화조차도)는 집에 매달아 놓은 눈이다. 집을 훤히 들여다보는 일종의 눈이다. 우습게도 그 눈은 우리 서로를 각자 감시 체제하에 놓이게 하기도 하고, 그러면서 경우에 따라서는 상대를 감시하기도 한다.

공간 이동과 신분 변화 유동성(예를 들어 알리스의 경우 자유로운 여자이기, 그리고 아내이기) 같은 문제는 전화기 속에서 굴절되고 있다. 전화기는

——공간 연장을 가능케 해주고 현대적인 의미를 지니고 있다——동시에 여기저기서 번쩍거리며 존재할 수 있도록 해주고 있다. 그러나 그 사용은 더 보잘것없다. 즉 이곳에 있으면서 동시에 다른 곳에 있는 것, '혼자' 있으면서 동시에 '함께' 있는다는 것이 가끔은 양립 가능하다. 또 다른 순간에는 반론이 터져 나오고 있다. 올바른 사용 규칙이 사용서에는 절대 나와 있지 않다. 아마 그런 규칙은 존재하지 않을지도 모른다. 언제나 다시 시작되는 인간 관계 조절이 그 규칙을 대신하고 있다. 그 문제는 알렉스(37세, 프로그래머)와 그의 아내(교수)의 경우처럼 전화기를 개별적으로 가짐으로써 해결되는 듯하다. "우린 각자 번호를 가지고 있고, 응답기도 각자 가지고 있어요. 각자 일이 있으니까요. 우린 서로 바지를 바꿔입지 않는 것처럼 마찬가지로 전화기를 맞바꾸지 않아요. 그건 우리가 우리 사생활을 보호하는 방식이지요. 서로에게 들러붙어 있지 않으려는 방식이죠. 예를 들자면 저한테는 집으로 오는 가족의 전화가 없어요. 그러나 반대로 제 아내의 경우엔 대부분의 대화가 전화로 이루어지고 있지요. 친정어머니나 아이들, 학교, 그런 모든 것들과의 얘기가 전화로 이루어지고 있어요. 만약 그녀와 전화를 공유해서 사용했다면, 아마도 전화가 그런 용도로만 사용되었을지도 모르죠. 가족과 친구에 관해서는 서로 섞이지 않아요."(C. de Gournay, P.-A. Mercier, 1996, p.136) 그렇다면 자기 정체성 중에서 결혼한 정체성의 측면이, 즉 '부부로서의 자아'가 더 이상 존재하지 않을 듯하기에, 그렇기에 그건 환상이 아닐까?

4

같은 방을 쓰는 두 아이를 위해 형제애 가르치기

아누크 브로카르

명백한 것은 20세기 후반 들어 점차적으로 각자 자신의 방을 가진다는 것이다. 이는 가족 생활 속에서 커져 가는 개별화를 반영하는 것이다.[39] 아이들에게 독방은 현대 가정의 공간사를 밝혀 주는 마지막 단계 중의 하나이다. 다시 말하면 가족 구역으로부터의 단절, 이웃으로부터의 단절, 부모로부터의 단절인 것이다. 그리고 중산층 가정에서는 가족 구성원과 '이방인들,' 즉 하인들과의 분리를 뜻하는 것이다. (아이들의 방은 하인들의 방과는 멀리 떨어져 있고, 부모들의 방과는 가까운 곳에 있다.) 그리고 커플들을 제외한 가족 집단의 내부적인 개별화를 의미한다.(M. Perrot, 1987; M. Eleb-Vidal, A. Debarre-Blanchard, 1989) 독방은 아이가 자율성을 획득할 수 있기 위한 하나의 지지 기반으로 인식되고 있다. 사실 아이는 개인적인 공간을 마음대로 사용할 줄 알게 됨으로써 차츰차츰 자신을 관리하는 것을 배울 수 있게 된다. 다른 사람들이 염려하는 사회성은 밖에서 획득할 수 있는 것으로 생각된다. 학교에서 여가 활동 시간에 다른 아이들과 함께 관계를 맺으면서, 또는 집에서 그러니까 공동으로 함께 사용하는 공간 속에서 말이다. 서로 다른 공간 속에서 아이는 자신이 처하는 정체성의 두 가지 측면, 즉 '혼자' 인 개인으로서의 측면과 '함께' 하는 개인으로서의 측면을 발전시켜 나가고 있다.

다소 집단적으로 사용하는 공용룸

이런 교육적 개요가 모든 아이들과 연관이 있는 것은 아니다. 어떤 아이들은 특히 주거 비용 때문에 자기 방을 가지고 있지 못하기 때문이다. 그러므로 그런 아이들의 부모는 최소한의 개별화를 허락해 주기 위해 구획 정리를 하고 있다. 또는 형제애적인 공동 거주와 공동 사용에 대한 미덕을 강조하고 있다. 다시 말해 공동으로 사용하는 방은 보다 구체적이기는 하나 꼭 사이가 좋은 것은 아닌 형제애 관계를 통해 함께하는 공동 생활을 체험하는 하나의 공간이 되고 있다. 공동 거주자들 사이의 긴장 관계에 직면했던 어머니들은[40] 독방의 규준에 대한 외부의 상기를 통해 강화된 개별화에 대한 사회적 규준의 장점을 간파하고 있다. 예를 들어 첫째아이가 개별화의 상징인 '자신의' 방을 요구할 수 있다. 또 다른 이유, 즉 누이나 형이 다른 형제자매에게 교육자일 필요는 없다는 감정이 아이들이 꼭 같은 방을 쓰지 않아도 되게끔 해주고 있다. 첫째아이는 더 좋게 행동해야만 하고, 무엇보다도 자신을 돌보아야만 한다. 그리고 그는 다른 아이들의 행동을 이해하는 데 가족의 어른이나 또는 다른 어른들보다는 덜 유리한 입장에 처해 있다.

그렇기 때문에 부모들은 공유하는 방을 강요할 때, 그 방을 두 개의 개인적인 공간으로 변경시키고 있다. 부모들은 공간을 나눔으로써 동거가 가능한 간단하게 이루어질 수 있도록, 그리고 아이들 각자 자신의 '방'을 가질 수 있도록 최선을 다하고 있다. 첫번째 그룹의 부모들은 지배적으로 사용되는 모델을 근거로 해서 가장 적합하게 행동하고 있다. 두번째 그룹은 공유하는 방과는 다른 용도를 제안하고 있다. 그들은 공동체를 강조하고 있다. 아이들은 거의 동등한 사람으로서 함께 살아가는 것을 배우기 때문이다. 아이들간에 형성된 사회성은 긍정적인 특징을 지니고 있다. 그러므로 사람들은 공동체의 측면이——마치 아이들이 따로따로 살고 있는 것처럼 하면서——될 수 있는 한 가장 한정되고 있는 가족에서, 이와는 반대로 공유와 협동 작업이 가치를 인정해 주는 가족으로 넘어가고 있다. 방과 관련해 흔히 사용되고 있는 두 유형의 사용법을 가족의 내부 결속력과 연결시킬 수 있다. "때론 가족이 시간과 공간 그리고 활동을 공유하기에 구성원들의 유사성으로, 즉 일치로 정의되기도 하고, ……때론 가족 구성원들의 자율성이 강조되기도 한다. 즉 가족 구성원들은 서로가 차이가 있다고 인식하고 있으며, 서로 구분되는 별개의 영토와 소유물들이 보호되기를 바라고 있다. ……전자의 경우에는 우리라는 가족 집단이 개인의 영토를 명확하게 규정하고 있다. 그러나 후자의 경우에는 반대로 개인이 우리라는 가족 집단의 영토를 결정하고 있다."(J. Kellerhals, C. Montandon, 1991, pp.38-39) 공동체의 방을 조정하는 것은 비교적 첫번째 유형의 결속에 해당된다. 한 가족의 형제자매는 주어지는 여건이며, 그 속에서 관련 있는 아이들은 각자 자신을 만들어야만 하기 때문이다. 반대로 분할된 방은 비교적 두번째 유형을 반영하고 있다. 형제 관계는 먼저 자신들의 독립이 보장된 젊은이들간의 상호 작용 속에서만 맺어지기 때문이다.

어떤 극단적인 측면에서 보면 부모들은 아이의 주된 작업이 지극히 아이 자신의 개인적인 발견이며, 개인의 주장이 지날칠 정도로 많은 형제간의 상호 작용 때문에 속박받아서는 안 된다고 주장하고 있다.(1절) 또 다른 극단적인 측면에서 보면 공동으로 사용하는 방은 지나친 개인주의에 맞서는 언쟁 계획에 포함되어 있다. 집단 생활 속에서 자기 자신을 유지할 수 있다면 '공동' 생활은 가장 바람직하다고 할 수 있다. 성인들은 어떤 정체성의 개념을 가지고 있다. 그 개념 속에는 소속의 중압감(이 경우 형제자매로서의 정체성의 개념이 된다)이 더 많은 의미를 지니고 있다.(2절) 그 둘 사이에는 두 요구 사항 사이에서 타협의 형식을 띠는 또 다른 어떤 형태가 존재하고 있다. 그 형태는 공동체의 계획을 준수하는 아이들의 요구를 고려해 만들어진 것이다. 아이들은 개인 공간과 집단 공간이, '혼자인' 개인과 '함께하는' 개인의 공간이 조화를 이루고 있는 공동룸 속에서 개인적인 영역을 가지고 있다.[41](3절)

세번째 그룹은 현대 가정의 기능의 관점에서 볼 때 더 의미가 있다. 사실 현대 가정의 기능의 원칙을 엄격히 지키고 있는 가정에서조차도 공동으로 사용하는 방은 문제가 되고 있다. 독방을 갖는 것이 지배적인 전형이 되고 있기 때문이다. 어머니들의 이야기를 통해, 우리는 아이들이 주로 개인적으로 소유할 수 있는 공간과 재산을 요구하고 있다는 것을 듣게 된다. 그들은 자율성을 획득하기 위해서는 특권이 주어지는 영역을 가져야 한다는 아동의 권리를 찬양하는 주위의 분위기에 영향을 받고 있다. 공동으로 사용하는 방에 대한 분석은 개별화가 교육적인 기준이 되었음을 이해할 수 있게 해준다. 이는 개별화가 (심리학의 전파로) 사회 전체에 널리 퍼져 있기 때문이다.

1. 두 영역으로 나누어진 방

로빈(8세)과 짐(3세)의 부모는[42] 당연히 모든 아이가 각자 자신의 영역을 가질 권리가 있다고 생각하고 있다. 그렇기 때문에 그들은 이 두 아이들의 거의 완벽에 가까운 유사성을 존중해 주면서 두 소년의 방을 디자인했다. 그들은 아이들 각자가 분리가 아주 잘된 가구를 가지고 있었기 때문에 가구를 중심으로 경계선을 분명히 표시하면서, 분명하게 구분되는 두 영역을 방바닥에 그려넣음으로써 방을 분할했다. 방을 가로지르는 상상의 선이 방 가운데 그려져 있다. "그곳에 벽을 만들 수도 있겠지요"라고 어머니는 덧붙여 말하기조차 했다. 짐은 침대 하나와 벽 하나, 그리고 또 다른 벽의 반쪽을 가진다. 로빈은 짐의 침대 바로 위에 자기만의 침대와 또 다른 한쪽의 벽, 그리고 로빈이 반쪽만 차지한 벽의 나머지 부분을 갖는다. 완전히 서로 다른 세계로 수면 공간을 분리하는 것은 방이 '분할되어' 있음을 아주 잘 나타내고 있다. 로빈의 수면 공간은 단순한 취침 장소임에도 불구하고 그 이상으로 침실의 의미를 지니고 있다. 그의 침대가 높은 곳에 위치하고 있듯이 마찬가지로 로빈이 좋아하는 그의 물건도 모두 위쪽에 자리하고 있다. 또한 칸막이가 있는 선반 중 높은 곳에는 그가 좋아하는 인형들이 진열되어 있고, 자그마한 텔레비전 수상기가 놓여져 있는 방의 구석에 자리하고 있는 작은 가구의 선반 위에는 플러시로 만든 장난감 동물들이 정렬되어 있고, 자동차 모형 시리즈와 그가 무척 좋아하는 책들도 정리되어 있다. 그 밑에는 짐의 침대가 그의 형보다는 훨씬 덜 치장되어 있다. 그러나 그만큼 개성이 반영되어 있다. 짐의 침대에는 천으로 된 장난감 동물이 상당히 많이 놓여 있었고, 어린아이를 위한 포스터와 따뜻한 분위기를 연출해 주는 침대 커버 같은 모이불이 갖추어져 있다. 첫째인 앙투안은 자기 방을 가지고 있다. 공동으로 쓰는 방이 엄격하게 분리되는 덕분에 이 가정의 세 아이는 아주 좋은 환경을 허용해 주지 못하는 아파트에서 개인 공간을 가지고 있다. 부모의 관점에서 중요하게 생각하고 있는 것은 바로 개인적인 공간과 그들 자신의 개인적인 성장이 서로 일치하느냐는 것이다. "제 생각에, 그래도 가장 중요한 것은 아이들이 각자 자신의 모퉁이를 갖게 된다는 점이에요. 아이들 각자가 자신의 사물들 속에서 고유한 정체성을 되찾게 된다는 의미에서 아주 중요하죠." 이런 관점에서 볼 때, 공동으로 사용하는 방은 부득이하게 취한 하나의 해결책이다. 이상적인 것은 분명 독방을 가지는 것이다. 그러나 더 좋은 방도가 없기 때문에, 부모들은 공동으로 사용하는 방이 가능한 한 공동으로 쓰는 느낌이 덜 들도록 방을 설계하고 있다.

한 아이가 분리를 요구한다

공동으로 사용하는 방의 구획 정리는 부모와 방을 함께 사용해야 하는 큰애(형제 중에서 둘째), 즉 로빈이 함께 이끌어 낸 협상의 결과이다. 한창 사춘기 때인 첫째 앙투안은 개인 방을 요구했고, 그래서 개인 방을 갖게 되었다. 그 결과 부모들은 다른 두 아들이 함께 생활하도록 해야만 했다. 한 단계를 올려서 침대를 바꾸는 것이 그리 달갑지 않았고, 동생 짐과 함께 생활해야 하는 것도 그렇게 기쁘지 않았으므로 로빈은 개별적인 공간을 갖고 싶다는 조건을 제시했다. 그녀의 어머니는 무엇보다도 아이들과 관련되어 있는 결정을 내리는 데 아이들이 동참하는 것은 당연하다고 생각하고 있다. "요구를 하는 건 애들이지만, 그래도 그건 생활 공간이잖아요. 그러니 애들이 결정을 내리지 않았는데 그런 상태에서 애들에게 그렇게 하라고 할 수는 없을 것 같아요. 아이에게 강요할 수는 없지요." 그녀는 자신의 큰아들이 제시한 요구처럼 이 요구도 정당하다고 생각하는 것 같았고, 정당하다고 생각하는 것만큼이나 쉽게 그런 요구를 수용하고 있다. 다만 그녀는 로빈이 형제들간에 처한 위치가(마치 그 아이의 서열상의 위치가――둘째라는 것이――아이의 발전에 불리한 조건을 만들어 왔던 것처럼) 아이를 불리하게 만들고 있다고 염려했기 때문에 그 아들을 걱정하고 있다. 로빈은 변화를 이끈 선동자가 아닌데도 변화의 소용돌이에 휩쓸리게 되었다. "로빈의 경우에는 사실 무엇보다도 짐이 태어났기 때문에 자기 방을 잃게 되었죠. 두번째로는 앙투안이 성장했고, 자기 방을 갖고 싶어했기 때문에 로빈이 위에 있는 침대로 올라가야 했어요. 그렇게 해서 대신 짐이 들어갔지요. 매번 그 애는 상황에 끼여 있어요……." 이 부인은 로빈이 둘째라는 위치가 주는 영향 때문에 피해입는 걸 원치 않고 있다. "둘째라는 위치가 너무 어려워요. 첫째는 첫째로서의 특권을 누리고, 막내는 막내로서의 특권을 누리고 있거든요. 그렇지만 로빈은 조금씩 적응해야 하죠. ……그 애를 설득해야만 했어요. 우린 서로 타협을 했답니다. 로빈이 요구했던 자신의 공간을 가질 수 있을 거라고 말해 줬어요. 그 애가 신뢰감을 느낄 수 있게끔 자그마한 텔레비전을 사주겠다고도 말했죠." 첫째아들의 요청 때문에 이 소년은 동생과 함께 방을 사용해야만 하게 되었다. 대신 그는 방을 나눠 쓰기 위해 계획을 세우는 데 적극 참여했고, 그의 의견은 방 분할 계획에 반영되었다. "로빈은 우리에게 말했어요. '전 여기하고 저기를 원해요. 저기 선반하고 저기 있는 인형들은 제 거예요. 제 물건들은 저기에다 둘래요' 라고. 그래서 그 아이가 원하는 것을 고려해서 방을 정리했지요." 그렇게 구별되어 함께 사용해야 하는 방은 로빈의 요구 사항을 근간으로 해서 바로 만들어졌다. 그의 어머니는 다음과 같이 강조하고 있다. "당연히 이것도 협상의 일부지요. 그 애는 자신의 영역을 원했었고, 방의 일부가 자신의 것이라는 느낌이 필요했었지요. 다르게 말하자면 로빈은 헐벗은 듯한 느낌이 들었기 때문이었어요. 그때는 그게 불가능했었지요. 그러나 지금 로빈은 자신의 영역을 가지고 있어요." 그녀는 자신의 정체성에 간접적으로 위협받고 있는 아이에게 해줄 수 있는 다른 해결책을 찾을 수 없었으므로 아들의 요구 사항을 받아들였다. "그 아이는 '그럼, 전요. 제 물건들은 어디다 둘 건데요? 그럼 제 건 아무것도 없게 되잖아요' 라고 말했었죠. 그러니까 중요한 건 그 아이가 한 공간에 놓여 있는 자기 책상과 인형, 자기 물건들을 갖게 되는 것이죠."

심리적으로 전개되는 사회 규준에 민감한 이 어머니는 자신의 아이 중 그 누구도 아파트의 크기 때문에 희생되지 않기를 바라고 있다. 그녀는 무엇보다도 '중간' 에 있는 사람을 걱정하고 있다. 그렇기 때문에 그녀는 남동생과 로빈을 떨어뜨려 놓음으로써, 로빈이 자기와 관계를 맺으면서 '혼자' 인 아이처럼 자신을 만들어 갈 수 있도록 그에게 낮 시간을 제공해 주고 있다. "전 격주 수요일마다 일을 하지 않아요. 그리고 어머니가 짐을 돌봐 주세요. 전 이 날만은 원칙적으로 로빈에게 시간을 할애하고 있어요. 우리 둘은 함께 밥을 먹고 영화관에 가요. 로빈을 위한 날을 정하는 건 절대적으로 필요하죠." 둘째라는 사실이 부모의 마음속에서도 그가 두번째라는 의미는 아니며, 또한 그가 항상 한 쌍을 이루는 구성원으로 인식되어야 함을——그의 어린 시절 전반에는 첫째와 한 쌍을 이루는 구성원으로 인식되어야 하고, 어린 시절 후반에는 동생과 함께 한 쌍이라는 느낌을 가져야 한다는 것을——의미하지도 않는다. 아이의 어머니는 둘째에게 특별한 관심의 표시를 보여 주고 있다. 아이를 위해서는 자신이 상당히 위험하다고 느끼는 것에 맞설 정도로. 어쩌면 그녀가 그것을 너무 과대평가하는 것은 아닐까?

두 영역간의 관계: 소유권과 결합

그러므로 로빈과 짐의 방은 둘로 아주 잘 나누어져 있다. 그들의 어머니가 같은 방에 구획으로 정해 둔 형의 영역에 허가 없이 막내가 모험을 감행할 수 있는 가능성은 없다고 이야기하고 있다. "짐을 제외하고는, 아이들은 각자 자신이 어디로 가야 하는지 알고 있어요. 짐은 그렇게 하는 게 어렵죠. 그 애는 여기저기 도처에 발을 들여놓고 있거든요. 그러나 짐도 로빈이 여러 번 화를 냈기 때문에 너무 멀리 가서는 안 된다는 것을 잘 알고 있어요." 그녀는 짐도 이렇게 분할이 명백하게 이루어져 있다는 것을 내면화했기 때문에 그렇게 어려울 것이라고는 생각지 않고 있다. "아이들은 각자 자기 영역과 공간을 가지고 있지요. 짐조차도 자기 침대를 무척이나 좋아하고 있으니까 자기 영역이라고 인식하고 있어요. 짐도 자신의 모퉁이를 다시 찾는 걸 무척 좋아해요. 예를 들어 그 애는 자기 책장에 자기 책이 있다는 것을 잘 알고 있지요. 그건 그 애의 책들이에요. 그리고 경우에 따라서는 짐이 봐도 되는 로빈의 책들도 있지요. 그래도 각자 자신의 물건들이 어디에 있는지는 알고 있어요." 로빈은 장식과 정리를 해둠으로써 자신이 자기 세계의 주인임을 강조하고 싶어했다. 그는 '코너의 체계' 를 가지고 자기 세계를 나타내고 있다. '배트맨 코너, 스파이더맨 코너, 그리고 그가 보기에는 짐의 영역에 스파이더맨 코너가 있을 필요가 없었다.' 그의 병졸들은 어떻게 보면 동생의 침입에 맞서 소유 영역을 방어하기 위해 보초를 서고 있다.

로빈은 이런 걱정 때문에 놀이 규칙을 정하고 있다. 조사원이 어머니에게 침해받은 적이 있었는지 물어보았을 때 그녀는 다음과 같이 대답했다. "예, 물론 있었어요. 그러나 모든 일에는 한계가 있는 법이잖아요. 그 한계란 것이 아이들 사이에도 있었어요. 짐도 잘 알고 있고요. 그는 레고 장난감을 만지지 않아요. 그리고 스파이더맨들을 이동시키지도 않고요." 그녀는 이런 원칙들이 존재하고 있음을 알고 있으며, 동시에 그런 규칙을 정한 것은 자신이 아니며, 자신은 그 규칙의 책임자가 아니라는 것을 높이 평가하고 있다. 그녀는 아이들이 그런 규칙을 적용하는 것을 주시하고 있다. "전 아이들 사이에 암묵적인 규칙들이 있다고 봅니다. 게다가 로빈은 조금 까다로운 성격이기 때문에 부품들이 움직여 있으면 안 되죠. 그러니 짐은 자제하고 있어요. 로빈이 소리지를 테니까요. 짐이 완벽하게 이해하고 있는 거죠." 개인의 영역에서 질서를 유지하는 것은 어머니의 몫이 아니다. 그녀는 우발적인 사건들이 남발되는 것을 통제하기 위해, 둘 중 한 사람에게 지나치게 불리해질 것 같은 힘의 관계를 통제하기 위해 지켜볼 뿐이다. 게다가 그녀는 아이들이 그들의 기대——즉 아이들 서로가 개인 영역의 소유권을 인식하고 있기——에 맞게 행동하고 있으므로 그들의 상호 작용을 조절하는 데 거의 간섭하고 있지 않는 것 같다.

이런 소유권은 장난감 소유로 배가된다. 막내는 이런 단계를 더 잘 이해하고 있다. "작은아이의 영역에서였어요. '내 인형이야! 내 인형이라고!' 그러는 거예요. 그 인형은 거의 둘째아이의 것이었거든요. 그래서 우리가 그 인형을 공동으로 사용하게 두면, 둘째아이는 자기의 일부분을 상실하게 되는 거죠. 가끔은 물건이 신체의 연장이라는 느낌이 들었어요. 따라서 그런 느낌을 거슬러서는 안 되지요. 그런 느낌은 모든 것을 공유하고 있다는 인식을 혼란스럽게 할 수 있거든요." 공간 소유보다 선행되는 사물의 소유는 아동의 발전을 지지해 준다. 이 부인은 대담중 공동으로 사용하는 방에 구획을 나누자는 제안에 반응을 보일 때 바로 이런 요인을 강조하고 있다.(유형 2) "어쩌면 공동으로 사용하는 모델이 실제로 나이 차이가 없을 경우에 그렇게 만들어질지도 모르죠. 살면서 꿈을 꾼다거나 비밀을 가지고 싶지 않을까요? 그것이 비록 단순한 종이 상자에 불과할지라도 말예요." 자기만의 세계를 갖는다는 것은 개인의 정체성을 설정해 주는 요소이다. 따라서 공간과 사물의 소유권이 보호될 수 있도록 모든 것을 적용할 필요가 있다. "우리가 한 아이에게 장난감을 줄 때, 중요한 것은 그 아이가 자기 공간에서 그 인형을 다시 찾게 되는 거예요. 그후 인형을 공유할 것인지에 대한 결정은 애들이 내릴 겁니다. 그러나 '모두 너희들 거란다' 라고 말을 하면 그렇게 하지 못하죠. 이 말은 모든 것을 나누고 있는 아이의 인식에 혼란을 야기시킬 수 있을 거예요." 아이는 분리된 상태에서 자신을 개인으로 만들어 가고 있다.

이런 이중의 소유권은 고립을 함축하고 있지 않다. 두 형제는 또한 '함께 하는 존재들' 처럼 실존하고 있다. 그들은 상상 속의 분리선 주변으로, 방 한 가운데로, 즉 중립 공간으로 각자 자기 장난감을 가지고 모인다. "애들은 함께 놀아요. 예를 들면 짐은 성탄절에 받은 성을 가지고, 로빈은 자기 병정들을 가지고 올 겁니다. 그러고는 함께 놀 거예요. 가끔은 큰애조차도 발을 들여놓으러 오지요. 결국 애들은 같은 방에 있으면서 함께 놀아요. 로빈은 큰 레고 장난감을 가지고 짐과 함께 노는 것은 괜찮다고 생각해요. 그러나 짐이 작은 레고 장난감들을 건드리는 건 절대적으로 원치 않지요. 그런 식이에요." 일시적으로 행해지는 공동체와 빌려 쓰는 것이 소유권을 없애지는 못한다. 소유권은 언제든지 놀이 중단을 가능하게 할 수 있기 때문에, 개별화하자는 경고를 할 수 있기 때문에 일시적인 공동체와 차용을 더 확실하게 해주고 있다.

이 어머니는 방을 함께 쓰고 있는 아이들 사이에서 일어나는 은밀한 합의에 만족해하고 있다. 어머니가 보기에 공동으로 사용하고 있는 방이 나누어져 분할된 것은 여러 이점을 겸할 수 있는 가능성을 만들어 주는 것 같았다. 즉 정체성의 경계를 상징해 주는 소유권을 배우게 해주며, 그리고 상호 작용이 있는 동안에는 상호 교환도 배울 수 있게 해준다는 것이다. "공유는 여러 가지 사물들을 섞는 거예요. 두 개성이 섞이는 거지요. 그러니 당연히 정신을 풍요롭게 살찌워 주지요." 이런 기회는 부모들이 미리 준비해서 계획한 것이 아니기에 더욱더 유익하다. 공유는 아이들이 원할 경우에, 아이들이 바랄 때에만 이루어질 수 있다. 이는 물론 공유 기준이 형제의 공동 사회이기 이전에 자율성과 개인의 소유라는 것을 강조하는 것이 된다. 개별적인 영역들은 어떤 순간에는 개방된 채 개별화하는 과정의 지지 기반으로 사용되고 있다. (더욱이 아이들이 각자 자기 방을 가질 수 있는 아파트에서는 손님들도 요구와 협의를 한 뒤에는 똑같은 권한을 가질 수 있기 때문이다.) 어쩌면 같은 방에 있다는 사실이 이런 기회를 많이 이끌어 낼 수 있을지도 모르겠다. 이는 소유 재산으로 확대된 감시를 보상한다. 상상으로만 나눈 분리는 더 쉽게 지켜지지 않을 수 있기 때문이다. 이 아이들은 첫번째 생활 양식에 맞는 주된 요소를 취하면서 '혼자' 있는 것과 '함께' 사는 방법을 배우고 있다. 같은 방에 있다는 사실이 오히려 상황에 대처하는 데에는 유리하다. 같이 있음으로써 아이는 억지로 배우게 되는 것이 더 있기 때문이다. 다시 말해 공간과 시간, 그리고 정체성의 유연성에 대해서 추가적으로 배우게 되기 때문이다. "애들 자신이 내린 결정으로 시행되는 공유가 있는데요. 애들은 그것을 통해 공유해야 하는 상황과 타인의 공간을 존중해 주어야 한다는 것을 배우고 있지요. 다른 사람의 공간에 들어갈 수 있는 때가 있다는 것을 알게 되죠. 다른 사람의 공간에 들어갈 수 없는 순간도 있고, 다른 사람의 장난감을 가지고 놀 수 있는 순간도 있고, 다른 사람의 장난감을 가지고 놀 수 없는 순간도 있지요. 그리고 다른 사람이 장난감을 빌려 줄 때 누리는 기쁨, 그런 것들은 배우게 되는 아주 사소한 것들에 불과해요. 그리 나쁘지 않죠." 자기 자신을 존중해 달라고 타인에게 강요하는 것은(이는 공간과 소유권과 관련해서 구체화되었다), 그 이면에 동시에 자기 자신도 타인을 존중해야 한다는 의미를 포함한다.

한 방에서의 두 템포

분할된 방의 모델은 두 개의 서로 다른 방으로 갈라 주는 칸막이와 공동 공간 안에서의 두 공간을 갈라 주는 상상의 선의 동등 분할을 근간으로 만들어져 있다. 동등 분할이 어떤 때에는 그 한계를 발견하게 된다. 실제로도 그렇게 나누어진 공간 구성을 불안정하게 만드는 것은 바로 시간이다. 두 아이들의 생활 리듬이 언제나 같지는 않다. 가장 어린아이는 가장 많이 자고 싶어하고, 가장 큰아이는 공부할 수 있기 위해 조용하기를 더 많이 바라기 때문이다. 따라서 개인적인 공간은 하나의 환상에 불과해 보인다. 한 아이가 조용함을 요구할 때 다른 아이는 그것을 들어 줄 수 없기 때문이다. 그러므로 아이는 자기 자신과 자신만의 공간간의 관계가 어떤 때에는 느슨하게 풀릴 수도 있음을 이해해야만 한다. 로빈은 어쩔 수 없이 마지못해 이해하고 있고, 그의 어머니는 인터뷰초부터 그런 사실을 언급하고 있다. "아이들은 자기들 방에 만족해하고 있어요. 문제는 짐이 잘 때와 로빈이 시끄럽지 않은 조용한 방 분위기를 가질 수 없을 때예요. 논리에 맞지는 않지만 우습게도 로빈에게는 앙투안의 방에 들어갈 권리가 없어요. 로빈의 영역이 아니니까요. 그리고 앙투안이 친구들과 함께 있을 때 그들에 비해 로빈은 너무 어리니까요. 앙투안도 로빈이 너무 어리다고 생각하고 있고요. 그래서 로빈은 슬퍼하지요." 어머니는 로빈이 처한 이런 이중적인 소외를 걱정스러워하고 있다. 반면 짐은 그의 형이 학교 숙제를 빨리했기 때문에 이런 상황에 놓이지 않고 있다. 그는 숙제를 주방에서 해야 하는 것에 동의하고 있고, 짐이 방에 있을 때 방에 있는 책상에서 숙제를 하기도 한다. 그러므로 그의 어머니는 짐은 어리기 때문에 방에서 나가야 한다는 것을 결코 이해할 수 없을 것이라는 아주 단순한 이유를 들어, 똑똑한 아이를 가지고 있다는 행운에 대해 말하고 있다.

분할된 상태로 함께 쓰고 있는 방을 만들어 주며 개별화를 강조하고 있는 부모들은, 맏아이가 나이 들었을 때 그 아이에게 따로 개인 방을 필히 제공해 주어야 한다고 생각한다. 공동으로 함께 사용하고 있는 방에서의 개인 공간은 청소년기를 진행하는 시간으로만 지속될 수 없다. "로빈은 커가고 있고, 그는 점점 더 사생활을 바라겠죠. 짐이 어리기 때문에 로빈이 사생활을 갖는다는 것은 사실 어려울 거예요. ……로빈도 혼자 있는 시간을 원하고, 책 읽을 때는 조용해 주길 원한다는 것을 짐이 이해하려면 여러 해가 지나야 할 겁니다." 나이가 더 많은 형의 요구 사항은 늘어나고, 이를 들어 주는 동생의 노력은 요구될 것이다. 어떤 때에는 다른 사람을 존중하기 위해 요구한 배려가 개인의 발전을 어렵게 만드는 것이라면, 그 균형은 건설적이지 못할 것이다. 두 측면의 균형이 그리 오랫동안 유지될 수 없고, 특히 아이들 중에 청소년기를 보내고 있는 한 아이가 자신의 정체성 구축으로 정신이 없을 때 그러하다.

2. 공동 생활

두번째 모델은 부모가 아이들의 침대를 제외하고는 각각의 아이들을 위한 장소를 미리 마련해 주지 못한 가정과 관련이 있다. 둘이 함께 쓰는 방은 어떤 영역이나 또는 개인적인 코너의 요구를 알려 주는 '중앙의 표시 기록자들' ——예를 들어 사물들——을 포함하고 있지 않다. 카미유(8세의 소년)와 바질(5세 반)의 경우가 그러하다. 그들은 앙케이트 조사원에게 자신들의 방을 소개할 때 게임 기구와 장난감, 그리고 책들을 강조했다. 그들은 자신들의 방을 막내동생인 세자르를 포함해서 다같이 노는 그런 장소로 인식하고 있었다. 세자르에게는 따로 자기 방이 있었다. '큰아이들의 방' 은——이는 가족이 정한 명칭이다——가운데에 최대의 공간을 제공하고 있다. 창문 아래 바닥 위에 놓여 있는 장난감 정리 상자들과 실내 게임 기구들과 책들을 정리하기 위한 선반 가구들이 방의 골격을 이루고 있다. 집에 있는 거의 모든 장난감들이 여기에 모여 있다. 세자르의 장난감도 여기에 있다. 그러기에 형제들은 함께 놀려고 그 자리로 모이고, 각자 상자 속에서 원하는 것을 뒤적인다. 물건의 주인은 따로 정해져 있지 않다. 카미유와 바질의 포개져 있는 침대는 한 이불을 같이 덮고 자는 단순한 취침 장소일 뿐이다. 각자의 침대 주변에는 개별적인 것이라고 느낄 수 있는 것은 아무것도 없다. 함께 공유해서 사용하는 것을 지지하는 그들의 부모는[43] 개별적인 '사유 재산'을 가지라고 독려하지 않는다. 그러므로 큰아이들의 방은 공동의 구역이다. 그리고 아파트의 나머지 구역은 상대적으로 개방되어 있다고 인식된다. 세자르의 방에는 카미유의 책상이 놓여 있다. 바질은 때에 따라서 공동으로 쓰는 방을 자기 방으로 만들 권한이 있다. 문도 경계선이 되지 못하는 것 같다.

형제애를 기르기 위한 계획

이들 부모는 자신들의 아이가 그룹으로 존재하기를 바라고 있다. 그들은 아이들이 한켠에 있고, 성인들은 다른 한켠에 있을 수 있도록 아파트를 구성했다. 욕실 하나는 아이들을 위한 것이고, 따라서 아이들의 방은 이런 분리를 통해 큰아이들과 작은아이들에게 독립을 보장해 주고 있다. 형제들의 공동 사회는 분명 아버지와 어머니의 시야에 들어 있지 않다고——그리고 아버지와 어머니가 들을 수 있는 사정거리 밖에 있다고——생각된다. 이런 개념 속에서 아이는 언니오빠들과의 접촉으로 사회화되고 있다. 이는 분명 이전 세대에 더 흔하게 일어났다.[44] 아이는 특히 함께 공유하는 법을 배우고 있다. 그것이 그의 어머니가 바라는 것이다. "저는 그런 것이 형제자매라는 생각을 키워 준다고 봅니다. 전 그런 생각에 찬성해요. 그건 공유의 의미를 발전시켜 주지요. 방을 함께 쓰는 것이 인생에서는 더 나쁘기 때문이지요." 그녀 자신도 어렸을 때 이런 유형의 방을 가졌었다. 그리고 그것에 대해 좋은 기억을 가지고 있다. 그러나 그녀는 무엇보다도 생의 철학을 전하길 바라고 있다. "그들이 다른 사람들과 함께 공동체 사회에서 살아가는 법을, 즉 함께 공유하며 살아가는 법을 배우길 바라요. 전 다른 사람들에게 개방되어 있는 집단을 조금은 만들어 주는 게 좋다고 생각해요. 인생은 그것으로 이미 충분히 아주 건강한 개인들을 만들고 있다고 생각해요. 전 우리가 함께 무언가를 해보려고 시도할 수 있는 것도 바로 가정이라는 기본 단위 안에서라고 생각합니다. 그렇기 때문에 전 아이들이 각자 자기 편에 따로 있는 것보다는 오히려 함께 있는 게 더 좋아요." 가정 생활은 사회 생활에서 그렇게 높게 평가받지 못하는 가치들을 키워 주어야 한다. 가정 생활은 개인주의적인 일탈에 맞서고 있다. 그렇기 때문에 앙케이트 조사원이 그녀에게 아이들이 함께 놀 수는 있지만 놀이 기구와 물건에 대한 소유권을 인지하고 있다는 것을 분명하게 밝히면서 공간이 분리되어 있는 방 모델을 제시할 때, 그녀는 그런 구성을 확실하게 거부했다. "그건 제가 가지고 있는 가정 생활의 개념이 아니에요. 두 아이들이 두 개의 장난감을 각자가 자신의 것으로 정리하기보다는, 서로에게 빌려 주는 것이 더 정신을 풍부하게 해준다고 생각해요. 그래도 아이들은 강렬하고 원초적인 소유하고자 하는 본능을 가지고 있어요. 그러므로 우리가 그것을 강요할 필요는 없지요. 차라리 다른 것을 가져다 주고 싶어요." 고무된 형제애적인 아량은 자기 자신에 대한 지나친 유폐를 막아 주는 방패막이임이 틀림없다.

"전 그들간에 연대 감정이, 그들간에 공유하는 감정이 오랫동안 유지될 수 있기를 바랍니다"라고 말하며, 자신의 계획을 실천하기 위해 이 어머니는 개인의 사유 재산이 가능한 한 중요하지 않아야 하고, 만약 그렇지 못할 경우 아동기의 자아가 지나치게 발달할 가능성이 있다고 생각하고 있다. 놀이 상자들이 구성되어 있는 방식은 다음과 같이 말을 함으로써 그런 걱정을 저버리고 있다. "그건 모두를 위한 상자들이에요. 종류별로 바로 분류해 놓은 상자들이죠. 하나는 자동차들만을 넣어두었고, 음…… 모두가 사용할 수 있지요." 이와 같은 공동체는 교육적 의지의 결과로 만들어졌다. 어머니는 현대 사회의 흐름과 대치되고 있을 뿐만 아니라 자발적으로 알아서 함께 '공유하는 사람' 이지 않는 아동의 성질과도 대치하길 바라고 있다. 그녀는 사유 공간을 바라지 않는 것과 마찬가지로 사유 인형이 있지 않게 하려고 애쓰고 있다. "장난감은 아이의 것이 아니에요. 그렇게 이틀이 지났어요. 그런 뒤 아이들은 함께 공유했지요. 각자 자신의 것이라는 개념을 제가 아주 싫어했기 때문이에요. 그리고 소유의 본능을 키워 나가는 개념을 극도로 싫어했으니까요. 그들이 서로 빌려 쓰는 것은 아주 쉽게 이미 그런대로 잘 진행되고 있지요. 우리는 그렇게 키우려고 애쓰고 있어요. 결국엔 일이 그런 식으로 진행되고 있지요. 게다가 나이차가 심하지 않거든요. 그래서 애들은 자주 같은 놀이를 해요. 어린아이조차도 배트맨놀이나 새로운 장난감을 가지고 놀기 시작하고 있어요."

이 어머니는 아이들이 유대감 놀이에 아주 쉽게 동참하고 있으므로 자신의 계획이 비현실적이지 않다고 생각하고 있다. 그래서 "장난감에 대해 말하면서 아이들이 '그래도 이건 내 거야' 라고 한 적은 없습니까?" 라는 질문에, 그녀는 다음과 같은 대답을 했다. "있어요. 어떤 책과 맹목적으로 좋아하는 몇몇 마스코트 장난감들은 한 사람만의 것이에요. 그러나 우리가 그 장난감을 볼 때면 그건 실제로는 아이들의 것이 아니죠. 그건 아이들이 한 시간 전에 가지고 놀았던 것에 불과해요. 역사적으로 그것이 아이의 것이었기 때문이 아니에요. 전 아이들이 노는 순간에는 장난감을 자기 것으로 소유하고 있었기 때문에 장난감이 아이들 것이었다고 자주 생각했어요." 그건 사용법이다. 그리고 사용하고 싶은 근간이 되는 것은 필요 욕구이다. 그 욕구는 실제로는 소유권을 배제하고 있으므로 일시적으로 소유하는 방식을 정당하게 해주고 있다.

공동체 안에서의 처지

카미유 · 바질 그리고 세자르는 함께 많은 시간을 보내고 있고, 그러한 시간들을 불편하게 느끼고 있지 않다. 그러나 그들의 어머니는 형제간의 공동체가 아이들의 성장에 따라 불안정하게 될 것이라는 바를 주시하고 있다. "나이가 문제가 될 거예요. 2,3년 후면 제일 먼저 카미유가, 그 다음에는 바질이, 그러고 나면 세자르가 조금씩 더 많이 혼자 있고 싶어할 거예요. 그런 점을 심사숙고해야겠지요. 사실 혼자 있고 싶어하고, 고립될 수 있기를 바라는 나이가 있잖아요. 그걸 피할 수는 없겠지요." 독립과 자율성의 요구는 함께 생활하는 것을 위협하는 독립 지향적인 힘을 생성해 내고 있다. 그 어머니는 약간의 구획 정리를 해서라도 그룹의 존재를 보존할 수 있기를 바라고 있다. 개인 활동을 가지고 싶은 욕구가 공간적 공존을 거부하고 있지는 않다.

어느 날 바질이 더 이상은 '큰아이들'의 방에 있고 싶지 않다며 방을 바꿔 달라고 요구해 왔다. 그래서 그는 막내동생과 합치기 위해 맏형의 방을 떠나 있다. "그건 바질의 문제였어요. 그 애는 이 방 저 방을 돌아다니고 있어요. 그 애도 자기 방을 원하고 있답니다. 그 아이가 어떤 때는 카미유 방에 있고 어떤 때는 세자르 방에 있기 때문에, 그리고 그 안에서 자기 방을 찾는다는 것은 어려움이 있기 때문에 전 바질을 위한 작은 공간을 만들어 주기 위해 아파트에서 어떤 방안을 찾아야 하겠지요." 이 어머니는 큰아이들의 방에 대해서는 더 이상 얘기하지 않았지만, 그러나 지금은 그 방을 카미유의 방으로 지명하고 있다. 공동으로 함께 사용하는 이 방은 카미유의 방인가? 그가 이 방의 주인인가? 그 어머니는 "아니에요"라고 대답한다. "그 방은 사실 큰애들의 것이었는데, 어느 날 바질이 다른 방으로 가기로 결정했지요. 그러더니 갑자기 카미유의 방이 되어 버렸어요. 그리고 다른 방은 세자르의 방이었기 때문에 바질의 방은 이젠 없어요. 우린 '카미유의 방'이라고 칭하기 전에 '큰아이들의 방'이라고 불렀었어요. 어느 날 바질은 그 방을 저버렸고, 세자르와 함께 잠을 자기로 결정을 내렸지요. 그 애를 너무 사랑하거든요." 이 부인은 공간 분할을 요구해 온 아이가 가장 나이 많은 아이가 아니었기 때문에 걱정스러워하고 있다. 사물의 이치를(다시 말해 나이의 순리를) 따라야 하는 사람은 나이가 많은 첫째여야 하는데 그렇지 못하고 둘째이기 때문이다. 그녀는 큰아이들의 방이 어떤 질서를 강요하는 첫째아이의 방에 더 가까웠다는 것을 나중에서야 깨닫고 있다. 그리고 주방의 식탁처럼 공동으로 사용하는 방에서의 일시적 소유화는 (또 다른 방에 놓여져 있더라도) 카미유의 책상 같은 '진짜' 책상에 대응하지 못한다는 것을 나중에서야 깨닫고 있다. 따라서 개별화는 가족 공간으로부터 멀리 떨어져서 조심스럽게 형성되고 있고, 이 부인은 그것에 대처해야만 한다.

이런 공동체 시스템은 또한 각자에게 주어진 공간 배분을 기본으로 하고 있다. 즉 이는 가족적이고 사회적인 관계에 대한 개념을 이해하는 특별한 인식의 원리이기도 하다. 공동체가(또는 '일가족'이) 감정적 융화와 불분명한 처지들을 가리키는 것 같다고 생각하는 것은 잘못이다. '공동체'라는 개념은(F. Tönnies, 1977) 두 가지 측면, 즉 집단의 우월성과 분명하게 차별화된 공간 부여를 포함하고 있다. 카미유 · 바질과 세자르의 어머니는 단지 첫 번째의 측면만을 기억하고 있는 것 같다. 형제 집단의 우세함을 나타내고 있는 공간과 장난감의 공유를 강조하고 있기 때문에 그러해 보인다. 그러나 망각되었거나 몰랐었던 두번째 원칙은 첫째인 맏형과 함께 섞이고 싶지 않은 바질의 요구로 다시 부각되고 있다. 그는 맏형과의 결집으로 얻어지는 이익에 만족스러워하지 않는 것 같다. 그래서 바질은 다른 곳에서 자기 자리를 찾고 있다. 그가 막내동생의 방에서 자신의 공간을 찾을 수 있으리라는 것도 확실치 않다. 그러나 적어도 그는 이러한 이동을 통해서 자신의 불만을 표현할 수 있고, 그리고 이해받을 수 있다. "저는 그 애가 다른 방으로 옮겼기 때문에 아이가 무언가를 요구하고 있다고 느꼈어요. 그래서 솔직히 며칠 전에서야 그 아이에게 자기 방을 원하고 있는지 물어보면서 그런 사실에 대해 아이와 함께 얘기를 했지요. 그 아이도 자기 소유의 한구석을 바라고 있었으므로 자기 방을 갖고 싶어한다는 것을 알 수 있었지요. 그래서 전 세 번째 방이 없으니까 무언가를 수정해야 했지요. 전 두 개의 폐쇄된 침대 같은 것과, 그리고 놀기 위한 방이 있을 만한 곳에서 어떤 방안을 찾아야 했어요. 그들이 함께 사용하는 그들의 장소와 자신만을 위한 장소를 가질 수 있도록 말이죠." 이 부인은 형제애를 보존해 주는 해결책을 찾아낼 수 있길 바라고 있다. 다시 말해 개인의 침대와, 그리고 언제나 함께할 수 있는 공동의 놀이 장소와 작업 장소를 만들어 줄 수 있길 바라고 있다. 이런 타협안은 형제들간의 완전한 공유를 바라고 있는 최초의 바람과는 거리가 있는 것으로, 개별화가 표현되고 있는 형태를 이루는 입장을 인정해 주어야 한다. 개별화는 가장 덜 개인주의적인 집단들이 갖는 기능에도 포함되어 있다.

그와 같은 계획의 일환으로, 각자의 공간을 예측한다는 것은 집단에 대한 걱정과 가족 구성원 각자에게 주는 배려를 연결하는 수단이 된다. 개인차가 고려된 안정된 공간 영역의 소유와, 그리고 공동의 것으로 남게 되는 놀이기구와 책 같은 소유물들은 서로 구분되어야 할 것이다. 이런 경험은 어빙 고프먼이 제기한 '영역'의 개념이 갖는 한계점들을 이해시켜 준다. 즉 같은 범주에 속하는 모든 형태의 개인 소유물을 정리하는 것은 사실 지나치게 많은 등가물들을 만들어 내고 있다. 그런데 자기 자신에게 부여된 공간의 사유화는 놀이 기구나 물건 소유와는 같은 범주에 속하지 않는다. 재산의 첫번째 유형은 그것이 교육적 모델이든 아니든 상관없이 현시대 아이들의 발전을 위해서는 두번째 유형보다는 더 필연적인 것처럼 보인다. 물건 공유는 카미유와 바질 그리고 세자르의 어머니가 강력히 주장하고 있는 것처럼 연대성을 습득하는 데 밑받침이 될 수 있다. 그러나 그것을 공간으로까지 확장하는 것은 (엄밀한 의미에서 볼 때) 어쩌면 공유 가치의 폭넓은 적용이 될 수도 있다. 개인 자격으로서 존재한다는 것은 공간 속에 몇몇 등록을 요구하고 있다.

3. 협상에 의한 단계적인 분리

로빈과 짐은 그들의 부모가 방 하나를 두 영역으로 나누어 주었음에도 불구하고, 두 개의 개인 영역을 거부하면서 경계선 위에 공동 공간을 만들고 있다. 나중에서야 그들의 어머니는 분리해 준 것이 접촉하는 것을 금하고 있지 않음에 기뻐하고 있다. 카미유 · 바질 그리고 세자르의 부모는 상반되는 움직임을 주시하고 있다. 가장 갖추고 있지 못하다고 느끼는 사람이 개별적인 공간을 요구하면 (성인이 만든) 최초의 공동체는 분할되기 때문이다. 놀라움을 금치 못하던 어머니는 그러한 요구가 정당하다고 인정하고 있다. 완전 분리가 되어 있는 모델과, 그리고 완벽한 공동체 사회의 모델은 '형제'이기를(그래서 형제들과 함께하는 어떤 공동체를 가지기를) 원하면서 동시에 혼자 있는 개인이기를(그래서 자신만을 위한 어떤 공간을 가지기를) 원하는 아이들의 요구대로 변형된다.

어머니가 독려한 형제들의 공동체

아서와 톰의 어머니가 입증해 주었던 것처럼[45] 젊은이들은 때때로 개별화를 요구하고 있다. 처음에 그녀는 두 아들이 나이 차이가 있음에도(각각 8세, 4세) 함께 공동 생활을 하도록 여러 방법을 통해 독려하고 있다. 그녀는 특히 물건들이 소유자별로 분리되는 것이 아니라 종류별로 분리되기를 무척이나 바라고 있다. 그녀는 방을 자세히 설명해 주면서 이같은 사실을 분명하게 내보였다. "천장까지 닿는 커다란 진열장은 놀이 기구들을 정리해 두는 곳인데, 상자 안에 분류되어 있지요. 작은 병정들을 위한 상자, 플레이모빌 상자, 소형 자동차를 넣어두는 상자, ……그러므로 장난감은 두 사람의 것이지요. 모든 게 두 사람 거지요. 침대 밑에 있는 서랍에는 작은 인형들이 들어 있는데, 그것도 두 사람 거예요." 남편과 마찬가지로 그녀도 아이들이 함께 놀도록 부추기고, 또한 그들이 차이가 있다는 것을(특히 나이 차이가 난다는 것을) 부정하지 않으면서 함께 공유하도록 유도하고 있다. "우리는 한 아이에게 장난감을 사줄 때면 다른 한 아이에게도 장난감 하나를 사줍니다. 우리는 그것이 한 가족의 장난감이 될 수 있도록 애를 쓰죠. 만약 제가 아서에게 배트맨 병정을 사줄 경우에는 톰에게도 병정 하나를 사주지요. 그렇게 해야 그들이 함께 놀 수 있을 테니까요." 아이들은 장난감을 구입할 때 개인으로서가 아니라 형제로서 구매를 생각하게 된다. 그녀에게는 공유함으로써 갖게 되는 형제애적인 연대 의식을 갖게 하려는 목표가 매우 중요하다. 그리고 그녀는 동거를 하기 때문에 차이가 있으면서도 유사한 장난감을 구매한다는 전략 덕분에 그러한 목표를 달성할 수 있기를 바라고 있다. "전 이렇게 하는 것이 그들을 결속해 준다고 생각해요. 그들이 함께 있을 수 있게 되는 것은 정말 중요하다고 생각해요. 공유하는 시간이 있으니까요. 형제들간에도 일은 일어나니까요." 그리고 그녀는 어느 정도 시간이 지난 뒤에 개인의 장난감들이 공유되는 것을 아주 만족스러운 듯이 주시하고 있다. "그들은 장난감이 누구의 것인지도 모르게 되는 때가 있지요." 사물이 종류별로 정돈되어 있었기 때문에 강화되었던 공동 사용은 소유권을 흐릿하게 만들어 주는 경향이 있다. "그런 일은 분명 일어나죠. '이건 내

거야' 라고 말하는 아이는 언제나 있어요. 그러나 정돈을 하는 단계에 서면 결국엔 항상 공동으로 그런 방식으로 정돈했어요."

해방되기를 요구

두 소년은 그들의 부모가 요구하는 정돈 방식을 따르고 있다. 그들은 공동체의 재산을 수용하고 있다. 그들은 개별적인 '구석'을 생성해 냄으로써 형제간의 공동 소유 재산을 가지라는 강요를 교묘히 피해 가고 있다. 아서는 어떤 공간 하나를 정돈했다. 그리고는 그곳을 개인적으로 자신의 공간으로 차지해서는 독점하고 있다. 그의 어머니는 그런 자그마한 구석이 생겨남을 이야기해 주었다. 그것은 서랍장 안으로 그녀는 그곳을 공간이라고 규정하고 있다. "컴퓨터 뒤편에 있는 반이층의 작은 창 아래 공간이 있는데, 그건 실제로는 아서의 공간이지요. 그리고 톰은 그곳을 절대 건드리면 안 된답니다. 그럴 권한이 전혀 없거든요. 그건 서랍장이에요. 톰은 그곳에 접근하지 않아요. 아서가 열광하기 시작했었어요. 그러더니 결국엔 명품들을 갖기 시작했지요. 명품 드래곤볼 Z를 가지고 있었죠. 그게 그 안에 가득했었어요. 그 아이는 자그마한 전시를 하고 싶어했었죠. 그래서 그 장소를 갖게 된 거예요. 그 안에다가 자기가 가지고 있는 모든 포스터, 스캔한 그림들, 신문에서 오려둔 것들, 그리고 자그마한 인형들 모두를 넣어두고 있어요. 자그마한 전시물들이죠. 그건 그 애 거예요. 그런 것들을 만든 사람도 바로 그 아이구요. 별들의 전쟁이 있은 후에 아서는 구석을 정돈하는 것을, 구석을 장식하는 것을 무척 좋아해요. 그러나 톰은 그렇지 않거든요." 자신의 존재를 명확히 나타내고자 아서는 같은 주제하에 자료와 물건들을 모아서 한구석에다가 그것들을 놓아두고 있다. 그래서 결국엔 그 구석은 그의 것이 된다. 톰은 어머니가 형의 공간을 인정하고 있었기 때문에 자신의 공간 또한 요구하는 것으로 형이 주장하는 것에 반응을 보이고 있다. "어쩔 수 없었어요. 무엇보다도 아서가 자기 것들을 진열해 둔 서랍장 하나를 가지고 있잖아요. 전 어쩔 수 없이 톰도 자신의 서랍 하나를 가질 수 있도록 물건을 끄집어 내야만 했지요. 톰이 슬픈 모습을 보였거든요. 그래서 우린 톰이 자기 서랍을 가질 수 있도록 적절한 조치를 취했어요." 그러나 아서의 영역이 증가했기 때문에, 동생은 형에 비해 자기 소유의 영역이 적어지는 걸 바라지 않았으므로 계속해서 협상을 해왔다. "톰은 실제로 무언가를 요구하는 것으로 마무리를 지었지요. 그 요구로 톰에게 배트맨이 그려진 커다란 상자를 사준 일도 있었어요. 물건을 정돈할 수 있을 만한 큰 상자를요. 그런데 그 안에는 아무것도 없이 단순히 정리 상자[장식이 있는 작고 둥근 종이 상자는 또한 놀이의 기준이 되고 있다]인 그대로 있었던 적이 여러 번 있었어요. 그런데도 톰은 그것을 요구했었지요. 그 아이는 자기 물건을, 그러니까 자기가 지금 가지고 놀고 있는 장난감들을 놔둘 수 있는 자기만의 구석을 요구해 왔어요. 그것을 다른 것들과 다시 섞고 싶지 않은 거죠. 그래서 자기 상자를 가지게 된 거예요. 이는 톰의 욕구 감정을 강하게 부추기기 시작했어요. 그러나 그런 경우가 아니라면 그건 공동의 것이에요." 공동 재산의 초기 원칙을 상기하면서도 한편으로 그녀는 아들들의 요구에 동감하고 있다. 그녀로서도 이런 상황에서만은 서로의 개별화를 받아들일 수 있다. 다시 말해 그녀는 자신이 공동 재산 체제와 관련해서 부수적인 상태로 있게 되는 경우에만 상호 개별화를 받아들일 수 있다.

그녀는 교육적인 목적과 관련해서 자신이 잘못 생각하고 있는 것이 아니라고 판단하고 있다. 아서와 톰의 요구가 공동체 사회에 대한 중앙화의 정당성을 입증해 주기 때문이다. 아이들은 그들의 본성과 사회적 압력 때문에 개인적인 논리에 따라서만 생각하려는 경향이 있고, 우리들은 그들의 의견을 존중해 주고 그들과의 협상을 받아들이면서 한편으로는 견제를 하고 있다. 그러므로 아서와 톰은 나이가 들면서 자신들이 소유하고 있던 개별적인 구석에 만족하지 못하고 있다. 그들은 그곳을 개인 사물로 채우고 싶기 때문이다. 공동의 것으로 정리하는 규칙은 개별화의 흐름을 막기 위해 장애물을 쌓는 것으로는 충분치 못하다. 아서와 톰의 어머니는 그들이 인간으로서 존재하기를 원한다는 것을 이해하고 있다. 그리고 소유물이 그러한 요구를 뒷받침해 주는 버팀목이 된다는 것을 알고 있다. "아이들은 자신들의 소유물에 대해서는 '이건 내 거야' 라고 하면서 아주 격렬한 반응을 보이고 있어요. 애들의 머릿속에는 명백하게 구분이 되고 있지요. 정말 대단해요." 점차적으로 '혼자' 라는 개인의 중압감은 증가한다. "톰은 플레이스테이션을 가지고 있고, 그건 톰 거지요. 아서는 규칙적으로 동생의 플레이스테이션에서 놀려고 자기 돈으로 장난감을 사고 있어요. 가끔은 흥분해서 서로 다투기도 해요. 한 애가 '이건 내 플레이스테이션이야. 형한테는 가지고 놀 권리가 없어' 라고 말하면, 다른 한 애는 '그래, 그렇지만 이건 내 장난감들이야. 그러니까 너도 가지고 놀면 안 돼' 라고 응수하죠. 애들이 나이가 들면 들수록 소유하려는 감정도 점점 더 강해지고 있어요." 이 부인은 조작대와 놀이 기구에 대한 이야기를 하면서는 흥분했다. 그녀는 이야기가 끝날 무렵에서야 두 형제가 여전히 함께 노는 것을 좋아하고 있음을 강조하면서 평온해졌다. 어머니의 전략 중 몇몇은(예를 들어 어린 동생을 위해 단지 하나의 조작대만을 구매하기) 어떤 공동체를 성공적으로 만들어 내고 있다. 이 어머니는 소유의 감정이 유대 감정과 결합될 수 있다고 보고 있다. "자신의 장난감에 대해서, 여자 친구들과 장난감 동물에 대해서조차도 아이들이 매우 확고하게 하고 있다는 느낌은 들지 않아요." 그러나 그녀는 금방 이러한 해석에 모순되는 사건들을 이야기했다. "그래서 때때로 아서는 손가락을 빨고 있는 동생이 장난감 동물 하나를 들고 있는 것을 보게 되지요. 그러면 그는 동생에게 '이런, 그건 네 것이 아니야. 내 거야. 네 것이기 이전에 내 거였어' 라고 말하죠." 그러나 그녀는 너무나도 큰 개인주의에 반발했었던 자신의 바람을 다음과 같이 재표명하고 있다. "시간의 4분의 3을 제외하면 아서가 말한 것은 아무것도 없지요. ……그들이 장난감에 대해 매우 페르소스(persos)하다는 느낌은 들지 않아요."

불리하다고 판단한 상황에서도 이 어머니는 자신의 아이들에게 공유의 가치를 지켜 주고 싶어한다. 그녀는 같은 '가족' 의 장난감을 사려는(한 사람에게는 조작대를, 또 다른 사람에게는 게임을 사주는) 자신의 노력이, 즉 보충해 주는 재화를 사려는 자신의 노력이 장기적으로 어떤 효율성이 있을 것이라고 확신하고 있다. "그래도 대부분은 공유하고 있어요. 우리 같은 성인들도 조금은 노력해야겠지만요. 결국 10년 뒤나 20년 뒤에 애들의 나머지 인생에서도 공유의 개념과 노력의 개념을 염두에 두게 될 것이라고 확신해요. '내가 그에게 빌려 줄게' '난 노력하고 있어' 이런 표현은 정말 중요한 거예요." 그녀는 개인주의라는 사이렌 소리에 민감한 아이들에 맞서서 타인에 대한 배려를 옹호하고 있다.

형제로서의 이해 관계와 개인적인 인식을 어떻게 분리시키지 않을 수 있을까?

이 부인은 활동을 구분하려는 경향이 좀 짙다. 시간은 개인적인 필요를 인지하는 데 좀더 합법적인 근간을 이루고 있다. 첫번째 예로는 학교 숙제를 하는 시간이다. 아서는 학교 숙제가 조금 있다. 그러나 톰은 아예 없다. 그러므로 공동의 관심사는 있을 수 없다. 어머니는 자신의 본질적인 입장이 단 하나만의 길을 제시하고 있지 않다는 것을 알기에 여러 가지 기술을 테스트하고 있다. 아서는 함께 사용하는 방에 있는 책상을 자주 사용한다. 그때 톰은 어떻게 하는가? '학생' 으로 존중받고 있는 그의 형을 보호해 주기 위해, 그가 이 방에 진입하는 것을 막아야 하는가? 그런 일이 드물기는 하지만 일어나고 있다. "보통은 그렇지 않아요. 톰은 그 방에 있을 수 없지요. 이유를 불문하고 일단은 안 돼요. 제가 '이유를 불문하고' 라는 표현을 쓰고 있잖아요. 그건 금지하는 것이 너무 어렵기 때문이에요. 한 아이가 다른 방에서 어른의 보살핌을 받고 있을 때 그런 일이 일어나지요. 어떤 때에는 우리가 그렇게 조처함으로써 마무리지었지요. 아서는 제 방에서 숙제를 하곤 했어요. 그 방이 열쇠로 문을 잠글 수 있는 유일한 방이니까요. 그러니 그 아이는 제 방에 있는 제 책상을 사용하기 위해 방에 들어갈 수가 있었지요. 그 아이는 열쇠로 문을 잠근 채 숙제를 하곤 했어요. 톰이 정말로 귀찮았기 때문이에요. 시간이 조금 지나서야 톰은 조용해졌어요. 그래요, 어찌됐건 이상적인 것은 어른이 톰을 별도로 돌봐 주는 거지요." 아서 또한 도움을 필요로 하는데, 아버지는 너무 늦게 귀가하고, 그녀는 자신의 몸을 둘로 나눌 수는 없고, 그래서 그녀는 여러 가지 해결책을 시험해 보고 있다. "전 아서의 숙제를 돌봐 주기 전에 톰을 위한 무언가를 준비했어요. 관심 있어 하는 프로그램을 가져다 준다거나, 컴퓨터 앞에 앉혀둔다거나, 2초마다 꾸짖는다거나 하지요. 정말 힘들어요. 특히 저녁마다 제가 집에 돌아올 때 아이들 둘 모두가 저를 분명히 보고 싶어할 때에는 정말 힘이 들어요. 씻겨 주어야 한다거나, 저녁 전이라거나 숙제가 있을 경우라면, 그때는 조금은 흥분 상태에 놓이게 되지요. 그러니 어찌됐건 저를 위한 순간은 아니잖아요.

휴식 시간이 아니죠. 그때 제가 할 수 있는 것은, 예를 들어 톰을 욕조 속에 넣어두는 거예요.” 하지만 그녀는 두 형제를 주방 식탁에 앉히면서 더 좋은 해결책을 찾았다고 생각하고 있다. “톰이 무척이나 좋아해서 저는 그 아이에게 게임, 채색하기 위한 밑그림, 길찾기 등이 들어 있는 작은 책들을 그 나이에 맞는 것으로 사주지요. 우린 그 책을 활동책이라고 부른답니다. 그래서 우린 모두 함께 거실 큰 탁자에 있을 수 있게 되었어요. 그렇게 해서 모두가 공부를 해요. 톰도 무척 좋아하고요. 저도 두 아이들 모두를 제 영향하에 둘 수 있게 되고요. 그런 경우에는 모든 것이 다 잘 진행되지요.” 형제들 각자는 개인 자격으로 인정받게 되고, 그리고 공간을 함께 공유하는 공동체는 이동하지 않고 유지되고 있다.

이 어머니에게 이상적인 것은, 아이들이 개별적인 활동을 하는 동안에도 집단의 중요성을(한 가족의 형제라는 소속감의 측면을) 잊지 않는 것이다. 불행하게도 잠자리에 들 때에는 비교할 만한 절차가 사용되지 않을 수 있다. 아서가 좀 덜 컸을 때에는 문제가 되지 않았었다. “그건 모두에게 해당되는 얘기였지요. 전 아직도 애쓰고 있지만 아서가 혼자 책을 읽게 되어서 지금은 더 많이 어려워요. 아서가 만약 끝까지 꼭 읽고 싶은 책을 보고 있는 중이라면 그런 일이 지금은 종종 일어나고 있지만요. 그 아이는 15분 정도 혼자서 책을 읽으러 다른 방으로, 그러니까 우리 방으로 가버려요. 가능하면, 다시 말해 남편이 집에 있을 경우 한 사람은 한 아이에게 책을 읽어 주고 다른 사람은 또 다른 아이에게 책을 읽어 줘요. 왜냐하면 아서도 아직까지는 우리가 책을 읽어 주는 걸 아주 좋아하거든요. 비록 이야기가 한참 진행되고 있는 중간쯤에 해당되는 소설일지라도, 어른이 보기에는 아주 실망스런 부분이지만 그래도 읽어 주는 것을 좋아해요. 그러나 우리는 시간의 4분의 3은 아이들에게 공동으로 이야기를 읽어 주려고 시도합니다. 모두 함께 있는 것이 좋으니까요. 그래서 공동으로 얘기를 읽어 주는 일은 같은 방에서, 그러니까 아이들의 방에서 해주지요. 그렇지 않고 아이들에게 서로 다른 두 개의 이야기를 해줄 때는 어쩔 수 없이 두 개의 방에서 각자 떨어져 해주고 있어요.” 이 어머니는 공동으로 들려 줄 수 있는 이야기를 읽는 것을 훨씬 좋아한다. 그렇게 하면 이중의 분리를 피할 수 있기 때문이다. 그러나 그녀는 그런 일이 점점 더 불가능해져 가고 있음을 느끼고 있다.

좀더 큰 평수의 아파트로의 이사

이 부인은 개인주의의 위협을 받고 있기는 하지만, 그러나 형제간의 공동체가 지속되고 있음을 즐거운 마음으로 지적하고 있다. 앙케이트는 그러한 사실을 거의 경험을 통해 파악할 수 있었다. 아서와 톰의 방에 대한 관찰을 한 지 얼마 안 돼서 가족이 이사를 갔기 때문이다. 두번째 대담을 하는 동안, 그 어머니는 아이들이 방이 늘어났음에도 같은 방에서 잠을 자고 싶어 했다는 것을 밝히면서 무척 만족해했다. 그래서 아이들을 위한 세 개의 방이 하나는 공동 침실로, 하나는 놀이방으로——이 두 공간은 공동으로 사용하는 공간이다——그리고 하나는 큰아이를 위한 서재로 조성되었다. 톰도 자기 책상을 요구하게 될 것이라는 바를 어머니는 알고 있었고, 그리고 이미 톰의 방(현재로서는 공동으로 사용하는 방)과 아서의 방(현재의 작은 서재) 형식으로 구획 정리를 미리 계획하고 있었다. 어머니의 바람대로 놀이방은 공동 공간으로 남아 있다. 개별성이 집단을 지나치게 많이 불안정하게 만들고 있지 않다. 아파트가 좀더 커진 후에(50평방미터에서 1백20평방미터로 옮겼다) 이 부인은 개인 영역의 필요성을 더 쉽게 인정하고 있다. "우리가 예전 아파트에 살았을 때 요구를 많이 하던 아서는 '톰이 들어올 수 없는 저만의 장소가 있었으면 좋겠어요' 라고 말하곤 했지요. 이사를 핑계로 설득할 때, 우리는 아이들이 자신의 방을 가지게 될 것이라는 사실을 많이 강조했었지요. 각자의 방을 갖는다는 건 정말 멋진 일이라고 얘기해 주기 위해서였어요. 아이들이 자기들 공간을 갖게 되는 것은 정말 중요해요. 아서는 지금도 아주 중요한 숙제를 받아오지만 톰은 그렇지 않거든요. 이는 톰이 방에 들어가지 못한다는 것을 의미하지요. 아니면 그 아이가 방에서 놀든가요. 이때 다른 곳으로 가는 사람은 아서지요. 확실하지는 않아요. 그러니까 두 개의 방으로 어떻게 해서든지 해결하고 있지요." 형제로서의 아이를 학생으로서의 아이로 변모시키고 있는 학교 교육의 규제는 공동 공간 옆에 자리하고 있는 별개의 분리된 방들의 가치를 정당화해 주고 있다.

학교 교육의 성공은 '공동체' 가정에서 정당한 자기 주장의 형태를 이루고 있다. 다른 가정에서는[46] 학교의 요구 사항이 증가됨에 따라 집단 생활의 압력이 줄어들고 있다. 그래서 어렸을 때부터 같은 방을 쓰고 있는 엠마와 벵자맹은 학교에서 내준 숙제를 집에서 해야 할 때에는 개인 공간을 가질 권한이 있었다. 이 두 아이들은 각자 자기 책상을 가지고 있고, 책상 위에 학교와 관련되지 않는 물건들을 놔두고 있다. 그들은 새로운 신분인 학생이라는 미명하에 자신의 존재를 뚜렷이 나타낼 수 있는 권한이 주어졌다고 느끼고 있다. 고등학생들과 대학생들이 집에서 하는 공부는 흔히 가족의 영역에 속하지만, 반면 여가 생활은 개인의 영역에 속한다. 그러나 그 이전 시기에는, 즉 아동기에는 반대이다. 학교가 '혼자' 인 개인처럼 자신을 형성하도록 해주는 반면, 놀이는 형제의 측면을 바탕으로 이루어지고 있다.

부모는 아이들이 두 가지 형태의 정체성, 즉 '혼자' 인 자아와 '함께' 하는 자아의 정체성을 가질 수 있도록 해주어야 한다. 동시에 자신들만의 교육적 가치에 의거해서, 그리고 유아기의 요구 사항에 따라서 두 개의 정체성이 균형을 이루도록 해주어야 한다. 부모들이 개인적인 발견과 개인의 표현을 강조할 때, 아이들은 형제자매들과의 접촉을 통해서는 분명 조금은 적게 사회화되고 있다. 성인들이 공동 생활을 고집할 때 그들의 아이들은 동료의 필요성을 고려해야 함을, 타협하는 방법을 더 많이 배우게 된다. 그러나 그들은 자신들의 개성의 이런저런 측면을 발전시킬 수 있는 경우를 더 적게 가지게 된다.

공동체의 입장과 규모에 따라 변화하는 동거의 효과

공동 생활의 모델을 권장하고 있는 부모들이 기본적으로 주장하는 교육적 측면의 형제 관계의 이점은 형제 안에서의 서열 때문에 제기되는 문제와 부딪히고 있다. 그래서 바질은 첫째와 같은 방을 쓰는 둘째로서의 자신의 위치를 찾을 수 없다고 생각해, 셋째와 함께 있으려고 방을 바꾸고 싶어했다. 이 아이들의 어머니는, 입장이 바뀌지 않는 첫째와는 달리 막내는 또 다른 아이(짐의 경우처럼)가 태어나면 자신의 위치를 잃을 수 있게 되므로 중간자의 위치가 더 어렵다고 생각하고 있다. 임상 연구에 따르면(D. Gayet, 1993) 아동은 형제 속에서의 자신의 위치에 따라 다양한 정체성을 구축하고 있다. 조금 나이가 든 아이들은 퇴행적인 방법으로——예를 들어 아기들의 말을 또다시 사용해 막내를 따라 하는 서툰 흉내를 통해서——자기 자신을 더 많이 확인하고 있으나, 그러한 행동이 그리 오랫동안 계속되지는 않는다. 나어린 아이들은 점진적인 방법으로 자신의 정체성을 확인하고 있다. 나이가 든 형이나 언니는 막내를 위해서 아이들의 세계와 어른들의 세계 사이를 연결해 주는 중간자적인 매개 역할까지도 담당한다.

이런 현상들은 둘이 쓰는 방의 사용 형태에 따라 다르다. '별개의' 방을 가진 모델의 경우, 아이들은 각각 다른 사람의 행동을 재현하며 자기만의 공간에서 변화하고 있다. 공동체 형식으로 구성된 방에서, 나어린 아이는 언니의 방이나 맏형의 방에서 봤던 것을 '자기 방에서,' 자기 영역에서 다시 해보기 때문에, 즉 자신도 실행해 보기 때문에 개별적인 공간과 개인 물건을 소유하게 됨에 따라 발생하게 되는 필연적인 차이를 가지는 것 같지는 않다. 어쩌면 진행된 이러한 공간적 모델의 선택이 아이들끼리의 경쟁과 유아기의 행동의 조숙함에 대해 부모의 입장에서 가치 부여를 적게 하고 있음을 나타내는 것인지도 모른다. 형보다는 아우인 세자르를 더 선호하는 바질의 경우가 그러하다. 공동체 교육이 아이들의 개인주의적인 요구에 부딪히고 있는 중간 방에서 자기 정체성 확인이 점차적으로 일어나고 있다. 톰은 자기 형 아서처럼 자기만의 모퉁이와 개별적인 물건들을 가지고 싶어한다. 그리고 벵자맹은 언니가 자기 것을 완전히 자기 기호에 맞게 꾸미는 행동을 따라 하며 자신의 흔적을 표시하려고 책상을 장식하고 있다. 사회화의 과정인 모방은 실행해 볼 수 있는 개인적 소유물을 필요로 한다.

둘이 쓰는 방은 아이들의 개별화 과정이 전개되는 것을 관찰할 수 있는 특별한 장소이다. 아이들이 원할 경우 부모는 이런 과정의 속도를 늦춰 줄 수 있고, 그리고 공동체 영역의 생성으로 획득하게 된 마찰을 통한 사회화를 가속화시키면서 그 주변을 변화시켜 줄 수 있다. 그럼에도 불구하고 '혼자' 있는 자아에 대한 체험은 대개 특히 학교교육의 성공으로, 준거 규범으로 가장 많이 동원된 계층에 남아 있다. 가족간의 공동 생활은 상반적이다. 가족간의 공동 생활이 교육의 일환으로 '혼자' 인 개인에게 유리한 환경을 만들어 주어야 하기 때문이다. 무엇보다도——어릴 때에는——개인적인 체험이 이루어지는 곳은 그것의 형태와 리듬 · 크기를 규정하는 부모의 통제하에 있는 사적인 영역 안에서이다.

제 II 부

공동체 구축

5

작은 집에서 둘이 하는 '공동' 생활

공동 공간의 공유는 말로 형식화할 수는 없지만 부부 공동체의 중요한 측면인 무엇인가를 보여 준다. 이 장은 얼마 전부터 함께 살고 있는 남자와 여자들의 증언을 바탕으로 그 '무언가를' 찾는 데 할애되고 있다. 세 가지 측면이 독창성을 규정해 줄 것이다. 무엇보다도 먼저 동거는 공동 공간을 공유하고 있다는 사실로 인해 대부분 숨겨져 있는, 자기 생활의 공동 생활에 가능성을 제공하고 있다. 동거는 '혼자' 있고자 하는 자아의 주장을 용납할 수 있다. 이는 그런 요구 사항이 마치 파트너로부터의 회피처럼 (흔히) 이해되지 않기 때문이며, 그러면서 동시에 그 자아가 '함께' 있는 자아이기 때문이다.(1절) 공동 생활의 상징은 분명 이렇듯 '혼자' 있는 개인들이 공간을 공존하는 데 있지 않다. 그것은 두 파트너가 함께하는 활동 속에 있다. 앙케이트 조사가 공동으로 함께하는 시간이 흔히 상당히 축소되고 있지만, 그래도 그런 공동의 시간을 구성하는 어려움들을 보여 줄 것이다. 동거의 이점 중에서 한 가지를 다시 생각해 보자. 다시 말해, 공동 공간 속에 있는 것과 함께하는 공동 시간을 가지는 것간의 구분을 혼란스럽게 하는 점을 다시 생각해 보자.(2절) 마지막으로 한 집에 함께 있다는 사실이 상호 교류를 변모시키고 있다. 그런 사실이 꼭 상호 교류를 증가시켜 주지는 않지만, 그래도 인간 관계 유지와 서로의 배우자에게 정체성 확인을 시켜 주는 사소한 관례적인 행동들을 조금은 쉽게 할 수 있도록 해주고 있다——예를 들어 복도에서 서로 마주쳐 지나가면서 상대에게 지어 보이는 미소와 같은 습관적인 행동들을 쉽게 할 수 있게 해준다.(3절)

1. 공동체 사회와 나란히 있는 것을 번갈아 하기

연속적 또는 비연속적인 존재

함께하는 생활의 특성을 드러내 보이기 위해 《유령 생활》(1988)에서 다니엘 살르나브가 이야기한 이중 생활에 관한 경험을 생각해 보자. 혼자 사는 애인 로르를 사랑함에도 불구하고 피에르는 부인과 가정을 떠나지 못하고 있다. 그는 로르와의 관계를 비밀리에 유지하기 위해 거의 밖으로 나가지 않기 때문에, 자기 아파트에서 애인을 만나고 있다. 그러던 어느 날 이 두 사람이 밖에 나갔고, 사건이 갑작스럽게 발생했다. "점원을 보러 가려고 그녀와 떨어지게 된 피에르가 세 발자국인가를 옮겨 갔다. 그녀는 욕실용 양탄자 가격을 물어보던 그의 목소리를 분명히 들었다. 그녀가 그와 합류했을 때 말했다. '뭐하는 거야? 욕실에서 양탄자로 뭘 하라고?' 그러자 피에르는 태연하게 '아니야, 집에 가져 갈 거야' 라고 말했다. 집? 검은 베일이 로르의 눈앞에 드리워졌다. 그녀는 마음속에서 무엇인가 무너지는 것을 느꼈다. 그녀는 널려 있는 빨래와 뚜껑이 열린 금속 루즈통, 비눗자국들, 머리카락들을 보았다. 그리고 세탁기의 부딪치는 소리와 '서둘러, 건조할 게 있거든' 하고 말하는 소리를 들었다. 이 사적이고 금지된 방 주변으로는 어수선하게 집 전체가 설계되어 있었다. 아침마다 흐트러져 있는 방들, 또는 저녁마다 희미한 빛을 통해 보이는 침대 머리맡의 전등들, 아직 잠들지 않고 큰 소리로 이야기를 나누는 아이들의 감미로운 목소리가 있었다."(p.127) 로르는 자신의 관계와 다른 공식적인 관계 사이의 차이가 자신이 평소에 중얼거리고 있는 것보다 훨씬 더 크다는 것을 인식하고 있다. 공동의 공간과 끊임없이 공유하는 시간은 부차적인 요인이 아니다.

공간 분리를 극복하고자 피에르와 로르는 '모두가 분리시킬 수 있었던 연속성을 신기하게도' 복원시켜 주는 전화로 서로를 연결하고 있다. "'당신이 가까이에 있는 것 같아' 라고 한 사람이 얘기해요. 아니면 그 반대로 '당신은 왜 멀리 떨어져 있는 거야?' 라고 말하지요." 그러고는 그들은 귓가에서 생기는 것임에도 불구하고 에보나이트의 열기를 느끼게 해주는 상대방이 환상 속에서 존재하는 것에 각자 안심을 하며 위안을 얻고 있었다. ……그러나 상호 교류의 정도가 어떠했든지간에, 그리고 상호 접근의 성질이 어땠든간에 항상 '끊어야' 만 했다. "'자, 이제는 끊어야 해' 라고 피에르는 말하곤 했지요. '전화를 끊는' 사람은 언제나 피에르였어요." 물론 평상시에도 대화는 중단되고 있다. 그래도 '단절' 이나 결별이란 느낌은 결코 아니다. 그건 갑작스럽게 일어나는 게 아니라 점진적으로 일어난다. 다른 설명이 필요없다. 그러나 전화상의 대화가 분명하게 중단되는 것에는 명백한 설명이 요구된다. 전화란 단지 물리적인 공간에서 일어나는 인간 관계를 지속시켜 주는 어떤 기능을 수행한다. "이런 모호하고 관능적인 연속성은 신비스럽게도 멀리 떨어져 있어도 전선으로 연결되었다. 육체적인 연결이 완벽하게 연장되었다. 낮은 목소리, 함께 나누는 꿈, 떨리는 작은 숨결에 스르르 든 낮잠, 촉촉한 입술 위로 흐르는 슈~ 하는 숨소리, 혓소리, 기침 소리들이 들렸다."(p.28) 전화는 육체와 영혼을 가깝게 해주고 있다. 그러나 부부 생활을 버텨 주는 대용품이 되지는 않는다. 그러니까 다시 말해 보장되는 것은 (적어도 이상적으로는) 평화로운 공존이다. 평화로운 공존은 (이론적으로는) 매순간 접근할 수 있도록 해주고, 파트너들의 지속적인 정체성과 관계 존속을 확인시켜 주기 때문이다. 동거를 하면 '혼자' 인 자아와 '함께' 하는 자아는 단절을 의식하지 않은 채 번갈아 나타날 수 있다.

또한 남자가 선원으로 있는 커플들의 생활도, 그들 부부간의 상호 교류가 문맥적으로 이어지지 않을 때 연락을 하는 데 있어 편지를 통한 대화나 구두 대화를 하는 데 한계가 있음을 보여 주고 있다. 그러므로 선원 부인들은 남편이 걱정하지 않도록 남편이 오랜 기간 출장중일 때에는 어떤 일들과 관련해서는 이야기를 바꾸는 걸 선호하고 있다. "전 근심거리는 그냥 넘기고 싶어요. 그가 조금이라도 그런 편지를 받는다거나, 그리고 문제가 아직도 해결되지 못했다는 내용을 받게 해 쓸데없이 그의 마음을 흐트려 놓을 필요가 있을까요? 저는 먼저 문제를 해결하고 난 다음에야 그에게 '그런 문제가 있었어' 라고 얘기하고 있어요."(Y. Guichard-Claudic, 1997) 전달 내용이 경험을 대신하지는 못한다. 그리고 공동의 경험은 어느 한도 내에서는 보충 설명을 필요로 하지 않을 수도 있다. 선원 부인들은 남편의 부재로 인해 자신들이 두 인생을 살고 있다고 생각하고 있다. 어느 부인의 표현을 따르자면,

'결혼한' 부인으로서의 인생과 '이혼한' 여인으로서의 인생을 살고 있다는 것이다. "그는 독신남이고 저 또한 독신녀예요. 결국 우린 아이들이 딸린 이혼녀처럼 살고 있는 거죠."(p.269) 그녀들은 이 두 생활을 번갈아 하는 것을 긍정적으로 보고 있다. "확실히 타성에 젖어 있지 않아요. 남편을 사랑하고 있다면, 그리고 3개월 전부터 그를 보지 못했다면 가슴이 아프겠지요. 아름답게 자신을 꾸미고 지내요. 비행기가 착륙하고 문이 열리죠, 돌아온 남편을 보게 되겠지요. 우우~~~." 따뜻하고 열렬한 재회가 이루어진다. 그러나 그런 재회가 공동체 삶의 부재를 충분히 메워 주는 보상으로 생각되지는 않는다.

함께 있기, 함께하기

둘이 하는 생활의 이점에 대해 정의를 내려 달라는 질문에 대부분의 여성과 남성은 간단히 "함께 있기 위해서죠"라고 대답을 했다. 사실 동거는 이런 목표에 비해 갑작스런 의외의 변화를 낳고 있다. 배우자들이 함께 있는 시간은 많아졌지만, 함께하는 시간은 더 줄어들었다. 함께 살 집을 갖기 전에는 여자와 남자는 함께 외출을 했다. 후에 그들은 결정을 내린 것도 없는 상태에서 무엇을 할지 계획을 짜지 않고서 서로 만났다. 다음은 상드린이 엠마누엘과 함께 살면서 발견한 것이다. (둘 다 정치학부 학생으로 1년 차이가 난다.) "처음에 우린 함께 살기 전보다 더 적게 보는 것 같은 느낌이 들었어요. 정말 신기하죠. 전에는 약속을 했기 때문에 우리 둘이 함께 만났어요. 영화관에도 갔었고요. 산책도 했었지요. 그러나 지금은 우리가 어찌됐건 함께 살고 있다는 사실을 알고 있어요." 이 커플은 동거가 가져다 주는 여러 효과 중에서, 앙케이트에 응한 수많은 커플들을 보며 깨닫게 된 동거의 효과 하나를 밝히고 있다. 그 효과란 함께 할 수 있는 활동들은 증가되지 않으면서 같은 지붕 아래 함께 보내는 시간만 늘어나고 있다는 사실이다.

별개의 두 행동이 공동 공간에서 벌어질 때 그것은 공동으로 하는 것이 될 수도 있다. (아니면 그러한 것으로 인식될 수도 있다.) 공간 속으로 들어간다 함은 행위자의 관점에서 볼 때 두 가지 특성을 지닌 활동을 가지게 될 가능성을 허용하는 것이기 때문에 시각을 변화시켜 준다. '함께하는 것' 과 '함께 있는 것' 을 분명하게 구분해야 한다. 커플은 부부로서 연출을 하기 위해 서로 다른 활동을 유지하면서도 기꺼이 같은 방에 모여 있기로 결정을 내릴 수 있다. 그들은 자아 표명과 부부라는 집단의 소속의 요구를 성공적으로 결합시키고 있다.[47] 전통적인 표현을 보면 남자는 신문을 읽고 있고, 여자는 뜨개질을 하고 있다. 텔레비전의 성공이 문제를 만들어 내고 있다. 텔레비전은 함께 있어야 한다는 절대적인 요청과 자기 자신으로 있고 싶다는 근심 사이에서 긴장감을 바람직하지 않게 해결하고 있기 때문이다. 상대 배우자에게 취미를 포기해 달라고 자주 요구하고, 그리고 집단의 구성원으로서만 자신을 만들어 가라고 요구하고 있기 때문이다. 가능하다면 공동 공간 속에서 별개로 행동하는 것은 반대로 정체성의 겸임을 가능하게 해주고 있다. 개인은 한편으로는 특별한 개인으로서 자기 자신을 확인하고, 다른 한편으로는 동시에 집단에 소속되어 있음을 나타낸다.

나란히 있는 것에 대한 해석의 문제

동거는 행동을 섞으라고 강요하지 않는다. 동거는 두 배우자가 거주 공간의 존재를 실제로 공동의 삶을 보장해 주는 것으로 간주하는 데 동의한 경우라면, 별개의 활동에서부터 시작해 부부 구축의 가능성을 제공해 주고 있다. 이는 배우자인 로랑(23세, 바칼로레아 G3, 검사원)이 자기를 무시하고, 커플이라는 점을 소홀히 하고 있다고 비난하는 마리(21세, 대학 교양 과정)의 경우는 아니다. 그전에 로랑과 함께 보냈던 모든 시간들은 '공유했던' 것들이다. 그러나 그들이 함께 있게 된 이후 그렇게 공유하던 시간들은 줄어들었다. 그들을 연결시켜 주고 있는 건 바로 텔레비전이다. 마리는 소파에 길게 누워 있고, 남편은 '그녀의 발이 따뜻하게 유지될 수 있도록 다리 쪽에 자리를 잡고' 있다. 그녀는 평상시에는 멀리 떨어져 있다고 느껴졌던 로랑이 아주 가까이에 있다고 느끼기 때문에 나쁘게 인식하고 있지 않다. 사실 마리는 자기 인생에 실망하고 있다. 이를 표현하고자 그녀는 '이상적' 이지 못한 일요일의 경우를 예로 든다. 로랑은 매우 늦게 오후가 한창일 때가 되어서야 일어나서는 오토바이를 만진다. 그에게는 아무런 문제도 없다. 그는 자신이 커플이라는 사실을 항상 느끼고 있다. 그러나 그와 달리 마리는 반대로 이의를 제기하고 있다. "전 일요일마다 혼자 있는 게 너무 싫어요. 그는 대부분의 시간을 차고에 내려가 있어요. 일요일마다 죽음이란 생각이 든다니까요." 반면에 마리는 토요일 저녁을 좋게 평가하고 있다. 둘이 함께 외출하기 때문이다. "우리들만을 위한 시간이잖아요."

그러나 마리는 자신이 공동체 구축의 책임자라고 느끼고 싶어하지 않으며, 또한 그녀는 자신이 남편의 역할 결여로 느끼는 것을 벌충하고자 노력하지도 않고 있다. 일요일 정오에는 언제나 점심을 같이 먹지 못하고 있다. 로랑이 그 시간까지도 자고 있기 때문이다. 그리고 일어나 있을 때도, 그는 점심을 먹고 싶어하지 않고 아침 식사처럼 간단하게 먹고 싶어한다. 그렇기 때문에 사실 그는 우유를 많이 마시고 있다. 일요일 저녁마다 마리는 이유도 대지 않고 저녁 준비를 거부하고 있다. "싫어요, 일요일엔 우리를 위한 것은 아무것도 하지 않을 거예요. 우린 텔레비전이나 보죠." 시간은 공유되고 있으나, 그러나 음식은 그렇지 못하고 있다. 젊은 부인은 그런 사실을 다음과 같이 강조하고 있다. "지금은 아니에요. 우린 따로따로 음식을 만들어요. 이유는 간단해요. 제가 그와 똑같은 것을 먹지 않기 때문이에요. 그는 제가 먼저 스스로 준비하고 있다는 것을 모르고 있지요. 예, 그러고 있어요." 로랑이 공동 생활을 하는 데 충분한 열정을 보이지 않기 때문에, 마리는 한 번 더 두번째로 중요한 보복 조치를 취하고 있다. 그녀는 그가 코를 곤다는 핑계로 함께 자지 않기로 한다. 모든 일은 마치 마리가 공동 생활에서 과오를 범하고 있는 로랑의 실수에 맞서 나란히 있는 생활을 증가시키며 견줄 만한 행동으로 응수하는 것처럼 그렇게 진행되고 있다.

이 대담에 대한 해석은 불안한 느낌을 준다. 이 젊은 부인은 공유 행위에 할애된 부분이 지나치게 약하다고 평가하고 있기 때문에 자신의 부부 생활 구조에 만족하지 못하고 있다. 그녀는 '나란히' 사는 것에 만족하지 않는다 ——더더구나 그 표현은 정확하지가 않다. 차고와 함께라면 그건 거의 따로따로 사는 것이기 때문에, 적어도 그녀가 그렇게 느끼고 있기 때문이다. 그리고 커플로서 가장 많이 함께하는 순간들(어떻게 보면 부부 생활의 초석이 되는 식사와 수면)이 여기서는 거의 공유되지 않고 있다. 그러니 남자는 우유를 마시고 싶어하고, 코를 고는 것이다. 마리의 일요일 저녁 식사 파업은 이해할 만하지만, 그러나 그녀는 게임의 규칙을 변화시킬 협상을 하지 않고 있다. 시간을 공유하고 있는 순간에도 그들은 떨어져 있다. 그들의 사랑이 공동 생활에 대한 시험을 성공적으로 감내하기는 어렵겠다.

기준 규범에 따르면, 애정이 담긴 동거는 좋은 순간들을 함께 공유하는 것이다. 이는 또한 배우자 각자가 자신의 존재를 참을 수 있도록 하기 위해, 그리고 사랑스러워하도록 하기 위해 배우자들이 조금씩은 변화됨을 기본으로 해서 이루어지고 있다. 사람은 다른 사람을 고려하기 위해 사회화되어야 한다. 마리는 로랑이 지나치게 무관심하게 행동하고 있다고 느끼고 있다. 그녀는 이런 회피를 영역 방어로 보고 있다. 동거는 이중 조절을 요구하기 때문에 지나친 자기 보호 형식인 회피와, 자신과 타인을 지나치게 망각해 버리는 형식인 침해 사이에서 까다롭게 요구되고 있다.

회피의 위험

로랑과 마리의 오해는 취미삼아 하는 작업 활동을 암호화하는 데서 발생되고 있다. 남자는 집 안에서 따로 하는 활동이 정당하다고 생각하고 있다. 그래서 앙케이트 조사원은 '혼자 있고 싶어서 방으로' 회피하고 싶은 욕구를 느끼냐는 질문을 남편에게 할 때, 자주 "아니오"라는 대답을 듣고 있다. 집 안에서의 분리는 분명히 별거가 아니기 때문에 다르게 대답을 하는 이유는 무엇인가? 그건 활동——화장실 가기, 공부하기, 독서하기——의 성질이 함께 있지 않는다는 사실을 정당화해 주고 있다. 그런데 마리는 차고를 집 밖의 공간으로 인식하고 있다. 사실 외부 활동은 (대개의 경우) 아주 조금만 정당하다. 외부 활동은 자기 자신을 위해서나, 그리고 커플을 위해서 유용할 경우에만 (직업적인 작업이 이 범주에 들어간다) 허용되기 때문이다. 그리고 그런 활동들은 배우자가 제외되어 있다고 느끼지 않는다는 조건하에 자기 자신을 기쁘게 해주는 경우에만 허용되기 때문이다. 집과 또 다른 공간과의 경계는, 한 배우자가 밖에 있고 싶어해서 훨씬 더 많은 위협을 받게 되는 단계에서(그리고 깨지기 쉬운 관계라고 느끼게 되는 단계에서) 생기고 있다. 영역화하는 것, 다시 말해 자기 자신과 가까운 배우자를 가지려는 요구(O. Schwartz, 1990)는 어쨌든간에 일치된 행위 이상으로 훨씬 더 많이 부부 관계를 구성하고 있다.

이런 요구에도 불구하고, 현시대의 커플에게는 몇몇 형태로 개별화하는 것이 가능하다. 즉 집 안에서 자의적이든 그렇지 않든간에 배우자로부터 따로 떨어져 홀로 있기, 배우자가 집에 없는 상태에서 홀로 고립되어 있기, 배우자와 관련이 없는 활동을 하기 위해 혼자서만 다른 사람들과 함께 밖에 있기, 그리고 배우자와 상관이 있을 수도 있는 활동을 할 때에도 혼자서만 밖에 있기 등등의 형태로 개별화가 가능하다. 상대가 없이 집에 혼자 있는 것은 배우자가 수용할 수 있는 형태다. 완전히 동일한 시간표를 가지고 움직이는 커플은 거의 없기 때문에 배우자들은 서로 혼자 아파트에 있기도 하고, 그래서 아무런 통제 없이 개인 소유의 경험을 할 수도 있다. 이는 부분적으로나마 의도적으로 고립하려는 욕구를 피하게 해주고 있다. 따라서 동거녀들 중의 한 여자가 2교대 근무를 하는 레즈비언 커플의 경우 주중에는 그렇게 자주 만나지 못하고 있다. "그래서 우리는 함께 있는 주말을 이용하고 있어요. 그때 우리는 둘이 함께 있는 것을 활용하려고 하기 때문에 서로 떨어져 있지 않지요. 마리가 아침 근무를 하게 될 때 우린 혼자 있게 되니까, 그때 혼자 고독하게 있을 수 있거든요."(브리지트, 34세, 고졸, SNCF(철도청) 직원[48])

상당수 커플의 경우, 개별화는 아메드(경제학 박사 과정)와 카린(법학과 학생) 커플[49]처럼 확인 작업이 있은 다음에만 획득되고 있다. 함께 있고 싶은 욕구의 원칙은 단번에 분명하게 드러났다. "우린 서로 상대방 없이 지낼 수 없어요"라며 젊은 여자가 단언했다. 그녀에게 있어 커플로 사는 것은 '함께' 있기를 허락한 개인들을 바탕으로 성립되고 있다. "때때로 혼자 있고 싶은 욕구요? 아주 드물지만 그러고 싶을 때가 있지요. 전 일을 할 때 그를 생각지 않거든요. 일할 때는 혼자라고 느끼고 있어요. 동료들이 있으니까 혼자 일을 하는 건 아니지만, 그래도 그가 거기에 없으니까 혼자 있는 것 같은 느낌이 들어요. 때로는 혼자서 친구들과 있는 걸 좋아해요. 드문 경우이기는 하지만요. 전 그런 필요성을 느끼지 않거든요." 일단 기본적인 원칙이 유효한 경우라면 개별화된 행동들이 고려의 대상이 될 수도 있다. 그렇기 때문에 (젊은 커플들에게 중요한 순간인) '외출'은 단지 미묘한 차이의 행동을 통해서만 개별화될 수 있는 활동이다. 우리가 그것을 아메드의 얘기 속에서, 특히 허용 지역을 정당화해 주고 있는 '예외적인 것'으로 이해하고 있는 것처럼 말이다. "우리는 함께 있은 뒤로는 상대 없이 혼자 외출한 적이 없어요. 축구를 하느라 제가 집에 없어서 그녀가 장을 보러 가는 경우를 제외하고는 그런 적이 없어요. 전요, 저 혼자만 친구들과 함께 외출하지는 않아요." 공유해야만 하는 행위들과 또 다른 행위들 사이에서 만들어지는 그러한 분열은 커플과 그 구성원들을 소중히 여기는 개별화를 가능케 해준다.

침해의 위험

함께 산다는 것, 그것은 또한 어떤 순간에 영역 보호처럼 판단될 수 있는 파트너의 태도들을 받아들인다는 것이다. 사실 공간 공유는 파트너 개개인이 서로 다른 시간에 관계되어 있음을 관찰하게 해준다. 이런 일시적인 공존은 애정으로 감내할 수 있다. 애정이 없다면 동거는 더욱더 힘들다. 샹탈[50](경영보좌관, 27세, BTS(전문기술자격증) 소유)의 이야기는 도와 주는 관계에서 사랑하는 관계로 변화하는 것을 목격할 수 있고, 공동 생활을 조절하면서 사랑의 효과를 확인할 수 있기 때문에 아주 이상적이다. 이 젊은 여인은 크리스티앙(29세, 대학 교양 과정 수료 단계, 실업중인 상무보좌관)에게 잠시 자기 집에 들어와 있으라고 제안했다. 그를 도와 주기 위해서였다. 잠시 머무르겠다던 상태가 계속되었고, 그들 사이에는 감정이 점점 더 많이 개입되어 갔다. 샹탈은 침범의 양상으로 체험을 하게 된 동거가 어떻게 해서 크리스티앙이 동거남이 되었을 때 더 좋게 느껴졌었는지를 설명해 주었다. 처음에 그녀는 '둘이 사는 것이 힘들었다고, 때로는 너무 힘들다고' 생각했었다. 그러고 나서 그녀는 자신의 생각을 다음과 같이 바꾸게 되었다. "우리 관계가 많이 발전했기 때문에 지금은 훨씬 덜 구속하고 있어요. 당신은 다른 사람을 있는 그대로 받아들일 준비가 전보다는 더 많이 되어 있군요. 그 사람이 순간순간 조금은 방해하는 그대로 받아들일 준비가 되어 있군요. 당신은 다른 사람에게 방해받을 수도 있고요. 당신 자신만을 위해 살지 않는 순간부터, 그리고 다른 사람을 위해 다른 사람과 함께 살고 싶은 마음이 든다면 그때부터는 똑같은 방식으로 체험하지 않게 되는 것들이 많이 있지요. 우리의 관계 초기에, 전 그런 것들을 받아들이기가 조금은 힘들었어요. 당신도 공간이 부족하고 피곤하다는 것을 느끼고, 사람들이 뭔가에 대해 당신의 욕구 감정을 부추기지 않았으면, 사람들이 당신에게 말하지 않았으면 하는 것을 느낄 거예요. 당신은 다른 것을 느끼고 있지요. 다른 사람을, 마치 자기를 우습게 만드는 사람처럼 귀찮게 하는 사람, 즉 어떤 침입자처럼 느낄 수도 있어요. 물론 지금은 조금도 그렇게 생각지 않지만요."

도와 주기 위한 동거에서 사랑하는 관계의 동거로의 이행은 다른 사람의 리듬에 대해 배려하는 것은 당연한 것으로 만들어 주고 있다. "밤을 지새우는 일이 제게도 생겼지요. 혼자 있었다면 훨씬 일찍 잠자리에 들었었겠죠. 그러나 크리스티앙이 집에 있다는 것을 아니까, 그에게 '10시예요, 저 잘게요' 라고 말하는 게 나쁘다는 생각이 들었어요. 사실 어떤 날 저녁에는 그건 일종의 강요였었어요. 차츰차츰 그건 강요가 아닌 걸로 바뀌었고요." 동거남 또한 강요라는 단어가 적합하지 않다고 평가하고 있다. "'강요하는' 이라는 그 단어는 본의 아니게도 노력을 전제로 하고 있지요. 지금은 그런 상황이 아니에요. 서로 이해해 왔기 때문에 자율적이죠." 사랑 때문에 노력하는 것은 당연한 것이므로 적응하는 게 많이 힘들지는 않다. 접촉을 통한 사회화는 애정이라는 윤활유 덕분에 쉽게 진행되고 있다.

'함께하기' 와 '함께 있기' 의 균형

부부 생활이 갖는 두 가지 측면——즉 함께하기와 함께 있기——의 균형 추구는 여러 가지 스트레스를 낳고 있다.

첫째, 함께 있다는 사실이 높게 평가받을 수 있다. 동시에 함께하는 것과 혼합되는 경우에는 강력한 구속처럼 체험될 수 있다. 마리의 경우가 그러하다. 그녀는 함께 있어야 하는 규칙을 따르고 있지만, 그러면서도 그런 경험을 나쁘게 체험하고 있다. 그녀는 동거녀가 집에 있을 때에는 자신만의 행동을 하지 않고 있다. 그녀는 조금 더 큰 아파트에 산다면 자신이 '브리지트가 집에 있어도 혼자만의 일을 더 잘할 수 있게' 될지 자문해 보지만, 그 대답은 알 수가 없다. 그녀는 바로 자신이 친구를 만나지 못하는 것을 참지 못하기 때문에 이런 스트레스는 지속될 것이라고 생각하고 있다.

스트레스의 두번째 형태는 함께 있는 것을 연출하는 상황에서 비롯되고 있다. 배우자 중의 한 사람이 자기 파트너를 자기 마음대로 방해하는 경우가 많다. 이는 자기 파트너가 하고 있는 일이 있음에도 불구하고 커플의 일원이라는 사실을 인식하고 있다는 것을 증명하기 위해서이다. 그렇기 때문에 카타리나(21세, 대학 교양 과정 학생)는 동거남(22세, 학사 학위 과정 학생)[51]이 없는 곳에서, 가끔 자신이 테이블 밑에서 발로 그를 귀찮게 한다고 밝히고 있다. "전 그가 제 옆에 있으면서 무언가에 집중해 있는 것을 좋아하지 않아요. 저한테도 조금은 관심을 가져 줘야 해요. 저는 그 사람을 자주 발로 차요. 그를 자주 귀찮게 하죠." 즉 카타리나에게 있어 좋은 관계의 기준은 공유하는 행동이 있다는 그 자체가 아니라 각자가 자신의 활동을 하고 있을 때조차도 주목을 받고, 그리고 다른 사람을 주시하는 행위이다. 기분 전환은 필요하고, 그것은 상호 작용과 상호 작용자에 대한 인식을 의미한다.

세번째 난점은 함께 행할 때 거의 부재하는 것에서 야기되는 불균형으로 인해 발생되고 있다. 사실 간절히 바라고 있는데도, 어떤 커플들의 경우에는 18평방미터의 아주 작은 아파트에 살고 있는 스테판(25세, 요리사)과 아그네스(22세, 학생)[52]처럼 공유 시간을 만들지 못하기도 한다. 여름이 더 수월하다. 그들은 예전처럼 행동하고 '나이트 클럽으로' 외출하고 있다. "서로 말을 하지는 않지만 그래도 함께 있는 거잖아요."(웃음) 다른 계절에도 보상하기 위해, 젊은 부인은 함께 있어야 하는 그들 기준을 존중해 주기를 간청하고 있다. "따로따로 외출하는 거요? 드물지만 그러기도 해요. 전 일에 미친 사람이거든요. 지금은 저녁마다 그가 집에 있다는 걸 알지요. 그래서 한 친구가 제게 '오늘 저녁에 우리 집에 올래?' 라고 말한다면, 지금은 그를 생각해서 대답을 하고 있어요. 전화로 '조금 늦을게' 라고 말하는 것을 그가 좋아하지 않는다는 걸 잘 아니까요. ……보통 우리는 상대가 집에 돌아올 때 집에 있으려고 해요." 그들은 '부부 생활' 을 어떤 장소에 함께 있는 것으로 규정하고 있다. 이는 커플에 소속되어 있음을 의미한다. 그리고 그 이면에는 각자가 친구들과 함께하는 시간을 조금은 적게 갖는다는 사실로 정의하고 있다.

2. 공동 행위를 찾아서

어느 일요일

그 환경이야 어떻든 배우자들은 정체성의 혼합이라는 의미로 이해되는 융화는 거부할지라도, 그들은 두 배우자의 생활의 기준으로 공유하는 활동들을 선택하고 있다. 그러나 '함께 행하는 것'은 비록 젊은 커플들이 부부 생활을 회복하는 날이라고 생각하는 주말조차도 실행하기가 쉽지 않다. 오로지 주말에만 커플들이 서로 '재회하고 있기' 때문이다. 이러한 사실은 크리스티앙(29세, 상무보좌관)과 샹탈(27세, 경영보좌관)이 확인해 주고 있다. "주말은 플러스예요. 우리는 전혀 똑같은 걸 체험하지 않아요. 주중에는 더해요. 지하철, 일, 잠 등등 쳇바퀴 돌 듯 일상이 똑같아요. 비록 저녁 시간일지라도 우리는 잠을 덜 자더라도 가끔은 그래도 이야기를 나누고 있어요." 그런데도 그들은 지난 일요일에 함께 했던 것을 자세하게 얘기해야 할 때, 그들이 함께한 공동 생활에 대한 내용이 뚜렷하게 생각나는 게 없어서 머뭇거리고 있다.

샹　　탈 이번 주 일요일이오? 얘기요? 글쎄요, 다행스럽게도 우리는 일요일에만 얘기를 나누지는 않거든요. 산책하느냐고요? 지금까지는요. 자주 하지는 않지만요. 일요일마다 특별히 무엇을 하느냐고요? 모르겠는데요. 스크래블을 해요.

크리스티앙 스크래블이오. 그게 우리를 가깝게 만들지는 않아요. 그러나 가끔은 그녀는 소드라마 한 편을 시청하죠.

샹　　탈 이것이 우리를 가까이 있도록 해주는지는 모르겠어요.

크리스티앙 결국 우리는 그것을 함께 봐요.

그들이 보인 망설임은 일요일의 부부 생활의 원칙을 다시 명확하게 표명하면서 그 원칙을 재확인하는 데 방해가 되지 않는다. "일요일마다 우리는 '우리 둘 모두에게 시간을 할애하고 있다'고는 생각지 않아요. 자율적으로 일요일마다 우린 함께 있으려고 해요. 사실 우리는 체계적인 계획을 가지고 있지는 않거든요. 일요일마다 우린 어떤 욕구는 느껴요. 그러나 그 욕구에 신경을 쓰지는 않아요. 그러나 일요일마다 우리가 함께 있고 싶어한다는 것은 이해하고 있어요."(크리스티앙) 우리는 어떤 원리 주장과 한쪽으로만 비쳐지는 실행 사이에서 나타나는 모순을 또다시 보게 된다. 이 커플에게 공유하는 활동으로는, 그러니까 (남자와 여자가 일요일마다 또는 토요일마다 연구해서 채워두었던) 그들 두 사람의 수첩에 적어둔 공유 활동으로는 아침 식사, 얘기, 스크래블 조금, 저녁 식사 준비, 저녁 식사, 텔레비전 영화 보기가 있다. 나머지 시간에는 서로 다른 활동들을 하고 있었다. 샹탈과 크리스티앙은 결국 식사할 때와 텔레비전 주변에 있을 때에만 원칙적으로 함께 행동하고 있었다. 이는 대부분의 젊은 커플들이 집에 있는 일요일마다 보여 주는 가장 흔한 두 순간이다.[53)]

소파 위의 생활

일요일의 조사 기록을 재검토하는 앙케이트 조사원이 카롤린(IUFM중인 23세의 학생)과 베르나르(27세, 관리팀장)[54)]에게 집에서 서로 이동을 많이 하고 있다는 느낌이 들었느냐고 물었을 때, 그들은 그렇지 않다고 평가했다. "우리는 텔레비전 앞에 꽤 앉아 있어요"라고 베르나르가 지적해 주었다. 카롤린도 그의 말을 지지하고 있다. "매번 우리는 같은 번호를 누르곤 해요. 89번이었어요. 89번은 소파예요."[55)] (웃음) 그들에게 일요일은 이 장소와 행동으로 축약된다. "할 일이 아무것도 없을 때, 또는 분명하게 할 일이 아무것도 없을 때 우린 텔레비전을 봐요. 우린 텔레비전 보는 것을 좋아해서 영화를 봐요." 텔레비전은 그들의 존재에 명확한 구두점을 찍어 주고 있다. "우리가 어디서 다시 보냐고요? 우리는 식사 때를 제외하고는 주방에 있지 않아요. 아니에요, 특히 텔레비전 앞에 있는 소파 위에서예요. 우린 언제나 텔레비전 앞으로 방향을 돌리고 있어요. 텔레비전이 없던 초기에는 텔레비전을 구입한 게 휴가를 보내고 난 다음이었거든요. 특히 처음 이틀은 쓸쓸하기조차 했어요. 집에 활기가 없는 거 있죠. 텔레비전이 약간의 활기를 만들어 주는 거 같아요. 우린 음악도 없었거든요. 아무것도 없었어요. 아무것도 없으니까 적막했었죠."(베르나르)

전체 커플들 중에서 한 커플만이 소파를 거의 사용하고 있지 않았다.[56)] 그

이유를 남자는 다음과 같이 제시하고 있다. “어찌됐건 우리는 볼 게 아무것도 없거든요. 많은 가정들과 달리 우리는 시선을 고정시켜 둘 텔레비전이 없어요. 더구나 전 소파에서 책 보는 걸 좋아하지 않고요.” (그 아내 또한 마찬가지이다.) 텔레비전에서 벗어나면서 그들이 갖게 된 걱정은 소파가 그리 유용하지 않다는 것이다. 마치 소파와 텔레비전, 이 두 물건이 뗄래야 뗄 수 없는 한 세트를 이루고 있는 것처럼 말이다. 그 물건들 주위에서 커플은 (가끔은 아무런 충돌을 하지 않고도) 자신의 행동을 고치고 있다. 커플의 공간에 갖춰지는 최소 가구인 소파와 텔레비전은 “사랑이란 같은 방향을 바라보는 것이다”라는 앙투안 생텍쥐페리의 격언을 방향을 바꿔서 표현하고 있다. 이 표현이 가톨릭 문화에서는 한 커플이 외부 세상에 문을 열게 되었던 이념을 표현하는 것으로 사용되었다. 오늘날 많은 커플들은 같은 방향을 함께 바라보고 있다. 그러나 텔레비전이 ‘개방’으로 생각될 수 있을 것인가? 텔레비전은 집에 남아 있으려는 수단, 즉 ‘세상을 향해 열려져 있는 창문’으로 알리바이를 가지고서 자신을 되돌아보는 수단은 아닐까? 자크는 바로 다음과 같은 이유에서 텔레비전을 원하지 않는다. “전 사람들이 피곤할 때 혼란스럽게 만드는 물건이 있는 이 공간에 마음을 주게 되면 외출할 만한 충분한 동기를 더 이상은 가질 수 없을 거라고 생각해요. 텔레비전을 가지지 않는다는 건 바로 감정 따위를 표출할 수 있는 보증인 셈이죠.”

식사 시간

배우자들을 모이게 하는 또 다른 활동은 바로 식사 시간이다. 경우에 따라서는 식사를 준비하는 때가 되기도 한다. 모든 사람들은, 아니 거의 모든 이들이 다음과 같은 로르나(38세, 회사 경영자)의 의견에 동의한다. “우리가 함께 무엇을 하겠어요? 전 우리가 함께 밥을 먹을 때가 정말 좋아요. 저에게는 가르시아(46세, 배우)와 함께 식사를 하는 것이 중요해요. 함께 먹고 이야기를 나눈다는 것은 아주 사적인 거죠. 게다가 전 맛있는 음식을 만드는 것을 좋아해요. 말을 할 수 있는 특별한 순간이지요. 우린 밥을 먹는 동안엔 항상 텔레비전을 꺼둬요. 가르시아가 연기를 하느라 아주 늦게 끝나는 날일지라도 전 함께 먹으려고 언제나 그를 기다리지요.”

식사 시간은 부부의 영역을 만들어 내는 데 기여하고 있다. 이런 사실은 이자벨이 속해 있는 커플[57] 속에서 지각할 수 있다. 그러나 이자벨(22세, 석사 과정)은 음식을 피하고 있다. 무엇보다도 그녀는 식사 시간을 그들 커플에게 특별히 주어진 순간으로 유지하고 싶어한다. 그들은 똑같은 것을 먹지 않는다. 그녀에게는 너무 많은 양일 것 같다. 그녀가 바라는 것은 바로 모임이다. "그이는 자주 서서 앙트레, 즉 파테를 먹어요. 그건 그이가 자신을 위해 만든 앙트레지요. 전 그걸 먹지는 않아요. 이렇게 어리석은 짓이 어디 있겠어요. ……오늘은 앙트레를 함께 먹었어요. 아주 작은 피자였어요. 전 샐러드를 먹었어요. 그런 다음에도 그인 거인처럼 대단히 많은 양의 닭고기와 감자를 먹었어요. 무슨 이유에서 수첩 위에 '아침 식사' 와 '식사' 를 동시에 적어두었느냐고요? 그건 제가 아침 식사를 하기 때문이죠. 전 요플레에 시리얼을 넣어 먹고, 그이는 점심을 먹기 때문이에요. 그래도 우리는 항상 같은 시간에 먹어요. 전 그이는 먹는데 저는 먹지 않고 있는 걸 좋아하지 않거든요. ……전 함께 먹으려고 노력하고 있어요. …… 우린 밥 먹는 시간이 있어요. 우리가 조금은 나이 든 바보 같지요. 그이는 시간이 별로 없고, 우리 둘 다 배가 고픈 것도 아니면서 밥 먹는 시간을 정해 두고 있으니까요." 이 커플은 재회하기 위한 시간대를 정하고 있었다. 여자보다는 남자가 굶주려 있기 때문에 훨씬 더 수월하다. 그러나 이자벨은 달리 어떻게 해야 할지 아는 게 없다. 그러나 그녀는 습관적인 리듬에 맞춰 생활하는 '50세 미만의 가정주부' 를 닮고 싶지는 않다. 그럼에도 불구하고 그녀는 자기 커플이 미래를 가지기를 바라고 있다. 그녀는 아주 간결하게 얘기하는 피에르(23세, 석사 과정)와는 반대로 그런 사실을 상기하고 있다. 또한 그녀는 음식물 앞에서, 그리고 습관 앞에서 함께 먹는 식사를 받아들이면서, 그리고 그런 식사를 독려하면서 자신의 두려움을 극복하고 있다.

시간을 거의 소비하지 않더라도 공동 행위는 부부 생활을 구축하는 데 대단히 중요하다. 그 행위들은 흔히 확인하는 습관을, 좀더 구체적으로 말해 습관화된 대화의 역할을 담당하고 있다. 그러므로 식사는 분리된 행동 시간대에 종지부를 찍어 주면서 '잘 지내지?' 라는 말의 동의어가 되고 있다. 식사는 관계가 유지될 가치가 있다는 것을, 각자가 상대를 만나는 것을 좋아하고 있다는 것을 확인해 주고 있다.

다른 사람에게 할애하는 시간, 즉 관례적인 승인

또 다른 공동 행위들은 관례적으로 승인된 행위의 범주에 속한다. 이는 배우자 중의 한 사람이 위협받고 있는 상태를 회복하는 데 이용될 수 있다. 어떤 순간에는 파트너가 집 밖에서, 또는 개인의 인생에서 상징적 일격을 받은 배우자를 돌봐 주기 때문에, 정신치료의 전문의일 수 있다.(F. de Singly, 1996) 또 어떤 때에 파트너는 대단한 일을 수행하고 있다. 그러나 이는 그가 특히 임무 분담 규칙을 지키지 않으면서 이런저런 방식으로 타격을 주었기 때문이다. 그래서 아멜리(21세, 경영 상급학교 학생)와 니콜라(23세, 여자친구와 똑같은 학업을 한 뒤, 지금은 경영감사관)[58] 커플의 경우에는 남자가 처음에 '반반씩' 설거지를 하겠다고 했고, 아멜리는 이에 반대했다. 대담 중에 드러난 여러 가지 일련의 일들은 조사원에게 "정말 모욕적이군요. 다른 질문은 없나요?"라며 물어보는 니콜라에게서 점점 더 심각하게 확인되었다. 그때 그의 동거녀가 "아니야, 당신은 아침 준비를 하잖아"라고 말하면서 그를 구해 주었다. 실제로 니콜라는 아침마다 아멜리가 일어나는 시간에 같이 일어나, 그들이 함께 아침 식사를 할 수 있도록 (면도 시간을 미뤄가며) 모든 것을 준비하고 있다. 아멜리도 분명하게 말하고 있다. "그런 식으로라도 우린 15분, 20분을 둘이서 함께 시간을 보냈어요. 그는 일하는 날이 아닐 때에도 제가 일어나는 시간에 같이 일어나죠. 제가 씻는 동안에 그는 아침을 준비해요. 그리고 함께 식사해요. 그는 절 위해서 일어나는 거예요. 그는 저와 함께 시간을 보내기 위해서라면, 저와 같은 시간에 일어날 거예요."

아침 식사와 그 준비 시간은 평안과 기력 회복과 승인된 관습들의 기능을 모두 겸하고 있다. 그것 덕분에 니콜라는 자신이 아멜리에게 주부의 역할을 하도록 제한하고 있지는 않다고, 그리고 그녀도 배려받을 가치가 있다고 분명하게 밝히고 있다. 그는 권한 부여의 불평등이 지위의 불평등을 만들지 않도록 애쓰고 있다. 아멜리는 이런 메시지를 이해하고 있다. 아침 식사는 '되돌려 주고' 있다. 그리고 그것은 "모욕당한 사람이 받았던 것에 대한, 그리고 그것에 이어서 지켰어야 했는데 지키지 못한 규칙에 대한 어떤 보상을 해주고 있다."(E. Goffman, 1973b, p.119) 니콜라는 매력을 가지려고 객관적인 것처럼 보이는 그런 서비스를 하는 순간에도 이런 특징을 강조하지 않고 있다. 일이 벌어진 다음에야 아멜리는 그것을 그런 식으로("그렇지 않아요") 말할 수 있다.

3. 공동체 형태로서의 상호 교류

수첩의 여백에 적혀 있는 글들을 보며 여러 커플들이 함께 보낸 시간이 거의 없다는 사실을 발견했다. 프레데릭(29세, 대학 교양 과정 수준, 제약회사 외근사원)과 제랄딘(25세, 같음, 세균학자)[59]은 실제로 자신들이 함께 있었던 시간은 아침 식사할 때와 (여자 친구와 함께하고 있는) 점심 식사할 때, 그리고 텔레비전 앞에서 보내는 저녁 시간이라고 확인해 주었다. 나중에 그들은 공동 행위를 실행하는 이런 시간이 충분치 못하다고 생각하지만, 그러나 달리 어떻게 해야 할지 몰라 답답해하고 있다.

프레데릭 우린 여럿이서 하는 실내 게임은 하지 않아요.

제 랄 딘 우린 똑같은 건 하지 않아요. 당신은 나랑 요리하려고 오지는 않을 거잖아.

프레데릭 우린 함께하는 게 아무것도 없어요. 하여튼 우린 서로 격하게 싸울지도 모르죠.

제 랄 딘 서로의 발을 밟을지도요.

그들이 이번 주 일요일에 커플을 이루며 가진 느낌은 가공된 것이 아니다. 그 느낌은 어떤 다른 유형의 상호 작용에서 생긴 것이다. 그들은 각자의 수첩에 여러 번 되풀이해서 '배우자와의 약속' 란에 공동 활동이 없는 순간에 상호 교류라고 기입했다. 제랄딘은 식사를 준비하는 동안에(프레데릭은 화장을 한다), 오후 시간에 정리 정돈하는 동안에(프레데릭은 청소를 한다), 다림질하는 동안에(그녀는 그때 행정 서류를 열중해서 보고 있는 프레데릭의 뒤를 잇고 있다) 그런 표현을 적어두고 있다. 약속이 순환되는 표시로 파악되는 부부 공동체는 훨씬 더 큰 영역을 가지고 있다. 가장 긴 정적이 감도는 순간은 아침마다 프레데릭이 이불을 빨려고(개가 이불 위에 구토를 했기 때문에) 세탁소에 가는 때이다. 그들의 대화는 서로 다른 색깔을 띤다. 먼저 부드러우면서 가시가 돋친 말투. 다림질하는 동안에 그 남자는 그녀가(그의 표현을 빌리자면) 여전히 '빈둥거리고' 있다는 사실을, 일요일마다 하루 종일 파자마만 입고 있다는 사실을(제랄딘에 따르면 하나의 꿈이다) 증명하기 위해 동거녀를 상상 환자라고 의심했기 때문에 부드러우면서도 가시 돋친 말투로 동거녀를 '질책' 했었다고 인정하고 있다. 다음은 유머. 그 두 사람은 일과 관련된 딱딱한 주제를 제외하고는 함께 나눈 대부분의 대화가 해학적인 색채를 띤다고 평가하고 있다. "우리 둘만 있어요. 서로에게 해줄 말이 있지요. 바보 같은 말만 해요. 뭘 예로 들어 볼까요? (앙케이트 조사원에게 말을 하면서) 당신에 대해서 얘기를 해요. 당신의 별명을 '폴로' 라고 지었어요. 우린 서로 '폴로가 내일 저녁에 우리를 잊지 않았으면 좋겠어' 라고 얘기했어요. 우린 자료를 꼼꼼하게 기입해야 하고, 모든 걸 정확하게 해야 한다고 얘기했어요. 또 이런 얘기도 하지요. ……전 제랄딘 회사에서 일어난 일을 상세히 알고 싶어해요. 여자들 사이에 끼여 일하는 회사니까요. 그리고 그녀들끼리 나누는 우스갯소리가 전 재미있어요. 그래서 좋아하죠. ……우린 우리가 무척 좋아하고 있는 이웃을 놀리는 거죠. 마찬가지로 그들도 우리를 놀리고 있지요." 이 커플은 무엇보다도 서로의 관계 유지를 위한 기능을 담당하는 '확실한 원천' (E. Goffman, 1988)을 이용해서 상징적인 공유 세계를 만들어 내고 있다. 유머는 비평적인 의미가 세상 밖에서 작용하는 것처럼 마찬가지로 그들 커플 세계에서도 작용하고 있다는 신호이다. 그들은 자신들이 인형극에서처럼 쉽게 속는 사람이 아니고, 건방지게 굴지도 않는다는 것을 (서로에게) 보여 주고 싶어하고 있다.

단편적인 대화

상호 교환되고 있는 많은 대화가 고상하고 품위 있는 상태의 토론, 대화, 따로따로 한 활동을 가지고 있지 않다.(J.-C. Kaufmann, 1992) 상호 교류를 적어두는 특별란이 마련되어 있는 수첩 기입 방법은, 그들의 상호 교류를 완전히는 아니지만 그래도 조금은 파악할 수 있게 해주고 있다. 젊은 부인들 중 한 사람(로르나, 38세, 회사 경영자. 46세의 배우 가르시아의 동반자[60])

이 그런 사실을 다음과 같이 말하면서 지적하고 있다. "그게 그렇게 단순하지만은 않아요. 우리끼리의 상호 작용은 훨씬 더 복잡해요. 제가 거실에 뭘 찾으러 가면, 그건 2분 만에 갔다오는 것을 의미하죠. 그러나 그 순간에 우린 서로 무슨 얘긴가를 나누고 있었어요. 그리고 전 이미 시작되었던 활동을 재개하려고 제 공간[방]으로 돌아왔어요. 그런데 이런 왕래 사항은 적혀있지 않잖아요." 집 안에서의 이동을 생각해야만 한다. 케이티(22세, 상업학교 학생. 23세이며, 기술학교에 다니는 티에리의 동거인이다)[61]의 표현을 빌리자면, 집 안에서 이동을 하는 중에도 "우린 사소한 것들에 관해 얘기해요. 진지한 대화는 아니고요. 두세 시간을 서로 주시하면서 얘기하는 그런 대화는 물론 아니죠. 그래도 어찌됐건 얘기는 나누고 있어요." 크리스티앙(29세, 상무보좌관)과 샹탈(27세, 경영보좌관) 커플도 자신들의 대화가 '흥미를 끌지 않는 사소한 대화' 라고 지적하고 있다. "그것을 기록하기는 힘들죠. 그것을 표시해 두는 게 당연하다 싶을 정도로 그렇게 길지는 않았으니까요. '당신은 이걸 내려놨었어. ……저거는 생각났었고? ……난 이걸 할 거야' 정도였거든요. 우리가 만들고 있었던 것은 임무와 관련된 유용한 문장들이었었어요. 우리가 오후에 대해 얘기하지 않았었다는 의미는 아니에요. 그건 보잘것없는 사소한 것들이었어요. '어이, 창문 좀 봐 봐, 얼룩이 보이는지 얘기해 줘' 라고 말하는 것처럼 말예요." 그들이 수첩에 적어둘 만하고, 당연히 적어두어야겠다고 생각했던 대화는 유일하게도 휴가에 관한 것들이다. 소파에 앉아서 그들은 주된 활동으로 휴가에 관해 기입했었다.

부수적으로 따르는 대화들은 다른 사람에게, 즉 그가 한 행동에 관심을 나타낸다. 따로 행한 행동의 의미를 바꾸는 데 그런 식으로 기여하고 있다. 따로 행했던 행동이 해석되면, 그때부터 그러한 행동은 커플에 소속되어 있다는 느낌과 커플 관계를 더 견고히 해주기 때문에 신기하게도 공유하게 된다. 친족들과의 애정 관계에는 이렇듯 습관적인 확인이 필요하다. 공유하고 있는 영토의 개수와 친밀함의 정도로 보아, 관계의 깊이는 그런 애정 관계가 자기 자신의 가장 깊숙한 곳에 자리하고 있는 영역을 건드리는 교류를 통해 유지되고 있음을 의미하지 않는다. 대부분의 젊은 커플들은 더욱 중요한 것은 교류의 횟수라고 생각하고 있는 것 같다. 두 배우자간의 관계는, 우리가 상상한 것 이상으로 이웃간의 관계나 동료들간의 관계와 유사하다. 사람들은 무엇보다도 '관계 신호' 인 표현을 하는 단계에 흔히 머물러 있다.(E. Goffman, 1973b) 차이점은 이런 습관적인 행동의 증가에 있다. 어떤 관점에서 볼 때, 배우자는 '괜찮아?' 라는 표현에 상응되는 표현들을 끊임없이 찾아야 한다. 그는 반복되는 것일지라도 그렇게 해야만 한다. 중복되는 표현은 교육적인 측면에서처럼 전달된 메시지의 이해를 상승시키기 위한 역할을 하는 것이 아니라(P. Bourdieu, J.-C. Passeron, 1970) 영속적인 관계를 확실히 하려는 역할을 한다. 이런 스타일의 메시지의 가장 좋은 예는 이미 이해되었을지라도 반복될 수 있는 '사랑해' 라는 표현이다.

그렇다고 해서 교류의 내용이 하찮은 것은 아니다. 정보에 대해 비밀을 지키려는 요구는 배우자의 바깥 행위를 공동의 세계로 통합시킬 수 있게 해주며, 독립성이 무관심의 동의어는 아니라는 것을 여전히 증명해 주고 있다. 개개인으로서 존재할 권리와 다른 사람에 대한 염려 사이의 경계는 보잘것없는 내용의 사소한 대화로 조절되어야 한다. '괜찮아?' 라는 표현의 반복은 그런 관리를 하기에 적합하다. 그런 질문을 받는 사람은 (일부분은) 기대하는 대답을 자유로이 해줄 수 있다. 질문을 건넨 배우자는 필요하다면 자신은 시간이 있음을 나타낸다. "우린 하루 종일 얘기해요. 작업 계획에 대해서 남편은 제게 이렇게 물어봐요. '동료들과 함께하는 일 어떻게 생각해?' 라고요. (그녀는 디자이너이다.) 전 그 일을 조금밖에 모를지라도 모든 것이 잘되고 있는지를 알기 위해 그에게 바로 '괜찮아?' 라고 말했지요. 우린 함께 살고 있고, 그래서 조금이라도 실망하고 있는 때를 알지요. 잘되고 있지 않은 때가 느껴져요. 그러니까 우린 자주 '괜찮아?' 라고 물어보고 있어요."(알베르트, 29세, 디자이너. 동갑이며 조립공인 호세와 결혼)[62] 또 다른 부인인 아그네스(24세, 무역상담원)도 똑같이 행동하고 있다. "다른 사람에 대한 관심이오? 그건 오히려 대화를 통해서예요. 전 그에게 어떤 하루였는지 물어봐요. 저한테는 스테판(25세, 석사, 기술영업원)[63]이 좋은 하루를 보냈는지, 과도한 스트레스를 받지는 않았는지, 일이 잘 되어가고 있는지 아는 것이 중요해요. 그의 일이 잘 진행되지 않을 경우, 전 그의 사기를 북돋아 주려고 애써요. 그런 면에서 그를 도와 주려고 노력하고 있어요. 또는 충고해 주려고도 애를 쓰지요. 그는 받아들이기도 하고, 그렇지 않기도 해요. 그렇게 하는 것이 귀찮으면 그는 제가 그런 사실을 이해해 주길 바라죠. 그도 마찬가지예요. 비슷하게 해요. 제가 사기를 충전할 수 있도록 애써요. 그러나 반대로 제게는 조금은 도움이 되고 있어요." 어떤 경우에 유용하다면 '괜찮아?' 라는 표현은 심리치료적인 기능을 더 많이 담당하는 쪽으로 이끌어 주는 교류의 문을 열어 줄 수 있다. 전문적인 치료 작업과는 달리 부부 생활 속에서 일어나는 치료 작업은 정해져 있는 시간이 따로 없다.

서로 신뢰하면서 떨어져 살고 있는 커플이 있을 때, 그 중 한 배우자가 그러한 필요를 느낄 때, 그 배우자는 전화상으로 그런 도움을 주고받을 수 있다. 동거와의 차이점은 반응의 성질에 있다기보다는 질문의 빈도수에 더 많다. 함께 사는 커플의 경우 이런 질문은 반복되고 있다. 특별한 이유가 없어도 서로 비밀을 털어놓고 이야기를 할 수 있는 적당한 순간을 좀더 쉽게 만들어 볼 수 있기 때문이다. '나란히 있는 것' 은 두 배우자가 한 공간에 같이 공존하고 있는 상황에서 함께 이야기를 나누는 상황으로의 전환이 가능한 시기를 적절히 이용할 때에만 그런 역할을 하게 된다. 욕실 두 개를 가지게 될 가능성에 대해 질문을 받은 나탈리는 "비용과는 별개로 실용적이지 못하다고 봐요"라며 그럴 가능성은 없다고 대답했다. (그녀는 22세이고, 정보처리기술자이며, 같은 직업을 가진 23세의 시릴과 함께 살고 있다.) "그런 상황에 있으니까 아침마다 우리는 서로 무엇인가를 얘기할 수 있지요. '오늘 저녁에 필요하니까 닭이랑 고추 세 개만 사다 줘.' …… '가만히 좀 있어 봐. 나 양치질하고 있잖아' 라는 얘기 같은 거요. 욕실이 두 개면 아마도 그런 얘기를 나눌 공생 기회가 없어질걸요. 그리고 아침마다 그런 얘길 하기 위해 뛰어야 한다면 무더기로 얘기하고 싶어질 거예요."[64] 이 부인은 장을 볼 목록에서 공생 관계의 환기로 곧장 건너가는 것을 귀찮아하지 않고 있다. 즉 그녀에게 이런 암호화는 물리적인 공동 공간을 함께 공유하고 있기 때문에 가능하다. 각자의 욕실에 따로 있으면 '혼자' 사는 개인인 것 같을 것이다. 이는 분명 장점이다. 그러나 한 욕실에서 동시에 함께 있으면 경우에 따라서는 네 가지 정체성을 만날 가능성이 있다. 즉 '혼자' 인 두 개인과 '함께 사는 사람' 으로 규정된 두 개인을 볼 수 있다. 이런 사실이 어떤 날은 너무 많은 세계를 만들겠지만, 어떤 날은 그와 반대로 약간의 '공생 관계' 를 만들어 내고 있다.

애 정

둘의 관계와 정체성을 확인해 주는 또 다른 관례들이 존재한다. 그러나 그런 것들은 파악하기가 힘들다. 왜냐하면 어떠한 커플도 자기 수첩에 '사랑해 주기' 라는 표현을 적어두지 않았기 때문이다. 대담중에는 성생활에 대한 암시가, 애정에 대한 암시조차도 아주 드물게 나타났다. 가장 명백하게 말을 한 사람은 로르나였다. "우리는 침대 옆을 표시했어요. 절대 그것을 바꾸지 않아요. (집 도면을 가리키면서) 당신에게 30번 플러스 30번이라고 여러 번 말하지는 않겠어요. 우리가 오래된 커플이 아니라는 걸 알잖아요." 이런 공유 활동을 상기시키기 위해서는 '애무' 에 속하는 부류가 사용되고 있다. (어머니와 그 아이와의 관계를 묘사하기 위한 경우와 똑같다.) 그래서 검토의 대상인 일요일마다 로르(26세, 교사)는 파브리스(22세, DEA(박사 과정) 학생)[65]보다 1시간 30분 먼저 일어났고, 그가 잠에서 깰 때 그와 다시 결합하고 있었다. " '자, 오늘은 뭐할 거야?' 이 물음에는 저의가 깔려 있지요. '당신의 영광에 반대합니다' 라는. (웃음) 전 나쁘게 해석하는 경향이 있어요. 전 그를 일어나게 하려고 자주 성가시게 굴어요. 그렇게 하면 시간이 조금 걸리죠. 그런 행동이 애무로 바뀔 수도 있어요. 그러면 시간이 아주 많이 걸리죠." 주주(28세, 변호사)의 경우, 아침마다 그녀가 아직 자고 있으면 남편(32세, 접골의)은 그녀에게 이불을 덮어 준다. "진짜 엄마예요. 그는 제게 이불을 덮어 주고, 가벼운 애무를 해줘요."

육체적인 접근은 침대에서, 그리고 소파에서 이루어진다. 아직도 로르나는 텔레비전의 이점 하나를 강조하고 있다. "전 그와 함께 있는 것이 행복하다는 것을 보여 줄 정도로, 그와 함께 있는 걸 좋아해요. 저녁마다, 야채 요리가 되는 동안에 전 소파에 앉으러 와서는 그의 손을 잡고서 함께 텔레비전 보는 것을 무척 좋아해요. 전 텔레비전을 아주 좋아하지는 않아요. 그러나 단지 그의 옆에 있기 위해서 자주 그와 함께 텔레비전을 보고 있어요." 또 다른 커플의 경우에는 남자가 그런 식으로 행동을 하고 있다. 대담을 나누던 초기에 다비드(31세, 장교. 브리지트와 3년 전에 결혼. 그녀는 석사 출신이고, 장교의 딸이며, 가정주부이다)[66]는 "초저녁에 하는 프로그램들은 재치도 없고 관심도 없고 따분하다"라고 분명하게 말했다. 그런 다음 그는 텔레비전을 시청하고 있다고 인정하였다. "상당수의 프로그램이 저와는 완전히 무관하더군요. 누군가가 시청하고 있다는 것은 제게는 별로 중요하지 않아요. 전 무관심한 눈길로 시청하거든요. 전 제 수중에 떨어진 신문과 잡지들을 읽어요. 어찌됐든 전 저녁 시간의 일부를 제 아내 곁에서 함께하고 있어요." 공유 활동이 없으면, 그는 엄밀하게 보아 별개의 활동을 하더라도 동시에 가장 가까운 곳에 함께 있으려고 애쓰고 있다. 완전한 애무가 아니라 거의 그래 보이는 애무의 접촉은 행위를 함께하는 공동체에서 하나의 대안으로 인지된다.

둘이 함께 사는 생활 속에서 공유하는 행위가 거의 없다는 사실에 놀라워할 수 있고, 그런 질문을 받는 대상자들 자신도 그런 사실에 놀라고 있었다. 많지 않은 공유 활동에 대한 조사는 이런 삶의 형태가 갖는 매력 유지를 설명해 주고 있다. 이제는 둘이 사는 생활이 실제로는 공동체를 계속적으로 존중해 줄 경우, 따로따로 행하는 별개의 행위들을 상당히 허용하고 있다. 공동체의 주장과 공유 행위들의 실제 수준간에 나타나고 있는 이런 차이는 행동하고 말하는 하나의 수단이다. 그 수단은 여러 활동들의 개별화를 가능하게 해주고, 더불어 상호 관계의 중요성의 확인을 허용해 준다. 같은 공간에서 살고 있다는 사실은 두 단계간의 관계를 가능하게 해준다. 결국 그들은 제각각 공간적 측면에서, 또는 애정적인 측면에서 이해될 수 있는 마지막 표현을 하면서 각자 "비록 당신과 함께 행하는 것은 아니지만, 그래도 당신과 함께 있는 게 좋아요"라며 표명하고 있다. 그때 동거는 개인들이 어떻게 해서든 지나치게 많은 공동 생활을 하도록 강요하지 않고, 애정을 유지하는 데 사용되고 있다. 동거는 모호한 정체성과 유연한 정체성을 동시에 만들어 내고 있다. 배우자는 자신의 활동 속에서는 '혼자'이지만, 그러나 동시에 파트너가 '함께' 있는 같은 공간을 공유하고 있다. 어찌됐건 상대가 요구하거나, 또는 자신이 관계를 확인하고 싶어하면 그때부터 배우자는 함께하는 존재가 될 수 있다.

6

패스트푸드점에서 가족과 함께

쥘리 자네 쇼피에

현대인은 자신의 개별성이 너무 구속에 얽매이지 않고 자신을 표현할 수 있다는 조건하에서의 모임과 축제를 좋아한다. 이런 사실은 모임, 특히 가족 모임이 함께 있는 즐거운 흥을 깨는 듯한 강요나 관습을 지켜야만 하는 것으로 인해되지 않음을 전제로 하고 있다. 맥도널드 비방자들[67]은 달짝지근하고 부드러운 음식과 분위기가 어떤 집단——국가적인 집단, 그리고 가족 집단——에 소속되어 있다는 느낌과 연결되어 있는 가족의 전통 요리법 전수를 하지 못하게 하고 있다고 주장한다.(P. Ariès, 1997) 반면 그들은 패스트푸드점이 가족들에게, 특히 아이들에게는 매력적인 장소임을 주목하고 있다. 사실 이런 장소에서 아이들은 왕이다. 현대인의 가정에서는 그렇지 않다. 평상시의 식사와는 다른 음식, 또는 보통 좀더 형식적으로 잘 차려진 축제용 식사는 실질적으로 제한된 시간에 성인들이 부모로 남아 있으면서 동시에 그들 자녀(들)의 수준에 맞춰 줄 수 있음을 나타낸다. 맥도널드는 사물의 이치와 가정 세계를 뒤바꿔 놓았다. 원래 공공 장소에서 차려진 음식은 사적인 공간에서 사적인 음식들보다는 훨씬 더 형식적이다. 그런 반면 맥도널드에서의 시간은 가족과 집에서 보낸 시간보다, 그리고 레스토랑에서 보낸 시간보다 덜 어색하다. 전통 교육을 받은 사람들의 식사 예절은 아직까지는 자신의 집에서보다는 공공 장소에 더 좋은 것 같다. 좀더 현대적인 교육을 받은 사람들은 집에서보다 몇몇 공공 장소에서 식사 예절을 더 '나쁘게' 할 수도 있다.

패스트푸드점에서의 식사는, 가족의 식사가 이전 가족에서 거의 그렇게 나타났던 것처럼 현대 가정의 몇몇 특징들을 강조하고 있다.[68] 예전에는 대중들 앞에서 하는 식사는 자리 서열과 규칙의 중요성을 보여 주기 위해 연출되었다. 그러나 오늘날 맥도에서 부모들은 규칙이 물론 그 자체로도 중요하지만 약간의 거리를 두고 존중되어야 한다는 것을 보여 주기 위해 예전과는 반대로[69] 행할 수 있다.(1절) 여느 때처럼 예법이 이상적이라고 제시된 것과 항상 일치하지는 않다. 어떤 부모들은 이런 공간에 대한 공식적인 설명에 맞는 예법을 가지고 있다. 그들은 한 발짝 뒤로 물러서는 비판적인 자세를 취하지 않고 식사와 공간을 자기 것으로 만들고 있다. 어떤 상황에서는 그것을 아이들 중심으로 만들어져 있는, 가족 관계를 돈독하게 해주는 축제 음식처럼 체험하고 있다. 또 다른 부모들의 경우, 맥도의 계획과 그곳에서 그들이 보여 주는 주의의 조화가 그렇게 좋지만은 않다. 그들은 아이들과는 반대로 이런 새로운 놀이 규칙을 받아들이지 않고 있다. 그들은 관객으로 남아 있고, 오히려 스트레스를 받는 불만인 상태로 앉아 있다. 그리고 아주 어린 세대와 친밀한 관계를 가지고 있지 않다.(2절) 패스트푸드점의 기능에 대해 주의 깊게 관찰해 보면, 새로운 가족 모임으로 보여지고 있는 광고 속의 이상적인 모습은 어떠한 경우에라도 특히 대화를 못하게 하는 소음이 있기 때문에 적용하기가 어렵다는 것을 알 수 있다.(3절) 그래서 패스트푸드점에서는 마치 사람들이 인간 관계 측면을 실행시키지 못한 상태에서 현대 가정인 척하는 것처럼 모든 것이 그렇게 진행되고 있다.

1. 아이들을 위한 가족 식사 제안

아이가 왕인 레스토랑

현대 가정은 함께 있기 위해 (크리스마스 같은[70]) 전통적인 축제를 변화시키거나, 새로운 관습을 만들어 내거나, 아니면 자기 가정에 적합한 바깥으로의, 특히 패스트푸드점으로의 외출을 자신의 것으로 만들고 있다. 부모들은 말을 타러 가거나 영화관에 만화 영화를 보여 주러 아이들을 데리고 갈 수 있는 것처럼(K. Gacem, 1999) 아이들을 기쁘게 해주려고 이런 유형의 음식점에 아이들을 데리고 간다. 부모들은 자신들이 '중국 음식' 을 먹기로 결정할 수 있었던 것처럼 '아동의 먹거리'를 먹으러 가는 데(또는 아동의 먹거리를 먹는 것을 감수하고 받아들일 목적으로) 그런 곳을 활용하고 있다. 모든 사람들의 눈에는 수많은 아이들이 동시에 있다는 것 때문에 맥도가 놀이 공간으로 변화되고 있다. 사실 어떤 시간대에는(매주 수요일, 토요일, 일요일, 그리고 바캉스 정오) 아이들로 공간이 꽉 찬다. 안내원들은 작은 깃발과 풍선을 가지고 있고, 피에로 로널드 맥도널드는 테이블 사이를 돌아다닌다.

맥도의 세트는 음식점 중심부에 아이를 배치시키고 있다. 동시에 아이가 가족들 속에서 차지하고 있는 맥도 세트와 관련해 자신의 위치를 강조하고 있다. 이런 변화가 가족으로 하여금 음식점에서는 집에서처럼 행동하지 못하도록 할 수 있다. 공간 이동은 가족 형태의 변화에 해당된다. 아이들에 대한 가족의 동조를 이끌어 내려는 목표를 성공적으로 실행하기 위해, 패스트푸드점은 아이들과 연결되어 있는 자발성 · 단순성 · 용이성과 같은 가치들을 상당수 차용해 자신의 가치로 사용하고 있다. 맥도 공간에서 형식을 가볍게 존중하는 것은 그렇게 해서 생겨난 것이고, 이는 식사 시간을 축제 시간으로 변화시키고 있다. 아이들은 기다리는 것을 싫어하고, 걸핏하면 테이블에서 벗어나고 싶어한다. 그러나 상대적으로 여기서는 일어나는 것이 허용되고 있다. 냅킨이나 소스를 찾으러 가야 하는 경우가 있으니까. 객관적으로 보아서는 상당히 짧은 식사 시간이 아이들에게는 길게 느껴지는 것 같다. 식사가 진행되는 시간이 여러 순간들을 포함하고 있기 때문이다. 즉 음식 발견, 장난감, 그리고 시설물들에 접근하는 순간들을 모두 포함하고 있다. 사실 상점에 따라 조금 더 복잡하기도 하고 덜 복잡하기도 한 놀이 시설은 어른의 보호 아래 8세 미만의 아동에게 접근이 허용되고 있다.

메뉴 제거는 또 다른 신호이다. 패스트푸드점들은 계산대 바로 위에 제품을 아주 크게 확대한 사진들을 걸어두고 있다. 구미를 한층 돋우는 그럴듯한 제품의 사진은 글을 읽을 줄 모르는 아이들이 부모의 도움 없이도 분명한 개념을 가질 수 있게 해준다. 일반적으로 제시된 음식은 부드러운 농도와 단 소스, 그리고 감자튀김이기 때문에 아이들이 좋아한다. 더욱이 세트는 아이들을 위해 특별히 준비된 요리와 덤으로 주는 장난감을 더불어 설명하고 있었다. 아이들은 뜻밖의 선물을 좋아하기 때문에 해피밀은 장난감이나 영화 등장인물, 인형이나 천으로 만든 동물을 포함하고 있다. 선물 내용은 매주 수요일마다 바뀌며, 이는 매주 새로운 장난감을 가지려고 맥도에 가도록 부추긴다. 게다가 맥도에서는 '모든 것이 선물이다.' 실제로 아이들은 포장지 · 빨대 · 냅킨을 선물처럼 생각한다. 그것들을 이용해 자기 맘에 드는 것을 만들 수 있고, 돌려 주지 않아도 된다는 단순한 이유에서이다. 이런 모든 것은 월트디즈니 세계와 함께하기 때문에 아동 문화가 기준임을 강조하고 있다. 장소를 꾸미고 있는 장식과 분위기는 다시 방문을 하는 아이들에게 하나의 섬 위에 있는 듯한 느낌을 만들어 주는 것을 목적으로 하고 있다. 아기용 높은 의자들, 동물 모양의 낮은 가구, 닿을 수 있는 높이의 계산대와 배분대 같은 가구들이 이런 대책을 완벽하게 해주고 있다. 대중이 선택해서 식사를 구성하는 것은, 아이들이 왕인 세계에 있다는 느낌을 적어도 어느 순간에는 느낄 수 있도록 강조해 주고 있다. 그렇기 때문에 아이들은 성인들에 비해 세트로 구성된 식사를 더 많이 한다. 세트는 이런 소사회에서 채택되고 있는 것 이상으로 허용되고 있다. 아주 어린애들은 자신이 집에서는 부모의 법칙을 따르고 있지만, 여기서는 활동을 전개하는 주인이라고 느끼고 있다. 평상시에는 낮았던 그들의 서열이 마법에 걸려 절대 권력자로 바뀌고 있다.

위반하고 있는 듯한 식사

맥도는 혼란스런 아이들의 세계와 에덴의 세계로 되돌아가기 위해 역사와 생활 시대를 거스르는 기계이다. 순수는 다른 곳에서는 위반으로 보이는 것을 허용하고 있다. 기본 원칙은 기뻐야 한다는 것이다. 이런 우월성이 맥도에서는 공식적인 기능의 식사를 변형시켜도 된다는, 음식을 정해진 시간에 가장 중요한 것으로 생각지 않아도 된다는 허가를 받은 것으로 해석되고 있다. 이것이 바로 해피밀을 앞에 둔 아이들을 보고 있기가 걱정스러운 어느 아버지가 이해하고 있는 점이다. "저의 가장 큰 걱정 속에서 애들은 작은 장난감이 들어 있는 한 상자분의 아이들용 식사를 먹지요. 애들을 즐겁게 해주는 것은 상자이지 그 안에 들어 있는 것이 아니에요. 디저트는 두 번에 한 번 먹어요. 감자튀김은 먹지도 않고요. 사실 애들은 치킨이나 햄버거만을 먹는답니다. 애들이 조금 먹어서 그런 게 아니에요. 주위가 산만해져서 오만 가지 생각을 다하기 때문이지요." 이런 부주의는 사실이다. 그렇기 때문에 한 어머니는 웃으면서 자기 아들이 맥도를 나가면서 자기에게 "자, 이제 우리 먹으러 갈까요?"라고 말했던 때를 회상한다. 그녀의 아들은 너무도 재미있게 놀았기 때문에 자신이 먹었다는 사실을 생각지 못했던 것이다. 패스트푸드점의 유희적인 관습을 가지지 않는 부모들조차도 아이들이 그 시간을 높이 평가하고 있다는 것을 인식하고 있다. "애들은 늘 그곳에 가는 것에 만족해하고 있어요. 언제나 옆에 축제가 있으니까요. 애들은 감자튀김 먹는 것에 행복해하고, 맥도널드에 가는 걸 좋아해요. 그리고 아이들용 식사에 한해서만 제공되는 선물을 가지게 되는 것을 기뻐하죠. 아이들에게 이런 일들은 언제나 아주 큰 즐거움이죠." 이 아버지는 식사의 주요 기능을 변형시키고 있는 위반 사항을 인정하지 않고 있다. 그렇다고 해서 그것과 싸우는 것은 아니다. 이는 새로운 세대와 현대성에 주어진 하나의 도덕적 의무이다.

두번째 위반은 식사 예절과 관련이 있다. 사실 가족과 함께하는 식사는 올바른 태도를 습득하는 기능을 담당하고 있다. 그건 소집되어 모인 집 안의 식사와 주방에서 부모, 특히 아버지 없이 먹는 '아이들의 저녁 식사'와의 차이이다. 한 어머니가 자신의 남편은 교육적인 신경을 쓰지 않기 때문에 조용히 먹는 걸 좋아한다고 지적하면서 이런 구분을 상기시켜 주었다. 그녀는 가끔 아이들만을 위한 식사를 준비하고 있지만 아이들끼리만 식사를 하게 되는 것을 염려하고 있다. "만약 우리가 함께 먹지 않으면, 아이들은 절대 다른 사람들과 함께 식사할 때 지켜야 하는 올바른 식사 예절을 배우지 못할 겁니다. 그러니까 함께 먹는 것도 일종의 사회 활동인 거지요. 다른 것처럼 식사 예절도 배워야 한다고요. 만약 우리가 아이들에게 그런 태도를 보여 주지 못하면, 아이들도 그것을 결코 배울 수 없게 되겠죠. 바로 그런 이유 때문에 아이들이 우리와 함께 먹어야 한다고 전 생각해요. 완전히 고루하지 않고, 원칙을 고수하지 않더라도 지켜야 할 최소한의 규칙들은 있다고 봅니다. 사회 속에 있는 생활 규칙이겠죠." 또한 식사중에 풍기 단속 경찰 노릇이 너무도 하고 싶지 않는 성인들에게는 함께하는 공동 식사 시간이 정말 귀찮게 여겨진다. 그래서 맥도가 그들에게는 아버지나 어머니의 역할을 완벽하게 하지 않아도 서로 반박하지 않으면서 아이들과 함께 먹을 수 있는 공간을 제공하고 있다.

그러므로 외관과는 전혀 달리 맥도에서의 식사는 교육적인 구속력이 완화되어 있기 때문에 '가볍다.' 그럼에도 불구하고 어른들은 약간의 상황 통제를 하고 있다. 아이들이 그곳에 놀기 위해 있다고 생각하는 부모들조차도 먼저 먹어야 한다(부수적으로는 따뜻하게 먹는다는 것을 의미한다)는 사실을 강조하고 있다. 많은 어른들은 아이들이 음식을 먹고 난 다음에야 셀로판지로 포장되어 있는 선물을 풀도록 하고 있다. 그러면서 한편으로는 두 가지 규칙을 일시적으로나마 잊고 있다. 하나는 사람들이 손가락을 이용해 먹는다는 것이다. 그 어떤 부모도 맥도 음식을 (집에서조차도) 포크와 나이프 같은 식기를 이용해 먹으라고 말하지 않는다. 이는 일시적인 망각하에 위배되는 측면인 것이다. 손으로 먹는다는 것이 바로 문제다. 거의 모든 부모들이 자신의 아이들이 맥도에서 올바른 식사 예절을 완벽하게 지키지 않는다는 사실을 예로 들고 있다. 또 다른 하나는 어느 정도는 음식을 가지고 노는 것이 허용되고 있다는 것이다. 손가락으로 먹는 것이 그곳에서는 더 잘 어울리며, 사람들은 식사를 고르는 것에서부터 시작해 햄버거를 분해하고, 감자튀김을 소스에 적시고, 얼음조각을 빨아먹고, 빨대를 박박 찢을 수도 있다. 물론 자신을 더럽히지 않는다는 조건하에서만 그렇게 할 수 있다. 직원들이 상관하지 않는데도 불구하고 이런 위반 행위가 완벽하지 않도록 하기 위한 제약은 흔히 따른다. 직원들은 그런 위반 행위에 관심 갖지 않으며, 단지 아이들 뒤에서 청소를 하기 위해 경찰처럼 인식되지 않게 조심하면서 식당에 있을 뿐이다. 그럼에도 불구하고 어떤 부모들은 자신들이 평소 요구한 행동과 아이들이 그곳에서 보여 주는 행동에 차이가 있어 난감해하고 있다. 그들은 물론 집 안의 세계와 '패스트푸드식의' 세계 사이에도 연속성이 지속되도록 하고 있다. 즉 그들은 혼란처럼 여겨지는 것을 조직화하기 위해 플라스틱 · 마분지 · 종이 · 폴리스티렌으로 만들어진 부속물들을 이용하고 있다. 각각의 것들이 쟁반 위에서 제자리에 있도록 하고 있다.

테이블에서의 또 다른 매너, 즉 식사중에 요구되는 부동 자세가 부분적으로 위반되고 있다. 패스트푸드점에서 아이들은 빨대나 냅킨을 가지러 가기 위해 자리에서 일어날 수 있으며, 놀이 영역으로 가서 놀 수도 있다. 어른들이 상기시켜 주는 이런 부동 자세의 규칙은 아이들이 자리를 지키지 않기 때문에 분쟁의 원인이 되고 있다. 대담중에도 부모들은 어느 정도는 '으스대고' 있다고 생각하는 식사 예절을 보여 주어야만 했다. 식사 예절에 대한 동요의 증거로, 식사 예절 항목들이 실제로 실행하는 데 동일하게 나타나지 않고 있다. 그러나 그런 항목들이 거의 모두가 일어나거나 식사를 끝내라는 것과 관련한 언급을 함축하고 있다. 부모들은 아이들에게 식사를 시작해서 끝낼 때까지 테이블에 머물러 있도록 설득하기 위해 의식적이고 반복적으로 노력하고 있다고 확실하게 말하고 있다. 함께 먹는 식사의 지속성에 그러한 중요성을 강조하는 이유는 무엇인가? 부모들에게 질문이 직접적으로 제시되지는 않았지만, 그들이 한 얘기들을 통해 하나의 가설을 제시할 수 있다. 가족 식사는 이 집단의 구성원들을 공동 활동을 할 수 있도록 모아 주고 있다. 그 구성원들 각자 자신의 역할을 하면서 공동 활동에 참여하고 있다. 그 역할이 집과 맥도에서 다를 수 있다. 그러나 가족을 연출해야 하는 강요는 계속되고 있다. 시작돼서 끝날 때까지 구성원 각자가 출석하고 있는 것은 그 집단에 가입되어 있음을, 그리고 그 집단에 소속되어 있음을 상징한다. 끊임없이 쉬지 않고 오가는 것은 우리가 우연히, 즉 의지와는 상관없이 가족 집단의 일원이 되고 있는 것처럼 가족 공간을 '하나의 호텔'로 착각하고 있음을 의미한다. 부모들은 아이들이 집단의 단결력을 나타내 주는 겉모습을 지켜 주기를 바라고 있다. 희미하게나마 그것이 가족 관계를 나타내는 상징이라고 느끼고 있기 때문이다. 만약 또 다른 규칙들이 수정될 수 있다면 그건 중요 가치, 즉 '함께 있는다'는 가치를 나타내는 부동성의 규칙의 경우는 아니다. 집단 같은 가족을 개인들의 집합 같은 가족과 분리시켜 주는 것은 다름 아닌 바로 장벽이다. 음식의 개별화는 공동체의 또 다른 표시, 즉 공간——테이블——공유가 있는 한 가능하다. 구성원 각자가 테이블 위에서 똑같은 활동을 서로 다른 양식으로 실천하고 있기 때문이다.

처음부터 쟁반에 모든 음식이 준비되어 나오는 패스트푸드는 식사의 개별화에 추가 요소, 즉 리듬의 불균형을 첨가해 주고 있다. 각자 마음에 드는 순서대로 음식을 먹는다. 식탁을 같이 사용하는 다른 회식자들의 리듬 때문에 개개인이 어떠한 휴식을 강요받지는 않는다. 바로 이 점과 관련해서 집에서나, 또는 전통 음식점에서는 회식자들이 각자 다음 음식으로 순서가 넘어갈 준비가 되길 기다린다. 맥도에서는 사람들이 자기 템포와 순서를 정할 수 있다. 유일하게 주어지는 제약은 모두 함께 도착해서 모두 함께 떠난다는 것이다. 그리고 식사중에 너무 많이 움직이지 않아야 한다는 것이다.

세번째 위반 사항은 영양 체계와 관련이 있다. 많은 어머니들이 아이들이 보이는 '맥도에 대한 반사적인' 태도를 좋지 않게 생각하고 있다. 그녀들은 아이들의 행동을 영양학적인 관점에서 자신들이 준비하는 교육적인 작업에 항의하는 것으로 생각하고 있다. 그녀들은 '좋은 영양 섭취' 원칙과는 매우 거리가 먼 이런 유형의 음식 때문에 아이들의 신체적 · 미적 자산과 건강이 위협을 받게 될지도 모른다고 걱정하기도 한다. (비만에 대처하기 위한 좋은 영양 섭취 캠페인은 그런 원칙을 잊고 있는 부모들에게 필연적으로 얻게 될 대가를 강조하고 있다.) 대중 매체를 통해 과학은 다양하고 균형 있는 영양 섭취의 필요성에 대한 개념을 전달하고 있으며, 너무 단 음식과 지나치게 기름진 음식이 가져다 주는 결과를 나쁘게 평가하고 있다. 식이요법의 기준은 맥도의 음식을 나쁘게 평가하고 있다. 어머니들도 이런 영양 파괴가 습관이 되지 않도록 적어도 패스트푸드를 먹으러 자주 드나드는 것을 통제해야 할 의무가 있다고 느끼고 있다.

음식점 음식을 먹는 상황에서는 거의 필연적으로 행해지는 이런 위반 행위들이, 부모의 입장에서는 어떤 때는 아주 행복하게 또 어떤 때는 덜 행복하게 체험되고 있다. 사실 부모들은 이런 기분을 반영하고 있는 시간을 맥도에서 보내고 있기 때문에 아이들을 동반해서 맥도에 가는 열의를 불안정하게 보이고 있다. 아이들과 가장 오랫동안 그곳에 머물러 있는 부모들이 더 많이 참여하였으며, 그들은 자신들이 알고 있지 못한 놀이나 물건에 호기심을 보였다. 그들은 아이들로부터 자유로웠기 때문에 더 많은 얘기들을 해주었다. 반대로 먹고 나가기 바쁜 부모들은 외투를 벗는 수고조차도 하지 않고 있었다. 그들은 음식을 다 먹자마자 참을성 없이 빨리 먹는 것을 끝마쳐 주기를 바라고 기다리면서 아이들 곁에 멍하니 앉아 있다. 그러므로 광고 표어와는 반대로 맥도에서의 가족 식사가 언제나 파티인 것은 아니다. 이는 그런 행동에서 나타나는 교육적인 방향에 달려 있다. 부모들은 그런 시간을 식사 시간이라기보다는 여가 활동 시간으로 생각해 주어야 한다. 그래야 먹는다는 것은 '함께 있는' 하나의 방식이 되고, 아이들에게는 특별하게 생각되는 환경 속에서 다른 아이들과 함께 노는 기분 전환이 된다.

2. 함께 있는 방식들

동조하는 부모들

패스트푸드가 가진 아동의 유희적인 측면을 높이 평가하고 있는 부모들은, 그 음식들을 가지고 아이들과 특정한 관계를 구축할 수 있는 특별한 상황을 만들고 있다. 부모들은 언제나 부모로 있고, 최후의 권위 보유자로 머물러 있게 되는데도 불구하고 그들이 가진 아동의 측면을 보이는 데 방해가 되는 것은 아무것도 없다. (권위는 그곳에 가기로 결정하는 순간에, 음식을 선택하는 순간에나 감지할 수 있다.)

그들은 부모 자격으로서는 음식을 마치 아이들에게 특별히 준비해 준 선물인 것처럼 만들고 있으며, 손님 자격으로서는 축제의 유희적인 분위기를 함께 느끼고 있다. 맥도에서 부모들은 아이들 사이에서 어린이가 되기 위해 일시적으로 자신의 지배적인 위치를 포기함으로써, 그리고 아동의 방식으로 잔치 기분을 만들어 내면서 음식에서 가능한 한 가장 좋은 관계 해결책을 끄집어 내고 있다. 아이들은 패스트푸드점의 환경이 부모들 때문에 어린이를 위한 것으로 암호화되고 있음을 아주 잘 알고 있다. 어떻게 보면 그들은 자신을 주인인 것처럼 느끼고 있다. 어른들이 이 세계에 관심 갖고 있다는 사실로 인해 아이들 눈에는 그 세계가 가치 있어 보이며, 어떤 암묵적인 공모를 가능하게 해주고 있다.

게임하기

로라가 아들 로맹(4세)과 함께한 맥도로의 지난번 외출에 대해 이야기해 주는 것을 들으면서, 우리는 부모가 되는 태도에 대해 접근하고 있다. 이 부인(34세)은 광고회사에서 맡고 있던 아트 디렉터직을 2개월 전에 그만두었다. 그녀는 두번째 아이를 임신하고 있는 상태이다. 그리고 곧 전부터 미국에서 기술자로 일하고 있는 남편과 재회할 것이다. 그녀가 아들을 맥도에 데려가기 시작한 것은 약 1년 전부터이다. 로라는 하나의 습관처럼 이런 공간에 드나들고 있지는 않다. 그녀는 '평소의 가족 단위가 아닐' 때 그곳에 가고 있다. “제가 아들과 둘이서만 있다거나, 장을 보고 있는 중이거나, 산책을 하는 중이었기 때문이죠. 점심을 먹으러 집에 들르고 싶지는 않거든요. 예상치 못했을 때예요.” 로라는 맥도로의 외출을 하나의 여가 생활처럼, 아니 오히려 아이에게 맞는 음식점으로의 외출처럼 여기고 있다. 평범한 레스토랑으로의 외출이 어른들을 즐겁게 해주듯이, 아이들에게 맞는 레스토랑으로의 외출은 아이들을 즐겁게 해줄 것이다. 이 부인은 맥도 음식을 맛보고 있다. 호기심이 많은 그 부인은 자신을 위해서도 식사를 주문하고 있다. “저는 치즈러버, 그러니까 로열치즈머신을 주문해서 먹었어요. 신제품이었거든요. 먹어 봐야겠다고 생각한 거였어요. ‘뭔가 색다른 걸 먹어 봐야지’ 라고 생각했었거든요. 아이에게는 평상시처럼 작은 장난감과 상자를 가질 수 있도록 해피밀 세트를 시켜 줬죠.” 아동용 특별 식사에 나타난 영양의 유희적인 측면은 제공될 때 첨가되고 있는 실제 가치 속에 들어 있었다. 이 부인은 또한 아들이 좋다고 분명하게 표명하고 있기 때문에 음식점 환경에 속해 있는 이런 측면에 더 높게 가치를 부여하고 있다. “로맹은 악어 모양 테이블에 앉고 싶다고 말했어요. 키가 낮은 작은 탁자들, 작고 낮은 의자들, 특히 악어 모양의 긴 의자가 갖추어져 있는 아이들 코너가 있기 때문이었어요. 우리 옆에 다른 가족이 자리잡고 있었어요. 그래서 좀 끼어서 좁게 앉았어요. 전 높이가 20센티미터밖에 안 되는 좌석에, 그것도 꼭 끼어앉아 있어야 했었다니까요!” 임신 말경에도 로라는 아이에게 적합한 이런 환경이 주는 제약을 기꺼이 받아들이고 있었다.

평상시에 로맹은 식사 예절도 좋고 음식도 깨끗하게 먹는다. 그런데도 로라는 여전히 예방 차원에서 조처를 취하고 있다. 다시 말해 로맹은 집에서 식사할 때 보통 턱받이를 한다. 맥도에서는 목에 턱받이나 냅킨을 두르면 쉽게 웃음거리가 된다. 4세짜리 로맹은 다른 사람들의 시선에 아주 민감하다. 로라는 손이 미치는 곳에 한 무더기의 냅킨을 놔두고 있다. 그녀는 로맹에게 빨대를 이용해서 어떻게 마시는지를 보여 주고, 감자튀김을 함께 먹을 수 있도록 놔두고 있다. 그리고는 로맹이 그 나이 또래의 아이가 포장 때문에 아주 다루기 힘든 로널디즈햄버거를 먹을 수 있도록 도와 주고 있다. “그런 다음 로맹에게 함께 아이스크림을 먹자고 했었어요. 초콜릿 쿠키가 들어 있는 특별한 선데이아이스크림 광고가 코밑에서 보였기 때문이에요. 그건 한번 먹어 보고 싶었던 새로 나온 아이스크림이었으니까요. ……우린 아이스크림을 함께 먹었어요. 아이는 저와 함께 먹고 싶어하지 않았었죠. 그건 오직 자기만을 위한 것이라고 그러더군요. 처음엔 제가 먹는 걸 원치 않았어요. 로맹은 이미 해피밀 세트에 디저트가 있었거든요. 그래서 제가 얘기했죠. '알아, 이건 우리 두 사람을 위한 디저트야' 라고. 전 이건 우리 두 사람을 위한 거니까 같이 먹자고 얘기했고, 그래서 함께 먹었어요. 각자 작은 스푼을 들고서 그 안에 있는 걸 먹었어요. 우린 그렇게 하는 게 좋다고 생각했거든요." 아이들을 위한 음식점에 열정적인 표현을 일관성 있게 보여 주던 로라도 아들과 함께 상호 작용 규칙들을 확립하고 있었다. 그의 아들은 거의 동등한 자격으로 규칙을 세우는 데 참여했다.

로라는 아들이 봤던 것 모두에 대해 아들과 열정을 함께 공유하면서, 그리고 자신의 자리를 지키며 아들에게 응수를 해주면서 동조하는 엄마 역할을 했다. "세상에! 무슨 얘기를 한 거죠? (웃음) 맞아요! 해피밀 세트 속에 있었어요. ……우리는 세계 지도 같은 것을 갖게 되었어요. 그러니까 동물들이 그려져 있는 작은 지도책 같은 거였죠. 그래서 제가 우리 아이에게 동물들과 함께 여러 국가들을 보여 줬지요. 그러나 아주 작은 테이블 위에 먹을 것들이 여기저기 가득했기 때문에 '옆에다 두고 집에서 보자' 라고 말했지요. 잠시 그것에 대해 얘기를 한 뒤 옆에다가 내려놓았어요. 그러고는 로맹이 누구였었는지 물었기 때문에 전 디즈니의 세 이미지를 설명해 주어야 했었지요. 모든 디즈니를 완전히 알지 못했기 때문에 로맹은 디즈니에 대해 더 많은 걸 알고 싶어했어요. 우린 이전에 로맹이 해피밀 세트에서 가지게 되었던 천으로 만든 물소에 대해 얘기했어요. '물소가 뭔데?' 그래서 전 그때 그게 물소였었다고 말해 줬어요. 저도 확신할 수는 없지만, 그렇지만 그게 중요한 건 아니잖아요. 그건 측면으로 약간 떨어져 있는 작은 뿔을 가지고 있었죠. 우리가 무슨 얘길 했겠어요! 아이에게 무엇이 중요한지, 아주 중요한 질문을 던졌다고 얘기할 정도로 그 지도책을 활용할 만한 그런 기억이 없어요. 모르겠어요."

'둘이 함께하는 작은 외출'

로라는 맥도로의 외출과 레스토랑으로의 외출을 비교하고는, 나어린 아이들이 있는 가족의 욕구에 아주 잘 맞는다고 확신하고 있다. "지금은 로맹을 데리고 가는 게 더 쉬워요. 그렇게 강제적이지 않거든요. 거길 가면 아이가 만족해할 거라는 걸 알죠. 값도 그리 비싸지 않고요. 어떤 희생을 치르지 않고도, 부모들에게 어떤 강요도 하지 않는 상태에서 아이를 정말로 기쁘게 해주죠. 사실 아이와 함께 진짜 레스토랑에 가는 건 정말 많이 복잡해요. 아이들에겐 음식을 기다리는 시간이 길게 느껴지거든요. 그래서 우리가 접시에 남길 정도로 음식을 먹지 않으면, 로맹은 세 배는 적게 먹을걸요. 그리고 여기저기서 국기, 악어 모양 의자, 작은 상자들, 해피밀 세트들, 선물, 기계들, 물건들을 가지고 노는 놀이의 순간은 절대 아니지요. 그건 이런 모든 측면을 포함하고 있지요. 아이에게는 거기가 자기에게 맞는 최고의 장소인 거죠. 전요, 치즈버거하고 감자튀김을 가끔 한 번쯤은 먹는 게 싫지 않아요. 좋아하니까요." 로라는 아들의 수준에 맞추려고 스스로 노력하고 있는 상태이지만, 자신이 열정을 함께 공유하고 있음을 아들에게 보여 주고 있다. "전 특히 아이에게 즐거움을 만들어 주려고 집착해요. 어찌됐건 로맹에게는 작은 축제 같은 거지요. 우리가 비싼 비용을 치르는 것도 아니고, 우리를 구속하지도 않거든요. 사실 아이를 데리고 가는 것은 제게도 큰 즐거움이랍니다. 비좁은 데 앉고, 식은 감자튀김을 먹게 되긴 했지만 그래도 즐거웠어요." 맥도에 대한 그녀의 관점은 그녀가 흥을 깨지 않기 위해 비판하려는 정신의 흔적들을 빨리 쫓아낼 수 있기를 바라는 것처럼 그렇게 단순하지가 않다. 그녀는 놀고는 있지만, 아이와는 다르게 그 행위와 상당히 동떨어져 있는 관계를 만들어 냄으로써 '마치 ~한 것처럼' 이란 표현이 자신의 책임이 되기를 바라고 있지 않다.

책임지는 부모들

동조하는 부모들은 유연한 정체성을 지닌 사람들이다. 일시적으로나마 아들딸의 수준에 맞춰 준다는 것은 보다 평등한 기본 위에서 잔치 분위기의 관계를 구축하려는 수단이다. 다른 부모들은 이런 교육적 견해를 수용하지 않고 있다. 이런 거부는 여러 형태로 나타난다.

책임을 지는 부모들은 맥도 음식을 잘 소비하고 싶어하지만, 그러나 그들은 음식점을 지배하고 있는 야단법석인 분위기를 대부분 좋게 생각하지 않고 있다. 또 그들은 집으로 배달되는 피자처럼 패스트푸드를 집에서 먹는 것을 더 좋아하고 있다. 때문에 그들은 몇 구획 정도 떨어진 가까운 곳에서도 평소의 행동 규칙을 준수하고 있다. 바른 교육을 하려는 교육적인 염려가 차치되고 있지는 않다. 이 부모들은 요리할 것도 없고, 그리고 주말에 가족들과 좀더 유익하게 지낼 수 있다는 이유에서 맥도 음식을 선택하고 있다. 그러므로 맥도는 주중의 식사를 중화시키는 경향이 있는 다른 전통적 관례들을 대신하고 있다.

조사원으로 몇 년간 일한 뒤에 전업주부가 된 소피는 '책임지는 부모' 이다. (37세, 역사과. 그녀의 남편은 광고회사를 경영하고 있다. 세 명의 아이들이 있다. 11세, 9세, 5세이다.) 일요일 점심마다 사람들은 집에서 맥도 음식을 먹는다. 과소비를 하지 않으면서 모두를 즐겁게 해주는 방법이다. "잘못하는 건 확실히 아니죠. 모두를 충족시켜 주고 있다고 생각해요. 게다가 남편과 함께 먹으니까 아주 좋아요." 타협은 주로 '큰사람들' 에게 유리한 쪽으로 기울어지는 경향이 있다. 모두가 그 음식에 동의하고 있고, 소피에게는 더불어 추가되는 이득이 있기 때문이다. "저한테 가장 좋은 점은 먹을 걸 만들지 않아도 되고, 먹고 난 뒤에도 치울 필요가 없다는 거예요. 먹은 뒤에 모든 걸 곧장 쓰레기 투입구에 넣으니까 아주 좋아요. 제가 사치스럽게 여유를 부릴 수 있는 곳은 맥도예요. 아무것도 하는 게 없으니까요. 어쨌든 주말 동안 아무것도 하지 않는 것이 포토프를 만들기 위해 아침 시간을 보내는 것보다는 훨씬 기분 좋아요. 더군다나 저희 집 아이들은 정말로 많이 까다롭거든요. 많이 먹지도 않고요. 심할 때는 제가 애써 소스까지 얹어 요리를 만들었는데, 그걸 좋아하지 않더라고요. 그러니까 전 아무것도 만들지 않으면서 즐거울 수 있고, 애들이 좋아하니까 잘 먹을 거라는 걸 아는 거죠."

소피에 의하면, 패스트푸드에 대해 사적으로 생각해 낸 술책이 교육적인 작업을 갑작스럽게 변화시키고 있지는 않다. 아이들을 맥도에 데려갈 경우, 그녀는 아이들이 대중들이 있는 데서 바른 태도를 가지도록 감시할 수 있을 것이다. 집에서 그녀는 엄격하지만, 다른 요일들보다 더 심하게 하지는 않는다. "공공 장소에 있을 땐 아마 특별하게 대하겠죠. 그래도 전 제 아이들이 방해가 되는 걸 원치 않기 때문에 조심해 주기를, '깔끔하기를' 바라요." 가족들은 패스트푸드점에서 집으로 돌아와야 자기 집에 있는 것처럼 행동을 한다. "제가 요리한 것을 먹을 때조차도 20분, 최고 30분 이상 식탁에 있는 법이 없거든요. 그러니 맥도 음식일 때에도 시간은 거의 같을 거예요." 소피는 이런 음식을 집으로 들이는 것이 식사는 물론이고 가족도 파괴하지 않는다고 평가하고 있다. "'소풍 가서 하는 식사'는 아니죠. 그렇진 않아요. 거기까지는 아니고, 테이블에 앉아서 모든 포장 종이를 풀고는 각자 자기가 시킨 걸 먹어요. 예, 그런 식이죠, 뭐." 식사 예절은 가볍게 적용되고 있다. "그건 바뀌죠. 우리도 손으로 먹거든요. 사실이에요. 그렇지 않음 그렇게 먹을 권리가 없겠죠. 천으로 된 냅킨을 사용하는 대신 종이 냅킨을 사용하게 되니까 그건 바뀌는 거겠죠. 그래도 테이블에서 일어나지 말고, 식사를 끝내라고 요구하고 있어요. 어린애들은 혼자서 마시질 못해요. 이것도 굉장히 중요하죠. 어린애들은 콜라든 물이든 우리에게 먹여 달라고 하거든요. 맥도든 다른 데든 이런 규칙들은 그리 변하는 것 같지 않아요. 그리고 맥도 음식일 경우에는 제대로 지켜지지 않지만, 그래도 우리는 모두 함께 식사를 끝내려고 애쓰고 있어요." 비록 햄버거를 먹는 식사일지라도 식사는 축제로 변질되지 않는 식사인 것이다. 그렇기 때문에 소피와 그녀의 남편은 절대 해피밀을 사길 바라지 않았다. 그들은 유희적인 측면에 평범한 입장만 부여해 주면서, 그것들을 완전 제외시키지 않은 상태에서 식사의 순서를 분명하게 강요하고 있다.

감독하는 부모들

어떤 부모들은 아이들을 기쁘게 해줄 목적으로 맥도에 가기는 하지만, 맥도에 간다는 생각에 거의 열의를 보이지 않고 있다. 그들은 아이들과 아주 가까워지는 것에는 관심이 없다. 프랑크(37세, 국제협상가. 6세와 3세의 두 아이가 있다)의 경우가 그러하다. 그는 노에미가 태어나면서 일을 그만둔 카롤린(미국인, 비즈니스 스쿨 졸업)과 결혼했다. 소피의 경우처럼 패스트푸드는 그녀에게 집안일에서 해방되기 위한 수단으로 이용되고 있을 뿐 다른 수단으로 이용되고 있지는 않다. 매주 토요일 점심 때면 프랑크는 아내에게 '휴가'를 주려고 아이들을 데리고 맥도에 간다. "제가 혼자서 아이들을 데리고 맥도널드에 가는 게 카롤린을 즐겁게 해주는 거죠. 그녀가 아이들 없이 시간을 가질 수 있으니까요. 그녀는 자신이 원하는 걸 할 수도 있고, 또 아무것도 안하고 있을 수도 있죠. 이건 우리들 인생 스타일의 일부분일 뿐이에요. 토요일과 일요일마다 우리 둘 모두 아이들과 함께 계속해서 꼭 같이 있지 않도록 하기 위해 서로 순서를 정해 두려고 애쓰고 있으니까요. 아이들과 함께함으로써 '힘든 일을 하는' 사람이 있는 것은, 다른 한 사람이 스포츠를 하거나 아님 좀더 재미있는 다른 일을 할 수 있도록 하기 위해서예요. 전 맥도널드도 이런 계획을 세우는 데 일부가 되고 있다고 생각해요." 이 남자는 아이들과 맥도에 가는 것을 하기 싫은 잡일로 생각하고 있으며, 아이들과 부인을 위한 하나의 의무적인 서비스로 생각해 실천하고 있다. 다른 날은 자신이 거의 돌보는 일이 없는 아이들의 수준을 맞춰 주기 위해 그가 그곳을 이용하고 있는 건 아니다. "3주 전에 거기 갔었어요. 노로토에서 차를 좀 손봐야 했거든요. 점심 먹기 직전에 차를 맡기고, 맥도널드에 아이들을 데려가서는 거기서 점심을 먹었어요. 그러고는 그 사이에 수리가 다 된 차를 가지러 다시 갔어요. 쇼핑 센터 안에서 다른 일을 볼 수 있으니 얼마나 편해요. 조금은 그런 이유 때문에 그곳에 가고 있지요." 만약 부정기적으로 맡아 주는 탁아소에 아이들을 맡길 수 있다면, 그는 그렇게 할 것 같아 보인다.

맥도는 아이들을 책임지고 돌봐야 하는 하나의 공간이며, 아이들은 당연히 보살핌을 받아야 하는 존재로 인정되고 있다. 그러므로 프랭크는 이런 서비스 제공에 찬성하고 있다. 그래도 그는 지루해하고 있다. "아이들은 정말 천천히 먹으니까, 보통은 조금은 참고 기다려요. 전 1분이면 끝나지만 아이들은 30분은 걸리거든요. 그래서 전 그곳에서 너무 오래 있고 싶지 않기 때문에 좀더 빨리 먹으라고 다그치죠." 패스트푸드는 아이들에게 더 잘 어울리는 것 같다. 이 아버지를 가장 곤란하게 만드는 것은——낭비가 적다는 것을 제외하면——식사 예절의 부족이 아니다.[71] 그건 바로 제공되는 기분 전환으로 인해 상실하게 되는 시간이다. "애들은 배가 고프면 5분도 안돼서 모든 걸 쉬지 않고 먹어치워 버리죠. 그런 경우가 아니면 집중을 하지 않고 상당히 산만해요. 작은 장난감, 다른 테이블, 지나가는 사람들이 있으니까요. ……두 아이들이 서로 이야기를 한다거나 서로를 웃겨요. 그러니 자주 먹는 걸 중단하죠. 그래서 애들에게 속도를 내라고 부추기고는 있지만 그것도 방해죠. 애들은 감자튀김을 나열해 놓고 케첩을 묻히고, 햄버거를 둘로 나눠 열어젖혀 두고는, 먼저 빵을 먹고 그 다음에 고기를 먹어요. 약간은 음식을 가지고 노는 거죠. 오히려 이게 방해가 더 많이 돼요."

프랑크는 자기 세계로 한 발짝 물러나 있으려고 신문을 읽는다. 그는 학교 운동장에서 감독하는 선생님 같다. 그는 축제에는 참여하지 않고 단순히 통제의 의무만을 가지고 있다. 아이들과 놀려고 애쓰지도 않고, 대화하려고 노력하지도 않는다. "우린 아이들의 장난감에 대해 얘기를 해요. 애들은 자기들이 보고 있는 것에 대해 설명을 해주는데, 대화를 나누기에는 한계가 있죠." 그는 아이들과 함께 있는 순간을 좋아하지 않는다. "그래서 주중에 [아이들과 식사를] 함께하는 경우가 거의 없어요. 아침 식사는 제외고요. 보통은 제가 아이들과 식사를 같이하기에는 너무 늦은 시간에 도착하거든요. 정오에는 집에 없고, 주말은…… 변화무쌍하죠. 우리는 식사 때에는 자리에 앉는 전형적인 프랑스 가정이 아니랍니다. 토요일이나 일요일 점심을 위해, 아이들만 주방에서 점심을 먹게 하는 경우도 있어요. 그리고 나서 우리는 따로 앉아요. 아니면 저녁 식사 때에도 종종 아이들 먼저 주방에서 먹인 뒤에, 애들이 잠자리에 들거나 평화롭게 텔레비전 앞에 있을 때 그제서야 우리도 밥을 먹어요. 조용하게. 우리 넷 모두 함께 같은 테이블에서 먹기도 해요. 기분에 따라서 그렇게 하고 있죠." 프랑크에게 아이들은 탐구하고 싶지 않는 이상한 세계이다. 이상적으로 나어린 사람들은 자기들끼리 있을 것 같고, 그때 큰사람들도 똑같이 할 수 있을 것 같다.

지휘하는 부모들

지휘하는 부모들은 어떤 면에서는 감독하는 부모들과 유사하다. 그들은 부모의 역할에서 교육적인 측면을 배제시키지 않고 있는데, 이는 분명 그 그룹이 더 많은 여성들로 구성되어 있기 때문이다. 가정주부인 클레르(34세, 문학 전공)는 은행 간부인 남편이 매우 바쁘기 때문에 아이들(7세, 5세, 2세)을 혼자서 돌보고 있다. 그녀는 혼자 점심을 먹고, 저녁은 아이들과 함께 식사하는 것을 너무 힘들게 생각하는 남편과 먹고 있다. "우리는 절대 주방에서 같이 먹지 않아요. 우선은 자리가 세 개밖에 없어서 모두 함께 먹을 수 없기 때문이고, 다음은 폴이 너무 늦게 귀가하기 때문이에요. 8시 이전에 귀가하는 법이 없거든요. 아이들 식사는 30분, 45분이면 충분해요. 애들이 너무 어려서 8시면 잠을 자거든요. 저는 화가 나요. 제가 그 애들을 돌보잖아요. 애들은 먹는 걸 끊임없이 봐주지 않으면 잘 먹질 않아요. 저도 쉬고 싶어요. 폴과 얘기하고 싶고요. 같이 저녁을 먹기에는 아이들이 아직 너무 어리죠. 그러나 주말에는 함께 먹고 있어요."

몇 가지 규칙들이 존중되면서 식사를 해나갈 수 있도록 이런 배려는 지속되고 있다. 클레르도 아이들과 맥도에 갔을 때 마찬가지로 주의를 가지고 돌보고 있다. 그녀가 비록 이런 유의 음식을 싫어하지는 않더라도, 이런 배려는 그녀가 개인적인 기쁨을 누릴 수 없게 만들고 있다. 그러나 그녀는 상황을 잘 통제할 수 있기를 바라고 있다. "보통 주문을 하는 사람은 저예요. 언제나 똑같아요. 어찌됐건 애들이 관심 있어 하는 건 아이들 메뉴예요. 장난감이 들어 있는 가방이죠. 이외의 나머지 것에는 관심도 없어요. 그리고 레스토랑에 간다는 생각에는 축제라는 생각이 측면에 포함되어 있는 거잖아요. 애들은 분명히 자신들이 먹던 것을 먹으려고 가지는 않아요. 전 애들에게 다음에도 오고 싶으면 먹으라고 해요. 당신은 오지도 않을 거고, 장난감을 위해서 이 모든 것을 사지도 않을 테고, 모든 걸 버리지도 않을 거예요. 아이들도 모두 남기거나, 또는 아무것도 먹지 않을 거라면 제가 동의하지 않는다는 것을 아주 잘 알고 있지요. 그렇기 때문에 갑자기 아이들은 먹기 시작해요. 그게 그리 오래가지는 않지만요." 아이들과는 반대로 이 부인에게 있어 패스트푸트점은 특히 원기 회복을 위한 장소인 듯하다. 그러면서도 그는 한편으론 서빙된 음식의 성질을 비난한다. 그녀는 '온갖 것을 조금씩은 먹는다' 는 규칙을 고수하고 있다. 집에서는 그런 규칙이 다양한 음식을 맛볼 수 있도록 하는 배려로, 식사를 준비하는 사람에 대한 경의 표시로 정당화된다. 패스트푸드점에서는 낭비를 막는다는 좀더 도덕적인 이유에서이다. 식사 장소가 어디든지간에 식사 규칙은 구조화되어야 한다고 클레르는 생각하고 있다. "집에서, 중요한 것은 아이들이 모두 맛을 보고 모두 조금씩은 먹는다는 거죠. 애들이 접시를 비우고 싶지 않다면, 이해해요. 그러나 어찌됐건 조금은 먹어야 하죠. 그러나 맥도널드에서는 신경 쓰지 않고 내버려둬요. 아이들이 먹기를 바라기는 하지만, 그러나 같은 이유에서는 아니에요. 그들이 영양 섭취를 위해서, 그러니까 힘을 얻기 위해서 먹기를 바라진 않아요. 그것이 음식으로써 아주 좋은 것처럼 생각되지는 않기 때문에 아직은 그래도 좋아요. 그러나 원칙적으로는 아이들이 먹었으면 하죠. 우린 뭔가를 샀고, 그러니까 우리는 버리지 않고 남기지 말아야 한다는 것을 아이들이 이해할 필요가 있어요. 우리가 장난감을 가지려고 여기에 있는 건 아니잖아요. 만약 그런 거라면 상점에서 장난감을 사주겠어요. 우린 먹으려고 여기에 있는 거잖아요. 아이들이 무슨 속셈을 가지기를 바라서는 절대 아니죠. 애들은 집에서는 힘을 비축하기 위해서, 학교에서 열심히 공부하기 위해서, 배부르게 밤을 보내기 위해서 음식을 먹어요. '내일 아침 5시에 일어나서 배고플걸, ……몸이 수척해질 텐데.' 전 맥도에서는 꼭 이렇게 얘기하지는 않아요. 마지막에 가서야 애들은 아주 조금 먹죠. 더 이상은 먹고 싶어하지 않으면 '좋아, 가서 놀아도 돼' 라고 얘기해 줘요. 그러나 원칙은 꼭 먹어야 한다는 거예요. 그렇지 않고 놀기 위해서만은 올 수 없을 테니까요." 이 부인은 패스트푸드점에서도 집에서와 마찬가지로 아이들이 먹고 난 다음에 먹고 있다. 그녀는 아이들에게 포장지는 어떻게 정돈하고, 아이들이 굉장히 좋아하는 케첩은 어떻게 열고 따라야 하는지 보여 주느라 정신이 없다. "전 남은 것들을 다 먹어요. 제 샌드위치도 먹고요. 그러나 감자튀김은 안 먹어요. 그리고 콜라도 절대 다 마시지는 않아요. 너무 커서 끝까지 못 마실 게 분명하니까요. 불행히도 감자튀김 위에는 케첩이 뿌려져 있을 거라는 걸 아시겠죠? 전 그런 거 안 좋아하거든요."

이 부인은 자신이 팀을 통솔해야 하는 임무가 막중한 팀장이라고 느끼고 있다. 게다가 맥도에서 아이들을 금지시킬 만한 권리를 느끼지 못하면서도, 상황 때문에 자신이 정한 교육적인 목표들을 억제하지 못하고 있다. 아이들의 육체적 · 정신적 건강을 염려하는 어머니 역할을 중단하지 못하기 때문에 그녀는 아이들과 또 다른 관계를 맺지 못하고 있다. "우린 거의 얘기를 안해요. 모두들 주위에서 일어나는 일에 정신이 팔려 있거든요. 아이들은 오로지 단 한 가지 생각만 해요. 먹고 놀러 가야지 하는 거요. 그래서 우리는 보통 얘기를 할 시간이 없어요. 저도 제 샌드위치를 먹을 수 있을 딱 그만큼의 시간밖에 없어요. 항상 케첩을 떨어뜨리는 아이, 콜라 마시는 아이, 기구를 원하는 아이를 돌봐야 하니까요. 그렇기 때문에 우린 얘기를 나눌 시간이 없어요. 우린 20분 동안 애들이 가지고 있던 장난감에 대해 얘기를 해요. '이건 필요 없고, 이건 필요해. 이건 내가 갖고 싶었던 거고, 이건 이미 가지고 있는 거잖아' 이런 거요!" 아이들은 자기들 세계 속에 있고, 어머니나 아버지 세계와의 접촉은 규칙을 지켜야 할 때와 부모들이 그들을 부를 때뿐이다.

대화를 나누던 중 클레르가 이상한 이야기를 해주었다. "전요, 주위에서 일어나고 있는 일들을 바라보는데, 아주 흥미로워요. 전에는 아들과 함께 온 아버지가 있었어요. 그 사람은 맥도에 오는 걸 끔찍이 여기는 것 같았어요. 아들을 기쁘게 해주려고 왔던 거였었죠. 그런데 아이는 움직일 수 있는 권한이 없는 거 있죠. 아이가 뭘 하자마자 더러워졌어요. '에,에,에, 뭐하는 거야. 꼭 돼지처럼 먹고 있잖아' 라고 말하는 거예요. 언뜻 보기에도 아들을 돌보는 일이 아버지의 일이 전혀 아닌 것 같았어요. 아이가 불쌍했죠. 저도 가끔 아이들을 조금 감시하고 있기는 하지만, 그래도 그때는 정말 그 아이가 불쌍했어요. 그 아이가 만지는 것마다 그 아버지는 '그거 하지 마, 그건 건들지 마' 라고 말하는 거예요. 정말 끔찍했어요." 클레르는 자신의 행동과 그리 동떨어지지 않는 그 아버지의 행동을 고발하고 있다. 이렇게 양분시킴으로써 그녀는 마치 자신은 아이들에게 강제로 요구하는 것에 동의하지 않는 것처럼, 비록 자신은 적용시키고 있지는 못하지만 그래도 합리적인 또 다른 기준이 존재하고 있다는 것을 아는 것처럼, 마치 자신은 휴식 시간 동안에는 아이들에게 규칙 세계와는 조금 거리를 둘 수 있도록 자세를 취하고 있는 것처럼 말을 하고 있다. 심리학적이고 인간 관계적인 규범들은 예절, 바른 자세에 대한 고전적인 규칙과 함께 잘못 활용되고 있다. 이런 불일치는 첫번째 영역에 속하는 관계들을 유리하게 작용하기 위해 분명하게 조성되는 장소에서 더 많이 감지할 수 있다. 그래서 어떤 부모들은 모순에 빠져 있다. 그들은 이런 잦은 외출을 즐겁게 해주는 원칙들을 제어하지 못한 채 패스트푸드점에 아이들을 데려가고 있다. 고로 축제는 시늉으로 바뀌고, 어른들은 아이들의 행복을 바라보는 가장 훌륭한 관중으로 남게 된다.

3. 어렵게 '어울려서 함께 이야기하기'

결정적으로 맥도의 환경에는 강요하는 것이 있다. 맥도의 환경은 식이요법의 규칙이나 식사 예절을 알려 줄 책임이 있는 어머니나 아버지의 역할을 지키길 바라고 있는 부모들을 아주 쉽게 나쁘게 만들어 버리고 있다. 분위기에 취해 있는 아이들은 집에서보다 훨씬 더 강하게 저항하는 경향을 보인다. 아이들은 그런 분위기를 이용하고 있다. 이러한 사실이 회사에서 전하는 메시지와는 반대로 맥도에서의 가족 식사가 가족들의 재회를 이끌어 내는 시간이며, 세대간의 관계를 다시 연결해 줄 수 있는 시간이라는 것을 의미하지는 않는다. 실제로도 몇몇 부모들만이 그런 역할을 이끌어 내고 있다. 많은 부모들이 아이들 세계에 들어가기 이전에 성인들의 관습의 일부를(또는 모두를) 일시적으로 방치해야 하는 행동 규칙을 받아들이고 싶어하지 않는다. 아니 그런 행동 규칙을 인정할 수가 없다. 그러므로 포기하는 것을 거부하는 것은 아이들과 부모들과의 공존 상태를, '함께 있다' 는 어떤 착각을 이끌어 내고 있다.

한계는 상황 그 자체가 주는 구속에서 파생되고 있다. 맥도는 정리가 되어 있는데도 고객들이 너무 오랫동안 머물러 있지 않도록 많은 걸 준비하고 있다. 그것이 바로 패스트푸드다. 좌석의 절대적인 수익성의 요청은, 즉 자리회전은 부모와 아이들의 잔치 분위기의 관계를 구축하게 해주는 것과는 상반된다. 좌석은 앉기 싫지 않을 정도로만 편안하고, 색과 음악 소리는 피곤한 느낌이 빨리 들게 해주며, 벽에 걸려 있는 거울들은 이동의 느낌이나 감시의 느낌을 더 강하게 만들어 준다. 사람들의 순환, 다량의 이미지들, 그리고 야단스런 장식들은 기분 좋고, 유쾌하고, 피곤함을 주는 그런 분위기를 만들어 내고 있다. 연출된 분위기이기에 실제로 체험되지는 않지만 고객들은 축제 분위기를 느끼고 있다. 레스토랑의 모든 애니메이션에 담겨져 있는 고수익성의 논리는 스트레스를 빨리 느낄 수 있게 하며, 몇몇 대화가 진행되지 못하게 방해하고 있다. 이것이 바로 소피가 맥도 음식을 집에서 먹는 것을 선호하도록 부추기는 이유 중의 하나다. 식사는 '어울려서 함께 이야기할' 수 있도록 특별히 조성된 환경이어야 한다. "주말의 식사는 그래도 우리 모두가 함께 모여서 먹는 식사예요. 특히 우리는 아이들과 함께 저녁을 먹지 못하거든요. 애들이 먼저 먹고, 그 다음에 우리가 먹어요. 아이들이 우리와 함께 저녁을 먹을 정도로 나이가 들지 않았다고 생각하기 때문이에요. 그래서 우리 다섯 식구 모두가 함께하는 식사는 일주일에 두 번, 토요일 점심과 일요일 점심이랍니다. 우리가 그 시간에 토론을 하거나 평온하게 있지 못할 땐 정말 유감이라는 생각이 들어요. 그렇기 때문에 맥도 음식은 웅성거리는 맥도에서 먹는 것보다 집에서 먹는 게 훨씬 더 좋아요."

대 화

식사 시간에 대화하기에 좋도록 해주는 기준은 먼저 평온함이다. 맥도에서와는 반대로 거주지의 안정된 분위기, 상대적으로 조용한 분위기, 식사를 빨리 진행토록 부추기는 외부의 압력의 부재는 그만큼 서로서로 다른 사람의 이야기를 경청할 준비가 되도록 해줄 수 있는 쾌적한 요인들이다. 공모에 가담하는 어머니인 로라조차도 아들과의 관계를 바라보는 관점에서 두 가지 상황을 비교할 때는 아주 명확하게 그 둘을 구분하고 있다. "그래요, 맞아요. 우리는 항상 얘기를 조금씩 했어요. 그러나 두서없이 나누는 이야기에 불과해요. 여기서[집에서] 우리 둘이 점심을 먹을 때, 우리는 더 많은 얘기를 할까요, 아님 더 얘기를 나누지 않을까요? ……분명히 더 많은 얘기를 나누고 있어요. 소음도 적고, 우리 둘만 있으니까요. 그리고 식사 시간에 우리는 조금이나마 무언가에 대해 토론을 하기 때문이죠. ……음, 그가 낮에 있었던 얘기를 해준다거나, 제가 제게 있었던 일을 아이에게 얘기해 준다거나, 우리가 그 다음날 해야 하는 것들에 대해 얘기해 주는 시간이니까요." 유리한 상황에서는 아이 혼자만의 대화가 만들어지지 않는다. 그러나 불리한 상황에서는 만들어질 수 있다. 예를 들면 맥도는 흔히 아주 불리한 상황으로 이해되고 있다. 여러 아버지들 중에서 한 아버지는 그 공간에서 대화를 방해하는 장애가 적어도 세 가지는 있다고 보고 있다. 즉 입 안에 음식물이 가득 차 있는 것, 시간이 없다는 것, 그리고 '전원이 모여' 있는 때가 절대로 없다는 것. 소음과 부산함이 현란한 빛에 더해져서 흥분 상태의 감정을 일시적으로 만들어 주고 있다. 이런 감정은 즐거울 수는 있지만 대화를 독려해 주지는 못한다. 소피는 그것을 인식하고 있었다. "조용하지 않는 건 사실이에요. 아이들에게 중요하게 할 말이 있을 경우, 그런 말을 할 수 있는 분위기는 아니죠." 그녀는 '아이들이 마음속에 있는 말을 제게 해야만 하는 경우' 도 덧붙일 수 있을 것이다.

아이들의 자유로운 표현은 두 가지 조건을 요구한다. 즉 (그 시간에) 한가한 부모님을 가질 것, 그리고 너무 소란스럽거나 매혹적이지 않는 환경 속에 있을 것. 첫번째 조건만 충족될 때는 사적인 행복의 감정이 나타날 수 있다. 그 감정을 사람들은 함께 있다는 축제의 의미로 열거하고 있다. (또한 다른 공간, 장터에서 벌어지는 축제, 콘서트, 몇몇 외출은 그룹으로 관찰되었다.) 반면 '함께 어울려서 이야기하기' 는 스케줄에 들어 있는 법이 거의 없다. 이런 두 가지 측면을 서열화하는 것은 별로 중요하지 않다. 두 개가 서로 양립할 수는 없다는 것을 주시할 필요가 있다. '함께 어울려서 이야기하기' 는 패스트푸드점과는 다른 공간과 다른 시간을 필요로 한다. 에티엔(40세, 영업부장. 부인은 직업적인 활동이 없다. 그들에게는 네 아이가 있다. 각각 8세, 6세, 5세, 2세이다)이 확인해 주고 있듯이 평온한 상태에서의 식사가, 특히 주말에 이루어지는 식사가 그것을 가능케 해주는 식사일 수 있다. "전 애들이 말하도록 내버려둬요. 제가 주중에는 애들을 많이 못 보기 때문에, 주말은 특혜가 주어지는 시간이지요. 우리 어른들은 아이들이 머릿속에 스쳐지나가는 것들을 이야기할 수 있도록 하기 위해서 대화를 독점하지 않으려고 신경을 쓰고 있지요. 그래서 가장 큰애와 학교에서 전날 있었던 일에 대해 얘기를 나눠요. 박물관에 대한 생각이 머리에서 떠나지 않는 큰애는 언제 라빌레트에 자기를 데리고 갈 건지 물어본답니다. 전 자전거 바퀴를 봐주길 바라는 다른 남자아이에게도 전날 학교에서 괜찮게 보냈는지를 물어보죠. 정말 두서없이 얘기하지만, 그래도 전 아이들이 얘기를 하도록 내버려둬요. 아무런 얘기도 하지 않는 딸아이도 하나 있지요. 그 아이는 음식을 정말 조용하고 깨끗하게 먹어요. 진짜 피에르 리샤르 같은 아이도 있어요. 뒤집어 놓거나 깨지 않고서는 뭔가를 만질 수가 없는 애죠. 그래서 다른 두 아이들이 대화를 독점하고 있답니다." 이와 같이 조용한 분위기에서의 가족 모임은 개인적인 차이가 표출되는 것을 방해하지 않는다.

패스트푸드점은 그 면전에서 부모가 만든 규칙들을 위반해도 되는 장소이다. 이는 법칙과의 격차가 이후 사회적으로 습득된 역량에 속함을 강조하며, 권위는 어떤 이의 제기를 받아들여 주어야 함을 강조하고 있다. 이런 공간에서는 또 일시적으로나마 아이들의 마당에서 놀아 줄 수 있는 어른들의 정체성의 유연함이 더 인정을 받고 있다. 두 세대가 서로 만났을 때에는, '큰 사람들'의 요구보다는 '작은 사람들'의 요구를 더 많이 기준으로 해 공유 지역이 정해진다. 이런 공동 사회는 지나치게 권위적인 강력한 표현과 규칙과 사회적 입지의 불평등성을 금지시킴으로써 친지들의 관계가 우월하다는 것을 강조하기 위해 아이를 중심축으로 잡고 있다. 하지만 패스트푸드점의 소음은 이런 레크리에이션의 흥을 망치고 있다. 거기가 천국은 아니라는 의미다.

제 III 부

공유 공간에 있는 자기 자신의 공간

넌 이 집에 대해 자주 말하곤 했지, 거의 복종적인 태도로 말이야…….
넌 너의 아이들의 훗날을 위해 이 집을 꿈꿔 왔었지.
넌 또 그 집에서 조금은 고독하길 바랐었지,
넌 그 안에 남편들이 있기를 결코 바라지 않는 고독을,
그들을 바라보지 않는 고독을, 아이들을 보는 것조차도 하지 않는 그런 고독을 원하고 있지,
생통드라의 높은 곳에서 얼마 안 되는 고독을 바라고 있지,
누군가 너에게 말을 할 때 이제는 더 이상 "여기 있어요"라고
대답하지 않아도 될 것 같은 이 세상의 어떤 장소를 바라며,
생각하고 꿈꾸고 읽고 기다림이 있는 거의 공허에 가까운 방을 원하고 있지.

—— 크리스티앙 보뱅, 《최상의 활력》

7

부부 공간 속에서 '자기 집' 갖기

자신의 공간을 갖겠다는 요구 사항은 '우리들의 집'이 먼저 존재한 뒤에 거론될 수 있는 것이기에 이야기 속에서는 부차적인 것이다. 이 정보자의 말에 따르면 개인주의는 억제되고 있다. 그러나 그런 확인만으로 그만둘 수는 없다. 실제로 커플을 이루며 살고 있는 개인은 다른 사람에게도, 자기 자신에게도 신경을 쓰고 있기 때문에 언제나 자기 자신을 둘로 나누고 있다. 개인은 '함께' 있을 것인지, 또는 '혼자' 있을 것인지 동요하고 있다.

이런 움직임의 의미는 쉽게 해석되지 않는다. 주말에 모이는 커플들과 관련된 전공 논문을 다시 검토할 필요가 있다.(2장과 5장 참조) 예를 들어 개인이 아파트에 혼자 있는 것을 기쁘게 생각하고 있다는 사실은 여러 가지 의미가 있다. 즉 배우자의 시선이 없는 곳에서 화장을 하기 위해서, 또는 휴식을 취하고 정신을 차리기 위해서라는 의미가 있다. 그러므로 일시적인 고독을 요구하는 것은 커플에 대한 서비스일 수 있고, 또는 바라던 은신처 형태를 의미할 수도 있다.(1절) 배우자의 면전에서 부부 생활에서의 기준이 꼭 필요하기는 하지만, 그래도 개인이 자신의 과거의 신분과 소유물들을 지나칠 정도로 강하게 인정시키려고 애쓰지 않는 경우, 그리고 사물 세계나 행위 속에 자신의 개별적인 정체성 등록을 함께 사는 동거녀 · 동거남에게 정당화시키는 데 성공한 경우 자아 표명은 허용될 수 있다.(2절)

두 사람이 함께하는 생활의 세심한 검토를 통해 우리는 개인과 집단간의 관계를 이해할 수 있다. 두 배우자는——남자보다는 여자가 더——자신들 각자의 요구 사항들이 부부 생활이라는 집단의 존재와 양립해 조화로울 수 있도록 하려고 노력하고 있다. 그래서 그들은 개인적인 사건들이 성공적으로 섞이고 있음을 매번 강조한다. 그들은 자신들의 호의를 입증하려고 서로

간에 존재하는 약간의 차이점들을 수용하고 있다. 그들은 자신의 근심이 다른 사람의 근심을 방해하지 않으며, 결혼 생활이 잘 돌아가는지에 대한 염려도 방해하지 않고 있음을 증명하고 싶어한다.(3절) 귀가 장면이 이미 집에 있던 사람에게는 그런 긴장 상태를 보여 준다. 샤를로트(22세, 인문과학 석사 과정중)의 경우를 함께 검토해 보자. 논문을 쓰느라 집에 있는 시간이 많은 그녀는 남편(조형예술가)이 귀가하는 저녁 때마다 이런 현상을 관측하고 있다.[72] "보통 전 계속 공부하고, 세바스티앵은 피아노를 쳐요. 각자 자기 일을 하죠. 집 분위기가 바뀌어요. 저 혼자 있을 때는 정말 많이 달라요. 전 제 음악을 듣거든요. 제가 감상하고 싶은 음반을 틀지요. 친구들에게 전화도 걸고요. 하지만 세바스티앵이 집에 있게 되는 순간부터는 다른 음반을 올려놔요. 켜져 있는 불도 더 많고요." 배우자가 집에 도착할 때 다른 배우자는 변모된다. 개인 자체로서의 모습도 조금은 남겨두기 위해 이런 변화를 제한하려 애쓰면서도, 적어도 조금은 '함께' 있는 개인으로 변화하고 있다. (집단의 압력이 너무 강하지 않을 때 진실한 감정이 더 강하게 나타나기 때문이다.) 함께 생활한다는 것은 각자에게 세 가지 균형을 추구하도록 강요한다. 다시 말해 (배우자들 각자가) 개인과 집단간의 균형, 커플 구성원으로서의 개인들끼리의 균형, '혼자' 있는 개인과 '함께' 하는 개인간의 균형을 추구해야만 한다.

1. 몸이 두 개인 자아

몰래 몸치장하기

배우자 중 한 사람만이라도 집에 없을 때에는 '우리 집'이란 느낌이 사라진다. 여성들은, 특히 이자벨(22세, 문학 석사 과정중인 학생, 피에르의 동반자. 그는 고등사범학교 학생이며, 철학 석사 과정중)[73]의 경우처럼 그 순간들을 즐기고 있다. "아파트에서 혼자 조용히 저녁 시간을 보내는 걸 정말 좋아해요. 일을 할 수도 있고, 제가 좋아하는 것을 실제로 할 수도 있고, 손톱 손질을 할 수도 있고, 바보 같은 행동을 하기에도 좋아요. 다리에 난 털을 뽑기에도 좋고요. 그런 경우가 아니면 피하고 있거든요. 좋아 보이지 않으니까요. 그리고 전화를 걸기도 하고, 소일거리들을 하지요. 시간을 갖는 거예요. 만약 누군가가 집에 있다면 아주 어렵사리 할 수 있는 것들을 할 그런 시간을요. 바보 같아 보이는 것들을 하기 위한 시간을요. 예를 들면 팬티스타킹 분류 작업 같은 거 말예요. 그리고 또 저 개인과 관련되어 있는 것들을 해요. 털뽑기, 팩하기, 이런 행동들이 그에게는 아주 우스울 거예요. 때문에 그가 집에 있을 때는 그런 걸 할 만한 시간이 없어요."

거주지는 배우자가 부재하기 때문에 무대 뒤가 된다. 사랑하는 관계에서는 준비 과정이 흔히 비밀스럽다. 《되는 대로 처신해》라는 샹송이 이런 행동의 이면을 표현하고 있다. 부부 생활의 습관이 배우자와 배우자의 시선은 투명하게 할 수 있지만 대중은 모르게 할 수 있다는 것이다. 집에서 혼자 있기를 요구하는 부인은 자신이 아직도 상징적으로는 그와 '함께' 있다는 증거로, 자기 파트너를 존중해 주기 위해 혼자 있게 해줄 수 있다. '자기 집'의 일부분은 부부팀을 만들어 내는 데 없어서는 안 되는 것이다. 이런 움직임은 반대로 몇몇 가사의 임무가 실행될 때 관측되는 움직임과 유사하다.(J.-C. Kaufmann, 1997) 가족의 옷을 다림질하면서, '함께' 사는 개인으로 있으면서, 부인들은 자신의 개인 세계로 도망갈 수 있다. 즉 무균 인큐베이터 같은 것을 만들어 그 속으로 도망감으로써 가정 세계로부터 피해 있을 수 있다. '함께' 있는 자아는 '혼자' 있는 자아를 숨길 수 있고, 그리고 그 역도 가능하다.

가족과 가족의 공간에서처럼 마찬가지로 신체도 둘로, 즉 사적인 신체와 '대중적인' 신체, 나중에 쓰려고 남겨둔 신체와 다른 사람에게 보여지는 신체로 나누어진다. 파스칼(27세, 대학입학자격 합격자, 법률 비서)[74]은 남편(27세, 사진작가)이 몇몇 상황에서만 욕실에서 자기 옆에 있어 주기를 진정으로 바란다. "제가 어떻게 화장하는지 그가 보고 있는 건 싫어요. 방해가 되거든요. 그이가 저를(앙케이트 조사원에게 눈을 고정시키면서) 이렇게 바라보면 전 화장을 할 수가 없어요." 그녀는 올리비에와 같은 시간에 방에서 옷 갈아입는 것은 받아들이고 있다. "더 더워요. 전 항상 그에게 키스하고 싶어지지요." 파스칼의 몸이 변화된다. 준비가 다 됐다. 이같은 신체의 이중성은 또한 아멜리(21세, 보조 리포팅)의 집에도 있다. 그녀는 남편(23세, 경영감사관)[75]에게 그런 것을 이해시키고 있다. "아침마다 제가 몸치장을 할 때 니코가 옆에 있는 건 싫어요. 그러나 제가 귀가해서 조용히 거품 목욕을 하고 있는 경우라면 아무런 문제없이 들어올 수 있어요. 주말에는 저는 목욕을 하고, 그는 변기에 앉아 있는 상태에서 함께 토론을 하는 경우도 있지요."

분장실에서 휴식하기

목욕은 사람과 시간에 따라 의미가 바뀌는 활동이다. 아멜리는 저녁에 그날 밖에서 있었던 일들을 벗어 버리기 위해 목욕할 때 파트너를 소외시키지 않는다. 그녀는 자신이 지닌 부부의 측면을 포함하고 있는 규정 속의 자기 자신으로 되돌아가고 싶어한다. 그래서 파트너는 욕실에 있을 수 있다. 그러나 목욕을 둘이 함께하는 경우는 극히 드물다. 작은 아파트에 설비되어 있는 욕조가 둘이 함께 목욕할 수 있을 정도로 크지 않기 때문이기도 하고, 무엇보다도 목욕하는 시간은 개별 시간으로 구성되기 때문이다. 개인 공간처럼 욕실의 용도 전환은 부부 침실의 용도 전환보다 더 수월하게 나타나고 있다. 공유 공간인 욕실은 공동체 생활의 상징인 침실과는 반대로 개인 자격으로 사용될 수 있는 특징을 지니고 있다. 이는 주루(28세, 변호사)[76]가 생각하는 것이다. "제가 선호하는 영역이오? 텔레비전 앞에서 바보가 되려고 깃털 이불을 푹 뒤집어쓰고 소파에 있는 거요. 기분이 아주 좋거든요. 아니면 욕조에 앉아서 책 읽는 것도 아주 좋아해요. 제 바람은 아주 큰 욕조가 있는 넓은 욕실을 갖는 거예요. 전 방보다는 욕실이 훨씬 좋거든요."

그들에게는 휴식의 기능에 더 가까움에도 불구하고 소파와 욕조는 동의어가 아니다. 예를 들어 안과 크리스토프(각각 25세, 사회과학 박사 과정; 25세, 영화학 석사 과정)[77]의 집에서는 소파가 공동체 생활의 주된 요소에 속한다. 여자에게는 '커플로서의 특별한 제스처'가 있다. "우리가 함께 텔레비전을 볼 때, 저는 앉고 그는 제 무릎에 머리를 대고 누워요. 그거예요. 그게 행복이지요"라고 여자는 말한다. 욕조는 좀더 개인적인 것이다. 남자는 "전 욕조를 더 좋아해요. 거기서는 하루 종일 있을 수도 있어요. 책을 읽을 수 있잖아요"라고 분명히 밝히고 있다. 안도 크리스토프가 자신을 항상 배우자로서 일차적으로 규정하지는 않는다는 것을 잘 알고 있다. ("거기는 완전히 사적인 시간을 가질 수 있는 곳이지요. 그는 제게서 완전히 벗어나 있는 거예요.") 휴가는 그들간의 차이점을 관찰할 수 있도록 해준다. 크리스토프는 안 없이 휴가를 보내고 있다. "그녀는 자기 할머니네에 있고, 전 제 가족과 있어요. 이 시기에 우린 독립된 생활을 하지요." 안은 마지막 문장에서 사용된 '우리' 란 표현에 이의를 제기하고 있다. 그녀로서는 그런 식으로 규정짓는 것이 쉽지 않기 때문이다. "독립된 생활을 하는 건 그 사람이죠. 전 할머니네 집에 있었고, 전화기 옆에서 기다렸어요. 그게 현실인 걸요." 안과 크리스토프는 비슷한 방식으로 그들의 정체성을 구축하고 있지 않다. 분명 이런 이유 때문에 그들은 결혼에 대해서도 마찬가지로 일치하고 있지 않다. 안은 개인의 정체성을 강조하면서 동거남을 공식적으로 소개해야 하는 것을 좋게 생각지 않기 때문에 결혼을 고려하고 있다. 그녀는 '그게 바로 제 남편이에요' 라는 표현을 강조하는 어투로 사용하는 걸 선호하는 것 같다. 크리스토프는 그런 견해를 가지고 있지 않다.

사적인 공간에서 몸은 다른 동거인을 위해 단장을 하거나, 아니면 편안한 곳에서 휴식을 취하고 있다. 몸은 예술가의 '분장실' 을 요구하고 있다. 우선은 화장을 하기 위해서이고, 다음에는 은둔하기 위해서이다. 고프먼에게 그런 과장되고 값진 유추의 사용이 가능하다면 그것은 개인의, 개인 고유의 정체성에 대한 핵심 개념이 어떤 집단에, 즉 커플에 가담하고 있음에도 불구하고 모든 유대 관계로부터 자유로운 자아를 가리키고 있다는 것이다. 즉 그것은 동거녀가 확인해 준 크리스토프의 '완벽한 사생활' 이다. 그렇기 때문에 커플 속에서 가장 개인주의적인 강력한 요소는 안의 경우에는 분명 회한의 뉘앙스로, 한 사람이 다른 한 사람의 주인이 되는 관계에 대한 향수로 타당해지고 있다.

각자의 자리

침대에서 한 자리만을 영속적으로 차지하는 것은 개인의 몸이 기준을 가지려는 요구 사항처럼 읽힐 수 있으며, 정체성을 유지하려는 신호처럼 해석될 수도 있다. 좀 늦게 일어나는 배우자가 아침마다 파트너가 데워 놓은 자리를 차지하며 놀 수 있기는 하지만——두 사람의 생활에 대한 여러 관심

중의 하나로 함께 나누었던——자신들의 몸이 함께했음에도 불구하고 개인의 소유로 남게 된다는 의미가 되는 침대의 자리를 서로 가지려는 경향이 있다. 사람들은 자기 방은 없어도 자기 자리는 가지고 있다. 실제로 커플들에게는 일반적인 경향이란 것이 있다. 즉 침대에서 고정된 자리를 차지하는 경향이 있다. 이런 할애에 대해서는 설명이 거의 필요 없다. 파스칼(27세, 법률 비서)과 올리비에(27세, 사진작가)의 경우에는 파스칼이 오른쪽에 자고, 올리비에가 왼쪽에서 잔다. "그렇지만 우리 서로 '넌 오른쪽을 좋아하니까 오른쪽에서 자, 또는 네가 왼쪽을 좋아하니까 왼쪽에서 자' 와 같은 말은 하지 않았어요." 그런 적용은 '자연스럽게' 이루어졌다. 자기 자리를 갖는 것은 널리 애호되고 있다——더구나 그런 할당은 관습을 가장 따르지 않는 커플에게서조차도 흔히 개인 협탁을 겸해서 가지고 있기 때문이다. 그렇기 때문에 샤를로트(23세, 예술대학 교양 과정)와 빅토르(25세, 광고실장)[78]는 침대에서는 고정석을 가지고 있지만, 먹을 때는 자리를 고정시키고 있지 않다는 것을 만족스러운 듯이 분명히 밝히고 있다. "잘 때만 고정석이에요."

침대에서의 자리 배분은 두 가지의 상이한 평가를 내리는 대상이 된다. 개인적인 신체의 관점에서 볼 때는 자기 자리를 항구적으로 가지려는 경향이 분명하다. 커플 이미지의 관점에서 볼 때는, 이런 할당은 인간이 자리와 역할과 혼동되고 있다는 신호일 수 있다. 이를 두려워하기 때문에 가장 현대적인 커플들은 오로지 침대에서만 이런 자리 할당을 제한하고 싶어한다. 다른 곳에서는 모든 자리가 정당하지 못하다. 그러나 이런 계획은 따르기가 힘들다. '사소한 습관들' 이 부부 세계의 질서를 꼼짝 못하게 경직시키기를 바라면서 위협을 가하고 있다. 멜로디(25세, 영업차장, 석사 학력)와 자크(26세, 철도 종사원, 대학 교양 과정 학력)[79]는 항상 똑같은 방식으로 소파에 자리잡고 앉기를 바라는 것 같지 않다. 그들은 이런 원칙들이 따르기 어렵다고 생각하기 때문에 그것을 오랫동안 지켜낼 수 있을 거라고 기대하지 않는다. "아직도 그런 식으로 있지 않아요. 그건 아마도 우리에게는 오래 가지 않을 거예요." 그전 일요일에 대한 얘기를 다시 시작하면서, 자크는 자기들이 습관대로 자리잡고 앉아서는 저녁에 영화를 봤다는 사실에 주목하고 있다. "일요일 밤 저녁에 영화라뇨. (웃음) 전 우리가 벌써 오래된 커플이라는 걸 깨달았어요." 함께 산 지 6개월밖에 안 됐는데 말이다! 우습게도 부모님을 다른 사람을 돋보이게 해주는 사람으로 생각하는 것은 또한 이 커플이 어려움 없이 잘 돌아가고 있음을 표명하는 것이다.

힘의 관계가 거의 순수한 상태에서 나타나고 있는 세번째 경우가 남아 있다. 좌석은 개인의 서열화를 기준으로 해서 명백하게 배분되고 있다. 티에리(23세, 기술학교 학생)와 케이티(22세, 상업학교 학생)[80]처럼 아주 젊은 커플의 경우에는, 남자가 케이티를 자기 집으로 받아들였다고 생각하고 있다. 저녁마다 티에리는 자기가 가장 좋지 않은 자리에 앉아야 할 이유를 모르겠다고 말하면서 소파에서 가장 좋은 자리라고 생각하는 곳에 앉는다. 케이티는 자신들의 대화에 대해 다음과 같이 결론짓고 있다. "제가 그 사람처럼 자리를 잘 잡고 앉아 있으면 그는 저를 쫓아내요. 그렇지만 반대로 그가 자리를 잘 잡고 앉아 있으면 전 그를 쫓아내지 않아요. 그게 차이죠." 티에리는 공간 자원을 억지로 불평등하게 배분하고 있다. 그래서 그는 자신의 정당한 주장을 이기적인 요구로 변질시키고 있다. 그는 다른 사람을 고려하지 않고 이동하는 사람으로 이해되고 있다.

2. 자아 통제

배우자가 서로 존중하고 있다고 느끼려면 정체성 변화와 연계성 있는 행동들이 시행되어야만 한다. 자율성과 독자성을 유지하기 위해서는 배우자로부터 인정받으면서 자기 자신을 분명하게 표명해 내는 것이 중요하다. 따라서 이런 사실은 어떤 개인적인 정체성이냐라는 것이 중요할 수 있다. 자기 자신의 '중요한 핵심'은 다른 사람이 인식하고 있는 것에 따라서만 의미를 갖기 때문에 아직도 부부 관계에 대해서는 상당한 부조리가 남아 있다. 그러므로 부부 생활에서는 다른 사람에게 자신을 받아 줄 수 있도록 하기 위해 정당성을 부여해 주는 작업이 진행된다. 그 작업은 자기 자신과 개별성 간의 유기적 결합을 가능케 해주고 있다. 이런 작업으로는 세 가지 방식이 파악되고 있다.

옷을 벗기

프랑수아 다시즈가 자신은 독립적인 생활을 할 수 있는 자유로운 남자가 되었음을 나타낸 장면은 유명하다.(C. Frugoni, 1997) 아버지는 그를 데리고 갔던 법정에서 모든 옷들을 벗어 버린다. 이 경우 탈의는 자기 희생이 아니다. 다시 태어나기 위해 필요한 시간이다. 많은 젊은 커플들은 상당한 요구 사항을 바탕으로 해서 커플을 형성하고 있다. 그들은 자기 부모의 가구, 즉 '쓰레기들' 을 가지고서 시작하고 있다.(E. Maunaye, 1999) 많은 것들이 (경제적인) 효용성을 발휘할 수 있는 상태가 아니다. 어떤 면에서 그들은 가장 개인적인 자신들의 표현을――적어도 일시적으로나마――포기하고 있다. 그렇기 때문에 그들은 두번째 단계로 가구나 물건들을 사서 약간은 부부의 것으로 만들 수 있다.

그들의 관계가 영구적일 것처럼 인식될 때 그들 서로가 가지고 온 초기의 지참물들은 보다 쉽게 불화의 원인이 될 수 있다. 마리-피에르(23세, 박사 과정 학생)가 크리스토프(26세, 대학입학자격 합격자, 원격감시 기사)를 만났을 때, 그는 이미 부모가 준 길고 낮은 궤를 하나 가지고 있었다. 그녀는 마음에 들지 않아서 없애자고 말하고 있다. "그건 그의 부모님 가구예요. 그렇게 좋을 리가 없죠. 젊은 사람들의 아파트에는, 파리지앵의 아파트에는 맞지 않아요. 전 우리가 살 수 있을 만한 다른 것, 이케아 스타일을 잡지에서 봤어요. 그리고 제가 사고 싶은 것을 그에게 보여 주었죠. 그러면 그는 자기 취향에 따라서 '좋아' 또는 '아니' 라고 말해 주었어요. 지금으로서는 아니지요. 그는 자기 가구를 굉장히 좋아해요. 항상 가지고 있었던 물건이니까요. 그는 감정적으로 그것에 애착을 가지고 있어요. 그게 아름답다고 생각하죠. 그의 가구잖아요. 저요? 전 조금도 애착이 가지 않아요. 전 그 가구를 우리가 함께 사게 될 다른 가구로 바꾸고 싶은 마음뿐이에요.[81] 그녀는 그렇게 될 거라는 희망을 버리지 않고 있다. 그녀에게는 이 가구의 출발이 그들 커플에 속한 하나의 단계인 것 같다. "전 그의 부모님이 주신 가구보다는 우리가 함께 고른 가구가 백 배는 더 좋아요. 우리들의 가구가 훨씬 더 좋죠." 그녀의 동거남은 이런 요구 사항을 이해하고 있다. "전 그 궤를 제 어머니께 다시 드리고 싶어요. 이 가구가 마리에게 조금 문제가 되고 있으니까요. 전 그 궤가 좋지만 그것말고도 우린 다른 무언가를 가질 수 있고, 그건 공동의 물건이 되리라는 것도 알고 있으니까요." 그녀의 선택 쪽으로 설득당해서가 아니라 조금 지나면 자신이 '오래된 물건이, 그러니까 조금은 역사가 있는, 조금은 옛날 것들이' 좋다고 밝힐 것이기 때문이다.

마리-피에르가 보여 주고 있는 궤의 거부 표현이 동거남에 대한 무관심을 나타내지는 않는다——그 궤는 시어머니를 너무 많이 상기시킨다. ("그건 가구 그 자체가 아니에요. 전 관심도 없고, 그것도 그렇게 나타나고 있으니까요. 그건 우리 가구가 아니에요, 그의 부모님 가구죠.") 그녀는 크리스토프의 수집물인 화석이 눈에 띄도록 하는 걸 수용하고 있다. "전 화석을 진열하는 것이 그의 기쁨이라는 걸 잘 알아요. 그래서 제가 저 위에 두었죠. 마지막으로 책 앞에 자리잡고 있는 한두 개의 화석이 제게 방해가 되지는 않거든요. 전 그게 골동품이라고 생각지 않아요. 그의 열정을 나타내는 것이라고 생각하죠." 그 화석들은 상속받은 것이 아니기 때문에 합법적이다. 즉 그것들은 그녀가 인정하길 바라는 동거남의 개인적인 정체성을 증명해 주고 있다. 그녀의 말에 따르면, 그녀는 아직 해내지 못한 균형을 재구축하기 위해 골동품 하나를, 거북 모양의 소형 휴대용 촛대 하나를 구입했었다. "마지막으로 전 거북 모양의 소형 휴대용 촛대 하나를 샀었어요. 전 골동품들을 좋아하지 않는데 말이죠. 그건 규칙을 확인해 주는 예외지요. 그건 제 인생에서 처음으로 산 골동품이에요. 그러나 그건 어쩌면 아주 개인적인 터치일 수 있다는 거, 맞아요. 이 방에는 진짜로 제 개인적인 물건들이 많지 않아요." 마리-피에르에게 이 방은 이중의 변화를 견뎌내고 있는 곳이다. 즉 이 방에는 배우자의 가정의 과거를 대신해 주는 부부 가구가 들어와 있고, 그리고 그들 두 사람이 존재하고 있음을 증명해 주는 물건들이 있다.

'자기 집' 과 '우리 집' 간의 유기적인 연결은, 남자와 (또는) 여자의 이전 과거가 지나치게 많은 비중을 차지하고 있지 않다면 아주 잘 진행된다. 다른 사람의 자아는 다른 사람의 시선(그리고 통제)하에 일부 만들어졌다면 더 많이 받아들일 수 있다. 비록 할와치(1925, 1950)와 베르거(1988)가 제시한 '백지 상태' 의 움직임이 부부 생활에는 존재하지 않는다 하더라도, 과거의 정체성은 조심해야만 한다. 이는 소피(23세, 인사관리, 고등 전문 연구 학위)

와 프랑수아(30세, 언론담당관)의 이야기에서 나타나고 있다.[82] 젊은 아내는 1년 동안 친구 집에서 살려고 들어왔다. 그후 그들은 새 아파트로 이사했다. 그래서 그녀는 남자 친구의 집에 있다는 느낌을 갖고 있지 않다. "프랑수아 입장에서는 제가 저의 집에 있다고 느끼는 바람이었죠. 제게는 더 이상 다른 누군가의 집에 있지 않다는 것이었고요. 프랑수아는 항상 자기 집에 있다는 느낌을 가지고 있었죠. 여기서는 그렇지가 않아요. 우리가 텅 비어 있는 아파트에 도착했으니까요. 우린 물건들을 보고 싶은 곳에 배치를 했지요. 함께 결정을 했어요. 그랬기 때문에 이건 우리들의 것이 되었어요."

소유 권한 완화하기

모든 재산——사물, 가구, 책 등등——이 하나의 공동 항아리 속에 담겨 있지는 않다. 커플은 선포가 원칙적으로 어떻게 이루어지고 있든지간에, 결코 부부 공동 재산 체제하에 살고 있지 않다. 세드릭(22세, 법률학 석사 과정 학생)은 어떻게 해서 그들이 모든 것을 섞을 수 있게 되었는지를 증명한 뒤에서야 어쩔 수 없이 그것을 인정하고 있다. 재산의 근원을 고려하지 않는 그는 (같은 나이에 자신과 똑같은 공부를 하고 있는) 동거녀의 소유인 작은 탁자는 예외라고 고백하고 있다.[83] "그녀는 제가 그 위에서 먹는 걸 좋아하지 않아요. 제겐 그런 것이 방해 요소가 되지도 않고요. 청소를 해야만 해요. 항상 그 테이블을 닦는 게 제게는 조금 우습게 생각돼요. 우린 작은 탁자를 더럽히지 않기 위해 큰 테이블에서 먹어야 하죠. 이 점에 대해 논쟁을 벌일 수 있었어요." 한번은 동거녀의 편에서 이런 요구 사항을 털어놓았을 때, 그도 또한 책을 자기 것으로 삼고 있음을 인식하게 되었다. "전 책하고 테이프에 집착하는 경향이 있어요. 반면 그녀는 단지 관심 있는 책을 읽을 뿐이죠. 저 또한 독서하는 것이 재미있어요. 그러나 전 책을 소유하고 만지는 것을 매우 좋아하죠. 그러니 무의식적으로는 책이 있는 코너가 아마도 조금은 더 저의 공간이 될 수 있을 거예요." 소유권의 의미는 집단 속에서 자아를 분명하게 표명시켜 주는 여러 기술들 중의 하나로서 부부 생활을 방해하고 있다.

이런 표명이 다른 사람을 불안정하게 하지 않아야 한다.[84] 다른 사람들의 소유물들을 '좋은 물건' 이라고 분리해 줄 수 있게 하는 규칙은 원래 없다.

모든 것이 수용하는 조건에 따라 달라지기 때문이다. 좋은 물건들은, 예를 들어 재물은 사랑하는 사람을 나타낸다고 생각하는 파트너를 통해 인정받고 있다. 클라우디(초등학교 교사, 결혼한 지 11년)가 보는 피에르(37세, 기자)의 파자마의 경우가 그러하다. "전 그 사람의 파자마가 좋아요. 그게 꼭 그 사람만의 소유가 아니라는 게 우습네요. 제게 파자마는 피에르가 방에 있다는 의미거든요. 그래서 가끔 방에 가서 파자마를 보는 경우도 있어요. 그의 일부가 있다는 건 안심이 되거든요."(K. Gacem, 1996) 다른 물건들은 강력하게 요구하는 말을 할까, 완곡하게 돌려 말을 할까 망설이는 감정이 들기 때문에 조금은 덜 쉽게 인정되고 있다. 엘렌(47세, 의사)이 그런 식으로 행동하고 있다. 그녀는 목록을 작성해서 쓸 때에 (조사 첫번째 단계에서) 책상이 자기 소유라고 분명히 밝혔는데, 앙케이트 조사자와 함께 방을 둘러볼 때에는 그녀의 두번째 남편(53세, 치료사) 앞에서 자신의 행동을 수정하고 있다. 엘렌은 '혼합된' 견해를 밝히고 있다. "[제 거냐고요?] 아니에요. 우리들 거예요. 그래도 제가 그걸 얼마나 좋아하는데요."(K. Gacem, 상동) 장-폴과 함께 공동 생활을 하기 전에 그녀가 구매했던 책상의 소유권이 자기 것이라는 생각은 의심할 필요가 없이 당연하다. 그러나 그녀는 말로는 함께 공유한다는 것에 동의하고 있다. 책상을 양보할 정도는 아니고, 자신도 동거남이 많이 집착하는 재산 공동 소유의 중요성에 대해 무관심하지는 않다는 것을 분명히 말해 주기 위해서였다.

물건을 매개로 한 자아의 표명은 지속적으로 계속되고 있다. 변화하는 것은 한편으론 그런 표명이 부부 생활의 장면을 바탕으로 해서 선포될 수 있는 방식이고, 다른 한편으로는 재산이 정체성의 가장 사적인 측면을 표현해 내는 다소 예의 있는 정도다. 자기 책상에 대해서도 사소한 규정을 가지고 있는 필립(47세, 교수, 재혼한 상태)의 경우를 보자. "이건 제 일생을 좇아다닌 물건이에요. 그건 아이방에 있는 제 책상에 대해 가졌었던 하나의 규정이에요. 신기한 것은 제 인생에서 여러 차례 책상이 사라졌었다는 거예요. 전 그것을 되찾았고, 그건 지금도 여전히 돌아와 있지요."(K. Gacem, 상동, p.81) 이런 규정을 가지고 있는 것처럼, 아니 샤를로트(22세의 학생, 35세의 조형예술가인 세바스티앵과 결혼)의 피아노[85]처럼 물건은 흔히 자아의 연속성을 나타낸다. 그들이 서로 만났을 때에 이 젊은 아내는 피아노를 치고 있었고, 반면 그녀의 남편은 오래 전에 피아노를 그만둔 상태였다.[86] 그들이 스튜디오에서 자리잡고 살 때에, 세바스티앵은 아내가 규칙적으로 연주를 할 수 있도록 해주려고 피아노를 한 대 샀다. 샤를로트는 집에 피아노를 두게 된 것이 너무 기뻤고, 학생으로서의 모습과는 또 다른 모습을 남편에게 보여 줄 수 있게 되어 기뻤다. 피아노의 존재는 세바스티앵에게 다시 연주하고 싶은 욕구를 주었다. 처음에 그는 귀가해 샤를로트의 경청하에 휴식을 위해 저녁마다 연주를 하였다. 피아노가 텔레비전의 자리를 대신해 주었다. 그러나 불행히도 샤를로트에게는 세바스티앵의 진전이 너무 빨랐고, 그래서 어느 날 저녁에는 울면서 그를 맞이하였다. 그녀는 그가 자신의 피아노를, 자신의 음악을 훔쳐 갔다고 원망했다. 자신의 진전에 눈이 멀어 행복했던 남자는 자기가 샤를로트의 영역을 조금씩 침범하고 있다는 것을 인식하지 못했다. 그녀의 눈에는 그가 자기를 이기려고 애쓰면서 경쟁 관계로 처신하는 것처럼 보였다. 샤를로트는 자신의 젊음과 직업 활동을 하지 않는 것을 열등한 모습으로 느끼고 있는 만큼 그를 더 나쁘게 생각했다. 이런 위기 의식이 있은 후에, 세바스티앵은 얼마 동안 그녀가 피아노를 독점하도록 내버려 두었다. 그러고 나서 그는 새로운 행동 규칙을 준수하면서 다시 연습했다. 샤를로트는 가족의 음악가이고, 그녀의 남편은 음악을 감상할 줄 아는 사람으로 자신의 역할을 제한하고 있다. 그는 연주하고 싶은 곡에 대해서 그녀에게 조언을 구하고 있다. 샤를로트는 자신이 혼자 있을 때나 남편의 면전에 있을 때 피아노를 자신을 표명하는 악기로 남기고 싶어한다. (그녀는 특히 이 영역에서 두번째나 막내가 되고 싶지 않다.) 그녀는 세바스티앵이 피아노를 연주하는 누군가와 함께 살고 있는 파트너의 자격으로, 그런 배우자의 자격으로 있겠다는 조건일 경우에만 피아노에 접근하는 것을 허용하고 있다. 따라서 피아노는 여전히 샤를로트가 때때로 처분할 재량권을 지닌 소유물로 남아 있다.

'자기 집'이 존재하기 위해서 파트너는 손님맞이 공간을 만드는 데 일부를 분담할 필요가 있다. 다시 말해, 가족의 사생활의 초기처럼 폐쇄되고 아담한 내부 공간이 아닌 개인적인 활동이 개방되는 의미에서의 공간이 있을 필요가 있다는 것이다. 개인의 활동이 개방되는 공간에서는 개인 활동들이 부부의 감정과 양립할 수 있어야 하며, 그것도 또 다른 모습의 자아와 함께 양립할 수 있어야 한다. 이런 단계에서 두 사람의 자아 표명은——샤를로트와 세바스티앵의 자아 표명——균형을 이루지 못하고 있다. 서로 경합을 하고 있기 때문이다. 이 부인은 개인 소유물이 집단 재산으로 변화되었음을 인식하지 못하고 있다. 그녀는 자기 영역이 일시적으로 조금 침입받는 것을 수용하고는 있지만, 그래도 소유자로 남으려고, 주사용자라는 지위를 가지려고 노력하고 있다. 반대의 경우 커플 내에서의 자신의 입지를 염려하기 때문이다.

파트너의 인정받기

마리-피에르(23세, 박사 과정 학생)는 크리스토프(26세, 대학입학자격 합격자, 원격감시 기사)가 중앙에 위치한 방에 있는 가구에 몇몇 화석들을 놔두고 있음을 인정하고 있다. 그녀는 남편의 자아가 지나칠 정도로 많이 침범하게 될까 봐 항상 염려하기 때문에, 그가 열정을 가지지 않도록 만들고 있다. "만약 제가 오후 시간에 그 사람 혼자 있게 내버려두었다가 그 자리로 되돌아오면, 전 제 책장에 새로 나타난 화석들을 보게 돼요. 그럼 그이에게 '안 돼, 선반마다 하나씩만 둬' 라고 말하는 경향이 있어요. 제가 참기가 힘들거든요." 이 젊은 아내는 크리스토프의 세계에 동화되지 못하고, 화석은 여전히 그의 소유이다. 반면 예를 들어 그가 음반을 구매하거나 그녀가 책을 샀다면, 그건 공동 재산이다. "제가 만약 '그걸 산 건 나니까, 그건 내 거야' 라고 말하지 않을 물건을 구매하게 되는 경우, 전 우리가 함께 산 이후부터는 원칙에 근거해 처신하고 있지요. 맞아요, 그건 우리들의 것이에요. 그런 경우가 아니면, 그러니까 그이가 화석 하나를 사게 되면, 그건 그 사람 거 맞아요. 전 그게 매우 멋지고 완벽하다고 생각할 거예요. 그래도 그건 그 사람 소유가 될 게 분명하답니다. 마치 제가 제 옷을 하나 산 것과 같은 경우겠지요. 옷은 저를 위한 것이 분명하니까요."[87] 그러므로 마리-피에르는 화석과 옷은 동등한 것으로 동치 관계를 구축하고 있지만, 화석과 책 또는 음반과의 관계는 대등하지 않다고 보고 있다. 그녀에게는 두 종류의 개인적인 물건이 존재하고 있다. 하나는 두 사람이 소유하면서 두 사람 중의 한 사람에게 특히 더 많이 어울리는 것이고, 또 다른 하나는 엄밀히 개별적인 것들이다. (반쯤은 개인적이고, 반쯤은 공동체적인) 혼성 물건들은 공동 공간에 전시될 수 있다. 반면 개인적인 물품들은 신중을 기해서 정돈되어야 한다. 의상이나 화석이 정돈되어 있지 않은 것은 책이나 음반들이 정돈되어 있지 않은 것보다 더 짜증스럽다. 그것들이 가지고 있는 입장이 다르기 때문이며, 훨씬 더 불편하기 때문이다. 널브러져 있는 옷이나 화석은, 적어도 배우자 중의 한 사람이 '부부' 상태라고 규정한 질서를 흩뜨려 놓고 있다. 다시 말해 똑같은 방식으로 커플에게 적응되지는 않지만 물건들이 (넓은 의미에서) 두 사람의 소유라는 것이다.

마리-피에르가 남편과의 연구를 자신을 위한 활동으로 만들었다면, 분명 화석들이 덜 귀찮았을지도 모른다. 그녀는 화석 연구를 자신을 위한 활동으로 만들지 않은 채 참여하려고 시도했었다. "전 열중하고 있는 게 없는데, 그이는 두 가지나 열정적인 취미를 가지고 있어요. 고고학적인 화석들과 낚시에 열성적이죠. 그이를 따라다닐 수가 없어요. 시도는 해보았어요. 근데 제겐 재미가 없더군요. 저도 그이를 좇아다닐 수 있도록, 그이와 동행할 수 있을 정도로 주말마다 함께 뭔가를 할 수 있을 만큼은 열성을 갖고 싶어요. 그이도 제가 그 사람의 애착 분야에서 그이를 따라다닐 수 없다는 걸 알고 있어요." 마리-피에르는 남편과 똑같은 것을 좋게 평가할 수 있도록 자신의 정체성을 변모시키는 것이 불가능하므로 다음과 같은 결론을 내리고 있다. "그래서 그이는 [자신이 좋아하는 열정을] 혼자서 충족시키고 있어요. 이게 변화되었으면 정말 좋겠어요. 그렇지만 전 그이가 조약돌을 찾고 있는 들판에서 혼자라도 자기 시간을 가질 수 있는 게 좋다고 생각해요. 그동안 전 부모님을 뵈러 간다거나 친구들을 만날 수 있죠. 우리에게는 이와 같은 일시적인 공간이 조금은 있어요." 이런 논리를 통해서 그녀는 그러한 공유 활동을 하지 않으면서도 그 활동을 정당화시키고 있다. 그녀는 '우리들의'란 표현을 사용하며 서로 각자의 시간으로 지칭하고 있는데, 그 표현은 이 연구에서는 의미가 있다. "한편으로 전 많은 걸 공유하길 바라요. 또한 다른 한편으로는 우리가 각자 자기 일을 가질 수 있다는 게 잘된 일이라고 생각하고요. 이는 우리에게 좋은 공간을 조금씩은 가질 수 있도록 해주고 있잖아요." '우리에게 좋은' 이란 표현은 여기서 '자신에게 좋은' 이란 의미를 분명 포함하고 있으며, 그러면서도 동시에 그 표현이 부부로서도 합법적으로 유효하다는 것을 가리키고 있다. 이런 사실은 화석이 부부 공간을 지나치게 많이 차지할 수 있다고 허용해 주기에는 충분치 않다. 그렇다고 해서 화석이 커플 소유의 물건이 되는 것은 아니다. 그건 여전히 '개인적인' 것이다. 물건은 그들 개인 소유물들 중에서 상당히 중요한 부분을 상실하지 않는 조건일 경우에 한해서만 무질서하지도 침범하지도 않은 상태로 공간을 차지할 수 있는 것 같다. 작품의 주인이 누구든지간에 공동 공간에 장식되려면 두 사람의 사인이 있어야 한다.

또 다른 수집품은, 개인 물품을 '우리 집' 안으로 받아들일 수 있도록 하기 위해서는 부부간의 법적인 유효성을 인정받는 작업이 필요하다는 것을 확인시켜 주는 우여곡절을 겪었다. 제롬(목공인)——6년 전부터 실비(인문학 석사 과정 학생)와 함께 살고 있다——은 맥주와 관계 있는 모든 것, 특히 기네스(Guinness) 상표를 수집하고 있다. 예를 들어 맥주잔, 잔, 칠보 세공한 배지, 4분의 1리터들이 맥주잔들, 광고들, 술집의 천조각들.(L. Soret, 1996) 제롬은 아파트의 자기 세계를 온통 그런 열정의 수집품들로 가득 채울 수 있다. 그러나 실비가 제한하고 있다. 그는 거실에 있는 장식장 위, 화장실, 그리고 출입구에만 그런 수집품들을 장식할 수 있다. 그러나 방에는 그런 것들을 장식할 권한이 없다. 두 사람은 조용하기는 하나 분명 언쟁을 벌였다. 제롬은 수집품들을 진열해 놓으려 하고, 언제나 그것들을 눈에 더 잘 띄게 두려고 애쓰고 있다. 실비는 이런 취미를 관대하게 보아넘기고 있기는 하나 공유할 수 없는 취미이기 때문에 그건 너무한 것이라고 생각하고 있다. "제게는 끔찍한 것들이에요. 그래서 전 그에게 끔찍스러운 것들이 집 여기저기에 있지 않았으면 좋겠다고 말했죠." 또한 그녀는 제롬의 공간 점령 수위를 끊임없이 통제하고 있다. "규칙적으로 전 그 사람에게 말해요. '이건 벽장에 있는 게 좋겠고, 이건 상자 속에 들어가 있는 게 좋겠어' 라고." 그의 수집품들은 대부분 부모님의 지하 창고에, 벽장 속에, 가구 밑 상자 속에 숨겨져 있으며, 실비가 후에 좀더 큰 아파트를 가지게 되면 약속한 것, 즉 방 하나에 기네스를 펼쳐 놓아 '박물관' 처럼 만들어 준다는 그 약속의 방을 가질 수 있기를 기다리고 있다. 제롬은 용기를 잃지 않고 있다. 그는 아내의 명령을 지키기 위해 새로운 물건들을 거두기 전에 일주일 정도를 찬장 높은 곳에 진열해 두고 있다. 실비는 자신의 물건으로, 즉 골동품으로 거실의 부부 영역을 표시하고 싶어한다. 다시 말해 (그녀의 말에 따르면) 찬장 높은 곳의 맥주잔들 사이에서 설 자리를 잃어버린 작은 고양이, 즉 '불쌍한 것' 으로 그녀는 영역 표시를 하고 싶어하고 있다.

열정은 개인 정체성의 일부다. 정신 노동은 (상당 부분) 법규상의 정체성을 가리키고 있다. 그것은 또한 어떤 자리를, 즉 이동 가구를 둘 자리를 요구하고 있다. 예를 들어 아파트의 하나뿐인 방에 책상을 가지고 있는 어느 부인(28세, 문학부 학생)은 책상 위에 책이며 강의 자료들, 개인 자료들을 놔두고 있다. 그리고 남편(31세, 음악가)[88]은 그곳에 접근하지 않는다. 그러나 그녀는 그 책상에서 공부하지는 않는다. 그녀는 다른 작은 테이블에 앉는 것이 더 좋다며, 그 책상을 좋아하지 않는다고 분명히 말하고 있다. 그녀는 그 책상을 (마치 손가방을 보유하듯이) 개인 소지품을 보유하는 것처럼 생각하고 있다. 그것 또한 흔히 다른 의미를 지니고 있다. 즉 정체성이 선포되어 있는 표시물이라는 것이다.[89] 그것을 (소유물의 의미로) 소유하고 있지 않다는 사실은, 그것이 정신적인 측면을 포함하고 있는 어느 정체성을 요구하는 경우라면 파트너 중의 한 사람에게 나쁘게 체험될 수 있을 것이다. 대학 공부를 재개했던 프레디(29세, 안전관리인)와는 달리 책상을 가지고 있지 않는 샤를로트(24세)의 경우가 그러하다.[90] 관리 보조원인 그녀는 그런 영역을 가지고 싶어한다. 그리고 이런 불평등을 이해하지 못하고 있다. "책상은 그의 것이에요. 예, 그 사람 거죠. 그이가 이 공간을 차지하고 있으니까요. 샘이 나요. 저도 절 위한 책상 하나를 갖고 싶어요. 그러니까 그건 그 사람의 것이 되고 마는 거죠." 그녀의 남편은 관대하게 대하고 있다고 생각하고 있다. "샤를로트가 서가 작업을 할 때 사용하고 있는데, 전 아무 말도 하지 않아요." 이 부인은 사용 권한과 소유 권한이 등치 관계라는 것을 인정하지 않고 있다. 그녀에게 관심 있는 건 자신의 사회적 신분에 대한 인정이었다. 즉 프레디가 소유하고 있는 것과 같은 그런 장소를 인정받고 싶어했다. 그녀는 그이와 마찬가지로 자신도 그럴 가치가 있다고 생각하고 있다. 이런 공간을 둘러싼 논쟁은 그들 커플이 어떤 내적인 경쟁 관계를 지니고 있음을 의미한다. 샤를로트는 프레디가 공부를 재개했을 때 자기 자신의 일부를 상실하게 될까 봐 염려했었다. 그럼에도 불구하고 그녀는 그런 변화에 동의하고 있다. 프레디에게 책상이 없던 때에는 샤를로트도 책상을 갖지 않을 수 있었다. 그러나 그가 책상 하나를 가지게 되면서부터 그녀는 책상이 없으면 위태롭다고 느끼게 되었다. 그때부터 상호성은 타당성의 작업이 실현될 수 있도록 꼭 필요한 것이 되었다.

중 간

공식적으로 공유하고 있는 아파트에서 개별적인 공간 창출로 인해 발생된 집단 공간의 제한은 언제나 자아 표명에 대한 정당한 작업을 요구하고 있으며, 가끔 몇 가지 문제를 제기하고 있다. 부부 관계에는 불안정한 (그리고 변화하는) 방식의 두 가지 규준이 공존하고 있다. 다시 말해 자기 자신이고자 하는 권리와 두 사람의 생활에 대한 요구가 공존하고 있다. 이들의 유기적인 결합은 융화의 상태로도, 분리의 상태로도 만들어지지 않고 있다. 반대로 그것들의 결합은 두 가지 해결책에 대한 이중 부정을 바탕으로 해서 이루어지고 있다. '좋은 교육' 이란 정의가 바로 권위주의와 자유방임 사이에 놓여 있는 것처럼 말이다. 중간은 현대 가정의 규범적인 지평선처럼 구축되고 있다. '자기 집' 이 너무 많으면 다른 사람에 대한 무관심을 드러내는 것 같고, 그리고 '우리 집' 이 너무 많으면 확실히 숨막히는 위협을 나타내는 것 같기 때문이다.

3. 개별성과 집단

자기 공간에 있는 커플에 대한 분석은 사회학에서 다른 클래식 이중주곡의 어떤 측면을, 다시 말해 개별성과 집단에 대한 여러 가지 측면을 이해할 수 있도록 도와 주고 있다. 이 두 용어의 관계를 이해하려면 개인이 먼저 존재하는지, 아니면 집단이 먼저인지 아는 것으로는 충분치 못하다.[91] 그리고 이 둘간에 힘의 균형을 고정시키는 것으로도 충분치 못하다. 즉 '나' 와 '우리' 의 힘의 균형을, 개인주의의 표명과 사회 관계 추구와의 힘의 균형을 정하는 것으로는 충분히 이해할 수 없다. 그러므로 개인에 대한 정의가 어떻게 해서 사회의 본질, 그러니까 집단에 대한 정의와 양립할 수 있는지를 또한 연구해야만 한다. 우리는 방금 어느 현대인의 커플이 잘 지내기 위해 그 구성원들이 어떻게 해서 자신을 변모시키고 있는지를 보았다. 그들은 자신들의 정체성의 일면들을 (특히 지난 과거의 정체성의 일면들을) 보여 주지 않으면서, 그리고 다른 사람의 요구를 고려하면서, 간단히 말해 집단의 구성원이 되기 위해 사회화시키면서 자신의 모습을 바꾸어 나가고 있었다. 두 용어 사이에서 조절을 하기가 어려울 때, 두 자아가 공동 지역을 규정하지 못했을 때, 그리고 파트너 중 한 사람이 다른 한 사람을 너무 '이기주의적'이라고 판단할 때, 또는 커플로서의 바른 행보에 지나치게 무관심하다고 판단될 때, 그럴 때 또 다른 과정들이 개입되고 있다.

혼합된 증거

집단 구성원 각자의 공헌이 혼합되어 있는 공동 세계를 만들어 내는 것은 아니더라도 공동체에서 끄집어 낼 수 있는 독특한 방법이 두 가지 있다. 커플 서로가 자신들의 가치, 자신들의 물건에 집착할 경우, 그 둘의 세계가 함께 있음——부부의 시선이 문제가 된다——을 표명하면서 두 세계를 나란히 배치시키기로 결정할 수 있다. 그렇게 함으로써 그들은 상호 존중을 바탕으로 한 균형을 이루면서 공동 세입자들의 평화로운 공존을 가시화하기로 결심할 수 있다.

첫번째 방법은 앙케이트 초기에[92] 아파트를 방문했을 때 찾아볼 수 있었다. 거주자들은 공동체가 존재하고 있음을 증명해 보이기 위해 벽장을 자주 열어 보이곤 했다. 세드릭(다리아와 함께 산다. 22세, 둘 다 법학부 학생)의 경우가 그러하다. "옷장에 물건이 섞여 있어요. 완전히 그런 건 아니지만요. 그래도 옷장 하나에 모든 게 다 들어 있어요. 우린 옷장을 각자 가지고 있지 않아요. 그녀도 자신의 공간을 가지고 있지 않고, 저도 마찬가지예요. …… 모든 게 우리 둘의 것이에요. ……찾겠다고 애쓰지 마세요. 분리되어 있는 게 많지 않으니까요." 아멜리(21세, 보조 리포팅)는 유머스럽게 대단한 쇼를 해보였다. "이건 아주 멋진 벽장이랍니다. 제 물건들이 들어 있지요, 그의 물건들, 제 물건들, 그의 소지품들, 제 소지품들, 이해하겠지요? 우리는 우리의 자리를 각자 가지고 있지 않다고요! 꼭 그런 건 아니죠. 거기엔 그 사람의 풀오버들, 제 것들이 있어요. 섞여 있지요. 욕실도 비슷해요. 우리 소지품들이 모두 섞여 있어요. (가구 선반을 가리키면서) 저거는 그 사람 거, 저거는 제 거. 여기도 마찬가지로 우리 두 사람의 것이 있어요. 칫솔도 같이 있고요. ……주로 쓰는 방에는, 이건 우리들의 가구예요, 모든 게 들어 있어요. 우리들의 책, 우리들의 음반, 우리들의 소지품들, 컴퓨터, 가방이 있지요." 이 부인은 공유 소지품들 중에서 '우리들의 것' 과 각자의 소지품들이 섞여 있는 현상이라는 두 가지 양상으로 나타나고 있는 공동체를 강조하고 있다. 이 커플에게는 상대가(특히 상대도 그런 소유와 상응하는 것을 소유하고 있기 때문에) 개별성을 당연한 것으로 인정해 줄 경우 그것은 공동체의 일부로 여겨지고 있다. 아멜리의 표현은——혼합——성공적으로 섞여 있음을 의미한다. 그것은 '우리들의 것' 에 '자신의 것' 이 유기적으로 연결되어 있다는 이중적인 감정을 만들어 내고 있다.

구분을 짓는 관대함

공동 장식을 할 때 의견 일치를 보지 못한 커플은, 각자의 기호가 가시적으로 드러나도록 해서 서로에 대한 관용 정신을 표면화시키기로 결정할 수도 있다. 그렇게 해서 새로운 세계를 만들어 내지 못하면, 공동체는 도덕적인 공동 가치를 기반으로 해서 구축된다. 올리비에(27세, 사진작가)와 파스칼(27세, 법률 비서)이 채택한 선택을 보자. 올리비에는 아내의 할머니가 주신 골동품을 눈에 잘 띄는 곳에 놔두는 것을 무덤덤하게 승낙했다. 그는 그렇게 하는 게 양보라고 분명히 밝히고 있다. 그러나 파스칼은 그 단어를 인정하지 않고 있다. "그건 대화가 아니에요. 아니죠. '자, 네가 그걸 나한테 줄 거니까 난 좋아. 다행히도 그건 아니야' 라고 말했으니까요." 파스칼은 명백한 등치 관계 원칙들로 계산하고 싶지는 않다. 그녀는 자신의 취미가 이상적으로 승인되어 수용되기를 바라고 있다. 그러나 올리비에는 그녀에게 그런 만족을 채워 주지 못하고 있다. "만약 유쾌하지 않는 것을 가져야 하는 것이 그녀를 즐겁게 해주는 것이라면 드라마틱하지 못하군요." 젊은 아내는 양보라는 말을 버리고 싶었지만, 올리비에의 선택에 이의 제기를 함으로써 그에 비견할 만한 태도를 보여 주고 있다. "전 그의 어항을 받아들이고 싶지 않았지만 어찌됐건간에 받아들였어요. 그게 끝이에요. ……그건 폐쇄된 정어리 깡통 하나와 물이 들어 있는 어항인데, 그게 예술이라뇨!" 할머니의 골동품과 기름 낀 정어리들은, 이 두 파트너가 서로 공동 장식을 열심히 만들지 않으면 그것들을 인정해 주지 않은 상태에서 서로의 차이점들을 받아들이고 있다는 증거로 구체적으로 나타난 형상물들이다.

18평방미터 크기의 집에서 자신들의 표지물들을 찾아보기 힘든 스테판(25세, 요리사)과 아그네스(22세, 학생)의 경우에는 상반되는 그들의 두 세계가 공존하고 있다. 아그네스는 상반되는 두 세계가 또 다른 차이를 의미한다고 생각하고 있다. 서로가 '조금도 똑같은 교육을 받지 않았고, 똑같은 생활 수준이 아니었기' 때문이라는 이유에서이다. "가끔은 서로 이해하지 못하기 때문에 힘이 들어요." 그들은 결국 서로 일치를 보지 못했기 때문에 존중이라는 미명하에 상당히 큰 포스터 두 장을 한쪽 벽면에 붙여두었다. 젊은 아내는 이를 다음처럼 설명해 주었다. "전 우리가 둘이라는 원칙에서부터 시작했어요. 제가 건스 로즈를 그리 좋게 평가하지 않는 건 사실이에요. 그래도 그는 저와 함께 살고 있고, 전 그가 가진 것으로 그걸 선택한 거예요. 그게 조금은 다르기 때문에 섞는 데 문제가 될 수도 있어요. 그러나 왜 한 사람은 자기가 좋아하는 것을 걸어둘 수 있고, 다른 사람은 그러면 안 되는 거죠?"

세번째 커플에게는 나란히 병렬해 두는 것이 의미를 변화시키고 있다. 나란히 병렬시켜 두는 것은 상당한 대립 속에서 합의를 보았다는 확인이며, 그리고 그 장식품에 대해 해명하고 있다.(L. Soret, 1996) 그건 관용의 의미를 표명하고 있는 게 아니다. 오히려 집 안의 공간을 위해 부부간의 언쟁이 있었던 순간을 표시해 주고 있다. 언쟁의 대상이 된 물건은 거실 소파 바로 위에 있었다. 거기에 클림트의 석판화 작품 〈키스〉와 콩코드 비행기 사진이 걸려 있다. 첫번째 액자는 학생인 코랄리의 것이고, 두번째는 항공통제사인 로랭의 것이다. 젊은 아내는 이 복제품들이 서로 가까이에 있는 것을 보고 있기가 괴롭다. "전 콩코드 사진이 전혀 어울리지 않는다고 생각해요. 끔찍하다고요. 그 그림이 로랭의 방에 있는 게 더 좋을 것 같아요. 콩코드 사진은 멋져요. 그렇지만 전혀 어울리지가 않는걸요. 다른 그림이 걸려지길 고대하고 있지요. 그림들은 그의 것도 있고, 제 것도 있어요. 제 것은 처음에는 그가 조금도 좋아하지 않았는데, 지금은 그 그림에 익숙해져 있어요. 그러나 제 그림 옆에 있는 그의 그림에 조금도 익숙해지지가 않아요. 그건 정말이지 결코 어울리는 그림이 아니거든요. 그의 그림은 그 사람 방으로 가야 해요." 코랄리는 그들이 일반인들에게 공개하는 집 안의 장소에서 로랭의 것을 제외시켜, 그의 세계로 보내고 싶어하고 있다. 남자도 그걸 알고 있다. 어느 날 그녀가 없는 동안에 그는 이 두 액자를 걸어 놓았다. 그는 콩코드 액자를 당장 떼어내라던 아내의 반응을 생생하게 기억하고 있다. 그러나 그는 나사못을 보는 것보다는 그래도 훨씬 보기 좋다는 구실로 거부했다. 자신의 기호가 탁월하다고 확신하는 그녀는 아파트 장식을 도맡아 하고 있다. 하지만 그녀는 로랭의 방에 배터리와 체인을 놔두는 전문가로서, 아파트의 기술적인 설치 부분은 로랭에게 일임시키고 있다. 사적인 공간에 다문화주의가 그렇게 쉽게 수용되지는 않고 있다.

지나친 부주의와 그 이면

부부의 차이는 문화적인 원인말고도 또 다른 이유로 인해 파트너 중의 한 사람을 귀찮게 할 수 있다. 부부의 차이는 커플 생활 속에서 정신력을 집중하는 정도의 변화로 해석될 수 있다. 이런 시각에서의 무질서는 참기 어려운 것이다. 체계적인 질서에 더 크게 민감한 반응을 보이는 남자 또는 여자는, 상대가 행동을 변화시키려는 노력을 하지 않는 것을 이해하지 못한다. 소지품들이 널브러져 있는 걸 가만히 내버려둔다는 것은 지나칠 정도로 부주의하다는 신호로 이기주의의 증거가 되고 있다. 아그네스(학생)는 스테판(요리사)의 행동에 그런 식으로 반응을 보이고 있으며, 그리고 그녀의 표현을 빌리자면 동거남의 책임에 속하는 것들을 자신이 어쩔 수 없이 해야 한다고 느끼고 있다. "전 텔레비전 앞에 앉아서 정돈 안 된 제 테이블을 보는 걸 좋아하지 않아요. 싫어요. 못 참겠어요. 옮겨 온 뭔가가 있으면, 그건 곧 시장이 돼버려요. 그는 정돈하는 법이 없어요. ……그게 화가 나요. 저를 도와 주는 게 아니잖아요. ……한번은, 이번 주예요, 저 혼자 정돈을 하는 데 지겹더라고요. 그래서 저도 앉아 있었죠. 인형극이 끝난 뒤에 그가 저한테 그러는 거예요. '뭐하고 있는 거야?' 라고. 전 대답했죠. '아, 아, 치워야 할 사람은 내가 아니야. 당신이 일어나서 치워' 라고요. 전 정말이지 그에게 그런 말을 할 필요가 없었으면 좋겠어요. 이게 다 그가 한 것이라고 말예요." 아그네스는 '이 일을 그가 한 게 아니라는 것에,' 자신이 두 사람을 위해 부부의 행복이라고 여기고 있는 것을 생각하도록 강요받는 것에 실망스러워하고 있다. 그녀는 욕실에서의 스테판의 행동 또한 참지 못하고 있다. "그와 전쟁을 한다니까요. 아침마다 그는 씻을 때 물을 여기저기에 흘려요. 스폰지가 있다는 걸 생각지 않나 봐요. 제가 스폰지를 놔뒀거든요. 그런데도 그는 물기를 거둬 내기 위해 살짝 두드려 줘야 한다는 생각이 안 드나 봐요. 그래서 그와 싸우죠. 결과요? 똑같아요. 그는 저를 무시하고 싶은가 봐요. 그걸 하라고 그 사람 뒤로 가는 게 옳을 수도 있죠. 그러나 그렇게 하는 건 화가 나요. 그래서 제가 해버려요. 그가 나온 다음에 욕실로 가서는 그를 불러서 '당신 봤지' 라고 말하죠. 그럼 그는 '응' 그렇게 대답해요. 그러고는 끝이에요." 아그네스는 남편이 변하고 싶어하지 않는다는 사실은 부부의 구성원이 아님을 보여 주는 것이라고 생각하고 있다. 그러니 욕실에서 감정이 폭발하는 것은 바로 그녀의 자아다.

불평 내용이 바뀌는 것을 넘어서서 배우자에게 말하는 비난의 의미는 이야기할 때 언제나 똑같다. 배우자의 표적이 된 '죄인' 은 지나치게 개인적인 습관을 즐기고 있다고 비난받고 있으며, 둘이 사는 인생의 구속을 충분히 고려하지 않고 있다고 비난받고 있다. 그래서 화가 난 사람은 상대 배우자가 해야 할 것을 자신이 해버리고 만다. 화가 난 사람은 (사건 해석을 하면서도 여전히) 아직까지도 오히려 더 '부부의' 상태로 남아 있으며, 마지막에는 두 사람을 위한 부부가 된다. 그 사람은 부부의 일원임을 망각하는 또 다른 자신이 침범하는 것에 맞서 대항하고 있다. 남편(25세, 기술영업원)이 침대 협탁이나 찬장에 숨겨두고 있는 '소소한 물건들' 이 무질서하게 있는 것에 짜증이 난 아그네스(24세, 무역상담원)의 감정이 그런 경우다. "제가 그 위에 누워 있을 때 그 물건들이 아무 데나 놓여 있는 걸 보는 게 조금은 지겨워요. 그래서 전 그것들을 보이지 않는 곳에 넣어두고 있어요." 이 부인의 경우에는 파트너의 자아가 너무 크게 확장되는 것을 거부하기 때문에 그 물건을 숨겨둠으로써 잊어버리고 싶어한다.

정돈을 하지 않는다는 나쁜 행동 때문에 비난을 받은 파트너도 저항할 수 있다. 그 사람은 자신의 행동이 '무질서' 의 분류에 포함되는 것에 이의를 제기하고 있다. 예를 들어 샹탈(27세, 경영보좌관)과 크리스티앙(29세, 상무보좌관)[93]의 집에서 샹탈은 경찰관 역할을 하고 있으며, 크리스티앙에게는 범죄인 역할을 주고 있다. 크리스티앙은 샹탈도 마찬가지로 약간은 무질서를 만들어 내고 있기 때문에, 그녀의 집에서는 이론과 실제 사이에 모순이 존재하고 있음을 강조하며 짓궂은 희열을 느끼고 있다. 세상과의 관계는 다른 사람에게 주의를 하는 태도로 이해되고 있다. 모든 게 문제가 되고 있다. 테이블 발치에 있는 빵 부스러기조차도 샹탈이 보게 되면 문젯거리가 된다. "우린 지금 식사를 하고 있는 중이에요. 제가 크리스티앙이 먹는 것을 보다가 바닥에 떨어지는 빵 부스러기 하나를 보게 되겠죠. 그럼 그 빵 부스러기를 쳐다보는 거예요." 그녀의 남편은 그녀도 빵 부스러기를 떨어뜨린다는 것을 증명함으로써 자신을 옹호하고, 그녀는 그런 사실을 마지못해 인정해 주고 있다. "여러 번 그러고 나면, 그는 제게 '됐어, 그만해. 내가 진공청소기 돌렸어. 나도 네 주변에 어느 정도인지는 모르겠지만 빵 부스러기가 떨어져 있다는 걸 알게 됐어' 라고 말해요. 전 이해할 수 없었죠. 제가 빵 부스러기를 떨어뜨렸을 수도 있겠죠. 그를 괴롭히고 있다는 느낌이 들었어요. 그래서 그에게 '만약 당신 맘에 들지 않는 게 있으면 고칠 수 있도록 나한테 얘기해 줘' 라고 말했었죠. 조심하면 늘 좋은 기분으로 있을 수 있잖아요." 이 남자는 샹탈에게 나쁜 인식을 심어 주면서 그녀가 과장하고 있다고, 어쩔 수 없는 개인적인 일탈을 그녀가 수용해야 할 것 같다고 지적하면서 상황을 뒤집어 놓고 있다. 서로 싸우고 싶지 않았기 때문에 샹탈은 되도록 지적을 적게 하려고 애쓰거나, 아니면 적어도 남편의 반응을 수용하고 있다.[94] 그리고 크리스티앙은 그녀를 좀더 즐겁게 해주려고 맞춰 주고 있다. 특히 그녀 앞에 있을 때는 더 그렇게 하고 있다. 그는 욕실의 예를 들고 있다. 그가 '바닥 청소용 마포 조각' 이란 용어를 사용해 지칭하고 있는 욕실 양탄자나 바닥을 더럽히지 않기 위해서, 그는 신발을 신고 욕실에 들어가서는 안 되는 예를 들어 보이고 있다. 그는 지키려고 노력하고 있다. "가끔은 시도하고 있어요. 가끔은 그런 사실을 생각지 못하고요. 그녀가 집에 없을 때는 지나쳐 버려요. 그러나 그녀가 옆에 있다고 느껴질 때에는 그래도 시도는 하죠. 우린 서로가 기분 좋게 목표를 수정하려고 애쓰고 있어요." 한편으로 이 남자는 아내가 말한 규칙이 정당하다고 인정하고 있다. 다른 한편으로는 경멸조로 사용되는 표현 때문에 반박하고 있다. 이 시점에서 왜 마포 조각 하나를 염려해야 하는 거지? 그는 지나치다는 생각이 드는 것을 가능한 한 빈정거리는 미소를 지으며 관대하게 받아들이고 있다. 그는 비난받는 사람이 비난하고 있는 사람의 행동에 대해 지적하면서 그 역할을 뒤바꿔 놓고 있다. 그래서 그의 부주의는 파트너의 입장으로 돌려 놓으면 너무 지나친 주의로 바뀌어 버린다. 사실 부부 관계의 기능을 감시 작업과 혼동하는 것은 받아들일 수가 없다. 예를 들어 (샹탈처럼) 빵 부스러기가 떨어지는 것을 본 사람은, 남편에게 가정 세계의 개념을 지나치게 강요함으로써 자기 자신을 통제할 줄 모르는 어떤 사람이 되어 버리고 있다.

여러 가지 이유에서 정돈 환기와 정리 정돈에 책임을 지는 사람이 있다. 그 사람이 정리 정돈을 담당하는 이유 중 하나는 '지나치게 까다로운' 이란 형용사 표현을 자신에게 적용시킬 수 있기 때문이다. 이브(30세, 대학에서 강의를 맡고 있다)보다는 정돈에 대해 마음을 더 많이 쓰고 있는 자크(33세, 교육책임자)의 경우처럼 말이다.[95] 그는 부부의 품행 단계에 따라 그들 서로가 다르다는 것을 이해하지 못하고 있다. 즉 정리를 하는 배우자는 좀더 이타주의적이고, 무질서하게 내버려두는 배우자는 더 이기주의적이라는 차이를 이해하지 못하고 있다. 자크가 보기에 그건 무엇보다도 가족 문화의 흔적들이었다. "우린 개별적인 교육을 받았고, 그에 따라 서로 다르게 행동하고 있어요. 음식을 준비할 때 이브는 물건을 사용하고 나서 보통은 열어둔 채로 내버려둬요. 그건 그녀 어머니와 많이 닮았지요. 전 정반대예요. 전 물건들을 다시 접어서 정리해 아무것도 널브러져 있게 내버려두지 않아요. 그것들을 잘 닦아두죠. 그건 저의 어머니를 닮았어요." 충돌에 대한 잠재되어 있는 해결 방식은 개인의 책임이 아니다. 일치하지 않는 경우에, 서로 마주치는 사람은 이브와 자크가 아니다. 그건 X 부인의 딸과 Y 부인의 아들이다. 물려받은 습관을 지정하는 것으로 법규상의 정체성을 참고하는 것은, 각자의 개인적인 정체성을 그렇게 유지하며 간접적으로는 부부의 관계를 보존한다. 배우자들에 대한 이런 분할은 어떤 이해의 길을 열어 주며, 각자 용서해주고 용서받을 수 있도록 해주고 있다. 그러므로 만약 그들이 바뀌는 게 힘이 든다면, 그것의 책임을 져야 하는 것은 바로 가족 사회화의 힘이다.[96]

부부 생활의 거주지에서 다른 사람의 물건을 정리한다는 것은 어지러운 상태로 내버려두는 것만큼이나 불편하다. 두 가지 경우에 한 파트너의 활동이 상대 파트너의 활동을 잠식하고 있기 때문이다. 그 조정이 결코 자동적으로 이루어지지는 않기 때문에 영역 침해는 필연적으로 있게 마련이다. 그러므로 각각의 커플은 이런저런 방향에서 지나침을 피하면서 지날칠 정도로 무질서하지 않게, 지나칠 정도로 정돈되어 있지 않게 영역 침해를 바로잡으려고 애쓰고 있다. 남자와 여자는 자신들의 감성과 시각과 행동을 조금은 변화시킬 것을 수용해야만 한다. 다음은 질서의 영역을 대표하는 주주(28세, 변호사)와 무질서 영역을 나타내는 호세(32세, 정원사이자 접골의)가 한 말이다.

주 주 물건들이 깨끗한 상태에서 여기저기 흩어져 있는 거라면 불편하지 않아요. 더러운 상태라면, 아니죠, 불편해요. 아파트에도 인생이란 게 있잖아요. 그러니까 이동하는 것들이 있겠죠. 모든 게 정돈된 상태로 있을 수만은 없겠죠. 물론 당신은 침대 위에다가 깨끗한 옷가지들을 놔둘 수는 있어요. 그렇다고 해서 제가 화를 내지는 않죠. 그렇지만 더러운 양말이나 속옷을 이틀 동안이나 바닥에 방치해 둔다면, 그런 건 화가 나요.

호 세 전 모든 게 반듯하게 있는 걸 좋아하지 않아요. 제가 조금은 더 정리를 안하는 건 사실이에요. 그녀가 정리를 해놓으면, 전 정신이 하나도 없어요. 조금은 난잡하게 있는 게 더 좋아요. 모순이죠. 그래도 그게 그러네요. 모든 게 정돈되어 있으면, 제 논리 영역과 맞지 않기 때문에 무얼 찾는데 시간이 많이 걸려요.

주 주 우린 바로 중간 지점을 찾았죠. 우리 집에서는 모든 게 깨끗하게 정돈되어 있지는 않아요.

호 세 정돈을 하지 않으면, 그건 아주 빨리 뒤죽박죽이 돼버려요. 유쾌하진 않죠. 뒤죽박죽이 결국엔 우리를 피곤하게 만들 테니까요. 선천적으로 전 교육을 받았고, 제 어머니는 정말이지 지나치게 깔끔한 분은 아니셨거든요. 하지만 모든 게 무질서하게 있다면 그것도 불편하다는 걸 알아요.

그들은 합의 영역을 찾기를 바라고 있다. 무질서한 상태에 지나치게 민감한 반응을 보이지 않으려고 부인은 적당한 중간을 찾았다고 믿으면서 청결과 더러움의 분리를 생각해 냈다. 남자는 주주가 만든 구별을 다시 하지 않고, 그 연구에 찬성하고 있다. 그는 어머니의 선례를 본받고 있음에도 불구하고 자신이 노력하고 있다는 바를 증명하길 얼마나 바라고 있는가.

부부의 작업 분할 방식

공간, 행동 방식, 행동 속에 포함되어 있는 '자기 집' 은 규범적인 이상이 부부의 올바른 행동을 이끄는 지휘자가 없기를 바라고 있으므로 그만큼 더 더욱 복잡한 적응을 요구하고 있다.[97] 두 배우자들은 (공동 활동의 의미에서의) 전체가 아니면, 적어도 균형 있는 태도로(때론 이것을, 때론 저것을) 그것을 생각할 수 있어야 할 것 같다. 아주 드물지만 그런 상태가 이루어지고는 있다. 그래서 테레즈(28세, 번역가)는 남편(31세, 음악가)이 거주지에 대한 정신적인 책임을 지고 있지는 않지만, 그래도 적당한 수준이라고 판단되는 남편의 참여를 이끌어 내고 있다. "정해진 건 아무것도 없어요. 사소한 차이가 있을 뿐이죠. 만약 제가 낮에 [번역일 때문에] 집에 있게 되면, 전 자질구레한 일을 하거든요. 설거지, 먼지털기 같은 거요. 반면에 제 남자 친구는 제가 집에 없을 경우 그런 일을 해야 한다는 걸 생각지 않아요. 아니면 아주 드물게 생각하죠. 저는 언제나 생각하고 있는데 말이죠. 전 집에 돌아왔을 때, 보통은 그를 기다리면서 정리 정돈을 해요. 그런데 그는 놀걸요. ……예를 들어 아래 있는 빨래방에서 세탁하는 빨래의 경우를 볼까요. '바구니 좀 봐봐. 토큰 사서 빨래하러 가자' 라는 말은 항상 제가 하기 때문에, 전 애써 아무 말도 하지 않으려고 노력할 수도 있을 테죠. 그러면 그가 빨래를 가지고 갔다와서는 개켜요. 문제될 게 없어요. 그러나 그것을 생각해야 하는 사람은 저예요. 전 그에게 '이것 봐, 내가 자기한테 말을 안해 주면, 자기는 안하잖아' 라고 여러 번 말했어요. 그럼 그는 매번 이렇게 대답해요. '우리가 빨래를 하려고 집에 있는 건 아니잖아, 공부하려고 있는 거잖아. 그걸 심각한 태도로 하지 마. 당신이 시간 있을 때 해. 중요한 게 아니잖아.'" 그녀의 동거남은 가사를 부차적인 것이라고 생각하고 있다. 테레즈가 보기에 그런 논리는 공동의 물건들을 담당할 책임자를 지명하도록 만들고 있으며, 불균형을 만들어 내고 있다. ('우리가 빨래를 하려고 집에 있는 건 아니잖아……' 라는 그녀의 남편의 언술을 보면) 파트너 중의 한 사람이 다른 한 사람보다 더 개인적인 생활을 할 권리를 가지고 있기 때문이다. 평등은 추상적인 원칙이 아니다. 남자의 저항 때문에 드물게 실현되고 있기는 하나, 평등은 각자가 '우리 집'에 대한 권리만큼이나 '자기 집'에 대한 권리를 가질 수 있도록 하기 위한 하나의 조건이다.

스테판(26세, 음악 교사)과 에바(22세, 무용 교사)[98] 커플의 경우에도, 역시 마찬가지로 두 사람의 생활이 갖는 집단적인 측면에 더욱 민감한 반응을 보이고 있다. 그들의 책상의——십자 모양으로 놓여져 있다——용도는 부부의 기능에 대한 정신적인 책임을 불평등하게 지고 있음을 고발하는 데 사용되고 있다. 실제로 스테판은 에바의 경우에는 소파 위에서도 작업을 할 수 있다고 생각하기 때문에 자신의 '공간의 필요'를 이유로 경계선을 지키지 않고 있다. 이 부인은 소유권 명목을 폐지하려고 노력하면서 남편의 그런 침해에 맞서 이의를 제기하고 있다. "스테판의 책상과 에바의 책상이 따로 있다고 말할 수는 없어요. 행정 서류와 음향 기기를 놔둔 책상[남자 책상]과 컴퓨터를 놔둔 책상[여자 책상]이 있을 뿐이지요. 스테판이 컴퓨터를 사용하고 싶으면 그 책상에 앉고, 전 다른 책상을 써요." 그녀는 공간이 공동공간으로서 각자의 필요 시기에 따라 스테판의 동의 없이 분배되기를 바라고 있는 것 같다. ("한번 더 말하지만, 그래도 그건 너의 것이라기보다는 더 내 책상이라고 할 수 있지. 컴퓨터를 더 많이 사용하는 사람은 바로 너고, 음향 기기를 많이 사용하는 사람은 바로 나야.")

인터뷰중에도 계속해서 스테판은 개별적인 영역을 중시하였고, 반면 에바는 함께 있는 이상을 표명하였다. 전나무 사건은 이들의 대립을 잘 보여주고 있다. (조사하던) 일요일 오후, 그들은 크리스마스 트리의 전나무를 해체하였다. 앙케이트 조사자가 짐짓 허위로 꾸며 자연스러운 질문인 듯 던진 물음——이런 활동을 하게 된 이유에 대한 물음——에 스테판은 "해야 했으니까요"라고 답했다. 에바는 다음과 같은 공동체적인 해석을 해주었다. "우린 되도록 모든 걸 함께하려고 해요. 최대한 많은 걸 함께 공유하려고, 최대한 함께하려고 애쓰고 있어요. 우리 집에는 우리들의 전나무가 있어요. 그건 우리들의 첫번째 전나무였지요. 함께 길렀거든요. 그건 제 부모님의 전나무도, 스테판 부모님의 전나무도 아니었어요. 그건 우리들의 것이었죠. 그래서 함께 장식을 했어요. 우린 그것을 함께 정리해야 할 거라고 말했어요."

여자는 '우리 집' 을 강조했고, 남자는 '자기 집' 을 더 강조했다. 여자는 책상 소유권과 마찬가지로 자신의 자리를 바라고 있지는 않았다. 그녀는 파트너가 서로 상호 포기하도록 설득하는 데 성공하지 못하고 있었다. 두 책상을 가지는 것은 지금으로서는 개별성과 집단간의 조화를 보장해 주기에는 충분치 못하다. 두 배우자간의 노동의 분할이 이런 양상——한 사람은 집단을 걱정하고, 다른 한 사람은 개인의 요구 사항을 더 많이 걱정하는 양상——을 띨 때, 노동의 분할은 흔히 굉장히 이해받지 못한다.

좀더 젊은 세대들조차도 남자들보다는 여자들이 집단을 더 많이 책임지고 있다. 이는 남자들이 노력을 하지 않고 있다는 것을 뜻하지는 않는다. 그들은 다른 사람의 실존을 고려해 자신들의 행동을 조금은 절제하는 것에 동의하고 있다.(2절) 그렇지만 남자들은 공동의 일에 책임을 덜 지며, 공동 생활의 공동 이익에도 덜 민감하게 반응한다. 아마도 이런 이유 때문에 그들은 조금은 더 이기주의자들처럼, 사생활에 더 책임지지 않는 사람처럼 보이는 것 같다.

정치 영역——공동의 이익이 구상되는(아니 구상되어야 하는) 분야——에서는 여자들의 수보다 남자들의 수가 결과적으로 훨씬 더 많은 사회의 노동 분할은 남의 눈을 속이지 않아야 한다. 이러한 이익은 이런 분야에서뿐만 아니라 사생활에서도 은밀히 여자들의 결정적인 도움을 받아 만들어지고 있다. 공개된 세계를 좀더 '진지한' 것으로 여기는 계층화의 실행은, 그룹의 여러 구성원들의 이익에 대한 연합 작업 덕분에 가정에서 공동 이익을 만들어 내려는 또 다른 방식을 망각시키고 있다. 개별화가 증가되고 있는 만큼 더더욱 이 연구는 필요하며, 그건 아직까지도 진화된 현대 사회의 모순이 되고 있다. 가족 구성원들이 평등한 개인일 권리를 가지면 가질수록 공동 사회는 종류별로 불평등하게 책임지고 있는 활동에 대한 조절을 요구한다.

8

부모의 집에 살고 있는 젊은이의 '작은 세계' 보호

엘자 라모스

자녀들의 방은 두 가지 목표를 실현할 수 있도록 조성해 주어야 한다는 게 부모들의 견해이다. 즉 일에 대한 열정과 약간의 독립을 격려해 주는 생활 환경을 자녀들에게 제공해 주어야 한다. 따라서 자녀는 그 방에서(학교의 자산이면서 동시에 개인적이고 가족적인 자산을 위태롭게 하지 않는다는 조건하에) 점차적으로 '누구의 아들' '누구의 딸'이기보다는 그 자신으로서 존재할 수 있도록 허용해 주고 있다. 그 과정의 마지막 단계는 자녀가——이미 젊은 성인이 된 자녀가——부모의 집을 떠날 준비를 하는 단계이다. 이 시기에 자녀는 주로 자기 방에, 즉 자기 세계에 머물러 있으면서, 혹은 주로 밖에서 생활하고 집은 최소한도로만 이용하면서 부모의 집을 떠날 준비를 하고 있다. 이 두 경우에 젊은이는 공동 공간에서 거의 부모와 함께 생활을 하지 않고 있으며, 부모에게 이처럼 거리를 두는 것은 자기 또래의 나이에는 '당연한' 것이라고 이해시키고 있다.

자율성과 독립

자기 마음대로 사용할 수 있는 공간은——가족의 집에서는 방——역설적인 방편에 속한다. 그 공간이 의존 관계를 제거하지 않은 상태에서 자율성을 실행하도록 해줄 수 있어야 하기 때문이다. 카린 샬랑은 (특히 칸트와 라이프니츠의) 철학적 정립을 근거로 자율성과 독립을 재구분하였다. 즉 개인주의의 두 가지 측면을 구분지었다.(1999a와 b) 간략하게 말해서 자율성은 개인이 자신만의 고유한 규칙을 스스로 규정하고 있다는 개념을 지칭하며, 반면 독립은 개인이 원하는 사람과 관계를 자유로이 맺을 수 있을 정도로 충분한 재원(특히 경제적 재원)을 사용할 때 그때 개인이 처해 있는 상태를 말한다. 이상적으로 볼 때, 현대 사회에서는 개인은 자율적이고 독립적이어야 한다. 이런 목표는 아주 어렵게 달성되고 있으며, 어떤 측면은 다른 한 측면이 달성되지 않은 상태에서 달성될 수 있다. 가정주부들의 경우가 그러하다. 그들은 남편을 의지하면서도 배우자에게서 상당 부분 벗어난 세계를 구축할 수 있다. 젊은이들 또한 사회적 · 심리적 기준에 따르면 독립해야 할 나이인데도, 취학 기간의 연장과 직업 세계로의 편입의 어려움 때문에 흔히 가족을 의지하는 상황에 처해 있으므로 이런 긴장 상태에 놓여 있다.[99]

몇몇 교육적인 원칙에 따르면 자녀는 의존 관계 속에서도 자율성을 배울 수 있으며, 여전히 '자녀'로 있으면서도 다른 한편으로는 권리를 가질 수 있다.[100] 자식으로서의 측면은 정체성을 정의할 때 비중을 적게 두어야 하는 부분이며, 특히 젊은이의 세계를 구성하는 데에도 적게 개입되어야 한다. 자기 자신으로 있으려는 지령이 이런 움직임을 반영하고 있다. 19세이고 학생인 크리스티앙은 자신의 인생에서 바라던 것을 하고 싶다고 분명히 밝히고 있기 때문에 그런 사실을 인식하고 있다. "부모님이 저를 세상에 나오게 해주셨지만, 세상에서의 제 위치를 선택하는 사람은 바로 접니다. 전 부모들이 단지 그들 자신의 복제품을 만들기 위해 아이를 낳을 수 있다는 사실이 참을 수가 없어요."(V. Cicchelli, 1999. p.402)

자율성을 지지하는 부모들은[101] 자기만의 고유한 규칙을 규정하는 것에 관심을 가지려고 애쓰고 있으며, 게다가 아이들의 집에서 그렇게 하도록 격려하려고 애쓰기조차 하고 있다. 그들은 점진적으로 독립할 수 있도록 도와주는 여러 매체 중의 하나를 흔히 제공하고 있다. 그것은 개인의 방으로서, 어린 자녀가 처음에 그런 매체를 요구하지 않는다 하더라도 개인 방을 제공해 주고 있다.(F. Neitzert, 1990) 자식이 자율성을 지니길 바라기 때문에, 아버지와 어머니는 자식이 너무 큰 위험을 감행하지 않기를 바라면서도 자율성을 가질 수 있도록 독려해 주고 있다. 따라서 바로 이런 과정의 템포 문제 때문에 긴장 상태가 맺어지고 있다. 즉 어떤 순간에 자녀는 자신의 존재에 대한 이런저런 측면을 책임질 수 있을까?

떠나려는 계획

세대간의 긴장 관계는 독립에 중점을 둔 교수법에 대해서 어른들이 근본적으로 적대적인 입장을 보이고 있다는 표시는 아니다. 대부분의 부모는 프로그램 속에 이런 목표들을 계획하고 있다. 예를 들어 아이들의 출발은 자기 방을 선택하면서부터라고 생각될 수 있다. 부모들은 대개 가장 큰 방을 사용한다. 이런 공간적인 불균형은(이는 부부의 이중성을 고려한다면 그리 강력한 불균형은 아니지만) 가정에서의 위치의 차이를 나타내 주고 있다. 수단인 '공간' 은 가족 구성원들이 보유한 다른 재원에 따라서 배분되고 있다. 더 좋은 재능을 부여받은 성인들은 가장 좋은 부분을 차지하고 있다. 그러나 이런 배분이 오로지 지위의 차이를 반영하고 있지는 않다. 배분은 또한 명백하게 나누어질 수도 있고, 또 그렇지 않을 수도 있지만 교육적인 개념을 근거로 해서 이루어지고 있다. 부모들은 가족 중에서 '항상 영속적으로 상근하는 사람들' 이다.[102] 아이들은 자신들이 가지고 있는 날개로 날아갈 수 있을 것이기 때문에 '일시적인' 구성원들이다. 어른들은 이런 일시적인 지위——다시 말해 자율성을 가져야 하는 의무와 독립적이어야 하는 의무——를 세 가지 태도로 강조하고 있다. 즉 좀더 제한적인 자리를 통해서, 집 안에서의 상당히 큰 내부적인 이동을 통해서, 그리고 점차 외출하는 쪽으로 변화해 가는 움직임을 통해서 강조하고 있다. 문 가까이 있는 방을 자기 방으로 갖는다는 것은 출발하기 전의 마지막 단계라는 것을 의미한다. 가장 큰 아이가 나가면 방 배분은 다시 이루어질 것이다. 커간다는 것은 곧 문 쪽과 가까워지는 것이고, 그러고 나면 문을 넘어 나감으로써 부모로부터 점차 멀어지는 것이라는 바를 누구나 터득하고 있다.

자기 자신의 세계 구축

공간은 부모들에 대한 아이들의 독립성과 자율성을 강력하게 지지해 주는 것이다. 고등교육을 받으면서도 부모님 집에서 살고 있는 젊은이들에 대한 원조사를 근거로 해서, 우리는 먼저 공간을 사용하는 개별적인 자아가 자신을 표명하는 과정을 몇몇 사람들에게서 접근하고 있다. 즉 어떻게 해서 젊은이가 가족의 거주지에서 자기 집에 있으려는 권리를 획득할 수 있게 되는가, 어떻게 해서 오로지 자기만 사용하는 방을 조직할 수 있는 원칙을 가질 권리가 있는가, 개인적인 영역을 치장할 장식품을 결정할 수 있는 권리를 어떻게 가지는가?(1절) 이런 세 가지 요구 사항을 적용시키는 것이 항상 쉽지는 않다. 부모님이 그렇게 해줄 생각이 없는 경우가 있기 때문이며, 그리고 또 주장하는 자율성과 공동 생활의 또 다른 원칙들을 존중하라는 요구간에는 긴장 관계가 형성되기 때문이다. 방은 집단 공간 속에 들어 있으며, 집단 공간은 고유한 규칙들을 가지고 있다. 이런 상황이 자기 자신으로 있으려는 요구와 '누구의 아들' 또는 '누구의 딸'로 남아 있길 바라는 바람간에 존재하는 모순을, 적어도 부분적인 모순을 반영하고 있다. 우리는 젊은이들이 정체성과 관련해 해결할 수 없는 문제를 어떤 방법으로 풀어 나가려고 애쓰고 있는지 보게 될 것이다.(2,3절)

1. 구축 허가

공간적 독립은 젊은 사람이 자율성을 가질 수 있기 위한 하나의 필수적인 조건이다. 공간적 독립을 얻기 위해 가장 흔하게 사용되고, 사회적으로도 인정받고 있는 방법은 자기 방을 가지는 것이다. 한번 방을 가지게 되면, 방이 독립적인 영역이 될 수 있도록 획득되는 어떤 일이 있다. 젊은 사람은 다음 두 가지 권리를 실현할 수 있다. 즉 자기 방에 틀어박혀 있을 수 있는 권리와 자신이 바라는 대로 소지품들을 정리할 수 있는 권리를 행사할 수 있다. 이 두 가지 요구 사항은 서로 유기적으로 연결되어 있다. 방은 부모가 자녀의 비밀을 찾아낸다는 위험을 느끼지 않으면서 자녀가 물건을 널브러지게 내버려둘 수 있을 정도로, 가능한 가장 많이 폐쇄된 공간이다. 젊은 사람은 모든 것을 서랍이나 상자 속에 매번 정리하지 않고서 자기 공간을 운영할 수 있기를 바라고 있다.

부모: 들어오기 전에 노크하라!

자녀는 열쇠를 사용하지 않는다는 조건하에 자기 방에 틀어박혀 있을 수 있는 허가를 상당히 빨리 받게 된다. 어린이들이 성인이 되었을 때, 그들은 부모와 형제자매들과 거리를 둘 수 있는 권리를 가진다. 그러나 그들을 물리치는 듯한 인상은 주지 않는다. 또한 그들은 문을 사용할 때 조심할 것이다. 첫번째 단계에서는, 부모의 집에서 살고 있는 젊은 성인들의 편에서 요구가 되풀이되고 있다. 즉 젊은 성인들은 모두가 부모가 들어오기 전에 노크를 해주길 바라고 있다. 이런 제스처는 성년이 되었을 때 정당하게 가질 수 있는 개인 공간을 보호하는 수단으로 인식된다.

실제로는 이런 원칙이 항상 엄밀하게 적용되고 있지는 않다. 어떤 부모들은 관례적으로 무심히 '똑똑' 두드리면서 동시에 문을 열고 있다. 요구 사항을 지키는 듯하면서 그런 식으로 변질시키고 있다. 아들의 방이나 딸의 방에 들어가고 싶을 때 이런 원칙을 가장 적게 지키는 사람은 바로 어머니이다. 시카(24세, 경제학부 학생. 아버지는 기술자, 어머니는 체신부 직원)는 이런 식의 갑작스런 침입을 지적하고 있다. "엄마와 달리 아버지는 노크를 하세요. 그래서 문제없이 얍 하며 제자리로 돌아올 수 있어요. 비록 방문이 닫혀 있더라도 말이죠." 이 젊은 딸은 가끔 어머니에게 규칙을 상기시켜 주고 있다. 규칙이 상기되자마자 어머니는 문을 닫고는 노크한 뒤 웃으면서, 그리고 자신이 출입 규칙을 존중하고 있음을 지적해 주면서 다시 들어온다. 이 부인이 딸이 정한 규범을 따르고 있다는 사실은, 그녀의 딸이 자신의 세계를 지배하는 규칙을 제정할 수 있는 권리가 있음을 인정해 주는 수단이다. 비록 어머니가 웃으면서 자신은 딸이 강요하는 교육적인 실행을 하는 데 쉽게 속아 넘어가는 사람이 아니며, 그만큼 위치를——그러니까 같은 성인인 어머니와 딸은 동등한 위치를 가지지 않는다는 사실을——혼동하고 있지 않다고 강조할지라도 독립성과 자율성은 이런 제스처를 통해서 더 견고해진다.

어머니의 방해

집 전체를 관리하는 책임이 있고, 공동 재산을 지키는 책임자라고 느끼고 있는 어머니들은 아들의 방이나 딸의 방을 자기로부터 벗어나 있는 하나의 공간으로 인정하기가 더 힘들다. 따라서 성에 따른 (그리고 세대간의) 노동의 분할과 용익권 사이에는 가정의 구조적인 긴장이 있다. 방은 이런 이점을 혜택받을 수 있는 권한이 있는 개인과(경우에 따라서는 젊은 사람) 회담의 책임을 지고 있는 사람(역시 소유권자인 어머니)을 그런 식으로 포함하고 있다. 그래서 이 두 사람의 일치는 결론 내리기가 아주 어렵고, 특히 지켜 주기는 상당히 힘들다. 아버지보다는 어머니가 청소기를 돌리기 위해, 빨래를 가져다 주기 위해, 말을 하기 위해 들어오기 때문에 훨씬 더 자주 방에 들어오게 된다. 좋게 평가되던 이런 근접은 자신을 표명할 수 있도록 좀더 많은 거리를 둘 필요가 있는 순간으로 바뀌어 버린다. 반대로 좀더 많은 거리를 두고 있는 아버지는 비밀을 지켜 주고 존중해 주는 특징을 지니게 된다. (그 또한 마찬가지로 딸이 '속옷 차림으로' 있는 걸 보게 될까 봐 염려하고 있다.)

아버지는 몇몇 수공 작업 스케줄을 짤 때, 또는 아이에게 안부를 물을 때, 또는 전화가 왔다고 알려 줄 때, 아이들의 요구를 더 많이 들어 주고 있다. 그는 문 앞에 머물러 있기조차 한다. 아버지는 이런 점에서 문지방 아버지로 상징될 수 있다. 한계는 분명 조금은 더 침략적인 존재로 등장하는 어머니의 한계와는 전혀 다르게 규정되고 있다. 따라서 아버지가 아들이나 딸의 방에 들어오는 경우는 훨씬 더 드물며, 조금은 더 예의를 갖추고 있다. 다음은 베로니크(23세, 경제학과 학생. 아버지는 엔지니어, 어머니는 행정 간부)의 경우이다. 이 젊은 여성은 자기 방에 텔레비전을 하나 가지고 있는데(가족 텔레비전을 보충해 주는 기구이다), 그녀의 어머니가 그것을 이용하고 있다. "엄마는 텔레비전을 제 침대에서 보면서 왔다갔다 하세요. 엄마는 제 방에 있으면서 마치 거실에 있는 것처럼, 또는 당신 방에 있는 것처럼 아주 편안해해요." 처음에는 상당히 큰 독립의 증거였던 텔레비전 수상기가——이 젊은 소녀가 스스로 프로그램을 구성할 수 있기 때문이다——독립을 방해하는 쪽으로 바뀌어 버리고 있다. 아버지와 오빠가 거실 텔레비전으로 축구 경기를 시청하고 있을 때면, 그녀의 어머니는 딸의 방을 마음대로 사용할 수 있는 방으로 생각한다. "엄마가 영화를 보고 싶어하시면, 제 방은 삶의 장소가 돼버려요. 제 사생활은 더 이상 없게 되지요." 그녀는 자신의 영역을 좀더 명백하게 요구할 수 있는 힘이 없다고 느끼기 때문에 저항하지 않고 있다.

금지된 열쇠

부모에게 '들어오기 전에 노크하라' 는 규칙은 젊은이에게 주어지는 규칙, 즉 방에 틀어박혀 있지 않아야 한다는 규칙을 겸하고 있다. 열쇠 사용은 부모에 대한 의심을 나타내는 것으로, 부모를 서비스하는 직원으로 대하면서 호텔에 있는 듯한 태도로 이해된다. 그리고 집단으로부터 배제되는 방식으로 인식되어, 결국은 너무도 강력하게 독립을 표명하는 것처럼 이해된다. '자기 집' 은 '우리 집' 안에 있으며 '우리 집' 의 통제를 받기 때문이다. 열쇠로 문을 잠근다는 것은 곧 부모의 집 문 앞에서 부모를 기다리게 하는 것이다. "항상 잠겨 있다면요. 그래도 부모님은 당신들 집에 있다고 느끼세요. 그건 제 방이기는 하지만, 그래도 전 제가 원하는 것을 하지는 않아요."(프랑크, 20세, 심리학 전공. 아버지는 택시 운전사, 어머니는 가정주부) 열쇠를 사용할 수 없다는 것은 분명 독립의 한계를 보여 준다. 부모의 집에 있는 젊은이는 부모와의 관계를 유지해야 하기 때문에 여전히 적어도 조금은 '어린이' 상태로 남게 된다. 파트리스(27세, 철학과 학생. 아버지는 기술자, 어머지는 주부)가 이를 잘 이해시켜 주고 있다. "우린 문을 닫음으로써 가족과 분리될 수 있는 가능성을 지니고 있어요. 그러나 그럴 필요는 느끼지 않아요. ……열쇠로 문을 잠근다는 것은 어찌됐건간에 갈등 관계를 가지고 있다는 뜻이니까요. 전 부모님과 그런 갈등 관계에 있지 않거든요. 그리고 부모님을 꺼릴 만한 것이 전혀 없어요." 자기 자신만 되려는 젊은이에게는 경계선이 좁다. 그가 부모와 함께 구축한 거리는, 가족의 집에서 살고 있는 자신의 존재를 당연하게 해주는 친자 관계를 거부하지 않을 정도로 지나치게 짧지도——부모의 지배하에 있을 것 같다——너무 길지도 않아야 한다.

세실(19세, 심리학과 학생. 아버지는 엔지니어, 어머니는 주부)의 경우처럼 열쇠는 몇몇 경우에만 아주 드물게 사용되고 있다. 이 소녀는 어머니가 그녀의 영역을 존중하는 데 단지 제한된 신뢰를 보여 주었으므로 자기 방의 출입을 완전히 통제하고 싶어한다. 그녀는 책상에 있는 개인 수첩에 적어두었던 친구들의 전화번호를 가족의 전화번호부에서 다시 발견하지 않았을까? 세실은 자기 방이 결정적으로 사적인 소유물이기를 바라고 있다. 그녀는 어머니가 항상 어린 딸로 취급하기 때문에 자신의 독립을 받아들이기가 힘들다는 것을 어렵지만 감내하고 있다. 그런 행동은 이중 모욕에 속한다. 우선은 그 방은 개인적인 것처럼 만들어졌고, 다음은 젊은 성인의 신분을 달성한 것처럼 만들어진 방인데 그곳에 갑작스럽게 침입하고 있기 때문이다. 세실의 어머니는 (세실의 해석에 따르면) 방에 들어올 수 없다는 불가침성에 포함되어 있는 독립의 권리를 인정하기 힘들어한다. 세실은 '자기 집'에 있기 위해서는 문을 자물쇠로 잠그면서 자신을 보호할 수 있다고 생각하고 있다.

무질서할 권리

방의 소유권이 독립을 나타내는 표시라면, 무질서할 권리는 좀더 자율의 논리에 속한다. 젊은 사람들은 어머니(또는 아버지)가 정돈한 원칙과는 다른 원칙에 의거해 자신의 방을 정돈하고 있다고 생각한다. 그들은 자신들이 선동해서 '난잡함'이라고 명명한 상황에 처해 있을 권리가 없다는 사실을 받아들이기가 힘들다. 무질서는 여러 의미가 있다. 그것은 어떤 체계를 잡으려는 하나의 방식일 수 있는데, 그 체계의 원칙은 부모의 관점에서 벗어나 있다. 젊은 사람은 어머니가 해놓은 소지품 정리에서는 기억을 해내지 못하고 있다. 그와 같은 사실은 정규적으로 확인되고 있다.

무질서는 방의 용도가 복잡하다는 것을 나타낸다. 사실 방은 젊은 사람에게는 거의 모든 자신의 활동이 전개되는 공간이다. 반면 공동 공간을 더 많이 사용하는 부모에게는 다양한 활동이 전개되는 공간이다. 젊은이들은 이런 무질서를 통해 자신의 인생을 보여 주고 싶은 욕구를 자주 느끼고 있다. 그러면서도 동시에 집에 거주하는 다른 사람들에게 보지 말라고 요구하고 있다. 그들은 자신의 존재를 숨기기 위해 정리 정돈하는 것을 거부하고 있다. 무질서는 영역의 요구 사항인 것이다. 즉 그들의 작은 세계는 그들의 소유라는 것이다. 뒤지지는 않는다 해도 바라볼 수 있도록 허용된 사람들은 침략자로 간주되고 있다. 원리를 위반하는 것은 그 어떠한 것도 인정되지 않는다. 즉 방에 있는 모든 것은 오직 합법적인 소유자의 소관이라는 것이다. '곁눈질을 준다' 는 단순한 사실도 영역 침범에 속한다.

부모들에게 정리 정돈이란 자신들이 그곳에서 저항할 수 있다는 것을, 그리고 자유롭게 행동할 수 있다는 것을 보여 줄 수 있는 하나의 유혹이다. 그들은 젊은 사람들이 선택했던 가치에 참견하지 않아야 한다. 예를 들면 젊은이들이 용돈을 쓰는 태도에 대해서 간섭하지 않아야 한다는 것이다. 부모들이 자녀들의 편지나 은행 구좌 출납 명세표를 읽을 경우, 그들은 개인적인 서류들을 가족의 서류로 변형시키고 있다. 그래서 그들은 아들이나 딸에 대해서 오직 한 가지 측면만을, 즉 가족 구성원의 측면만을 제한해서 생각한다. 자녀가 어린이라는 정체성 정의에서 상당 부분을 벗어나고 싶어하는 순간에조차도 그들은 아들이나 딸이 무엇보다도 자신들에게는 아이라는 것을 강조하고 있다. 어머니나 아버지가 조금 덜 보고 싶어지도록 모든 정리를 잘하는 것이 더 간단할 것 같다. 그러나 젊은 사람들의 관점으로 볼 때에는 가장 큰어른이 수행해야 할 동거의 노력이 없다는 것은 도무지 말이 안 된다. 무질서는 사회화 기능을 한다. 즉 부모가 지켜야 하는 원리를, 다시 말해 자율성의 원칙이 갖는 도덕적인 표현을 이행할 수 있는 곳까지 영향을 주고 있다. 그러므로 관점은 서로 뒤집어지고 있다. 다시 말해 무질서는 유익하며, 개인적인 영역을 마음대로 사용할 수 있는 젊은이들의 권리를 지속적으로 상기시켜 주고 있다.

대단히 무질서할 때, 그때의 무질서는 영역 방어를 위한 하나의 수단이다. 무질서는 부모의 제어를 피할 수 있다. 무질서는 오로지 그것을 만들어 낸 사람의 것이다. (비록 무질서가 그 사람의 영역을 벗어난 것일지라도 말이다!) 그렇게 해서 레미(21세, 사회학과 학생. 아버지는 산업 디자이너, 어머니는 중개인)의 어머니는 집안일하는 것을 조금씩 그만두고 있다. 처음에 그녀는 집안을 정돈하라고 상기시킨곤 했었다. 그런데 아들이 보여 주는 불복종 앞에서 그녀는 자신이 그 영역을 포기해야 한다는 것을 깨달았다. 레미는 자기 방의 주인이 되었다. "잠시 동안 긴장 관계에 놓여 있었지요. 그런 뒤 어머니는 아무런 말도 하지 않았어요. 전요, 난잡하게 놓여져 있는 게 방해가 되지 않아요. 저의 어머니는 비죽 튀어나와 있는 게 있으면 절대 안 되죠. 그래서 모든 게 서랍 속에 있어야 해요."

사적인 공간을 구축할 권리

사람이 관심 갖고 투자하고 방을 정돈할 때, 그 방에는 정돈한 사람의 정체성이 반영되어 있다. 엠마누엘(22세, 법학과 학생. 아버지는 돌아가셨고, 어머니는 초등학교 교사이다)이 4년 전에 선택했던 자기 방의 장식에 대해 설명하는 것을 들어 보자. "제겐 하얀색 벽이 하나 있어요. 그리고 조금 어두운 벽지를 선택해서 바른 벽도 하나 있고요. 그건 야광빛이 나는 검은색이에요. 사실 처음에는 영화관 같은 분위기를 만들려는 생각에 대충 검은색 벽과 흰색의 벽을 꾸몄죠. 그리고 상당히 독특한 양탄자도 하나 있는데, 그것도 제가 골랐어요. 상당히 조잡하다고 말할 수 있을 거예요. 그 양탄자는 주로 검붉은색이 가득한 회색이에요." 그녀는 벽에 로댕의 조각이 그려져 있는 커다란 포스터 두 장을 붙여 놓았다. 그리고 문 뒤에는 인권선언문이 걸려 있다. 그녀는 또 상당히 많은 사진들을 가지고 있다. 그 사진은 액자 처리가 되어 벽면을 따라 시간순으로 진열되어 있었다. "전 아주 어렸을 때 아버지를 여의었어요. 사실 아버지에 대해서 아는 게 전혀 없어요. 그래서 전 사진을 통해서, 오로지 제가 여기저기 놔둔 상당히 많은 사진들을 통해서만 아버지를 안답니다. 아버지 사진만 있는 건 아니에요. 엄마, 할머니, 가족, 친구들 사진들도 있어요. 그건 제 방에 있는 사진들로 아주 중요한 것들이에요." 엠마누엘은 자신의 방을 장식한 주인이다. 여러 가지 측면에서 상상의 세계를 만들어 내고 있다. 특히 영화의 측면과 자신이 알지 못했던 아버지에 대한 측면에 대한 상상 세계를 만들어 내고 있었다. 그녀는 과거의 회상 속에서 살고 있었다.

과거의 존재

젊은 사람은 다른 사람들에게 어린애로 취급받고 싶어하지 않는다. 이런 요구가 자신이 체험해 왔던 것과의 단절을 의미하지는 않는다. 수많은 젊은이들은 정리해 버리기가 상당히 어렵다고 느끼는 물건들을——선물받은 물건들, 휴가 때 산 기념품들, 사진들, 지난 연도의 수첩들, 이제는 입지 않는 옷가지들과 읽지 않는 책들을——잡다하게 보유하고 있다. 자신의 인생에 한 부분들인 이런저런 순간들을 끊어 버린다는 인상을 갖지 않고서야 어떻게 버릴 수 있겠는가. 예를 들어 상드린(24세, 이탈리아어 전공. 아버지는 아티스트, 어머니는 회사원)은 다음과 같이 자문해 본다. "예전에 제 방에 아주 어린 여자아이가 들어왔던 적이 있었는데, 그 애는 저의 털인형들을 다 만져 보더니 그 중에 하나를 가지고 가려 했어요. '언니는 이제 안 가지고 놀잖아요' 라고 말하면서. 그 애의 말이 옳았어요. 그래도 어찌됐건간에 그건 제 거예요. 어떻게 말해야 할지 모르겠네요." 그 물건들은 개인이 자신의 역사를 담아내고 있는 악보의 음표들이다. 특히 소녀들은 털인형을 가지고 있다. 그 인형이 지나간 시대를 증명해 주기 때문에, 그리고 더불어 정체성의 유연성을 허용해 주기 때문에 버리지 않고 가지고 있다. 어떤 순간에, 침울한 순간에 과거로의 짧은 여행을 할 수 있는데 이를 거부할 이유가 있을까. 밤마다 인형이나 곰인형을 꼭 껴안고 잠들 수 있어 행복했던 어린 소녀로 되돌아가면 안 된다는 이유라도 있는가. 이런 것은 자기 자신하고만 관련이 있는 것들이다. 젊은이들 방에 분류가 잘된 일련의 사진들은 하나의 전통이다. 사진을 이용하는 데에는 두 가지 기능이 있다. 첫째는, 성장하는 자신을 바라보는 것은 곧 모호한 시기에도 '크고' 있다는 사실에 안심이 된다. 몇몇 객관적인 환경들이 반대로 의존 관계를 부각시키고 있기 때문이다. 둘째는 그런 사진을 바라보는 것은 또한 전체 학년 중에서 각 학년을 대표하는 단 하나뿐인 유일한 존재처럼 보인다는 것이다.

비록 젊은 사람이 자신의 정체성에 가족의 비중을 줄이려고 할지라도, 그는 크리스마스 때 받은 선물 또는 가족(넓게 또는 제한된 의미의 가족)의 누군가로부터 생일 선물로 받은 물건들을——일부 곰인형들, 인형들, 책들, 골동품들은 이런 범주에 속하는 것들이다——버리거나 누군가에게 주면서도 자신이 자신의 과거와 억지로 단절하려 하고 있다고는 느끼지 않는다. 그는 어머니와 아버지 · 형제자매들과의 관계가 드러난 이야기를 통해, 그리고 사물에 얽혀 있는 이야기를 통해 자신이 어떤 사람인지 규정할 수 있다. (A. Gotman, 1988) 그래서 셀린(21세, 경제학과 학생. 아버지는 초등학교 교사, 어머니는 고등학교 교사)은 어머니로부터 받은 열 통 정도의 편지를 보관하고 있다. "저의 어머니는 콜로로 샤 가족의 일들을 저희들에게 항상 편지로 써서 보내 주셨어요. 우린 그걸 아주 좋아했었고요. 이 편지 모두 어머니가 보내 주신 것들이에요. 그때 전 12세이었고요. 당신이 콜로에 가서 어머니로부터 오는 엽서를 참을성 없이 기다리던 어린 딸이라고 한번 생각해 보세요, 재미있잖아요. 그래서 전 그것을 가지고 갈 거예요." 그건 어머니와의 관계를 나타내 주는 부분이다. 자기 방에 있다는 것은――문이 실제로는 닫혀 있을 수 있기 때문에――곧 '혼자' 있을 수 있다는 것인 동시에 '함께' 있는 것일 수도 있다. 이는 자기 방에 있으면 과거 시간과는 '함께하고 있는 자아' 이면서, 현재 시간과는 '혼자 있는 자아' 로 연결되어 시간상의 괴리를 안고 있는 것이 되기 때문이다. 사물의 세계, 즉 방은 시간을 활용하는 데 사용되며, 독자적인 비상을 배우는 게 꼭 근본을 망각하는 속에서 진행되지는 않도록 해주는 데 사용되고 있다.

벽지를 보존하느냐, 바꾸느냐

부모들은 일이 벌어진 뒤에야 축적된 것이 너무 많아 어지럽다는 명목하에 간섭할 수 있을 것이다. 반면 벽지 선택은 더 문젯거리가 된다. 벽은 집안의 전반적인 이미지에 속하고(예를 들어 집을 다시 팔 경우에), 벽지는 가족 예산에 들어가는 소비 품목이며, 그리고 대개 아버지가 예산을 책정한다. 이런 세 가지 이유 때문에 자녀의 자율성은 거의 존중되지 않는다. 누가 벽지를 선택했는지 알고 싶어하는 질문에 대한 대답은 부모와 젊은 자녀가 함께 개입하고 있는 과정을 보여 주고 있다. 예를 들어 세실(19세)의 경우 "부모님과 제가 벽지를 선택했어요"라고 대답했다. 다시 질문을 하면서 우리는 가장 흔하게 사용되는 다음 두 단계를 알게 되었다. 부모들이 먼저 벽지의 종류와 전체 가격을 선택하고, 그리고 난 뒤에야 젊은 사람은 부모가 먼저 정한 견본 중에서 선택할 수 있다. "전 부모님과 함께 있었고, 선택을 한 사람은 저예요. 맞아요, 제한적인 선택이었죠. 그래도 색깔은 제가 골랐어요." 젊은 사람은 자기 방의 벽지를 자기 것으로 하기 위해 협상의 단계가 있음을 받아들이고 있다. 그런 과정은 독립성은 약한 상태이지만 자율성은 조금 상승된 상태를 취하고 있는 젊은 사람의 정체성을 나타내고 있다. 두 단계가 어울릴 수 있는 것은 바로 이런 상태 때문이다.

벽지를 바꾸기로 결심한다는 것은 곧 이전 시기와 구분되고 싶다는 뜻이다. 낡거나 퇴색된 벽지에 대한 논의는 거의 없다. 공간을 현대화하려는 생각이 가장 중요하다. 이는 간접적으로는 자신을 현대화하려는 생각이다. 쥘리앵(25세, 역사학과 학생. 아버지 어머니 모두 초등학교 교사이다)이 3년 전에 집을 새단장했을 때처럼 말이다. '이전에는 오렌지색 벽지였어요. 제가 4세 때부터 쭉 오렌지색이었죠. 지겨웠어요. 지금 제 나이에 맞는 뭔가 다른 것을 바랐어요. 부모님이 사셨지만 선택은 제가 했어요. 아버지께서 그러시더군요, '더 좋은데' 라고. 처음에 전 흰색으로 하고 싶었어요. 조금은 부모님이 저를 감언이설로 꾀었는지도 모르죠. 암튼 전 결국엔 아주 아주 밝은 색 벽지로 골랐어요. 부모님이 그렇게 하도록 제게 영향을 주었을 수도 있어요." 부모들은 상황에 따라서는 방을 바꿀 수도 있고, 그럴 때 문제가 될 수 있으니까 너무 개성이 강한 것은 피하라고 간섭하고 싶은 마음이 있다. 그들은 부모로서의 신분 상태를 옹호하고 있고, 개인적인 정체성(자녀의 성격, 취미)은 오히려 물건을 통해, 포스터를 통해, 즉 '이동이 가능한' 것들을 통해 나타날 수 있다. 이는 쥘리앵에게도 발생됐던 상황으로, 흰색은 결국 '아주' 밝은 채색으로 바뀌었다. 그래도 그가 중요하게 생각했던 사항은 지켜졌다. 그가 매일 바라보는 벽지가 이제는 어린 시절부터 써오던 그 벽지가 아닌 것이다.

그러므로 벽지를 바꾼다는 것은 곧 인생의 새로운 단계를 요구하는 것이라고 할 수 있다. 상드린(24세, 이탈리아어 전공. 아버지는 아티스트, 어머니는 회사원)은 함께 이사하면서, 부모님께 이전에 사용하던 장밋빛 톤의 꽃 벽지와는 다른 것으로 방을 꾸며 달라고 요구하였다. "전 처음에는 '바닥을 푸른색이나 녹색으로 해주세요, 벽은 흰색으로 하고 싶어요' 라고 말했어요." 그녀는 자기 방으로 정해진 방의 벽지를 거부하였다. 그 벽지가 어린 시절을 의미하기 때문이었다. "벽에 곰인형들이 그려져 있었어요. 제 나이에 전혀 어울리지 않잖아요." 그녀는 예전에 쓰던 방을 나타내는 것은 거의 가지고 있지 않았다. "책장은 별도예요. 그 방은 우리가 이사 가려고 책장을 떼어냈을 때 죽었어요. 그건 제가 어린 시절에 쓰던 가구였어요. 조금은 지겨웠거든요.” 그녀는 털인형을 보관하고 있었고, 나머지 것들은 정리함 속에 넣어두었다. “전 선물받은 것들을 버리지는 못하겠어요”라고 말했다. 상드린은 어린 시절의 특징들로 인식되거나 이해되기를 바라지 않고 있다. 그러면서도 관계를 완전히 끊어 버리는 게 쉽지 않다. 또한 그녀도 부모님의 곁을 떠나게 될 때 가족의 집에 분명 남기고 가게 될 재고품들을 모아두고 있다.

벽지를 바꾸고 싶어하지 않는 젊은 사람들도 있다. 즉 그들은 베로니크(23세, 경제학과 학생. 아버지는 엔지니어, 어머니는 행정 간부)의 경우처럼 자기 존재를 지속시키고 싶어한다. “그건 제 어린 시절이에요. 이 방에서 얼마나 많은 일들이 있었는데요. 밀려오는 것들이 있다고 볼 수 있을 거예요. 전 이 벽에 있는 어떤 구멍이 어떤 일과 연관되어 있는지를 알고 있지요. 방에도 어떤 장소란 게 있지요. 제가 그림을 그리기 시작했을 때, 전 벽에 스카치테이프로 종이를 붙여 놓고는 거기다 그림을 그렸었거든요.” 베로니크는 회상을 신중히 고려하는 사람처럼, 항상 과거를 소중하게 생각하는 사람처럼 아주 분명하게 자신을 구축하고 있다. “우리는 이 집에 있은 지 13년 됐어요. 모두가 벽지를 바꿨어요. 모두 페인트칠을 다시 했죠. 그러나 전 아무것도 건드리지 않았어요.” 그녀는 이런 모든 흔적들을 남기고 가는 게 슬퍼서, 집을 떠나는 것을 기쁘게 생각지 않고 있다. 그 흔적들은 “다른 사람들이 의미를 가지기 전에 자신에게 의미가 있는 것이다. 그것들은 가족의 생활 공간으로 개별적으로 점유되어 적응된 결과물들이며, 사람들이 자신을 위해 선택한 공간들 중의 일부이다. 그것은 마치 자기 것으로 규정되어 있어 다른 사람들은 상대적으로 이해하기 어려운 의미를 지니고 있다.”(A. Muxel, 1996, p.235)

반대로 젊은 사람들은 자신의 역사에 관심이 없다. 그들은 떠나는 순간에 그때 새로운 정리를 하고 싶어하지 않는 자신을 보게 된다. 그들은 밖에 방 하나를 가질 수 있기를 고대하고 있다. 장식이 망가지는 걸 별로 중요하게 생각지 않는 사람은 금방 무대를 바꿀 것이다. 파트리스(27세, 철학과 학생. 아버지는 기술자, 어머니는 주부)의 방에는 ‘색바랜’ 벽지와 포스터가 책으로 들어차 있는 여러 개의 책장과 아주 큰 옷장으로 가려져 거의 보이지 않고 있다. “동시에 전 모든 것을 개조해야 한다고 느끼고 있어요. 모든 것을 개조한다는 건, 다시 말해 모든 걸 이동시킨다는 의미지요. 비슷해요, 제가 1년 뒤에 떠날지, 6개월 뒤에, 1개월 뒤에 떠날지, 그건 전혀 모르는 일이거든요." 과거는 새로운 지평선에 대한 확신 때문에 이미 희미해졌다. 소망하는 미래는 지금 개인의 세계를 형성하고 있는 현재의 공간에서 과거가 잘 어우러지는 것을 방해하지는 않는다. "어떻게 보면 방이 전부거든요. 방은 제가 주로 생활하는 공간인 동시에 저의 작업 공간이기도 하고, 음악을 즐기는 휴식 공간이기도 해요. 여긴 아주 중요한 장소예요. 제가 저의 집에 있다고 생각하는 공간이고, 동시에 여기선 조용히 사람들을 귀찮게 하지 않으면서 제가 하고 싶은 것을 할 수 있는 공간이니까요. 사람들을 귀찮게 하지 않고, 사람들로부터 훼방받지 않는다는 사실이 아주 중요하죠. ……그래서 ……틀어박혀 있지 않으면서 분리되어 있을 수 있지요." 파트리스는 여전히 자신이 가족의 구성원이라고 느끼고 있다. 그러면서도 한편으론 점점 더 크게 이런 소속감의 기준에 의해서 우선적으로 정체성을 규정받고 싶지 않다는 욕구를 느끼고 있다. 장식품에 투자하지 않음으로써 그는 자기가 멀리 떨어져 있음을, 적어도 정신적으로는 동떨어져 있다는 것을 가족의 구성원들에게 보여 주고 있다.

독립성과 자율성 탈환

담장을 가지려는 권리는――그것은 독립을 가리킨다――합의를 보아야 할 사항이다. 모두가 혼자 있기를 바라고, 또 방해받고 싶어하지 않기 때문이다. 그것은 자신의 세계를 가질 수 있게 해주는 최소한의 조건이다. 무질서할 권리와 그럴 권리가 있는 환경을 만들 권리는 두 가지 양상을 띠는 좀 더 폭넓은 요구 사항이다. 즉 생활 규칙들, 정리 정돈의 원칙, 어떤 미학, 친구를 맞이할 수 있다거나 아니면 선호하는 활동을 행사할 수 있는 권리를 심사숙고해 만들어 냄으로써 개인적으로 자신의 생각을 표출하려는 재인식이다. 간단히 말해서 자율성은 젊은 사람이 결국에는 부모 없이 많은 부분을 보낼 수 있을 정도로, 다음 단계를 살아갈 수 있을 정도로, 즉 부모의 곁을 떠날 정도로 상당히 성장했다는 증거이다. 시카(24세, 경제학부 학생)는 방의 의미를 다음 표현으로 요약하고 있다. "그건 제가 가장 수월하게 틀어박혀 있을 수 있는, 제 자신을 표현할 수 있는 장소예요."

독립성과 자율성은 다양한 방식으로 방이라는 공간과 융화된다. 독립성은 공동 프로그램의 일부이다. 반면 자율성의 영역 확대는 다소 크다. 젊은 사람들은 자기 자신 중에서도 가장 개인적인 측면을 집 밖에서 보여 주려고 결심하고 있다. 그들은 가족과 함께 시간을 별로 보내지 않고 자기 방에 피신해 있다. 그러니까 그들은 한편으로는 다른 곳에 있으면서, 동시에 한편으로는 집에 있는 것이다. 그들은 자주 집에 있지 않는다. 그들의 세상은 상당 부분이 다른 곳에 있다. 그러므로 그들은 몇몇 부부가 (특히 전화기를 이용해서) 이행하고 있는 기술과 비교할 만한 기법을 사용하고 있다. 젊은 사람들이 부부 생활의 환경 속에서보다는 개별적인 활동이 전개되는 환경 속에서 개인의 자율성이 나타나는 게 훨씬 더 당연하다는 것을 알고 있다는 ——그들의 부모 또한 마찬가지이다——차이를 제외하고는 말이다.

2. 통제하의 세계

개별화의 한계는 벽지를 통해서 드러났다. 젊은 사람은 부모가 고집하는 벽지 더미 속에서 선택을 하고 있다. 그런 움직임은 어떤 제약하에 나타나고 있다. 그리고 방의 용도에 따라 나타나는 다른 이면들을 가지고 있다. 어떤 이들은 자신의 영역과 자신의 활동의 감시에 스스로 적응하고 있다. 가장 큰 모욕은 자신들이 없을 때 어머니들이 행하는 수색 활동이다. 다른 것들은 집 안에서 공동 생활을 하면서 생겨나고 있다. 젊은 사람들은 자신의 활동 중 어떤 것, 특히 음악 청취 같은 것들은 다른 거주자들을 존중하는 의미에서 제한할 수 있다. 그들은 자신도 가족의 구성원이라고 생각하고 있으며, 이런 자격으로 평화롭게 공존할 수 있는 원칙들을, 흔히 드러나지 않는 원칙들을 지키고 있다. 마지막으로 집이 그들에게 모든 것을 보장해 주는 독자적인 공간을 제공해 주지 못하므로 자체적으로 행동을 검열하는 세번째 제한이 있다. 이는 특히 집에서 육체 관계를 맺는 문제와 관련된 매우 민감한 문제이다.

수색 활동

한 활동이 젊은 사람들과의 인터뷰에서 비난받았다. 그들은 그 활동을 '먼지를 턴다' 는 표현으로 지칭하고 있다. 부모 중 한 사람이 이론적으로는 제자리에 물건들을 가져다 놓기 위해 서류와 물건들을 옮기면서 이런 활동을 하고 싶어한다. 정리를 하면서 부모는 자녀들의 물건에 손을 댄다. 어머니가 물건을 뒤지든 뒤지지 않든간에 젊은이들 모두, 아니 거의 모든 젊은이들이 청소라는 핑계로 이런 행동이 남발되는 것을 염려하고 있다. 그들은 이런 우발적인 행동을 상호 존중 계약의 파기라고 생각한다. 그들은 부모의 소지품들을 보러 갈 권한이 없고, 부모들 또한 그럴 권리가 없다. 세실(21세, 실용 외국 문학을 전공하는 학생. 아버지는 초등학교 교사, 어머니는 고등학교 교사)이 표현한 입장은 전반적인 의견을 반영하고 있다. "제가 숨길 만한 게 아무것도 없더라도 말이죠. 그래도 방은 당신의 모습을 반영하고 있고, 집에서 방이란 정말로 당신에게 주어진 유일한 공간이지요." 방은 개인적인 것이기 때문에 모든 부당한 침입은 공격으로 체험되고 있다.

상호 존중을 바라는 이런 요구를 하면서 젊은 사람은 자신에게 유리하게 옹호하고 있으며, 숨겨야 할 것이 있는 사람처럼 의심받고 싶지 않아 하고 있다. 그는 고백할 게 거의 없는 행동을 숨기기 위해 자기 방이 완전하게 보존될 수 있기를 요구하고 있지는 않다. 그는 자기 혼자만의 영역을 자기 마음대로 처분하는 사람으로 존재할 수 있도록 사생활을 바라고 있다. 어빙 고프먼(1968)은 정신병원 환자들이 은신처를 가짐으로써, 그 은신처가 설령 통제를 피해서 자신의 소지품들을 숨길 수 있는 서랍이나 상자일지라도 '전체주의적인' 시각에서 벗어나려고 애쓰고 있음을 지적한다. 이 사회학자에 의하면 개인 영역을 가진다는 것은 최소한의 품위를 유지하면서, 또는 결국 같은 것이기는 하나 최소한의 독립성과 자율성을 지니면서 존재할 수 있는 조건이다. 프랑크(20세, 심리학 전공. 아버지는 택시 운전사, 어머니는 가정주부)는 개인적인 사생활을 위한 이런 권리를 요구하고 있다. "전 부모님들이 뒤져 보는 게 싫어요. 그래도 누구에게나 생활이란 게, 그러니까 일종의 사생활이란 게 있잖아요. 비록 제가 제 방에 그렇게 애착을 가지고 있지 않더라도 그래도 조금은 침해를 받는 영역이 있어요. 이런 일이 부모님에게는 자주 일어나지 않겠죠. 전 정말이지 숨길 만한 게 없는데." 공간의 불법 침입과 사람에 대한 모독은 서로 연결되어 있다.

수색——명백한 조사——보다 훨씬 부드럽게 영토를 침범하는 방법이 있다. 그것은 정리를 한다는 핑계로 무엇인가를 발견하는 시선이다. 그렇기 때문에 정리를 한다는 것 또한 부모에게는 금지된 활동이다. 젊은 사람은 물건들이 어머니나 아버지의 눈길이 닿지 않으면서도 자기 눈에는 잘 띄게 놔둘 수 있기를 바란다. 은행 구좌 명세표는 굴러다니는 것으로 가장 많이 인용되는 예이며, 이는 부모의 지적을 이끌어 내 두 세대간의 긴장 관계를 야기시키고 있다. 베로니크(23세, 경제학과 학생. 아버지는 엔지니어, 어머니는 행정 간부)도 그런 경험이 있다. "제가 만약 뭔가를 굴러다니도록 내버려두면, 예를 들어 편지 한 통이 굴러다니도록 내버려두면 저의 어머니는 그것을 보세요. '어머, 이거 어디서 온 편지니?' 라고 물어보세요. 그건 아주 사소한 거잖아요. 그런데도 제가 아무 데나 내버려두었다고 안심할 수 없다는 게, 그게 화가 나요. ……한번은 제가 은행 구좌 명세표를 방치한 적이 있었거든요. 그랬더니 어머니가 저한테 '이해가 안 되네, 너 구좌가 비어 있잖아' 라고 말씀하시는 거예요. 당연히 거기서 대립이 있었어요. 부모님이 제게 아무것도 요구하지 않았기 때문에, 저도 부모님에게 돈과 관련해서 아무것도 요구하지 않고 있어요. 그러니까 엄밀히 말해 전 제 돈으로 제가 원하는 것을 하고 있지요." 서류를 보면서 어머니는 그것에 대한 성질을 바꾸고 있다. '개인적인' 서류들이 가족의 서류가 되고 있다.

학교 공부 검열은 전적으로 사적인 일들을 검열하는 것만큼이나 합법적이지 않다. 이자벨(20세, 법학과 학생. 아버지는 모형제작가, 어머니는 세금감찰관)은 어머니가 학교 활동을 통제하려고 자기 방에 정기적으로 들어오는 것을 잘 참지 못한다. 어머니는 가정을 유지하고 재정적 · 물질적 원조를 제공받는 대가로 그녀가 일을 하는 것은 당연하다고 보고 있다. 가족과 딸의 문화적 · 사회적 가치를 지키기 위해 염려하면서, 어머니는 무엇보다도 학교에서의 성공을 중시하고 있다. 그녀는 자녀의 자율성과 독립성을 권리가 아닌 교환 화폐로 생각하고 있다. 이자벨은 계약(어머니가 그들의 관계를 그렇게 생각하고 있다)을 완성한 경우에만, 그러니까 대학에서 좋은 성적을 거둔 경우에만 자기 세계(그것은 자기 방 내부에 있을 수도 있고, 또는 외출시에는 밖에 있을 수도 있는 것이다)를 구축할 수 있다. "엄마의 관심 대상은 학업이죠. 엄마의 방침은 '잘하면, 밖에서 네가 원하는 걸 하게 될 거야' 예요. 그런 말씀을 제게 자주 하세요. 항상 엄마가 권한을 만들고 싶어하셨어요. 그 권한이 언제나 저의 관심을 많이 끌었던 것도 사실이고요. 엄마가 제 인생이나 저의 직업에 많은 생각을 하고 계시기 때문에, 그래서 그건 분쟁의 뿌리예요. 엄마는 당신 딸이 성공하는 것을 보고 싶어하세요. 그래서 제가 유급했을 때 그다지 좋게 지내지 못했죠." 젊은 사람들의 자율성이 가장 위협을 받는 것은 바로 학업과 미래에 대한 영역에서이다. 선택한 활동이 부모의 바람에 해당되지 않으면, 그때부터 젊은 사람은 경고를 받을 수 있다.

부모들이 보기에는 모든 일들이 마치 어지러운 방과 무질서한 행동들이 감독해 주는 사람을 필요로 하고 있다는 듯이, 마치 방을 정돈하는 원칙은 단 한 가지만, 일의 순서를 정하는 원칙도 단 하나만 존재한다는 듯이 모든 일이 그렇게 일어나고 있다. 만약 젊은 남자나 젊은 여자가 이런 두 가지 질서를 지키지 않는다면, 이는 흔히 그 다음날이나(무질서 때문에) 또는 미래를(여가 활동을 우선적으로 하고 있기 때문에) 충분히 예견하지 못해 성숙하지 않았다는 증거로 이해되고 있다. 그래서 부모들은 간섭을 하려고 성인이 된 자녀의 '작은 세계' 의 경계선을 침범하고 있다. (예를 들어 "음악 그만 듣고 공부해라!"와 같은 간섭을 하고 있다.)

소음과 음악의 통제

공동 생활을 하는 환경에서는 원하는 대로 음악을 듣는 것이 힘들다. 가까운 사람들, 즉 동거인들에 대한 상황에 따른 고려는 세대간의 관계 속에서 나타나고 있다. 이자벨은 어머니가 있느냐 또는 부재중이느냐에 따라 행동을 달리하고 있다. 어머니가 아파트에 있을 때에는 그녀는 '헤드폰을 사용하는 경향' 이 있다. "엄마가 집에 안 계실 땐 전 음악을 좀 크게 틀어요. 엄마는 토요일마다 거실에서 음악을 듣는 경향이 있거든요. 그래서 가끔은 두 대의 오디오가 켜져 있어요. 엄마는 엄마 음악을 듣고, 전 제 음악을 듣는 거죠. 엄마는 당신 음악을 더 중요하게 여기기 때문에 제 음악을 멈추게 하려는 경향이 있어요." 이자벨은 어머니와 함께 살고 있음을 인정하며 절제하고 있다. 어머니가 집에 없을 때에는 그녀는 공동 공간에 있는 오디오를 사용해서 음악을 크게 틀어 놓고 있다. "전 계속해서 제 방에서 일해요. 그렇지만 음반은 거실 오디오에 올려 놓죠. 아파트를 좀 많이 점령하고 있다는 느낌이 들어요. 가끔은 두 개의 오디오를 켜기도 해요. 제 방의 것과 거실의 것을 모두요. 집이 죽어 있다고 느끼지 않을 수 있는 하나의 방법이죠." 어머니가 만들어 내는 소음은 이자벨이 엄마와 함께 살고 있음을 좋게 평가하는 한 기분 좋게 수용된다. 이자벨이 좀더 쉽게 양보하는 쪽이기 때문에 존중은 불평등하게 이루어지고 있다. "제가 방에서 채널을 켤 때 엄마가 듣기 적당한 낮은 볼륨으로 듣고 있으면, 전 제 음악을 별로 좋게 생각하시지 않는 엄마를 방해하고 싶지 않아서 헤드폰을 사용하려고 해요. 또 회사에서 저녁 늦게 오시는 때에도 엄마를 방해하지 않으려고 헤드폰을 사용하려 하고요. 전 또 소위 괴상하다는 제 음악으로 엄마를 방해하고 싶은 맘이 없어요. 이것도 하나의 존중이죠."

다른 젊은 사람들은 이안(20세, 역사학과 학생. 아버지는 이발사, 어머니는 주부)처럼 경험에 의한 조절을 바탕으로 만든 행동 양식을 채택하고 있다. 조절할 때 약간의 대립은 피할 수 없다. "전 제 방에서 음악을 들을 때에는 부모님이 집에 계시든 계시지 않든 상관없이 음악을 비슷하게 틀어 놔요." 그는 공동 공간에서는 조금 더 적당하게 틀고 있다. "거실에서도 제가 원하는 것을 틀어요. 얼마 후에 부모님이 처분해 버릴 거예요. 가끔은 제가 처분해요. 저의 어머니는 동양적인 음악을 들으시거든요. 전 그것이 무엇이든지 상관하지도 않고, 어머니에게 말하지도 않고 처분해 버리지요. 어머니가 제게 뭐라고 한마디 하시겠죠. 그걸로 끝이에요. 모두들 다른 사람들의 인생에 간섭하죠." 희미하게나마 공동 생활에 대해 예측해 볼 수 있다. 즉 정리 정돈은 각자의 참을성의 정도에 따라 진행되며, 각자 피곤할 때에는 또 다른 공동 거주자가 자신의 권리를 존중해 달라고 간섭하고 있다,

세바스티앵(20세, 의학부 학생. 아버지는 행정 책임자, 어머니는 고등학교 교사)의 행동은 이전의 두 가지 논리에서 끄집어 낸 것이다. 이 젊은 남자는 자기 자신의 욕구 구현을 포기하지 않은 상태에서 다른 사람들의 욕구를 조금 고려하고 있다. "사실 너무 지나칠 때에는 다른 사람을 질책하는 사람

이 있지요. 그러나 다른 사람이 그것을 이용할 수 있도록 그만두는 사람은 없어요.” 타협은 양측을 서로 존중해 주어야 한다. “우린 각자 방이 있어요. 음악을 조용히 듣지 못할 이유가 없죠. 문제는 제가 노래를 상당히 크게 부른다는 거예요. 틀어박혀 있기가 좀 힘들어요. 사실 그들[나머지 가족들]은 굉장히 관대해요. 익숙해졌거든요, 저도 마찬가지고요. 어떤 시간대에는 오후 4시에 부르듯이 노래할 수 없겠죠. 저녁 때, 그리고 남동생이 옆에서 자고 있을 때요. 벽이 아주 얇거든요. 그래서 우리가 얘기하는 것 모두를 남동생이 들을지도 모르죠. 전 노래 부를 때 아주 아주 아주 작게 불러요. 보통 동생이 벽을 두들겨요. 그래도 전 흥얼거리며 조금은 노래 부르죠. 절대 방해해서는 안 되는 사람은 바로 저의 어머니예요. 다행히 어머니 방의 벽은 두꺼워서 아무런 소리도 들리지 않죠. 제가 욕먹을 수 있는 유일한 시간은 자정경이에요. ‘노래 좀 그만 불러’ 라고 제게 말해도, 전 계속해서 노래해요, 아주 작게요. 그러고는 그런 상황이 연이어서 일어나요. 욕먹는 게 지겨워지면, 노래 부르는 것을 그만둬요.” 세바스티앵은 상부의 질서와 갈등의 강요를 거부함으로써 가족들 사이에서 협상하는 좋은 예를 제공해 주고 있다. 여러 번의 시행착오를 통해, 대면하고 있는 당사자들끼리의 상호 작용의 성질과 시간대에 따라 집 안 분위기가 다양하게 연출되고 있다.

부모님 집에서 사랑 나누기

분명 사랑을 나눌 때에는 문을 닫는다. 여자 친구나 남자 친구를 만나기에는, 그리고 사랑을 나누기에는 이런 식의 방문 닫기는 충분치 못하다고 판단되고 있다. 사생활 중에서도 가장 사적인 영역인 애정적인 성관계는 부모와의 관계에서 가장 멀리 떨어져 있는 것이다. 사랑에 빠진 젊은이는 엄밀히 말해 개인 자격으로 그렇게 하고 있다. 자기 남자(또는 여자) 친구가 왔을 때 가족의 개입이 있을 위험은 상당히 많다. 그런 순간에는 정체성의 유연성이 존중되지 않는다. 젊은 사람이 자신이 지닌 가족으로서의 정체성을 내세우지 않고 싶어하기 때문이다. 그리고 젊은 사람은 두 그룹이 섞여서, 즉 자신이 동시에 속해 있는 커플과 가족이 뒤섞여서 만나는 것을 대개 피하고 있기 때문이다.

부모님이 계실 때 자기 남자(여자) 친구를 집에 데려오는 대학생은 거의 없다. 젊은 사람은 많은 부모들이 그런 경향이 있듯이 자신들의 관계가 확대 해석되기를 바라지 않기 때문이다. 많은 부모들이 커플로 변하지 않는 남녀 관계를 생각지 않는다. 그러므로 애정적인 성생활은 특히 밖에서 일어나고 있으며, 방은 아주 사적이고 개인적인 것이라고 인정하는 활동을 실현할 수 있도록 해주지 못하기 때문에 여전히 제약을 받고 있는 공간이다. 그렇게 해서 모순덩이 같아 보이는 것이 만들어지고 있다. 부모님의 집에서 살고 있는 젊은이들의 경우 성관계를 방에서 할 수 없기 때문이다. 방이 성인의 나이에 맞게 갖는 기능 중의 하나는 성관계를 중시하는 공간인데도 말이다. 부모들이 꼭 그것을 금하는 것은 아니지만, 젊은 사람들은 부모가 허용해 주는 경우라도 파트리스(27세)처럼 구속받을 수 있다. "여자 친구들이 집에 왔었어요. 그런데 분명하게 나타나는 태도가 있더군요. 전 집에서는 많이 사랑해 주지 않아요. 그건 심리적인 거죠. 당신도 정말이지 자연스런 상황에 처하지 못할 거예요." 파트리스는 '자연스런 상황' 이란 표현을 사용하면서, 부모님의 집에 있는 젊은 사람은 자기 개인의 방에 있을 때조차도 (거의 언제나) 가족에 소속되어 있는 상태로 있다는 것을 강조하고 있다. 성생활은 그래서 당황스럽게 생기고 있다. 자신의 자녀가 아파트처럼 안전한 환경에서, 아니 어디서든지 경험하는 걸 선호하는 아주 자유로운 부모들과 함께 사는 경우는 제외하고 말이다.[103)]

'작은 세계'

'함께' 사는 다른 모든 사람들처럼 젊은 사람들의 세계도 다른 개인의 공간이나 공동 공간과 연결되어 있기 때문에 완전히 고립되어 있지는 않다. 사람들은 이 세계가 집 전체와 관련되어 있음을 나타내고자 '세계' 라는 단어에 '작은' 이란 단어를 연결시키고 있었다.[104)] 쥘리앵(25세, 역사학과 학생. 부모님 모두 초등학교 교사)의 말에 따르면, "제 방은 저의 부모님 집 안에 있는 저의 집이에요. 저의 집이오. 제 집이죠. 부모님 집은 곧 제 집이니까요." 작은 세계는 그 한 사람만의 시스템을 형성하고 있지 않다. 문을 이용하는 파트리스의 행동이 이를 잘 증명해 주고 있다. "문이 반쯤 열려 있을 때면 음악을 들을 수 있어요. 보통 전 피아노를 칠 때 문을 닫거든요. 방해받지 않기 위해서이지만, 동시에 방해하지 않기 위해서이기도 해요. 한마디로 소리를 줄이기 위해서죠. 공부할 때에는 보통 문을 닫아둬요. 전 문이 닫혀 있는 게 좋아요. 동시에 열려 있는 상태로 내버려두기도 해요. 어디까지나 제 정신 상태에 달려 있지요." 가족 세계를 고려한다는 것이 꼭 제약처럼 체험되지는 않는다. 젊은 사람들은 정체성을 유연하게 실행할 수 있는 어떤 만족감을 느낄 수 있다. 즉 그는 그룹의 구성원이라고 느끼기 위해 문을 열어두는 것에도 감사해하고 있다.

3. 진정한 자기 세계에 대한 꿈

이런저런 순간에 젊은 사람들은 자신들의 작은 세계가 하나의 세계로, 다시 말해 좀더 '큰' 세계가 아니면 적어도 독립적인 세계로 이행되기를 꿈꾸고 있다. 그들은 자신들의 생활 리듬을 결정할 수 있기 위해 자기들 마음대로 사용할 수 있는 자신들만을 위한 아파트를 가지길 바라고 있다. 그들은 가족과 함께 있을 때에는 집단 템포를 따르고 있다. 사람들이 음식과 텔레비전에서 집단 템포를 인식하고 있듯이 그렇게 하는 건 다소 쉽다. 상드린(24세, 이탈리아어를 전공. 아버지는 아티스트, 어머니는 회사원)은 집의 시간표를 지킴으로써 '누구의 딸' 역할을 하고 있다. "제가 지키고 있다고 말한다면 그건 의무가 아니에요. 그러나 부모님과 함께 산 지 24년 되었어요. 그들이 그런 식으로 하고 있고, 당신도 비슷할걸요. 제 생각은 분명해요. 제가 훗날 왜 비슷하게 하게 되는지는 모르겠어요. 부모님과 함께 있는 순간부터이긴 하겠지만요……." 상드린은 평화로운 동거 원칙을 말한다. 다시 말해 기꺼이 동거 원칙을 정하기는 하지만, 반드시 그 규칙을 내면화시키지는 않더라도 집단이 평화롭게 존재하며 살 수 있기 위해서는 '순응할' 줄 알아야 한다는 것이다. 규칙 준수와 동의의 차이는——평상시에는 반대의 의미로 지적되고 있다——마찰을 통해 사회화가 이루어지는 특수성을 보여주고 있다. 무엇보다도 중요한 것은 공동 생활과 규칙, 집단의 규범에 대한 배려이다. 규칙의 내용은 작용 원칙이 집단마다 다르기 때문에 젊은 사람이 함께하고 있는 집단에 따라 변화할 수 있을 것이다.

텔레비전은 식사 때보다 더 많은 긴장 상태를 일으키고 있다. 특히 아버지는 텔레비전이란 기구가 자신의 권한에 속하는 것이라고 생각하기에 거의 협상을 하지 않고 있으므로 세대간에 대립되고 있다. 텔레비전은 아버지의 지휘로, '옛날 식으로' 사용되는 공동 영역이다. 올리비에(19세, 정보처리 전문 기술 자격증 소유. 아버지는 기술자, 어머니는 주부)의 집에서도 그가 방송을 시청하고 있을 때 가끔 그런 일이 일어나고 있다. "아버지는 화를 내기 시작해요. 저도 화를 내죠. 그런 식으로 논쟁의 열기가 더해져요. 아버지는 10시 30분에 들어와서는 [올리비에가 그만 보기를 바라면서] 뉴스를 보고 싶어하세요. 그럼 전 '잠깐만 기다리세요' 라고 말하죠." 이 젊은 남자는 아버지가 자기에게 별로 중요하지 않다고 분명히 말하고 있다고는 평가하지 않는다. 다른 학생은 아버지의 행동에 대해 도덕성을 제기한다. "전 아버지가 귀찮아하는 거라고 생각해요. 아버지의 집이잖아요. 그래서 우린 남용하면 안 돼요. 그러니 노력해야겠죠. 아버지가 지나치다는 생각이 들어요. 여긴 아버지의 집이지만 우리 집이기도 하니까요." 준수하라는 지적에도 불구하고 부모에 대한 의존 관계가 유지되고 있기 때문에 젊은 사람들의 자율성은 무너지기 쉬운 상태에 있다. 우리는 어떤 이유에서, 아버지가 리모컨을 통해 명목상 드러나는 권위의 형태를 소유하고 있음을 상기시키기 위해 힘을 증명하려는 욕구를 느끼는지 모르겠다.[105] 이런 상기는 진정한 독립이 없는 자율에 대한 한계를 나타내고 있다.

냉장고와 더블 침대를 갖고픈 꿈

방을 조금은 더 개별적인 세계로 변모시킬 수 있는 방법 중 하나는 냉장고를 두는 것이다. 세바스티앵(20세, 의학부 학생. 아버지는 행정 책임자, 어머니는 고등학교 교사)은 냉장고를 하나 가지고 있다. "여자 친구와의 언쟁에서 시작됐어요. 그 안에다 제 것들을 넣어둘 생각이었어요. 제 방에 작은 아파트를 가지게 된다는 생각에 기뻤어요." '냉장고' 는 인터뷰중에 하나의 바람으로 나타나고 있었다. "냉장고만 없어요. 전 제 방에서 생활할 수 있을 거 같아요." 이 물건은 가정 생활이 되는 시간들 중의 하나인 식사 시간과의 단절을 상징한다. 따라서 그 방은 주택의 나머지 부분들과는 분리가 되는 작은 아파트가 된다. 그게 쥘리앵(25세, 역사학과 학생. 부모님 모두 초등학교 교사)이 반이층의 작은 방에 두고 싶었던 바로 그것이다. "전 책상 하나와 작은 냉장고 하나를 두려고 생각했었어요. 그런데 그렇게 하기엔 너무 작았죠. '헛수고겠군' 이라고 생각했어요. 아시다시피 자그마한 제 집을 정말로 가지려는 목적에서였죠."

두번째 가구는 요구되고 있다. 다시 말해 정식으로 사귀는 여자(또는 남자) 친구가 없을지라도 더블 침대는 요구되고 있다. 그것은 좀더 커진 개별화를 나타내 주는 표시이다. 이런 꿈은 조사자가 직접 상기시키지 않아도 드러났다. 싱글 침대를 사용하고 있는 사람들은 방 크기 때문에 이런 바람을 성취할 수 없다고 설명하고 있다. 그러나 단지 그 이유 하나 때문일까? 더블 침대를 사용하는 사람은 조금은 더 어른이 된 것 같은 느낌이 들어서인지 대담하게도 그런 질문을 던지고 있다. 더블 침대는 두 사람의 생활을 예고해 주는 것인 동시에 더 이상은 가족의 것이 아닌 아파트에서 살게 될 인생을 예고해 준다.

냉장고와 더블 침대는 다음 단계, 그러니까 부모의 곁을 떠나는 단계를 앞지르는 것이다. 그 시기는 다음 단계로 이행되는 관습의 흐름을 가능하게 해주고 있으며, 독립적인 주거지로의 접근을 나타내 주는 여러 징조들이 상대적으로 인정받고 있는 '작은 세계' 속에서 미리 존재하게 되는 것을 방해하는 것은 아무것도 없다. 이런 과도기를 생각조차 해보지 않는 젊은 사람들 또한 방이 갖는 영역의 한계점들을 초월할 수 있는 두 가지 방식을 알고 있다.

첫번째는 전화기를 통해서이다. 구체적으로 말해 젊은 사람들은 친구들과 전화가 연결되었을 때에는 자기 방에 혼자 있다. 그러나 할머니나 고모와 통화할 때에는 거실에 그대로 남아 있다. 전화는 젊은 사람의 이중적인 정체성을 반영하고 있으며, 두 가지 형태로 전화를 걸거나 받고 있다. 가족관계와 관련된 전화일 때 젊은 사람은 공동 공간에 있고, 친구 전화일 때는 자기 개인 영역으로 이동해 간다. 이자벨(20세, 법학과 학생. 아버지는 모형제작가, 어머니는 세금감찰관)은 이처럼 구분되는 행동에 대해 요약해 주고 있다. "우리는 전화기가 두 대예요. 출입구 쪽에 하나, 그리고 제 방 책상 위에 하나, 그렇게 있어요. 방에서 통화할 때는 친구에게 정보를 묻거나 전화를 걸기 위해서죠. 그러나 가족에게 전화할 때에는 다른 전화기를 이용하는 경향이 있어요. 엄마가 진행중인 대화의 길을 잡아 줄 거라는 걸 알기 때문이죠."

두번째는 외출이다. 안은 그녀의 부모가 아무리 공동 생활이 숨막히지 않도록 조정을 해주어도, 밖으로 나가고 싶어하고 있다. 부모와 함께 산다는 것은 가족 공간을 절제해서 사용하는 것과 같다. "저의 부모님은 각자 잘 지내고 있다고 느낄 수 있도록 최선을 다하세요. 우리들이 수적으로 많은데도 [형제가 일곱이다] 자기 집에 있을 수 있도록 노력해 주세요. 우리들 각자가 집에 있으면서 자기만의 생활을 할 수 있도록 말이에요. 저의 부모님들은 형제들 각자가 붙어 있다는 느낌과 떠날 수 없다는 느낌을 가지지 않도록 최선을 다하고 계세요. 우리는 원하는 시간에 귀가하고, 원하는 시간에 외출해요. 물론 미리 알려 드려야 해요. 그렇지 않으면 꾸중하실 거예요. 전 들어오는 것도 좋고, 나가는 것도 좋아요. ……보통 주말마다 전 부모님 집에 남아 있지 않아요. 나갈 수 있다면 무엇이든지 해요. 일하고 돌아왔을 때, 전 일을 하거든요, 학교에서 돌아왔을 때, 그런 경우가 아니라면 상당 시간을 밖에서 보내고 있어요. 전 남자 친구 집에 자주 가요, 왔다갔다 해요."(V. Cicchelli, 1999, p.413) 안은 공간적인 의존 관계를 관대하게 해주는 가벼운 존재 방식을 분명하게 표명하고 있다.

성장하기, 그리고 늘리기

부모가 주말에, 그리고 일주일의 휴가를 떠나게 되어 집을 비우면 젊은이들은 다른 세계, 이중 세계(공동 공간 속에 개인 영역이 있으니까)가 아닌 단 하나뿐인 세계를 경험할 수 있다.[106] 이는 평상시에는 많은 시간을 자기 방에 피신해서 지내는 프랑크(20세, 심리학 전공. 아버지는 택시 운전사, 어머니는 가정주부)가 느끼고 있는 것이다. 부모님의 출발과 동시에 그는 집 전체를 점유하고 있다. "제 집에 사는 느낌이 들었어요. 그때는 정말 온 집 안을 둘러보지요. 제 방에는 안 가요. 아무도 없으니까 아래층에서 지내죠. 그렇게 1개월을 지냈어요. 전 집에 있는 것 같았었지요. 제 방엔 자러만 갔어요.

전 부모님의 방을 점령하기도 했어요. 꼭 제 집에 있는 것처럼 그렇게 집에서 지냈어요." 주거 단위를 의식하면서, 그는 개인의 영역인 방이 갖는 특성을 집 전체로 넓히고 있었다. 이는 부모님이 돌아오셨을 때 방의 사용을 축소시킨다. 젊은 사람의 모든 내적인 활동과 거의 연관이 되어 있는 방은 그렇게 박탈되고, 그리고 하나의 '방' 이 (일반적인 의미에서, 다시 말해 잠자리에 들기 위한 공간이) 되어 버리고 있다.

개인 영역의 확대는 '작은 세계' 의 개념을 일시적으로 지워 버린다. 쥘리앵(25세)이 표현하는 것처럼 개인의 세계는 더 커지고 있다. "부모님이 안 계실 때에는 제 집이에요. 탁자는 제 물건들을 어지럽게 던져두는 책상이 되죠. 맞아요, 전 제 영역을 넓히고 있는 거예요. 제 물건들은, 예를 들어 점퍼 같은 거요, 출입구에 놔두겠죠. 저 혼자 있는 거니까 조금은 침범을 해요. 그게 문제되지 않는다는 걸 아니까요. 제가 데려올 사람들도 바뀌어요. 더 많은 사람들을 데리고 올 수 있으니까요." 이 젊은 남자는 공동 생활이 갖는 모든 구속, 즉 집단의 리듬을 지켜 줘야 한다는 사실을 느끼며 '혼자' 살고 있다. 그는 여러 사람들이 있을 때에는 하나의 활동이 이중의 측면을 지닌다고 이해하고 있다. 그러니까 다시 말해 명백한 활동의 내용을 포함하고 있을 뿐 아니라, 그 집단의 모임과 공유하는 행위와의 연결의 필요성도 포함하고 있다. "식사 시간이 바뀌죠. 배고플 때 먹거든요. 그렇지만 부모님이 계실 때에는 그분들이 드실 때 먹어요." 여러 사람이 함께하는 생활에서 혼자만의 생활로의 이행은 생활 공간이 변화되는 범위 내에서, 개별적으로 활동을 전개하고 있다는 의미에서 '성장했다' 는 느낌을 주고 있다. (일시적으로 주어지는) 공간적 독립이 자율성의 확대를 허용해 주고 있기 때문이다.

자율성에 대한 시험

자율성이란 개인이 자기 고유의 규칙을 스스로 정한다는 것임을 상기해보자. 부모의 부재, 즉 감시의 제거는 젊은 사람이 자기 자신이 어떤 사람인지를, 이 큰 공간에서 자기 인생을 어떻게 관리하는지를 발견할 수 있게 해주는 하나의 테스트이다. 젊은 사람은 실제로도 습관을 끊어 버리기 위해, 자기는 다르다고 분명하게 보여 주기 위해 그것을 이용하고 있는지, 또는 자신이 아닌 다른 사람이 제정한 원칙들을 자신이 다시 책임지고 있는 건 아닌지 자문해 본다. 가장 많이 공유되는 감정은 부모의 인생과 완전히 단절하지 못하면서도 그것과는 사뭇 다른 결정을 내리고 있다는 것이다. 프랑크 자신이 인정하고 있듯이 기준은 계속되는 변화를 통해 만들어지고 있다. "저도 남자 친구나 여자 친구에게 아페리티프를 마시자고 초대하거나, 함께 밥을 먹자고 초대하는 경우가 있거든요. 그럴 땐 사실 정말 제 집인 양 집 안 여기저기를 침범해 사용했어요. 전 현명했어요. 어지럽히지 않았거든요. 마치 제 집인 것처럼 관리했죠. 모든 게 다 중요했어요. 만약 부모님이 갑작스럽게 도착한다면, 그것보다 더 심각한 건 없었을 거예요." 프랑크는 결국 교육을 받았기 때문이라며 교육의 신세를 졌다고 인정하고 있다. 그는 자기 공간을 '관리하는' 방법을 배웠고, 그래서 '아무렇게나' 행동하지 않고 있다. 두 세계가, 그러니까 부모의 세계와 자신의 세계가 둘 다 모든 면에서 비교가 되지 않는다는 사실은, 비록 하나뿐인 자기 자신이 지닌 관계가 바로 이런 차이 속에 포함될 수 있다 할지라도 그런 사실은 부차적인 것이 되고 있다.

젊은 사람들은 마음을 졸이고 있다. 즉 그들은 (감시자가 부재할 때 소란을 떨 것 같은 아이라는 의미의) '어린이' 가 아님을 지적하면서 거리를 두고 싶어하고 있다. 마리 안(20세, 커뮤니케이션을 공부중인 학생. 아버지는 중소기업 사장, 어머니는 공무원)은 정체성을 구축하는 데 유사성과 차별성 사이에서 이런 긴장 상태를 강하게 느끼고 있다. 그래서인지 그녀의 이야기에는 여러 모순들이 드러나고 있다. "일반적으로 전 정돈을 하고 지내요. 다시 말해 부모님이 안 계실 때에도 완전히 어질고 있지 않죠. 좋아하지 않으니까요. 아무 데나 물건을 두지 않아요. 식당에다 옷가지들을 두지도 않을 거예요. 절대 그렇게 하지 않을 겁니다. 만약 1개월 동안 부모님께서 집을 비우신다면, 널브러지는 물건들이 약간은 있겠죠. 설거지를 해야 하는 약간의 그릇들 같은 거 말예요. 그렇다고 근본적으로 변하지는 않아요. 그러니까 부모님이 집에 안 계실 땐 조금 미뤄 두겠죠. 조금 뒤에 집안일을 하겠다고 시간을 미루겠죠. 그러나 해야 할 시간이 되면 철저하게 하고 있어요. 부모님이 집에 안 계시는 동안에는 한결같은 상태로 유지되지는 않아요." 마리 안은 두 가지 견해 사이에서 중간 입장을 취하며 주저하고 있다. 상드린(24

세)의 경우 양면성이 두드러지게 나타나고 있다. "전 사태의 본질을 생각해 본다면, 저 스스로 다르게 살 것 같다는 생각이 드네요. 마지막으로 부모님이 집에 없는 순간부터 그분들의 생활하고는 아주 조금만 비슷할 것 같아요." 그녀는 자신이 거리를 두려는 의지를 가지고 있으며, 동시에 이제껏 받아 온 교육의 근원을 무시한 채 자신을 규정하고 싶지 않다는 것을 인식하고 있다. "그래도 어떤 방식으로든 교육을 받아 왔잖아요. 잊을 수는 없겠죠. 그래도 전 일을 만들지 않을 거라는 걸 무의식적으로 말할 수 있어요. 그러나 저도 집의 일부이기 때문에, 제가 할 일들과 제가 하지 않을 것 같은 일들이 가득 있겠죠." 그녀는 '그래도' 설거지를 하려고 마음먹는 것이 자신이 아직도 부모의 집에서 살기 때문인지, 아니면 그런 원칙들이 내면화되었기 때문인지 알려고 스스로에게 질문을 던져 보고 있다. '자아의 깊은 내면' 그 자체는——정체성의 결정적인 목적(C. Taylor, 1998)——사회화의 결과로 인해 변모될 수 있다. 젊은 사람들은 부모가 없을 때 그것을 의식하고 있다. 그들은 무슨 명목으로 원래의 자아를 핑계삼아 자신들이 배웠던 것 모두를 잘라내야 하는지 자문하고 있다.

그들은 모두 텔레비전과——텔레비전은 부모의 강력한 권한하에 있던 것이고, 특히 아버지의 권한하에 있던 것이기 때문에 놀라운 일도 아니다——식사 시간("배고플 때 먹을 준비를 해요")과 관련해서는 다르게 행동하고 있음을 인정하고 있다. 즉 이 두 순간이 가족과 함께 보내는 가장 집단적인 순간들이다. 구분되는 것에 대한 염려는, 어떤 사람들로 하여금 부모가 집에 있는 동안에도——그들은 아직도 더 '무질서' 하다——그들이 자신들의 차이라고 지적한 특징을 강조하게끔 이끌 수 있다. 그리고 어떤 사람들은 반대로 부모의 압력에 굴복하고 있다는 느낌을 주지 않기 위해, 평상시에는 감히 사실을 고백하지는 않지만 그들이 질서를 좋아하고 있음을 알기 때문에 정리를 더 잘하며 지내고 있다. 오렐리(19세, 영어과 학생. 아버지는 엔지니어, 어머니는 생활환경조사원)의 경우가 그러하다. "전 저 혼자만을 위한 집을 갖게 될 때 더 까다롭게 정리해요. 전 부모님이 계실 땐 어지럽히지만, 집에 안 계실 땐 집이 제 소유인 것 같아 여기저기 광을 내요." 이와 같은 태도의 변화는 책임감을 뜻한다. 오렐리가 가장 좋은 독립적인 환경에 있게 될 때면, 그녀는 질서와 정돈의 필요성을 느껴 좀더 자율적이 되고 있다.

부모가 일시적으로 집을 비운 덕분에 자신의 영역을 확대한다는 것은 자립의 과정으로 한 발짝 더 들여놓을 수 있는 상황을 제공해 주고 있다. 그래서인지 젊은 사람들은 자신들이 집착하는 것을 훨씬 더 명백하게 표현하려고 한다. 즉 그들은 '혼자' 일 때, 자식으로서의 신분과 관련해 상당한 거리를 둘 수 있게 될 때, 체험하고 싶은 생활 방식을 구체적으로 표현하려 한다. 또 다른 사람들의 경우에는 부모의 부재가 즐거운 시간이 되고 있다. 그 시간에 그들은 타당한 한계를 두고 그 안에서 자율적으로 행할 시간을 연기하면서 독립한 개인의 역할을 취하고 있다. 그들은 조금 뒤에 자신들이 어떤 원칙에 의거해 생활 방식을 조직하게 되는지 보게 될 것이다.

9

양로원에서의 자기 방어

이자벨 말롱

양로원에 있는 노인들은 무엇보다도 공동체 사회를 추구하지 않는다. 그들은 어떤 형태로든 침입받지 않으려고 자신을 방어하길 선호한다. 이런 측면에서 볼 때 이 사람들은 신세대들처럼 행동하며——따라서 그들은 상당히 현대적이다——혼자 있기를 바란다. 그들은 요즘 말로 '한물간' 것 같아 보이는, 건강하지 못한 사람들과의 공동 생활을 통해 일종의 '감염'이 될까 봐 두려워하고 있다. 그들은 의무적으로 모여야 하는 시간 외에는 자기 집에, 자기 방에 있고 싶어한다. 과거 속으로, 추억 속으로 도망가기 위해, 그리고 의존성을 증가시키는 교류의 논리에 빠지는 것을 피하기 위해서이다.

개인 방어 같은 후퇴

이는 역설적으로 보일 수 있다. 그러나 양로원에서는 현대 사회의 쟁점이 다른 곳에서보다 더 강도 있게 부각되고 있다. 다시 말해 집단 생활 속에서도 사람들은 각자 자신의 독자성과 자율성을 성공적으로 유지할 수 있기를 바라고 있다. 이런 노인들은 부모의 집에서 함께 살고 있는 젊은 사람들과 비견할 만한 목적을 추구하고 있다는 것이다. 차이가 있다면, 노인들은 좀 더 의존적인 생활이 기대되지만 젊은 사람들은 독립적인 생활을 기대하고 있다. 의존 관계 이전의 단계들은 노인들이 이런 기일을 늦출 수 있도록 노력하는 시간을 포함하고 있다. 그들은 책임을 지는 어른으로 대우받기를 바라고 있다. 그들은 루스 렌델의 소설에서 가정부에게 다음과 같이 표명하고 있는 부인을 칭찬할지도 모르겠다. "제가 당신 집에서 좋아하는 것 중의 하나는 바로 당신은 제게 다른 사람들이 하는 것처럼 말하지 않는다는 거예요. 사람들은 60세가 되면서부터 누구든지, 어떤 정신 상태로 있든지간에 일반적으로 아이처럼 대우받는 경우가 아주 흔해요. 특히 이런 거주지에서는요. 말을 할 때 이성적인 존재한테 하듯 말하지는 않을 거예요."(1999, p.52)(1절) 그들은 다른 사람과의 접촉을 제한하면서 그렇게 되기를 바라고 있다. 이는 놀라운 일일 수 있다. '의존하는 사람들' 처럼 인식되는 거주자들은 양로원에서 아주 강력하게 개별성을 유지하고 있다. 노인들의 이상은 이런 기관의 설립 방향이 바라고 있는 것과는 달리 마을이나 전통 가정의 이상이 결코 아니다. 복도를 같이 쓰는 이웃과의 관계는 '친지' 들과의 관계와는 비교가 안 된다. 그들은 가능한 가장 품위 있게 죽음을 맞이할 준비를 할 수 있는 인간의 조건을 함께 공유하는 개인들 사이에서 자신을 형성하고 있다. 그러므로 모델은 도시의 모델에 아주 많이 근접해 있다. 자신의 인생 통제에서 일어날 수 있는 기능 이상을 대상으로 하는 끊임없는 판단에 맞서 방어할 수 있을 것 같으므로 익명성——불가능함——이 요구될 수 있을 것이다. 그것이 안 될 경우, 사람들이 추구하는 것은 상대를 존중하면서도 상당한 거리를 두는 관계이다.(2절) 다른 사람들을 마치 객관적인 존경을 받을 가치가 있는 사람들처럼 대해 주는 예의는 실행하기 상당히 힘든 목표에 속한다. 정신적으로나 신체적으로 장애가 있는 많은 사람들이 예절을 지키지 않기 때문이다. 상당한 의존 관계와 인간의 종말에 대한 전망을 상기시켜 주는 이 노인들은 다른 사람들의 집에서 자신을 보호하려는 욕구를 자극하고, 양로원을 '은신처' 로 변모시키고 있다. 양로원에서의 보편적인 삶의 형태는 문명화되고——사람들이 자기 옆을 지나면서 인사를 하는 노인들의 좋은 매너와 관련이 있으며——그리고 공허하다. 비록 그 형태가 몇몇 거주자들의 가벼운 정신착란에 의한 소동으로 가끔은 방해를 받고 있기는 하지만. 이런 분석은 세 곳의 양로원을 대상으로 한 조사를 바탕으로 하고 있으며, 조사는 그 기관에서 살고 있는 노인들 곁에서 대화를 통해 완성되었다.

1. 종말에 대한 두려움

의존하는 사람들의 위험

양로원에는 단지 나이만 아주 많은 사람들과 다른 거주자들과 직원들이 (신체적인 의미에서와 마찬가지로 정신적인 의미에서) 의존자로 여기고 있는 사람들이 있다. 이런 종류의 시설이 갖는 대중의 특수한 이질성은——병원에는 환자들이 있고, 학교에는 젊은 학생들이 있다——현실이면서 동시에 가공적이다. 독립심이 강한 사람도 의지하도록 이끌리기 때문이다. 따라서 그들은 눈앞에 펼쳐진 자신들의 운명을 보며, 오로지 그 기한이 늦춰지기를 바라거나, 아니면 너무 늦지 않는 죽음을 통해 그곳을 빠져 나갈 수 있기를 바란다. 건강한 사람들에게 비쳐지는 이런 모습은 사기를 저하시키고 있다. 그런 모습은 사람들을 결집시켜 줄 상황을 만들어 주지 못하며, 고프먼(1975, p.40)의 표현을 빌리자면, 구부러진 지팡이 손잡이를 '골프채' 로 바꾸는 것이 이 집단에서는 불가능하다. 노인은 '의존한다' 고 고정적으로 낙인찍혀 버린 사항이 그런 사실을 제도 속에서 고통스럽게 느끼고 있는 사람들에 의해 제기되는 사회적 대립을 통해 뒤집어질 수 없다면, 그 사실은 오직 개개인의 존중과 특히 직원들의 존중을 통해서 누그러질 수 있을 것이다.

기관에 의존하는 사람들은 보통 직원을 통해 공동 장소에 모이기 때문에, 양로원에서 보여지고 있는 것보다 상황은 견디기가 더 힘들다. 이 사람들은 ——정신적으로는 물론 신체적으로도 장애가 있어——자신들을 도와 주는 배려에 저항할 수 없다. 그들은 기관의 처분만을 기다리고 있다. 그들이 모여 있는 방에서, 그들은 예상치 못한 다른 대단한 일을 하지는 않는다. 조사했던 한 양로원에서는 텔레비전 앞에서 기다림이 전개되고 있었다. 벽 쪽으로 밀쳐 놓은 소파가 아침 9시부터 점심 시간 때까지 거주자들을 맞이해 주고 있다. 자리에 누운 아주 몸이 불편한 사람들과 낮잠을 즐기는 사람들을 제외하고는, 점심 시간 이후에 그 회합은 저녁 시간까지 다시 이어지고 있다. 가끔 날씨가 좋으면 집 앞에서 사람들이 바람을 쐴 수 있도록 해주고 있다. 이렇게 해도 모임의 분위기는 많이 바뀌지 않는다. 그들은 양로원이 주관하는 활동이 아닐 때에는 말을 거의 하지 않는다. 각자 자리를 차지하고 있을 뿐이다. 사람들은 간혹 몇 마디를 주고받고 있다. 어느 부인은 묵주를 들고 암송하고 있고, 어떤 부인은 규칙적인 간격을 두고 '엄마' 하고 소리를 지르고 있다. (적어도 관찰자의 귀에는) 가끔은 헛소리 같아 보이는 어떤 대화가 심각하게 기억을 못하는 사람들끼리 진행되고 있음이 들렸다. 즉 그 대화는 평상시의 상호 교류 형태를 지키고는 있으나 상당히 많은 어휘가 '거시기' '아무개'와 같은 표현들로 대체되어 있고, 또는 거론하기를 피하고자 하는 이름들을 대신해서 추상적인 대명사로 바뀌어 있었다. 이 사람들은 공동체 하나를 형성할 가능성을 가지지 않은 상태에서 규합하고 있다. 잘하면 그들은 일시적인 이원 관계를 여러 개 맺을 수 있다.

몸이 건강한 거주자들은 텔레비전이 관심을 보이지 않는 대중들 앞에 눈에 잘 띄도록 설치되어 있는 방을 발견한다. 그러고는 그것이 자신들이 앞으로 변해 가게 될 모습이라고 예측하고는, 속히 자기 방으로만 다시 가고 싶어한다. 그리고는 죽으면 만나지 못할 시간을 추억하며 생각에 깊이 빠져들고 싶어한다.[107] 간호 보조사와 방문 가족들, 자원 봉사자들 등의 통행으로 좀더 호감이 갈 수 있을 것 같아 보이는 복도조차도 그곳에 함께 있는 몇몇 '지체 부자유자들' 때문에 그런 특성이 상실되어 있다. 노화의 기준 또한 거기서 지각할 수 있다. 그렇기 때문에 식사 시간과 활동 시간을 제외하면, 양로원의 공간은 건강 상태가 나쁜 사람들이 우세하게 많은 공공 장소와 그런 상태를 상기하고 싶지 않은 노인들이 피신해 있는 사적인 공간으로 분리된다.

공공 장소는 각자의 집에서 인간으로서의 조건이 유지될까에 대해 의심을 낳을 수 있기 때문에 위험하다. 이는 그 다음날에 대한 불안을 여전히 증가시키고 있다. 사람들이 몰상식하고 난폭하고 무례한 것 같은 자기 이웃의 집에서 관찰한 것이 얼마 후에 당신에게도 일어날 것인가? 다른 곳에서보다는 양로원에서 더 건강한 사람들이 '일탈자들' 때문에 불안정한 상태에 있다. 또한 그들은 행동이 비공격적일 때 보여 주는 너그러움과 그런 박탈의 거부 사이에서 마치 '정상적인' 노화에는 한계가 있다는 것을 지적하려는 것처럼 동요하고 있다. 한 남자(78세, 전 트럭 운전사)가 신체적으로,

그리고 정신적으로 '치유가 불가능한' 두 사람의 공격에 맞서 자신을 방어하고 있다. "다른 쪽 이층에 있는 사람들은 여러 번 끔찍한 밤을 보냈어요. 정신 나간 노인네가 둘 있거든요. 그러니까 그들이 와서는 우리 문을 두드렸어요. 그때 제 방문은 잠겨 있지 않았는데, 여러 번 그들이 제 방에 들어왔지요. 그때 복도에다가 그들은 쉬를 했어요. ……한 사람이 안 그러면 다른 한 사람이 그러는 거예요. 그들이 서로 말을 주고받는 것 같아요. 그들은 완전히 정신이 나갔어요. ……그런 일이 일어나다니!" 쇠약함이 힘이 많이 드는 행위로 표현될 때, 노인은 함부로 대응하지 않는다. 그렇지 않으면 그 사람 또한 다른 쪽으로 균형을 잃을 위험을 가지게 되는 것 같다. 그 사람은 직원에게 도움을 청하고 있다. 문제의 의자가 '없어졌' 기 때문에 대접은 사람들간의 갈등을 원만하게 해결하는 영역이 아닌 치료의 영역에 속한다. 전문가들은 병들지 않은 노인들이 자신을 스스로 규정할 때 '감염' 의 형태로부터 위협받고 있다고 느끼지 않도록 병든 사람들을 책임져야 하며, 방역선을 쳐서 그들을 보살펴 주어야 한다.

건강한 상태를 표명하기

'건강이 나쁜' 사람과 건강한 사람이 공존하기 때문에 몇몇 경영진의 명명백백한 노력에도 불구하고 양로원은 공동체로 변모될 수 있는 기회가 거의 없다. 대부분 제기된 활동들은 거주자들이 그런 만남을 다른 의미로 왜곡시키고 있는 한 좋은 관계를 만들어 내지 못하고 있다. 그래서 신문을 낭독하는 어떤 모임은[108] "거주자들이 시사에 관심을 가질 수 있고, 다른 사람들과 상호 교류를 할 수 있고, 집단 활동에 참여할 수 있고, 그리고 달리 자신의 생각을 나타낼 것 같지 않은 어떤 사람들을 격려할 수 있도록 하는" 것을 명백한 목표로 삼고 있다. 사실 신문 낭독을 들으러 오는 사람들은 자신들이 다른 곳을 통해 알고 있는 시사 문제 때문에 오는 것이 아니다. 그들은 자신들을 위한 결정적인 이득을 좇고 있다. 즉 모임의 사회자에게 자신을 부각시키려고 오고 있다. 중요한 것은 (자원 봉사자나 직원 중의 한 사람이 모임의 사회를 볼 때) 다른 세계에 있는, 즉 외부 세계에 있는 누군가와 관계를 맺을 수 있는 능력에서 비롯되어 나오는 '정상 상태' 라는 신용을 얻는 것이다. 반면 다른 노인들과 이야기하는 것에는 거의 관심이 없다. 그러므로 회합은 짧게 진행되고 있다. 참가자들은 활동의 사회자와 특별한 관계를 구축하길 바라고 있다. 그들의 제일가는 걱정은 거주자들과 구분이 잘되지 않는 공동체로부터 자신을 구분지어, 자신들만의 특징을 통해——즉 비범한 이해력, 젊은 사람 못지않은 기억력, 아니면 놀랄 만한 수작업 솜씨——개별적인 인정을 얻는 데 있다. 노쇠에 대한 두려움은, 기관이 기획한 경쟁 활동이——기억력놀이, 즉 '우승자를 위한 문제들' 처럼——개개인을 변별할 수 있으므로 오염된 사람으로 아직은 낙인찍히지 않았음을, 소극적인 공동체가 아직까지는 낙인을 포함하고 있지 않음을 확인해 주는 시간이 되는 것과 같다.

직원과의 관계, 낙인 표시가 없음을 표시하려는 목적

어떻게 하면 자신의 정신적 건강 상태를 증명할 수 있을까? 노인들은 자기 자신을 긍정적으로 표명하는 과정을 실행하고 있다. 우리는 방금 사회자로부터 구분되려고 애쓰는 사람을 보았다. 그 염려는 직원과 우연히 맺어지는 관계로 연장된다. 간호 보조사와 말을 하는 것은 다른 노인과 말하는 것보다 훨씬 가치가 있다. 사실 그것은 외부 세계도 '진짜 인생' 도 완전히 낯설게 되지 않았음을 보여 주는 것이다. 간호 보조사들이나 청소부들의 가정사는 자주 이야기되고 거의 끝없이 계속되는 것들로, 다른 사회에 대해 마음의 문을 열어둠으로써 기관으로 한정되어 있는 교제의 범위를 끊어 주고 있다. 그런 이야기들은 또한 거주자로 하여금 경험을 공유하고, 지식과 기억을 전달해 주어서 자신의 관심사인 이전의 가치를 표출해 내어 한 가지 측면으로만, 즉 노인의 측면으로만 빠져들지 않도록 해주고 있다. 대화의 매체가 되고 있는 것들 중 하나는 사람들간에, 세대간에 중개 역할을 해주고 있는 지리적인 공간이다.[109] 신문 낭독이 있을 때 사람들의 관심은 자신들 고향의 이웃 마을이나 도시 구역들의 생활에 고정된다. 그때서야 도시의 변모된 모습을 상기시키고, 각자의 개인 척도로 그 이야기를 다시 할 수 있는 기회를 갖게 된다. 개인의 경험들은 함께 있는 공동 장소에서 전개되었기 때문에 말로 표현할 수 있게 된다.

때때로 직원과의 관계가 단순하게 친한 것 이상으로 진행돼 애정 관계로 발전하기도 한다. 한 간호사는 음식 먹기를 거부하던 어느 노부인에게 음식을 먹여 주는데, 그 부인이 자기 얼굴에 한 숟가락 정도 분량의 퓌레를 내뱉은 이야기를 해주었다. "전 그녀를 많이 좋아했었어요. 그러나 한두 번 그런 것이 아니에요. 전 그녀의 얼굴에 마른 퓌레 그릇을 던졌어요. 그리고 그녀에게 말했죠. '이것 봐, 지금 우리가 얼마나 예쁜지!' 라고요. 우린 서로를 쳐다보고는 웃음을 터뜨렸죠." 그런 행동은 뭐라 규정하기 힘든 특정한 관계의 형태에서만 있을 수 있는 것이다. 특정한 관계는 가족 관계 형식으로 구축될 수 있으며, 특히 두 사람이 같은 성별일 때 그렇다. 양로원에 있던 한 여성 재원자(90세, 유복한 계층)는 "제 딸 같아요"라는 표현을 사용하여 자신이 보호해 주었던 한 간호 보조사를 떠올렸다. 이런 유추 작용은 노인들에게 기관 안에서 작은 가족 공간을 만들 수 있다는, 적어도 직원에게 유리하던 서비스 관계를 얼마 동안은 뒤집어 놓을 수 있다는 이점을 제공해 주고 있다. 거주자들은 가족이 없을 때 '환영할 가족' 을 선택할 수 있다.

개인 상호간의 채무에 대한 두려움

현대 사회에서는 독립에 대한 이데올로기는 결국 노인들이 의존 관계와 서비스, 또는 애정의 교류 관계의 중간 관계에 조심하도록 하는 효과가 있었다. 전체적인 조사를 할 때 노인들은 자신들이 짐이 되지 않으려고, 자신과 자녀 두 사람 모두 자유롭게 지낼 수 있기 위해, 감정이 채무 논리와 (양쪽 방향 모두) 섞이지 않기 위해서 자녀의 집에 있고 싶지 않다고 대답하고 있다. 이런 독립의 가치는 또한 재원자들이 요구하는 사항이다. 그만큼 쇠약해진 건강과 연결되어 있는 의존 관계의 위협이 실질적인 것이기 때문이다. 할로 효과로 인해, 이 사람들은 누군가에게 지나치게 많이 신세지게 될까 봐 염려하고 있다. 반면 직접 대화를 나눌 때에 그들은 사람들이 자신들에게 조금이라도 도움을 요청하기만 하면, 요청이 분명하게 드러나지 않을 때조차도 도움을 주는 데 주저하지 않을 것이라고 분명하게 의견을 표명하고 있다. 저마다 독립적으로 있으려고 애쓰는 이런 공동 생활 속에서, 도움을 줄 수 있다고 표명하는 것은 그것을 말하는 사람에게는 아주 중요하다.

이런 능력은 건강한 노인들이 모든 수단을 동원해 다른 사람들과 자신을 구별짓고 싶어하는 새로운 표시이다. 이런 해석은 특히 직원에게 환원시켜 주는 도움들과 관계가 있다. 다른 거주자들을 도와 줌으로써, 특히 간호 보조사들의 작업 일부를 경감시켜 주기 때문이다.

누구나 모든 사람들에게 도움을 줄 준비가 되어 있지만, 그러나 무언가를 요청하기 위해 이웃을 귀찮게 하러 갈 준비가 되어 있는 사람은 아무도 없다. 양로원에서의 상호 교류 법칙은 다음과 같이 씌어 있다. "도움을 주자. 그러나 요청하지는 말자." 이 법칙은 독립을 요구하는 힘과 은연중에 암시되어 있는 개인 상호간의 의존에 대한 두려움을 드러내 보여 주고 있다. 사람들은 어떤 측면에서는 다른 사람들이 자신에게 신세지는 것을 거부하지는 않고 있다. 그리고 그들이 어떠한 대가도 바라지 않는 것은 바로 누군가에게 상당한 빚을 졌다는 것이다. 이는 훗날 누군가가 결코 되갚아 줄 수 없는 숙제를 받는 상황에 처하게 될 그 시기를 예상하는 것일 수 있다. 86세인 부인(회사 사장의 미망인)이 표현하고 있듯이 되돌려 줄 도움에는 한계가 있다. "그래서 전 눈먼 어느 노부인을 돌봐 주고 있어요. 그러나 여기 머무르던 초기에 제가 아팠을 때, 많이 아팠었어요, 그래서 전 지나칠 정도로 많이 걱정했었어요. 그래서 지금은 슬그머니 자리를 뜨려고 하죠. 그러나 그녀는 식사하러 와서는 언제나 '미슐랭, 거기 있어요? G 부인, 거기 있어요?' 라고 말해요. 그녀는 매달려요. 그래서 전 '어찌됐건 난 자제해야지, 건강해야 해' 라고 생각했죠. 그녀는 자신이 맹인이라서 아무것도 보지 못한다고 말했지만, 그러나 그녀는 제 집에 올 줄도 아는 걸요." 변별로써 얻어지는 이점이 건강할 때 지나치게 비싼 대가를 치르지 않아야 한다. 노인은 자신에게는 '유보된 과제' 가 있다고 생각하며, 자신의 상황이 나빠지게 되는 순간이 뒤로 미뤄질 수 있도록 건강에 신경을 써야 한다고 생각하고 있다. 이처럼 자기 자신에 대한 배려는 갚아 줘야 할 도움이 지나치게 무겁게 느껴질 경우 그런 도움을 주는 걸 포기하도록 유도할 수 있다. 활기를 고무시켜 주는 자원 봉사자로서 갖는 신분의 명예가 도움을 주면서 발생되는 피곤을 상쇄하지는 못하고 있다. "이전엔 오후에 일을 했어요. 근데 그만뒀어요. 전요, 항상 말다툼하고, 말썽을 일으키는 사람들을 좋아하지 않거든요. 그래서 그만뒀어요. 그들은 혼자서 요령 있게 행동할 줄 알아야 한다고요!"(78

세, 전 트럭 운전사)

양로원에서는 친구를 사귀는 데 망설이고 있다. 지나친 참견이 생길까 염려하기 때문이다. 특히 친구의 갑작스런 노화나 죽음으로 인해 중지될 위험성을 안고 있는 애정적인 의존 관계에 처하게 되는 것을 피하는 게 중요하다. 드물지만 새로이 형성된 우정은 양로원에서 정착하는 초기에 방어 기구들이 생성되기 전에 형성되고 있다. 평상시에 유지되던 우정은 개인 상호간의 관계를 묘사하는 데 가족이 기준으로 사용될 정도로 강력해질 수 있다. 그러나 돈독한 우정에는 이면이 있다. 노인과 연관되어 있는 위험들, 즉 친한 친구를 잃게 될 위험 부담이 있다. 이 부인(71세, 전 비서)이 느낀 고통처럼 그때의 고통은 보통 수준을 넘는 것이었다. "그녀는 저를 '딸내미' 라 부르곤 했어요. 폴레트(또 다른 거주자)는 '귀여운 사촌동생' 이라 불렀고요. 전 그녀를 엄마로 생각했었어요. 전 엄마가 안 계시기 때문에, 아시겠죠, 전 그녀를 엄마라고 생각했어요." 그녀의 사망 소식을 듣고, 이 부인은 털썩 주저앉았다. "오~ 전 울기 시작했어요, 그래요, 얼마나 울었는지 몰라요. 어떤 어머니를 위해서라도 그렇게까지는 울지 않았을 거예요. 지금은 너무 울어서 앞으론 울 수 없을 것 같아요. 울었었죠, 얼마나 많이 울었었다고요!" 친구의 사라짐은 흔히 충격적이기에 새로운 친구를 사귀려는 것을 지극히 억제시킨다. 그러므로 '이탈' 현상(J.-F. Barthe, S. Clément, M. Drulhe, 1990)은 친구들의 계속되는 부재 속에서 읽어낼 수 있다. 그리고 이는 상실에 대한 두려움으로 예측될 수 있을 것 같다. 건강한 사람들은 구조적으로 친구 영역이 양로원으로 한정될 것 같아 새로운 친구와 공동 세계를 생성하려고 애써 노력하지 않고, 예전의 관계(이전의 친구들, 가족)를 유지함으로써 자신을 보호하고 있다. 만약 그 관계가 기관으로 들어간 뒤에도 지속될 경우에는 옛 친구들이 선호의 대상이 되고 있다. 왜냐하면 옛 친구들은 이전의 생활을 대변하고 있고, 제각기 자기 나이와는 다르게 규정되고 있는 세계를 상징하기 때문이다. 노인들이 보여 주는 이런 관계 '보수주의' 는, 노인들이 개인 자격으로 이야기를 통해 자기 자신을 재표현할 수 있도록 해주기 때문에 아주 실용적이다. 어떤 부인의 경우는 일주일에 두세 번 옛 친구들과 카드놀이를 하는 것을 선호했기 때문에 양로원에서 새 친구들을 사귀지 않았다. 그녀는 친구들이 은퇴할 때 이런 활동을 조직했었고, 오래 전부터 쌓아

온 우정을 돈독히 하고 있다. 그 부인들은 한 공간에서, 삶이 계속되는 동안에 단절이 호시탐탐 기회를 엿보고 있는 공간에서 정체성이 계속되고 있음을 서로에게 밝히고 있다. 게다가 노인들은 분명 모든 것을 버려야 하는 때가 올 때 애정을 나눈 책임에 대해 값을 치르게 될까 봐 두려워하고 있다.

2. 방어와 예절 형식

재원자들은 흔히 거의 지지하지 않는 집단 생활에 어쩔 수 없이 참여하고 있다. 그들은 개인의 정체성을 상실하고 우연히 얻은 자신들의 처지를 알리는 사람들을 매순간 스쳐 지나가게 될까 봐 두려워한다. 그들은 자기 방에 피신함으로써 그들과 섞여 있는 것을 애써 피하고 있다. 그러므로 양로원은 개인의 존재 양식들이 문명화되어 병치되어 있다고 규정된다.

공동 공간이 점유하고 있는 위험들

완벽한 피신은 불가능하다. 단지 만나게 되는 것을 제한하는 게 중요하다. 공간들이 특히 더 위협적이다. 그것들은 제도적으로 모두가 사용할 수 있도록 배치되었으나, 그 용도가 선험적으로는 사적으로 이용되고 있다. 사람들 각자의 방에 개인 욕실을 설비해 둔 양로원에도 누구나 사용할 수 있는 공동 위생 시설(화장실, 샤워실, 욕실)이 있다. 하지만 건강한 사람들은 의존하는 사람들을 만날까 봐 두려워하기 때문에 공동 위생 시설을 이용하지 않으려고 애쓰고 있다. 의존적인 사람들은 사실 사적인 장소들을 사적이지 않은 용도로 사용하고 있다. 그들은 화장실에 가기 위해 불가피하게 도움을 요청할 수도 있다. 건강한 사람들의 관점에서 더 심각해 보이는 것은 많든 적든 정해진 시간에, 특히 식사 후에 시행되는 '화장실 순회' 로, 이는 개인 사생활을 거의 고려하지 않고 시행되고 있다. 모두에게 불쾌한 시간이다. 거주자들의 두 그룹간의 분열이 여전히 두드러지게 나타난다. 자신의 몸을 제어할 수 있는 재원자들은 그렇지 못한 다른 재원자들이 그들의 신체를 제어하고 관리하도록 기관에 일임하고 있음을 어쩔 수 없이 확인하게 된다. 관찰을 하는 건강한 재원자들은 인간으로서 자신도 병에 걸려 있다고 느끼게 된다.

자아 상실에 대한 문제는 샤워 시설과 관련해서도 마찬가지로 제기되고 있다. 방향을 잃은 사람들은 샤워하기 위해 도움이 필요할 때, 실제로 한마디도 말하지 않아도 씻겨졌다. 독립적인 사람들도 마찬가지로 그런 시설을 이용해야만 한다. 그들은 자신의 신체 통제를 유지하기 위해, 아침마다 일찍 일어나는 이 남자(69세, 전 식기장 접시닦이)처럼 전략적으로 행동할 수 있다. "전 샤워기가 없어요. 그렇지만 위생 시설이 층계에 있죠. 전 아침마다 일찍 가서 사용하고 있어요. 아직 아무도 사용하지 않았기 때문에 위생 시설은 깨끗하거든요. 다른 누구보다도 제가 먼저 샤워를 하고 있기 때문에 불편하지 않아요. 그래도 조심하지 않고 더러운 방수 시트를 널브러져 있게 내버려두는 사람이 있는 건 사실이에요. 오, 더러운 사람들이 있긴 있어요." 샤워할 때, 그리고 옷을 입을 때 도움이 필요한 이 남자는 그래도 몸을 씻는 사람은 바로 자신이라고 생각한다. 그는 공동 샤워를 개인적인 샤워('근본적인 것')로 변모시키면서 그 사실에 대해 확신하고 있다. 그는 머릿속으로는 자기 신체와 삶의 주인으로 남아 있으며, 도움받는 것을 의존의 표시로 인식하고 있다. 그는 자신의 상태를 잘 유지하려고 노력하고 있다. 어떤 부인은 감염되지 않기 위해 또 다른 전략을 채택하고 있다. 그녀는 자신의 방에 남아 있기를 선호함으로써 공동 샤워실에 더 이상 가지 않고 있다. 그녀는 그런 행동이 청결에 무관심하다는 것을 의미하지 않음을 증명하기 위해 자신이 '모든 것'을 씻고 있다는 사실을 강조하고 있다. 깨끗하게 있고 스스로 청결하게 있으려는 것은 '정신을 잃은' 사람들의 집단과 자신을 책임지는 사람들의 집단을 구분해 주는 여러 기준 중의 하나이다.

직원의 잠재적인 선의에도 불구하고 기관은 재원자들 사이에서 그들의 독립성과 신체적 자율성이 축소되고 있음을 감출 수 없다. 이런 가시성은 두 가지 효과가 있다. 전체적인 연대성, 즉 같은 집단에 소속되어 있다는 감정 전개를 어렵게 만들어 주는 효과와, 간접적으로는 건강한 사람들에게 가능한 한 오랫동안 자신의 몸을 제어할 수 있도록 독려해 주는 효과가 있다. 피하고 개인 방어를 하는 이런 보충적인 움직임들은 점점 더 강화되고 있다.

도피처인 방

건강한 거주자들은 자기 방을 침해받지 않는 성역으로 변모시키고 있다. (E. Goffman, 1974) 독립적인 노인들은 노크를 하고 대답을 기다리는 그런 예절 규칙을 존중하려고 최대한 배려하고 있다. 노크한 뒤 너무 빨리 들어가는 것을 영역 침해로 체험하고 있다. 이런 규칙은 특히 자원 봉사자들과 독립적인 노인들을 통해서 지켜지고 있다. 그러나 거주자들에게는 당연한 것 같지 않은 이런 규칙이 직원들과 가족에게는 약간 융통성 있게 허용되고 있다. 규칙 적용의 완화는 연속된 행동의 경제성(노크하고 방 안에서 들려 오는 대답을 기다리지 않고 들어가기)을 만들어 낸 습관에서 비롯된 것이며, 재원자와 직원 사이의 관계에서 어떤 지배를 나타낸다. 존중은 또한 재원자의 상태에 따라 다르다. 여기서 또한 두 유형의 거주자들 사이의 분열을 지각할 수 있다. 즉 의존적인 사람은 독립적인 사람보다 더 '존중받지' 못하고 있다. 양로원장들을 통해 반복된 노인학 연구자들의 이론 속에서는, 노인은 완전히 대등한 권리를 가진 사람으로 이해되어야 한다고 하나, 실제로는 가장 가까운 직원들은――보조 간호사 또는 관리자들――자신들이 정한 재원자들의 상태에 따라 행동을 달리하고 있다. 기관에서 가장 의존적인 사람들은 신체적인 사생활과 개인 공간의 청결에 대한 권한을 더 보호받지 못하고 있다.

기본적인 입장 조정은――모든 사람은 상태가 어떠하든지간에 인간으로서 대우받을 가치가 있다――상당히 많다. 근무 제한이 있기 때문이다. 이는 그 조정이 관련 있는 사람들에게도(자존심의 감정이 사라졌는지를 알아보는 것은 언제나 어렵다), 이런 장면들의 증인인 다른 사람들에게도 효과가 없으리라는 것을 의미하지는 않는다. 사실 독립적인 사람들은 재원자들에 대한 그런 대우를 보면서 신체적 · 정신적인 문제의 증가와 존중 감소를 연결지을 때, 여전히 미래에 대해 많이 불안해하고 있다.

친숙함이 주는 구속 관리

거주자들에게는 '정신 나간' 사람들과 공존하는 문제와는 또 다른 문제가 있다. 사실 거주자들 각자 '친숙함이 주는 구속'이라고 불릴 수 있는 것에 직면하고 있다. 실제로 모든 노인들은 상대적으로 닫혀 있고 제한되어 있는 공간에 자리잡고 있다. 그들은 식사 활동 같은 상당히 많은 활동을 공유하고 있다. 구조적으로 어쩔 수 없이 (같은 건물에 살고 있는 사람들의 공간 근접처럼) 가까이 배치된 공간적 근접은 서로 안면을 익히게 만들어 준다. 거주자들이 공동 세입자들에게 제공할 수 있는 일련의 정보는 엄청나게 많다. 관찰을 통해, 대화 일부를 단편적으로 듣게 된 청취를 통해서, 그리고 간호보조사들의 경솔한 언동을 통해서 모든 것이 파악되고 있다. 조사한 여러 양로원 중 한 곳에서는 의학 정보가 공동 생활을 용이하게 하기 위해 전파되는 일이 가끔 발생되고 있다. 그래서 뇌종양인 어느 부인은 자신의 활동을 더 이상은 조직해 내지 못했다. 그러나 그녀는 '온정신'을 지키고 있었다. 그리고 다른 거주자들이 그녀를 '알츠하이머' 환자처럼 대하는 것을 피할 수 있도록, 그녀의 상태는 몇몇 재원자들에게만 알려졌다. 게다가 일상 생활의 공유는 다른 사람들이 가진, 적어도 바로 옆방 이웃들이나 같은 테이블에 앉은 바로 옆사람의 습관과 개인 생활에 대한 재빠른 이해를 포함하고 있다.

이런 이해는 자기 보호의 강화를 필요한 것으로 만들어 주는 사회적인 압력을 만들어 내고 있다. 또한 사람들은 기관 속에 들어오면서부터 공동 생활에 적당히 끼어들고 있다. 어느 여성 재원자(86세, 교수자격증을 가진 교수의 미망인)가 그런 사실을 다음과 같이 표현하고 있다. "여기에서는 고백하건대 전 아주 조심했었고, 지금도 여전히 조심하고 있어요. 모든 사람들에게 친절하게 하려고 노력하고 있어요. 같은 층에 있는 사람들에게는 경우에 따라서 한마디씩 건넨답니다. 그렇다고 서두르지는 않아요. 경계해야 한다고 믿거든요. 이런 양로원에서 사람들이 차츰차츰 발견하게 되는 것은 다른 사람들을 적대시하는 사람들인데, 상상을 초월할 정도이기 때문이에요. 그래서 전 매우 조심하고 있어요. 저기 당신이 얘기했던 것, 당신이 했던 것이 있네요. 조심할 필요가 있지요." 재원자들간의 거리는 개인적인 공격의 형태로부터, 즉 험담이나 쑥덕공론으로부터 자신을 보호하기 위해 적당히 유지되고 있다. 이런 재원자들에 대한 두려움이 양로원에서의 관계를 피상적인 관계를 맺도록 강화시켜 주고 있다. '잡담들' '이런 모든 험담들' '이런 모든 쑥덕공론'에 대한 강박관념은 개인의 의지에 의한 고립을 증가시키고 있다. "빈번히 출입해서는 안 되죠. 안 돼요. 전 그러고 싶지 않아요. 그건 이웃 사람에 대해 말한다거나, 나쁜 얘기를 한다거나, 누군가의 베일을 벗겨내는 건데, 전 그런 사실이 무서워요. 모든 사람들에 대한 비판이 힘들어요. 글쎄, 그런 일이 저하고는 맞지가 않아요. 저한테는 모든 사람이 비슷하거든요. 그래서 '그런 나를 보러 갑시다. 그녀가 얼마나 나쁜지, 그녀가 어떻게 옷을 입고 있는지를, 그녀가 얼마나 이렇고 저렇고 한지를 보러 갑시다'라고 그러죠. 힘들어요. 물론 다소 옷을 잘 입고 있는 사람도 있고, 약간 노망한 사람도 있어요. 그들은 현재의 자기 모습 그대로 있어요. 당신이 원하는 대로요." (87세의 노부인, 전 회사원)

성생활이 '정당하지' 않을 때부터 성생활에 대한 영역은 잡담 속에 들어가는 여러 영역 중의 선택 사항으로 자리하고 있다. 그래서 조사 기간 동안에 만난, 결혼하지 않은 두 커플은 자신들의 관계에서 성관계 측면을 부인함으로써 애써 자신을 보호하고 있다. 첫번째 커플(여자는 75세의 과부, 남자는 68세)은 대담 초기부터 "오누이처럼 살고 있어요. 우린 외로운 사람이기 때문에 함께 있지요. 고독은 사람을 죽이는 거거든요"라고 표명했다. 두번째 커플은(여자는 75세로 엔지니어의 미망인이고, 남자는 78세이며 전 직업은 트럭 운전사) 오래 전부터 내연 관계였으며, 비견할 만한 동선을 적용하고 있었다. 남자는 부인과 성관계를 가지지 않고 있음을 확인시켜 주었다. "전 한 부인을 알게 되었어요. 그녀는 여기서 저와 함께 있죠. 함께 있고, 서로 이야기를 한 지 20년이 되었네요. 그래도 우린 친구 사이예요. 친구죠. 침실 문제는 없어요, 전혀 없지요, 없어요. ……우린 친구니까요. 전 그걸로 충분해요, 만족한다고요. 우리 나이가 되면, 친구들이 하나나 여럿 있는 게 가장 좋은 거죠. 전 친구가 한 사람 있어요. 아주 조금이긴 하지만 방탕하기까지 한걸요!" 이 남자는 양로원의 관습이라고 생각하는 상태——성생활과 술은 안 됨——에 있을 정도로 자신의 성생활을 부정하고 있다. 운명은 이 남자가 조금 후에 TF1의 뉴스에서 질문을 받아 연출 장면을 바꿔 주길 바랐었다. 그

때 그는 "우리가 세상 사람들의 주목을 받고 있죠. 우린 인생을 즐긴 것뿐인데요"라고 밝혔기 때문이었다. 고백은 가능해졌다. 텔레비전이 전체 사회를 대표하고 있기에 쾌락주의와 성생활을 정당화시켜 주고, 내부적인 시시콜콜한 이야기에 대한 두려움을 잊게 해주기 때문이다.

이웃 사람들은 거리를 유지하고 지내야 하는 이들이다. 그들은 너무 많은 사실을 알고 있어 그것을 이용할 수도 있다. 한 남자(66세, 노동자)는 옆방을 사용하고 있는 이웃의 화장실이 자기 방의 벽과 면하고 있어 그 이웃을 위해 자신이 했던 일을 이야기해 주었다. "그녀는 밤에 일어나서 용변을 보고는 물을 내렸어요. 한 번도 아니고 두세 번을 내리더군요! 그러니 물소리가 시끄럽죠. 그 소리에 잠을 깨곤 했어요. ……오, 그러니까 그녀는 언제나 깨어나 있었고, 전 '그녀는 아픈가 봐. 설사를 하는군. 대체 어디가 아픈 거지?' 라고 말했죠. 전 그녀가 걱정되곤 했어요. 그래서 감독관에게 그 얘기를 해주었죠. '아당 부인에게 무슨 일이 있는 건지 모르겠어요. 아무튼 밤마다 일어나서 물을 내리고 있어요……' 라고 말해 주었어요. 모르겠어요. 그들이 당연히 그녀를 살펴보았겠죠. 그 뒤론 물 내리는 소리가 들리지 않아요." 공동 공간에서는 물리적으로 가깝게 있게 되는 것이 어떤 사실을 알게 해주고 있다. 그 사실은 정상적인 생활에서는 오로지 같은 가족에게만 알려질 내용인데도 말이다.[110] 양로원에서는 이런 인접함이 애정적인 거리 확대를 낳고 있으며, 다른 거주자들이 그것을 이용하지나 않을까 두려워 감정 표현을 신중하게 하면서 균형을 유지하고 있다.

다른 공동 세입자들과 멀고 가깝게 있는 시간을 적절히 조절하는 것은 상당히 어렵기 때문에, 균형은 오히려 공공연하게 표방되는 중립적인 자세로 시행되는 경향이 있다. 그러나 서민 계층의 어떤 사람들은 이전의 인생에서 자신들의 우정이 중상류 계층의 사람들의 우정에 비해 공간적 상황에 따라 형성되었으므로 '친숙함이 주는 구속' 을 더 잘 받아들이고 있는 것 같다.(C. Bidart, 1997) 서민 계층은 공간적인 근접과 애정적인 근접 사이의 조절 속에서 한층 더 사회화되고 있다. 그런 까닭에 두 남자가 매일매일 친구처럼 서로 만나고 있었다. 아침 식사 후에 그들은 점심 식사 때까지 잡담을 나누려고 카페테리아에 남곤 했다. 점심은 서로 다른 테이블에서 먹었다. 낮잠을 자고 난 뒤 오후 시간에 그들의 대화는 계속되었다. 둘 중 가족이 거의 없는 한 남자는 다른 한 남자에게 가족이 면회 왔을 때 그에게서 자주 초대받았다. 이 두 남자의 우정은 둘 중 한 사람이 죽을 때까지 그들 두 사람의 생활 방식의 리듬을 따르고 있는 일상을 공유하면서 돈독해졌다. 반면 같은 공간에서 연속적으로 우정을 체험하는 데 거의 익숙하지 않는 중상류 계층의 사람들에게 양로원은 우정 관계를 형성하는 데 적당한 장소가 되지 못하고 있다. 우정이라고 선택되는 측면은 일상 생활의 공유를 통해 이끌어지는 것으로 친밀감의 구속과는 대립되고 있다.

예절의 장점

그러므로 양로원은 가족의 공간보다는 예의가 지켜져야 하는 도시적인 공간에 속한다. 리샤르 세넷(1979)에 의하면, 예의란 "다른 자아로부터 자신을 보호하는 활동이며, 따라서 자신이 다른 사람과의 동행을 즐길 수 있도록 해주는 활동이다." 조사를 한 두 양로원(세번째 양로원에는 내부 규칙이 없었다)의 내부 규칙은 공동 세입자들에게 예의바르고 상냥할 것을 요구하고 있다. 즉 두 양로원은 "다른 거주자들과 직원들에게서 전통적인 예절 규칙들을 보실 수 있을 겁니다" 아니면 "공동체 생활은 개개의 구성원들이 기관에 거주하고 있는 다른 사람들의 자율과 그 사람들이 온전하게 있을 수 있도록 존중한다는 것을 전제로 이루어진답니다"라고 말하고 있다. 사람들간의 관계는 시카고학파 사회학자들(Y. Grafmeyer, I. Joseph, 1979)이 설명하고 있는 도시의 공공 공간에서 일어나고 있는 두 가지 순환 원칙에 합치하고 있다. 즉 행실의 익명성 보장과 다른 개인과 거리를 둔다는 원칙에 상응하고 있다. 이런 규칙들은 인터뷰중에 다른 사람을 방해하지 않을까 염려하고, 각자의 사생활을 지켜 주어야 한다고 걱정하던 노인들을 통해 확인되었다. 예를 들어 어느 부인은 움직이려고 다른 사람들이 깨기를 기다리고 있다. "아침 6시경에 그러죠. '됐어, 이미 열려 있는 덧문이 있잖아. 조금 움직여도 되겠는걸' 이라고. 그러고는 먼저 창문을 열어요. 밤에 '열어둔 채' 잠을 자거든요. 그러니까 문을 더 크게 열어요. 그리고 침구를 정돈하죠. 다른 사람들을 생각해서 소리나지 않게요. [그녀는 웃고 있다.] 그건 당연한 거죠."

다른 사람들에 대한 배려는 개인 공간에서 생길 수 있는 소음 통제를 통해 해석된다. 타인과 사생활 존중은 사적인 영역에 간섭하지 않는 것으로, 특히 소음을 줄이는 것으로 나타나고 있다. 대부분의 사람들은 도착한 지 얼마 지나지 않아 자신들 스스로도 가끔은 검열하면서 자신들이 방해하고 있는 건 아닌지 자발적으로 자기 이웃에게 물어보고 있다. "우선은 방음 장치가 아주 잘돼 있어요. 그리고 아주 친절한 이웃들이고요. 이웃 사람들은 방해되고 있다는 생각이 들면 텔레비전 소리를 줄이는 거 같아요. 그 신사분이 이미 제게 물어보셨거든요. 전, 저 또한 조심하고 있죠. 그러나 방음이 아주 잘되어 있어요. 전혀 방해받지 않거든요. 그래서 저도 방해하지 말아야겠다는 생각이 들어요."(88세 노부인, 엔지니어의 미망인) 거주자들의 약한 애정 관계는 타인에 대한 무관심의 표현이 아니다. 그것은 단지 감염의 위협에 맞서, 잡거 생활의 위험에 맞서 자신을 보호하려는 염려를 나타낸다.

양로원은 재원자들끼리의 관계를 조절하는 데 (아마도 도착하는 날 읽었을) 내부 규칙을 통해서보다는, 일상 생활의 조직 방식을 통해 간섭하고 있다. 양로원의 운영 방식은 재원자들과 '함께' 하는 행동에 영향을 끼치고 있다. '전반적인 제도' 와 가장 연관되어 있는 양로원에서는(E. Goffman, 1968) 공동 공간들이 대중의 영역에 속해 있다. 거주자들은 이런 지시를 이해하고 있고, 그 지시를 따르고 있다. 그러므로 그들은 제도적으로 공공 장소라고 규정된 공간으로 '외출하기' 위해 옷을 입고 있다. 느슨한 옷차림은 사적인 영역, 즉 방에서만 허용된다. 그러므로 양로원에서는 사람들을 마주쳐 지나갈 때 의존적인 사람과 그렇지 않은 사람을 식별하는 게 가능하다. 의존하는 사람이라고 정해진 사람들은 슬리퍼를 신고 있고, 그렇지 않은 사람들은 보통 외출 신발을 신고 있다. 무엇보다도 삶의 장소이기를 바라는 기관에서는, 공간의 특성이 거주자들의 자유로운 판단에 맡겨지고 있었다. 공간 점유의 자유로움 정도 변화는 특별히 아침 식사 시간에 가시화되고 있다. 사람들이 실내복을 입고 식사할지, 아니면 차려입고 식사할지 선택하고 있기 때문이다. 공동 공간의 절충된 특성과 사람들과 관련 있던 행동 규칙에서 허용되고 있는 변동이 건강한 사람들 그룹 내부에 행동의 다양성을 만들어 주고 있다. 즉 자신이 살고 있는 장소에 서로 다른 사회적 지위를 부여하고 있는 사람들이 서로 가까이 지내고 있다. 어떤 이들은 여기저기가 자기 집이다. 그들은——정확한 시간에, 특히 아침 식사 시간에——함께 공유하는 집단 공간을 감히 행위의 일반적인 규범들이 느슨해질 수 있는 '우리 집' 으로 만들고 있다. 이와는 반대로, 또 다른 이들은 실내복과 슬리퍼를 통해 감지될 수 있는 자신의 사생활을 내보이지 않으려는 거부의 의미를 타인의 존중에 포함시키고 있다. 방향을 잃은 사람들은 선택권이 없다. 그들은 누군가가 이전에 그들에게 치장을 해주었느냐, 아니면 해주지 않았느냐에 따라 잘 차려입거나 혹은 실내복 차림으로 대중들 앞에 나타나고 있다.

관용의 정도가 상당히 넓은 양로원에서조차도 낮 시간대에는 공공 장소들이 '사적인' 공간으로 간주될 수 없다. 예의를 벗어난 과실에 따른 필연적인 대가가 있기 때문에 예의 범절이 권리를 되찾고 있다. 간병인팀은 느슨한 차림으로 옷을 입고 있다는 것을 자기 집에 있는 것처럼 양로원에 있다는 감정의 표시가 아니라, 정신적인 해이함의 표시나 점진적인 변화의 증후로 이해한다. 낮에 그런 식으로 옷을 '잘못' 입고 있는 사람은 '치유가 불가능한' 사람으로 이해될 것이다. 양로원에서 항상 눈에 띄는 '범죄인들' 은 역설적이게도 질서를 준수하고 있다. 그외의 다른 사람들이 나쁜 본보기를 따르는 것은 이롭지 못하다고 파악하고 있기 때문이다. 그 사람들은 모든 사람들의 눈에 자신들도 존경받을 만한 가치가 있다는 것을 증명하려고 바른 자세를 유지하고 있다.

예의는 건강한 상태의 지위 보호와 일치할 수 있다. 이런 원칙에 맞지 않는 행동을 하는 사람들은 '치유가 불가능한 사람' 이라고 분류될 때에는 용서를 받고, 그 반대의 경우에는(예를 들어 사람이 술을 마실 경우) 비난을 받고 있다. 공동 세입자가 책임지지 못할 경우 다른 사람들은 그 과오를 최소화해 주어야 한다. 가장 좋은 것이 외관상 모른 체하는 것이다. 회합이 있을 때, 약간 '흐트러진' 모습을 한 남자가 웃으면서 어느 여성 거주자에게 진심으로 인사를 하러 왔다. 그녀의 손을 재빠르게 잡더니 손등에 키스를 하였다. 이 여성 거주자는 확고하지만 예의 있게 상황을 빠져 나와서는 친절하게 인사에 대응을 해주면서 그 상황을 모면하였다. 그녀는 그 장면을 함께 목격한 사람들에게 이 남자의 행동에 대해 용서해 달라는 미소를 보냈다. '정신이 나간' 남자를 대신해서 사죄를 구하는 관례적인 행위를 함으로써, 이 부인은 자신은 스스로 품위를 유지하면서 타인이 저지른 행위의 결과를 책임졌기 때문에 아직까지는 인간 세계에 소속되어 있을 가치가 있음을 증명하였다. 그 남자는 정중한 대우를 받았다. 그의 행동 때문에 건강한 사람들은 자신들 고유의 행동에 더 많이 주의해야 하고, 양로원 세계가 잘 돌아가도록 배려해야 한다. 건강한 사람들은 질서를 유지할 책임이 있고, 그만큼 너무도 바쁜 직원들은 시간을 벌고 있다. 그들이 의존하는 사람들의 예의 없는 태도에 공식적으로 보여 준 무관심과, 의존하는 사람들에게 보여 주는 대중의(경우에 따라서는 사적으로 비판적인 설명과 연결되는) 용서는 가장 의식적인 모욕을 당한 사람들에게——즉 건강한 사람들——강한 보상을 해주고 있다. 그 보상은 사람들 개개인이 아직은 예의바른 행동의 규칙을 알고 있다는 대중의 증명을 통해 생겨나고 있다.

양로원에서 건강한 사람들의 예의는 직원들에게도 영향을 주고 있다. 건강한 사람들은 직원들의 짐을 조금은 덜어 주기 위해 제공되는 서비스 범위 전체를 사용하지 않기 때문에, 그래서 직원들을 오랫동안 잡아두지 않고, 그들의 일과가 조금 일찍 끝날 수 있도록 해주고 있다. 게다가 방 청소의 일부를 도맡아서 해결하고 있다. 증인인 이 부인은 청소를 책임지고 있는 담당자들에게 자기 방은 청소하지 말도록 금지시키고 있다. 그 부인은 "아, 아니에요! 제 방은 하지 마세요. 친절하기도 하시지. 그러나 제 방은 다했어요. 전 돌보지 않으셔도 돼요. 절 돌봐 주셔야 할 때가 올 거예요. 그럴 때가 올 겁니다"라고 말하였다. 그렇게 도움을 준다는 것은 또한 자기 공간을 관리할 수 있는 독자적인 사람의 상태를 강하게 표명하는 기능을 가지고 있다.

마지막 동거의 비극

양로원은 어떻게 해서든 체면을 유지하려고 하는 노인에 대한 정의가 항상 적용되고 있는 공간이다. 이 경우에는 자기 자신에 대해 책임지는 사람이라는 정의가 적용되는 공간이라고 할 수 있다. 양로원은 건강한 사람들과 그렇지 못한 다른 재원자들 사이의 조용한 대립이 일어나고 있다는 증거이다. 건강한 사람들이 모든 '감염'으로부터 자신을 보호하고 있기 때문이다. 기관은 품위를 유지시켜 주려는 목표 안에서 그들을 지원할 수 있다. 피곤해서 기도 모임에 가고 싶어하지 않는 어느 부인(86세, 회사 사장의 미망인)의 상황에서처럼 기관이 서투르게 지지할 수도 있다. 원장이 그녀를 보러 와서는 "뭐라고요? 가시지 않겠다고요? 그렇지만 수준을 끌어올리기 위해서는 당신이 필요하다고요!"라고 말했다. 그때 이 재원자는 "그렇지만 오늘은 가고 싶지 않아요"라고 대응했다. 원장은 그녀에게 "뭐라고요? 말도 안 돼요!"라고 반박했다. 노인의 말에 따르면, 원장은 침대 시트를 걷어서 기도실 쪽으로 '완력으로' 데려가려고 그녀의 팔을 잡아당겼다. 그녀는 이 장면을 얘기하는 동안에도 여전히 분개하고 있었다. "보세요, 체면이 말이 아니잖아요! 그때 전 얼마나 화가 났는지 몰라요." 원장은 이 부인에게 너무 빨리 노화가 오는 것을 방지할 목적으로, 그녀가 자신의 건강을 지나칠 정도로 돌보지 않도록, 피곤을 극복할 수 있도록 노력하고 있다. 인간의 자율성과 독립성은 개인의 의사에 맞서서 어디까지 보호될 수 있는가?

점진적인 변화를 보이는 증후는 양로원의 복도에 항상 도사리고 있고, 전통적인 공동체 사회의 모델과는 일치하는 구석이 거의 없는 최후의 동거를 만들어 주고 있다. 그 균형은 첫 방문 때 받은 인상에도 불구하고 집단의 무대를 희생시키고 개인적인 무대 쪽으로 분명하게 기우는 경향이 있다. 식사 시간대를 제외하면, 복도와 공동 공간은 무엇보다도 의지와는 상관없이 오로지 모여든 다수의 사람들을 형성하는 '치유가 불가능한' 사람들의 소유가 되고 있다. 그렇지 않은 다른 사람들은 노화의 시간을 늦추려고 애쓰기 때문에 이전의 삶——바로 거기서 개인 공간의 내용과 장식이 많이 나오고 있다——속으로 피신하면서 자기 방으로 몸을 숨기며, 따라서 그들은 '늙은이'라는 사실을 제외하고 자기 자신에 대한 현재와 과거의 정의 속으로 은신하고 있다. 그들은 방에서 나오면서부터 '치유가 불가능한' 사람들과 대치되는 위험에 노출된다. 양로원에 있으면서 그들이 자신의 신분 상태와 운명을 망각할 수 있는 순간은 아주 드물다. 그들 자신이 스스로 조직한 게임은(제도적으로 정해져 있는 다른 놀이는 '위험한' 재원자 집단과 그들을 섞고 있다)——카드놀이나 여럿이서 하는 실내 게임——사교성을 중시하는 순간에 속한다. 단정한 재원자들과 함께하는 게임은 예의바른 게임자들과 예의 바르지 못한 게임자들 사이를 구분지어 준다. 게임은 본래 가지고 있던 신분 차이를 무효화시켜 공동의 정체성(거주자들의 정체성)을 일시적으로 잊게 해주거나, 또는 전문인과 노인들의 차이를 뒤죽박죽으로 만들어 주고 있다. 몇몇 간호 보조사들이 '블롯을 치거나' 또는 훈수를 두기 때문이다. 추억을 회상하는 시간과 함께 놀이 시간은 노쇠하는 시간의 직접적인 경쟁자, 즉 불행한 경쟁자이다. 게임자의 사망 또는 게임자의 '상실' 이 인간은 더 이상 자율적이지 않다는 또 다른 게임의 규칙의 강점을 상기시켜 주기 때문이다.

현대 사회는 나이 들지 않은 건강한 사람들이 독립적이고 자율적인 인간의 전설을 믿을 수 있도록 보호받는 공간을 만들어 냈다. 사고 피해자들은 사회 현실이 잠재적으로 영속할 수 있도록 눈에 띄지 않는다. '둘 사이에' 있는, 즉 너무 나이 들었지만 그래도 여전히 독립적인 사람들과 기나긴 최후의 단계에 직면한 사람들 사이에 있는 사람들에게는 그런 상황이 특히 어렵다. 어떤 노쇠의 광경을 목격하기 때문이다. 기울어 가는 세대끼리의 동거(C. Attias-Donfut, 1995)는 또 다른 공존의 형태, 즉 건강한 재원자들과 '치유 불가능한' 재원자들끼리의 공존이라는 형태로 대체되고 있다. 재원자들끼리의 공존은 평화로우며, 이는 비극적인 특성을 제거하지 않고 있다.

제 IV 부

개별적인 정체성과
각자의 공간이 갖는 이중성

10

다른 곳에서 인생을 갖기:
혼외 관계

플로랑스 바탱

자기 자신으로 있으려는 지령은 사생활을 만들어 내는 데 끝없이 영향을 행사하고 있다. 혼자 있으려는 절대적인 요청과 공동 생활에의 바람 사이에 균형을 잡을 수 있는 방법 중의 하나는 솔로의 인생과 함께하는 인생이 연속된 화면으로 교체되는 것이다. 또 다른 처리 방식은 같은 공간 안에서도 개인의 방과, 구분된 시간과 구별되는 행동들이 있기 때문에 개인의 인생과 '함께' 하는 인생을 겸하는 태도이다. 세번째는 자아 표명으로, 이는 인생을 둘로 나눔으로써 가능하다. 따라서 두 인생, 즉 공식적인 인생과 비공식적인 인생을 동시에 사는 것이 중요하다. 비공식적인 인생은 갇혀 있는 관계에서 벗어나려는 감정을 일으켜 자유로운 상태에 있다는 감정을 가져다 준다. 일시적이든 지속적이든 불성실함은 사생활에 대한 하나뿐인 법적인 정의를 거부하는 자아 표명으로 정립될 수 있다.

파트너에게서 틈을 낸 시간이 모두 다 똑같지는 않다. 남자(여자) 애인을 갖는다는 것은 다음 두 가지 주요 특징——몰래 빼낸 다량의 시간이나 속내 이야기를 한다는 특징에서가 아니라——즉 성생활과 비밀스런 관계라는 특징으로, 일독에 빠져 있는 것과 친구들과 함께 운동하는 데 시간을 너무 많이 할애하는 것, 그리고 빈번하게 부모의 집에 있는 것과는 구별된다. 흔히 남편이나 아내는 이런 관계가 존재한다는 것조차 모르고 있다. 비밀 보호는 흔히 이런 혼외 관계와 관련이 있다.[111] 올리비에 슈워츠가 '사생활' (1990)이라고 명명한 것의 극단적인 형태가 어떤 과정 속에서 만들어지고 있다. 그 과정을 통해 개인은 자신의 존재 분할이나 외부 세계의 분할을 자기 고유 재산으로 여기고 있으며, 자신의 시각으로는 자신이 부부 집단이나 가족 집단의 소관이 아니라고 보고 있다. '고유 세계'의 원칙은 자기 자신을 복구할 수 있도록, 가족의 소속을 기준으로 삼지 않고 자신을 규정할 수 있도록, 그리고 규준과는 조금 거리를 두고 실행을 하면서 자유로운 욕구를 가질 수 있도록, 자율성이 있는 공간들 속에 포함될 수 있다. 결혼 생활과 가정 생활은 공동 생활의 폐해에 대적하는 하나의 피난처로 이해되며, 각자가 자기 자신으로 있을 수 있는 공간으로 이해되고 있다. 그 공간은 개개인에게 강한 흡인력을 주고 있다. 마찬가지로 둘이 함께하는 생활도 개인의 자유를 제한하고 있어 하나의 구속처럼 이해될 수 있기 때문에[112] 이런 표현은 완전하지가 않다. 때때로 이런 자유의 희생이 너무 무거운 것 같아서, 다른 곳으로 보러 가는 것이 한편으로는 자기 집과 연결된 상태에 있으면서 다른 한편으로는 하나의 해결책처럼 보이고 있다. 이 장에서는 바로 이전의 부부 관계를 유지한다는 명목하에 다른 장소를 만드는 태도에 대해 지면을 할애하고 있다. 제일 먼저 남자가 어떤 방식으로 공식적인 파트너와 함께 살면서 동시에 떨어져 지낼 수 있는 제2의 생활을 만들고 있는지 볼 것이다.(1절) 그런 다음 혼외 관계의 두 공간적인 등록을 구별지을 것이다. 두번째 공간은 호텔이 될 수도, 친구의 거처가 될 수도 있다.(2절) 호텔에서라면 성적인 측면이 우선시되어 두번째 인생은 좀더 축소될 것이다. 아파트에서라면 비밀스런 생활은 한층 더 좋게 진행될 것이다. 두 가지 형태의 관계의 차이를 이해하기 위해서는 침실 상태를 생각해 보는 것으로도 충분하다. 여자 친구 집에서의 생활은 두 개의 거주지를 가지고 있는 커플들의 생활과 한층 더 유사하다. 상호 교류의 '좋은 순간들'을 중심으로 한 생활, 떨어져서 지내는 생활, 저마다 서로를 위해 각자 자신이 바라던 인물의 역할을 하는 비밀스런 작은 세계와 닮아 있다. 이런 이중성은 (부정한 배우자의 관점에서 볼 때는 언제나 있으므로) 다소 좋게 체험될 수 있다. 어떤 경우에는 개인은 복수 관계를 지니면서 자기 자신을 단일화된 한 가지 이미지로 만들기도 한다. 또 다른 경우에는 남자가 분열을 견디지 못해 혼외 관계를 포기하는 게 더 좋다고 생각하고 있다.(3절)

남편이면서 아버지이고, 부인이면서 어머니라는 것이 큰 의미를 지닐 수 있다면, 남편이면서 정부이고 또는 부인이면서 정부라는 사실을 겸한다는 것은 훨씬 더 복잡하다. 남편이면서 아버지이고 부인이면서 어머니라는 현상은 (사회적인 인식의 한 유형으로 정의되는) 일반적인 생활을 투영하며 형성되고 있지만, 남편이면서 정부이고 부인이면서 정부라는 현상은 그렇지 못하다. 정부나 여자 친구와의 올바른 동행에 대한 분석은 자아의 분열과 중요한 타인에 대한 질문을 제기하고 있을 뿐만 아니라, 생활 방식에까지 이르는 (대중적인) 규명에 대해서도 질문을 제시하고 있다. 앞으로는 개별화 과정이 자아를 표명하는 비밀스런 형태에 대해 상당한 관용을 포함시킬 것인가? 진실성에 대한 두 측면의 갈등은——언제나 '자아의 내면'을 더 잘 발견하리라는 염려 속에서, 그리고 친지들에게 아무것도 숨기지 않는 관계를 맺으며 살고자 하는 걱정 속에서——공개되어 있다.[113]

자아 재정복과 같은 부정

정숙하지 않은 세 기혼녀에 대한 이야기[114]는 공식적인 관계를 이해하는 방식을 정체성 정립이 불충분하게 이루어지는 한 형태처럼 설명하고 있다. 예를 들어 3년 전에 결혼한 엘로디(28세)는 결혼 전날 젊은 처녀로서의 인생을 마감하는 처녀 파티를 마련하기 위해 여자 친구들과 파티를 했다고 설명하고 있다. 그날 저녁 그녀는 3년 동안 함께 살았던 남자 친구를 다시 만났다. 그들은 둘만 남아 춤을 추었고, 그리고 육체 관계를 맺었다. 엘로디는 "그 행위가 다음날 있을 예식에서 그녀가 달리 가져 보지 못했었을 것 이상으로 많은 경박함을 불어넣어 주었다"는 것을 인정하고 있다. "시청에서 '예'라는 저의 대답 속에는 제가 두려워했던 단두대 같은 측면이 포함되어 있지 않았어요. 그렇게 대답을 하면서도, 전 이전의 제 인생과 지금의 제 삶이 필연적으로 분리되고 있다는 그런 끔찍한 느낌을 받지는 않았어요. 뱅상과 다시 육체적인 관계를 갖은 것이 저를 안심시켜 주었고, 전 그대로 똑같은 상태로 남아 있어요." 변함없는 자신에 대한 사랑이 부부간의 정조에 대한 규범보다 먼저이다. 엘로디는 결혼이 새로운 정체성을 생성해 내는 제도이기를 바라지 않고 있다. 그녀는 그녀 자체로 있기를 바라고 있다. 엘로디는 장 미셸과 결혼한 후에도 뱅상과 계속해서 성관계를 갖고 있다. "우리 사이에는 관습보다 더 강한 성욕이 또다시 생겼어요." 그녀는 자신이 제도에 갇혀 있음을 느끼며, 자신을 자유부인이라고 표명하고 있다. 그녀는 자기 남편이 지나치다는 것말고는 남편에 대해 아무것도 비난하지 않고 있다. 그래서 그녀는 자신의 인생을 둘로 분리시키고 있다. "서로 전혀 다른 두 상태로 존재해요. 한쪽에는 사랑이 있어요. 제 남편에게는 사랑을 주고 있어요. 그건 제 책임이라고 느껴지는 것이고, 남편이 즐거워하는 것을 보고 싶도록 해 주는 거죠. ……다른 한쪽은 성욕이에요. 그건 제가 다른 남자들에게서 느끼는 것이에요." 엘로디는 자신은 '[자기] 남편에게서 아무것도 훔친 것이' 없으며, 자신은 자기 자신으로 있을 권리가 있다고 생각하고 있다. "제가 절개가 없다는 걸 알았어요." 그녀는 "서로의 영역을 침범하지 않은 채 나란히 전개되는 삶의 작은 부분들"을 즐기면서 부부 생활과 인격을 조정하고 있다.

따라서 부정은 결혼 생활의 근간이 사라질 수 있음을 증명하는 데 사용될 수 있다. 로즐린(25세, 2년 전에 결혼) 또한 자신의 삶의 방식을 정당화하기 위해 남편이 아닌 다른 남자들과 육체 관계를 맺고 있는 행위를 포함하는 가벼운 바람을 피우고 있다. "가끔 전 아주 가까이서 보기 위해 그곳에 가요. 단순히 쾌락을 위해서요, 외설적이고 유희적이고 삶에 호기심을 지니기 위해서요." 그녀는 그것은 "숨막히는 일상 생활에서 약간은 미친 호흡과 같은 것"이라고 표현하고 있다. 그녀는 다음과 같은 주장을 하고 있다. "부정은 가벼운 것이에요. 그건 삶의 짜릿한 맛을 주거든요. 지략이 뛰어날 수밖에 없어요. 커플 인생이 환상을 납빛으로 물들어 버릴 때――이미 꽉찬 하루에서 두 시간을 어떻게 훔칠 수 있을까?――항상 그것은 상상력을 필요로 하거든요." 이 젊은 부인은 개별적인 행동을 할 수 있는 자율성이 자신의 부부 관계의 특성에 해를 끼치지 않는다고 생각하고 있으므로 개별 행동의 자율성을―― '자기 정부' 때문에――요구하고 있다. "그래서 전 항상 기분이 좋아요. 제 남편이 힘들고 혼란스런 시기를 보내고 있어 무뚝뚝할지라도 전 그의 사랑스럽고 다정한 아내로 있어요. 저의 또 다른 사랑이 다른 곳에서 사랑을 속삭여 주는 것이 들리기 때문에 전 어떤 불만도 갖지 않아요. 전 다른 남자의 성욕을 찾아요." 로즐린은 특별한 계산법을 사용하고 있다. 즉 그녀는 자신의 내면에서 결혼한 아내와 '자유로운' 아내 사이를 분할할 수 있다는 조건에서 아내이기를 받아들이고 있다. 어떤 정체성의 혼란을 내포하고 있는 '전통적인' 부부는――아내로 정의된다 함은 먼저 커플에 소속되어 있다는 것으로 정의되는 것이다——오로지 다른 한 가지 조건일 경우에만, 즉 자기 자신으로 남아 있을 수 있고, 그리고 자기 자신으로 남아 있음을 확인할 수 있는 수단을 가질 수 있는 상황에서만, 예를 들어 애인과 함께할 수 있는 조건일 때 전통적인 부부는 지탱될 수 있다. 부정은 의존 관계처럼 이해되고 있는 부부 관계 속에 포함되어 있는 하나의 자율성이다.

마찬가지로 줄리안(30세, 4년 전 결혼)도 부부 관계에서 분리되어 있는 자아의 필요성을, 자율적인 자아의 필요성을 분명하게 주장하고 있다. "전 이런 정규적인 재보험이 필요해요. 그러니까 제가 만든 가족이 아닌 다른 누군가가 저를 원했으면 좋겠어요." 애인을 가지는 것은 우선은 성관계를 더 잘 맺기 위해서가 아니다. 그것은 무엇보다도 독자적으로 존재하고 있음을 확신하기 위해서이다. "오래 전부터 알고 지내던 남자와 성관계를 갖는 것이 지나가는 남자와 성관계를 갖는 것보다 제게 훨씬 더 강한 쾌락을 준다고 말할 수 있어요." 그녀가 추구하는 것은 간단하다. "한 남자에게만 소속되는 덫에 나를 가둬두지 말자. 이런 가벼운 배반은 제 남편에게만 들러붙어 있지 않으려는 하나의 방식이에요." 자기 자신으로 남아 있기 위해서, 줄리안은 '모험'이라는 명칭의 '비밀스럽고 마술적인 작은 고립된 영역을 지키길' 바라고 있다. "거기서는 놀라움이 터져 나와요. 모르는 어떤 입술이 모르는 말들을 하고, 낯선 손들이 몸을 따라 미끄러 내려가죠." 사실 신체는 자기 소유임을 나타내 주는 가장 좋은 상징물이다. 이 부인의 경우에는 이런 부정이 결혼 생활을 도와 주고 있었다. 그렇게 함으로써 "[그녀에게는] 삶이 결코 무미건조하거나 지루한 것 같지 않기" 때문이다. 그녀는 전적으로 동의하고 있지는 않다. "부정은 꿈의 무게가 아니라면 현실 세계에 지나친 무게를 두지 않는 아주 작은 환상들이 계속해서 일어나는 상태로 있어야 한다." 등록하고 있는 두 곳의 대조는 아직까지는 무게의 불균형이라는 은유법으로 묘사되고 있다. 오늘날에도 여전히 결혼이 갖고 있는 다의성의 표시는 심각한 사건, 맹세의 형태로——계속성의 조건——정립되고 있을 뿐만 아니라 한 가지 역할 속으로만 은폐된다는 이유에서 상당히 위협적인 것으로 그려지고 있다. 결혼에 대한 부담은 안심시켜 주는 동시에 불안하게 한다. 그것은 (상대적인) 안전 보장이며, 한편으로는 동시에 자아의 자유로운 표현을 금지시키고 있다. 이런 선택을 하는 여성들이 거의 없기는 하나, 상당수의 여성들이 안전과 자유의 균형을, 지속되는 관계의 매력과 자기 상실의 거부 사이의 균형을 추구하고 있다.

'가벼운' 결혼?

가정주부의 모범에 대한 비판은 끝나지 않았다. 60년대말에 있었던 역사적인 흐름의 깊은 뜻은 일차원적인 정체성을 가지는 것을 거부하였다. 많은 여성들이 가족의 세계가 아닌 다른 세계에, 파트너의 통제를 받지 않는 세계에 진입하기를 바랐다. 오늘날 그들은 '함께' 사는 개인이면서 어떤 순간에는 '혼자' 사는 개인으로 존재할 수 있기를 바란다. 문제는 부정이 미래가 있을 경우, 그런 흐름이 사생활의 경계에서 멈춰 설 것인지 어떨지를 아는 데 있다. 종교적인 견해 밖에서는 현대성의 규준을 이유로, 즉 진실성의 기준 때문에 그 대답이 긍정적일 수 있다. 자기 인생의 이런 부분을 다른 사람에게 드러내지 않는다는 사실이 이중 게임과 불신의 표지는 아닐까? 만약 배우자가 자아 일치를 할 수 있도록 해주는 사람으로 정립된다면, 부정은 분명 죄가 될 것이다. 그러나 만약 자기 인생의 여러 단편들을 지키게 하려는 목적으로 (우리가 '정체성의 숙제' 라고 명명한) 단일화 작업이 무엇보다도 자아의 소관이라고 생각하고 있다면, 그렇다면 부정은 (다른 기능들을 통해, 특히 안전과 새로운 발견과 계속성의 기능들로 정의되어야 하는) 부부 관계의 핵심 사항이 아니다. 다가올 세대에는 아마도 부부 생활과 가정 생활 사이의 상당히 큰 차이가 부정을 인정하는 위치와 관계가 있고, 그리고 그 이상을 넘어서서 자아의 단일화 기능과 관계가 있을지도 모르겠다. 이미 결혼과 연대 책임의 법적 계약서가 법률적인 문구 차원에서 이런 점에 있어 다르다는 것을 주목할 수 있다. 즉 시장 앞에서 올리는 법적 결혼식에서 변함없는 사랑의 의무는 확인되고 있다. 그리고 팍스에서는 이런 용어가 나타나지 않고 있다. (그러나 동시에 그것은 오로지 한 가지 계약만을 인정하고 있다.) 사생활을 조절하는 제도에 관한 상상계는 (파세인들이 정숙한 사람이고자 하는 데, 또는 기혼자들이 정숙하지 않도록 하는 데 방해가 되는 것은 아무것도 없는데도) 이런 분열을 포함하고 있다.

한 지붕 아래 '함께 산다' 는 것은, 줄리안의 표현에 따르면 '그 사람의 자아 전체'를 포함하지 않고 있을지라도 많은 매력을 보여 주고 있다. 현대인들이 바라는 이런 두 가지 요구 사항——공동 계획을 심사숙고해 세우면서 함께 살기, 그리고 자신을 위한 자기 인생의 일부를 유지하기——은 개인이 완전하게 얽매여 있지 않는 결합 속에서 공존할 수 있을 것이다. 일시적인 한때의 배신은 '오불관의 태도'의 증거가 된다. 현대성은 이런 차이를 요구할 수 있다. 그 속에서 개인은 가장 인간적인 관계를 포함한 나머지 모든 일들에 타협할 줄 모르는 사람이라고 입증되고 있다. 감금에 대한 두려움이 가벼운 결혼을 만들어 내고 있다. 가벼운 결혼에 대한 구체적인 모습은 다양하다. 즉 자기 방을 가지려는 권리, 분리된 활동을 하려는 권리, 간소한 이혼에 대한 권리의 모습이 있다. 제기되는 문제는 프로그램화된 길이 아닌 곳에서 연애를, 그러니까 혼외 관계의 휴가를 가지는 것이, 같은 이유로 부부 생활의 호흡의 형태에 속하는지 속하지 않는지를 알려는 것이다.

1. 또 다른 개인 세계를 찾아서

필요하기는 하나 만족스럽지 않는 부부 공간과 직업 공간

결혼 생활에서는 막연한 기간을 포함하고 있는 계약이 적어도 정체성의 두 측면을——안정성과 안전성——지지하는 데 큰 몫을 하고 있다. 한계가 정해져 있지 않은 시간은 선험적으로 여러 사물과 자아의 특징을 표출하는 사람들에게 집중할 수 있도록 해준다. 그것은 또한 개인이 배우자로서의 (경우에 따라서는 부모로서의) 자신의 역할을 통해 법적인 정체성을 수용하도록 요구하고 있다. 그러나 이런 안정성은 긍정적인 측면 외에도 부정적인 측면을 보여 주고 있다. 아니 좀더 정확히 말해서 긍정적이라고 이해된 측면이 다른 순간에는 감금의 표시, 즉 개인이 자신의 진짜 정체성으로 만들어 가고 있는 모습을 왜곡시켜 버리는 구속 상태의 표시가 될 수도 있다. 그래서 남자와 여자 사이의 노동 분할은 개별적인 세계가 구축되는 방식을 초래할 수 있고, 그 노동 분할 또한 부담스럽다.(J.-C. Kaufmann, 1997) 가정 활동을 위한 '각자의 자기 집'이 경계가 너무도 분명한 공간으로 변화되어 버리기 때문이다. 그 공간에서는 가족들 각자 규정된 자아 상태에 빠져 있다. 자아는 누군가가 집안의 주인 또는 안주인으로 규정된 세계의 일부분을 마음대로 사용할 수 있다는 사실을 통해 안심시켜 주며, 이와 똑같은 이유로 사람들이 지배하는 이 세계의 본질을 걱정하고 있다. 정원을 가꾸거나 다림질을 하면서 자신을 회복하는 것은 분명 개별적인 자기 영역을 가질 수 있게 해주고 있다. 그러나 사람들은 다른 형태의 개별 소유를 꿈꿀 수 있다. 남자는 요컨대 여자가 흔히 조절을 하고 있는 이런 부부 공간에서 전체적으로 성숙해지는 게 가끔은 어렵다. 전문적인 일도 마찬가지로 더 큰 가치를 부여하고 신원을 확인시켜 주는 공간을 제공하지 못하고 있다. 그 공간은 완전히 직원이라는 명목하에 부여받을 수 있기 때문이다. 부정한 남자들은[115] 자신들도 그런 두 세계에 불가피하게 내재해 있는 구속을 피하고 싶다고 설명하고 있다. 그들은 특히 자신들의 아내가 자아와 가족 상황에 대한 그런 규정 속에 속아 넘어갔었다는 사실을 비난하고 있다. 따라서 미셸은 자기에 비해 아내는 '어떠한 자율성도' 가지고 있지 않으며, '의존적인 아내'라고 생각하고 있다. "저의 집에는 단절의 골이 아주 깊어요. 전 그녀를 더 이상 생각하지 않아요. 그녀가 지금 어디 있냐고요? 실제로 그녀는 집에 있어요. 그러나 잊혀진 상태로 있죠. 그래서 전 그녀가 망각 속이 아닌 다른 곳에 있었으면 좋겠어요." 그러나 이 남자는 자신이 부인을 책임지고 있다고 느끼기 때문에, 자신이 언젠가 그녀의 곁을 떠날 것이라고 생각하기가 어려운 것 같았고—— '만약 내일 제가 이혼을 한다면, 그녀가 무얼 하겠어요?—— 그래서 그는 배신을 선택하고 있다.

이 남자들에게는 부부 생활과 직업 생활이 구속이라는 방식으로 남아 있었다. 또한 그들은 긴장을 풀 수 있는 공간을 찾는다. 자신들이 처한 모든 사회 구조를 벗어나 휴식을, '한가한 시간을' 가질 수 있는 그런 공간을 찾고 있다. 그들은 모든 법적 신분 상태로부터 해방된 개인적인 신분을 바라고 있다. 그들은 인간으로서 '자신의 기력을 회복할' 수 있기 위해, 일과 관련된 구속과 가족의 책임 의식이 없는 그런 곳에 있고 싶어한다.(O. Schwartz, 1990, p.339) 그들은 결혼 생활의 공간도, 직업적인 공간도 아닌 다른 공간을 바라고 있다.

자유의 공간으로 요구되는 중간 지대

남자들은 자기 여자 친구와 함께 또 다른 공간을 만들고 있다. 그 공간은 그들에게 도피와 자성과 후퇴의 가능성을 유지시켜 줄 수 있게 해주며, 굉장히 큰 사회적인 속박을 풀 수 있게 해주며, 여유를 지닐 수 있게 해준다. 이런 혼외 관계를 뭐라고 명명할 수 있는가? 사회학자는 '정부' 라는 표현을 사용하면서 비관계자들이 사용하는 용어를 다시 써야 하는가? 만약 사회학자가 이런 유형의 관계에 속하는 사람들의 시각을 채택함으로써 또 다른 선택을 한다면, 그는 (앙케이트의) 불성실한 남자들이 단지 일시적으로 연애를 했을 때에만 '정부' 라는 단어를 사용하였으므로 그 단어를 거의 사용하지 않을 것이다. 다른 경우에는 그들은 그 단어를 비판하고 있다. (15년 전부터 계속해서 여자 친구가 있는) 에르베가 "정부요? 그 표현은 좀 거슬리는데요. 잘은 몰라도, 전 여자 친구라고 말하겠어요"라고 말하며, 또는 3년 넘게 관계를 맺었던 알랭이 "전 아무 여자하고나 어울리는 그런 대단한 남자가 아니에요. 그렇기 때문에 전 정부라는 단어를 상당히 좋아하지 않아요. 그녀는, 전 그녀를 대단히 사랑했었으니까요"[116]라고 말하는 것처럼. 사랑이 개입되면 남자들은(그리고 그들의 여자 친구들 또한) 지나치게 단순화시켜 버린 '정부' 라는 수식어를 별로 좋게 생각지 않는다.[117] '여자 친구' 와 이런 관계를 갖는 공간은 내면의 장점을, 경우에 따라서는 직업적인 공간과 가정의 공간에서 지나치게 억압된 내면의 장점들을——즉 육체와 성생활, 대화, 애정과 배려——표현할 수 있도록 만들어 주고 있다. 이는 자유롭게 전개되는 영역이며, 주로 쾌락주의나 유희적인 목적에 맞게 적용시킬 수 있도록 개방된 공간이다. 마지막으로 이 공간은 공유하는 공간일지라도 그들만의 고유한 공간이라는 특성을 지니고 있다. 그곳이 비밀이라는 것, 그러니까 일이나 가족의 공식적인 관계에 있는 사람들은 누구도 그 공간을 모르고 있다는 사실이 그들에게 정부라는 그런 인상을 주고 있다.

감금과 타율에 맞서고 있는 이런 논쟁은 상당히 많은 인터뷰에서 분명하게 드러나고 있다. 7년 전에 결혼한 이브(49세, 대표가 된 이후 교육자)는 자기 여자 친구가 될 한 여인을 정말 '우연히' 만났다. 그가 그녀를 위해 자기 부인과 헤어질 생각은 전혀 하지 않았지만, 그녀를 계속해서 만났다면 그건 다음 이유 때문일 것이다. "그런 관계가 제게 필요했죠. 전 바깥 공기가 필요했어요. 계속할 수 있기 위해서는 다가올 뭔가 대단한 게 필요했으니까요. 결국 전 그 표현을 찾았어요. 일시적인 바람기 말예요. 자유에 비해, 존재하는 자유에 비해 감금을 체험하고 있다면, 틀어박혀 지내고 있다면, 그건 견딜 수 없을 거예요. 참을 수 없게 되겠죠. 그래서 사람들은 어쩔 수 없이 다른 곳으로 가게 되죠."

스테판은 '철학의, 삶의 기술'이라는 형식으로 이런 요구 사항을 이론화시키고 있다. 대기업 고문인 한 여성과 10년 전부터 함께 인생을 공유하고 있는 그는 가끔 짧은 연애를 하고 있으며, 부정을 '자유 지대'로 생각한다. "아내가 그것 때문에 피해를 보지 않는다면, 제가 그것을 포기해야 할 이유를 모르겠어요. 그건 제게는 어떤 자유를 유지시켜 주는 수단인걸요. 누구나 자기 배우자와 함께하지 않는 일들이 산더미처럼 많이 있잖아요. 예를 들어 양질의 도서 읽기, 파리 시내를 혼자 산책하기 등 같은 거요. 전 짧은 연애를 하는 게 왜 똑같은 체계에 속하지 않는지 모르겠어요. 전 독점욕이나 소유욕 같은 생각에는 모두 반대해요. 전 그게 필요하거든요." 이 남자는 부부간의 일치가 불가능하다고, 그리고 여자 친구를 갖는 것이 따로따로 보내는 여가의 한 유형이라 생각하고 있다. 강력하게 주장하고 있는 자유는 오로지 어떤 제한만을, 그러니까 배우자를 존중하라는 제한만을 고통스럽게 느끼고 있는 자아 표명이다. 비밀은 두 사람에게 유리하며, 커플을 이루고 있는 두 사람의 이해 관계를 보호하는 그늘의 왕국을 이루고 있다.

혼외 관계가 가지는 매력은 사람의 마음속에 더 많이 인정받고 싶다는 감정을 생성시킬 수 있다. 그래서 결혼한 지 약 20년이 된 알랭(앙케이트 조사시 58세, 엔지니어)은 미국에 체류할 때 마리를 만나고 있다. 그는 귀가할 때마다 그를 꼭 붙잡고 있는 일상 생활에서 벗어나 그녀와 함께 잘 지내고 있다고 느낀다. 그는 이처럼 다른 장소가 필요하다. "제가 출장에서 돌아와 그녀의 집에 도착할 때면, 전 정말 환영받았어요. 그러나 제가 저의 집으로 돌아가면 거기에는 나머지 일들이 기다리고 있죠. '이건 잘 안 돼, 그러니 이것 좀 봐 줘' 라는 나머지 일들이 기다리고 있어요. 예, 그래요." '이거'는 그가 해야 하는 역할로, 그의 말에 의하면 개인적인 관심과는 무관한 역할을 의미한다. 이 남자는 대화의 주제가 일상의 사소한 문제들로 집중되기를 바라지 않고 있다. 그는 이중 거주지를 가진 커플의 지지자들이 사용하는 논증과 비슷한 논증을 하고 있다. 매일매일의 생활 관리는 습관과 관습에 젖어서 사랑과 서로 감사하는 마음을 무감각하게 할 수도 있다. 여자 친구와의 생활은 이브(49세, 교육자)가 설명하고 있는 것처럼 새로운 지평을 열어 준다. "그녀와 함께라면 말을 할 가능성이 있었어요. 그래요, 제가 말을 할 수 있었지요. 제 아내는 바빴거든요. 저 자신도 제 일 때문에 바빴고요. 따라서 어디서든지 우린 서로 만날 수 없었지요. 그래서 제겐 일상사 이외의 것에 대해 얘기를 나눌 수 있는 공간이 필요했었어요. 그녀와 함께라면 이런 것들을 가질 수 있었죠."

사랑을 나누기에 기분 좋은 장소

마찬가지로 알랭도 '모든 것'을 함께 이야기할 수 있는 자기 여자 친구 마리와 많은 의견을 나누고 있다. 반면 그는 아내를 '극우 보수주의자'라고 생각하고 있다. 그는 또한 여자 친구 집에서는 엄격한 결혼 생활과 금지 사항으로 가득 찬 생활을 피할 수 있도록 해주는 삶의 방식을 즐기고 있다. "사소한 예로, 제 아내는 촛불을 무서워해요. 젊었을 때 난 상처가 남아 있었거든요. 전 커플에게 양초가 곁들어진 저녁 식사는 정말 기분 좋은 거라고 생각해요. 그녀와 함께라면 기분 좋게 그걸 하고 있어요." 알랭은 환상이 없고 '감정이 밖으로 드러나지 않는' 한계가 있는 부부 관계와, 금지 사항을 조금 덜 가지고 있는 혼외 관계를 분명하게 대립시키고 있다. 이 남자가 아내의 집에서는 그를 화나게 하는 촛불을 켜는 그런 타입의 식사 거절보다는 로맨티시즘의 부재를 더 크게 느끼고 있다는 것을 잊을 수 있다면, 촛불로 장식을 하고 즐기는 저녁 식사의 예는 무의미한 것처럼 보일 수 있다. 그는 마리와 함께 있는 게 행복하다. 그는 사랑과 정열에 대한 상상 세계와 일치하는 장면을 연출하고 있다. 이는 성생활에 좀더 자극적이다. 이 남자가 보기에 아내는 성관계를 부부간의 결혼의 의무로 생각하고 있다. 애인과 함께 할 때는 금지 사항이 없다. "전 여성과의 관계에서 알고 싶었던 모든 것을 알게 되었어요. 처음에는 여성과의 관계에서 알고 싶었던 모든 것이 있었죠. 더

구나 전 그녀와 함께 성관계를 가졌었기 때문에, 제가 만약 그녀를 알지 못했었다면 전 그렇게 하지 않았을 거라고 확신해요." 알랭은 여자 친구와 함께 자신은 사회적이고 종교적인 구속을 받지 않는 공간에 있다고 이해시키고 있다.

기든스가 성생활이 중점적인 입지를 차지하고 있는 '순수한 관계' 라는 표현으로(1992) 지칭하고 있는 것이 아내와의 관계에서보다는 애인과의 관계에서 더 많지 않은가? 남자와 여자들은, 감히 배우자로서 가져야 하는 특성 중에 제일가는 위치에 성적으로 좋은 파트너이어야 한다는 조건을 두지는 않으나, '성숙한 성생활' 을 가지며 함께 살기 위해서는 첫번째 조건으로 분류하고 있다.[118] 성생활을 위한 강력한 요구와 이런 관점으로 배우자를 생각하기의 거부와의 격차는 불만족을 낳고 있다. 성생활은 좀더 강렬하고 행복한 태도로 체험되고 있다. 이는 아내보다는 애인이 성적 쾌락을 더 많이 느끼기 때문이고, 또한 이런 관계가 일상 생활의 구속에 속하지 않기 때문이다. 프란체스코 알베로니(1987, 1997)는 애인과의 성생활에 대한 개별적인 강도는 두 파트너가 '세상의 소란과 멀리 떨어져' 있기 때문에 생기는 것이라고 보고 있다. 왜냐하면 성욕은 걱정이 없는 상태를 요구하기 때문이다. 애인과 함께 보낸 시간은 모든 근심으로부터 벗어나 있고, 일상 생활과는 분리되어 있다. 그것은 흔히 위반 사항을, 즉 배우자와 함께하기에는 금지되어 있는 행위를 자주 허용해 주는 또 다른 장소이며, 제도적인 관계와 동시에 나란히 존재하는 별개의 세계이며 하나의 여담이다.

2. 혼외 관계가 이루어지는 두 공간

현대의 커플들 속에는, 독립의 욕구에 대한 상당히 중요한 표현이 배우자들을 일시적인 외도이든 지속적인 외도이든 외도를 하도록 이끄는 효과가 있을 수 있다.[119] 배우자와 '함께 사는 것' 은 순간순간 다른 사람과 함께하는 좀더 제한적인 공동 생활의 시간으로 활용될 수 있다. 이런 도피는 여러 형태를 띨 수 있다. 첫번째 유형――가장 이중 생활에 해당하는 것――으로는, 배우자는 자기 파트너가 아내 또는 남편으로서의 역할을 해줄 때 상대에게 만족하고 있다. 그러나 인간 관계의 관점으로는 불만족스럽다. 그래서 배우자는 상당히 안정된 혼외 관계를 맺으며, 그 결과 두 생활은 그의 기대 전체를 채워 주고 있다. 두번째 (좀더 여성적인) 유형으로는, 부정이 결혼 생활의 전체적인 위기를 나타낸다. 배우자는 결국 공식적인 파트너와 애인 사이에서 비교 테스트를 해보려고 다른 관계로 들어갈 것을 감수한다. 이중성은 일시적으로 일어나는 현상으로, 결혼의 단절이나 또 다른 애정 관계의 단절에 앞서 일어나고 있다. 세번째 (좀더 남성적인) 유형은 성적 파트너의 형태로 부부 생활을 보충해 주는 것이다. 부부 생활에서 훔쳐낸 이런 시간들이 외도하는 남자나 여자에게 제2의 인생을 만들어 주지는 않는다.

엄밀한 의미에서 이중 생활은 오로지 첫번째 유형하고만 관련이 있다. 두번째 유형에서의 외도는 이행 단계에 불과하고, 세번째 유형에서의 성적인 경험은 성적 다양성으로 느껴지기 때문이다. 외도라는 용어의 일반적인 논리는 아주 다른 정체성과 인간 관계의 목적들을 숨기고 있기 때문에 잘못된 것이다. 첫번째 유형에서 배우자의 단일화된 모델은 자신이 지니고 있는 지나치게 큰 부담 때문에, 몇몇 저자들이(Louis Roussel 같은 저자, 1989) 파트너에 대한 기대 인플레이션이라고 명명한 것 때문에 지속되지 않는다. 관련이 있는 사람들은 두 '파트너'의 역할을 나눔으로써 문제를 해결하고 있다. 한 사람은 배우자로서 그리고 부모로서 갖는 사회적 역할을 책임지고, 다른 한 사람은 인간 관계의 만족과 성적인 만족을 가져다 줄 책임을 지는 것으로 나누고 있다. 이런 해결책은 남자나 여자에게는 그 자신이 바라는 기대에 대한 조사 확대로, 친족의 단일성으로 보장되는 자아의 일치를 통제하는 것이 아니라 안정된 정체성을 통제해 주고 있다. 두번째 유형에서는, 남자든 여자든 오직 감정적인 삶을 삶으로써 얻은 자신의 일치를 단지 일시적으로만 희생하기를 바라고 있다. 세번째 유형에서는, 논리가 성행위 속에서 자아를 확인하는 것으로 중심이 맞추어져 있다. 그것은 나머지 요구와는 단절되어 있다. 그 결과 애인은 다른 어떤 활동과 같은 자격으로 성적 쾌락을 주는 사람이다.

결혼 생활과 나란히 다른 관계를 맺고 살아가는 이런 방식들은 서로 다른 공간에서 나타나는 경향이 있다. 이중 생활——첫번째 유형——은 흔히 여성의 집에서 '사적이면서도 사적인' 공간에서 더 많이 전개되고 있다. 반면 여러 파트너를 바꾸는 세번째 유형은 호텔 객실과 같은 고전적인 형태의 '사적이면서 대중적인' 공간에서 더 많이 진행되고 있다. 두번째 유형의 경우에는 상황에 따라 다르게 나타난다. 그러나 가능하다면 사적이면서도 사적인 공간으로의 은신처가 선호되고 있다. 사실 호텔은 마치 성관계가 지배하는 장소로 허용되었던 것처럼, 개인 자격으로 이미 점유하고 있는 또 다른 장소를 소유한다는 사실은 좀더 인간적이고 지속적인 관계를 형성해 주는 조건을 만들어 주었던 것처럼 모든 일은 그렇게 일어나고 있다.

호텔에서, 또 다른 관계

호텔에서 혼외 관계 속의 투자는 우연히 만난 사람이라는 제한된 규정을 반영하고 있으므로 대단히 많지는 않다. 이런 그룹에 속하는 남자들은 무엇보다도 성적 파트너를 찾고 있다. 자신을 '호색한'이라고 정의하는 파스칼(37세, 대학 교수)의 경우도 그러하다. 그는 무엇보다도 섹스를 한다는 사실을 높이 평가하고 있다. "보통은 이것 때문에 정부를 가지잖아요. 아름다운 성관계를 갖는 연애였어요." 그는 하룻밤으로 짧게 끝난 여러 번의 연애와 2년 반 동안 지속된 연애 경험을 가지고 있었다. 그는 호텔로 약속을 정하고 있다. 그리고 공공 장소에서는 성적 행위 이외의 활동들은 아주 드물게 전개되고 있다. "문제는 주어진 시간이에요. 그래서 실질적으로는 호텔에서 가장 많은 시간을 보내고 있어요. 단순히 레스토랑이나 영화관에 가는 일도 많이 있지만, 그게 섹스보다 더 많지는 않아요. 예, 그래요." 호텔은 부부의 집과 대조되는 자유롭고 중성적인 공간으로 이해되고 있다. 매번 바뀌는 특징 없는 방은 애인과의 동행을 만족시켜 주는 표시이기 때문이다.

성적 행위가 가져다 주는 자기 정체성의 위안

장교인 로저(조사할 당시 80세)는 12년 동안 독일 여자 친구를 사귀고 있었다. 그는 항상 호텔에서 그녀를 만났다. 그들의 관계가 지속되도록 했던 사람은 바로 그녀라고 생각하는 로저는 혼외 관계에서 성적인 측면을 강조하고 있다. 그는 '그런 유의 육감을 가진' 여인을 알지 못했었다고 자백하고 있다. 이 여자 친구가 그에게 성욕의 세계에 접어드는 길을 열어 주고 있을지라도 성관계가 관계를 유지하는 절대적인 영역이라고 믿는 것은 잘못인 것 같다. 성관계는 주고받은 쾌락을 넘어선 부차적인 이익을 제공해 준다. 특히 어떤 자신감 같은 것을 만들어 주고 있다. 두번째는 남성적인 측면의 강화가 할로 효과를 나타내고 있다. 따라서 로저는 '이런 경험' 이 자신에게는 필요했다고 느끼고 있다. "일을 할 때조차도 제게 문제가 되었던 소심함을 떨쳐 버리기 위해서예요. 제가 장애물의 이면으로부터 오면서 전 소심함을 깼고, 제 인간 관계의 자질은 향상되었어요. 전 아주 호기심 많고 다양한 인생을 살았어요. 그건 매번 올라가야 할 계단이었고, 장애물을 관통해 장애물 뒤로 넘어가려는 노력이었죠. 동시에 [이런] 사랑하는 우정 관계는 제가 앞으로 전진할 수 있도록 힘이 되어 주었어요. 절 고무시켜 주었고, 저의 존재를 분명하게 보여 주었어요. 전 항상 저의 외면을 깨려고 노력했었어요. 저는 제 자신을 내성적이게 만들었던 완고함 속에 갇혀 있었고, 제 자신을 구체화시키기 위해서는 다른 사람들 앞으로 나서야만 한다는 것을 깨달았어요. ……제 자신을 구현하고 자신감을 가지게 되면서, 전문적인 계획을 세울 때 전 자신감을 가졌고 주도적으로 행동하고 제안하고 자발적으로 나설 수 있게 되었지요." 로저는 부부 생활을 회피하려고 하기보다는 개인사에 빠져 지내려고 애쓰고 있다. 그의 여자 친구는 친구 그 자체이기 때문에 그가 자기 자신을 찾을 수 있도록 해줌으로써 그를 자유롭게 해주고 있다. 그는 자신의 '진짜' 정체성을 둘러싸고 있는 '외관' 이라고 생각한 것을 표출시켰다고 느끼고 있다. 그는 치료에 가까운 배려가 필요했다. 그의 아내는 그에게 그런 배려를 해주지 않았다. 그래서 그는 다른 사람의 배려를 받아들이고 있다.

애인과의 성행위는 남자에게 '남자' 라는 느낌을 증가시켜 준다.[120] 배우자와 나누는 육체 관계는 부부 생활의 다른 나머지 것들과 연결되어 있는 반면, 여자 애인과 함께하는 육체 관계는 별개의 활동, 즉 절대적인 행위에 속한다. 대신 그 행위는 아주 강렬하고 상당한 정신 집중을 요구하고 있다. 이때 남자로 있다는 것은 자신과 함께 있는 여자가 가능한 한 편안하게 있을 수 있도록, (그의 표현을 빌리자면) 자신을 '표현할' 수 있도록, 그래서 남성의 명성에 걸맞는 만족감을 가질 수 있도록 함께 있는 여자에게 주의를 기울이고 있다는 것을 뜻할 수 있다.

이처럼 주로 호텔에서 이루어지는 혼외 관계는 남자 때문에 부부 관계와 유사하지 않으며, '정부' 나 첩과 함께하는 전통적인 관계와도 동일하지 않다.[121] 애인과 만났을 때 발생하는 지출만을 책임지고 있다. 여기에 여자를 책임지는 데 드는 기본 비용이나 사례금으로는 파악될 수 없는 몇몇 선물 비용이 추가로 더 들고 있다. 비용은 남자가 치르고 있으므로 그가 만약 소득원이라면, 그는 아주 분명한 한계를 가지고, 즉 자신이 여자 친구와 함께 있는 시간에만 그렇게 비용을 치를 것이다. 다르게 말하자면 남자 애인들은 누구나 재정적으로 독립되어 있다.

여자 애인 집에서의 또 다른 인생

또 다른 남자들은 혼외 관계라는 범위 안에서 자신들이 적어도 가족의 거주지에 있는 것처럼 똑같이 편안하다고 느낄 수 있을 그런 장소를 가지기 위해 투자하려고 한다. 가족의 거주지에서 벗어나 있다는 느낌을 가끔 가지기 때문이다. 장소에 대한 투자는 그들의 혼외 관계가 침실에 한정되어 있지 않다는 것을, 그들의 관계가 주거지의 다른 방으로 넓혀지고 있음을, 그래서 그들의 여자 친구가 자신의 생활 방식이나 공간 전체를 통해 자신들의 관심을 받아들이고 있음을 나타내 주는 하나의 방식일 수 있다. 여자 친구의 거주지에서 아주 잠깐이라도 산다는 사실은, 호텔에서만 경험을 한 사람들에 비해서 여성 정체성에 대한 좀더 폭넓고 전체적인 정의를 나타내 준다. 이런 선택은 흔히 애인과 함께 보낸 상당히 긴 시간과 나란히 하고 있다. 그 관계는 매일매일의 현실 속에서 더 정착되며, 더 감정적이다. 그때 새로운 불륜 커플은 형성되고, 그 커플이 갖는 가장 큰 차이점 중의 하나는 공식적인 커플들에 비해 그늘진 곳에서 비밀리에 이루어지는 생활이다.

이런 유형의 관계는 개인의 주거지를 전제로 하고 있다. 알랭(58세, 엔지니어)은 3년 반 동안 미국에 살고 있는 이혼녀와 혼외 관계를 가졌다. 그들의 만남은 그녀가 프랑스에 온 경우를 제외하고는 대부분 그녀의 집에서 이루어졌다. 이 남자는 갈보집과 연결되는 호텔을 거부했었다. 2년 동안 혼외 관계를 가졌던 이브(49세, 교육자)도 똑같은 감정을 느끼고 있다. "우리는 보통은 그녀의 집에서 만나고 있어요. 가끔 음식점에 가기도 하고요. 그러나 우리가 되돌아가는 장소는 그녀의 집이었죠. 전 예를 들어 여성과 함께 호텔에 있었던 적이 한번도 없어요. 결코 간 적이 없어요. 거긴 창녀와 함께 가는 물리적인 장소라고 생각하기 때문이에요. 호텔은 제가 보기에 비인간적인 장소예요. 단순히 육체적인 사랑만이 있죠. 그곳에서는 감정을 가질 수가 없어요. 사실 감정은 다른 사람이 살고 있는 공간에서만 생겨나기 때문이에요. 어디에선가 다른 사람과 친밀한 관계를 가지고 있다는 게 제겐 기쁨이거든요."

여자 애인 집에 간다는 것은 좀더 넓은 공유를 할 수 있게 해준다. 어떤 관계는 개개인 각자의 영역과 소유한 물건들과 함께 만들어진다. 다른 사람의 집으로 가는 사람은 이중 거주지를 가지고 있는 커플의 구성원이 할 수 있듯이, 자신이 없는 동안에도 자신의 존재를 남겨두기 위해 의상을 놔둘 수 있다. 그 사람은 관계를 확인시켜 주는 역할을 하게 될 물건들을 제공할 수 있다. 그렇게 해서 헤어져 있는 동안에도 완전한 단절은 피하고 있다. 이는 알랭이 여자 친구를 미국에서 봤을 때 그가 하던 것들이다. "전 정규적으로 그곳에 갔기 때문에 그녀의 집에는 제 소지품들이 있어요. 완전히 이중으로 겸비된 것은 아니지만, 풀오버나 장화 같은 것들을 귀찮게 가지고 다닐 필요는 없었지요." 이브도 관계가 지속되는 동안에 똑같이 행동하고 있었다. "전 개인적인 물건들을 남겨두었어요. 그녀의 집에 놔두고 가져오지 않은 화장 케이스가 있어요." 이 그룹에서는 떨어져 있어 만나기는 어렵지만 관계를 지속시키는 방편으로 전화기를 사용하고 있다. 예를 들어 레지(43세, 회계원)는 여자 친구와 너무 멀리 떨어져 있어서 그녀에게 규칙적으로 전화를 걸고 있다. "그녀는 여기서 3백 킬로미터 떨어진 곳에 있죠. 전 매일 그녀에게 전화를 하고 있어요. 매일, 매일, 매일이오."

손님맞이 공간, 제2의 '자기 집'은 아님

호텔에 자주 드나드는 커플에게 방은 관계 이외의 것은 아무것도 보존하지 않는 일시적인 공간이다. 사적인 공간에서의 만남은 정보를 변경해 주고 있다. 특히 손님을 맞이하는 사람에 대한 정보를 수정해 준다. 그 사람의 공간이 적어도 아주 조금은 은밀하게 공동 공간이 되어 버리기 때문이다. 이런 이유 때문에 부부 침대는 존재하는데도 거의 사용되지 않고 있다. 이런 사실은 상당한 혼란을 낳을 것 같다. 《프랑크와 빌리》(1999)에서 로리 콜빈은 각자 결혼을 한 두 명의 애인에 대한 이야기를 그리고 있다. 어느 날 프랑크는 부부 침실로 빌리를 데려가려 한다. "'와서 낮잠 좀 자. 진짜 낮잠 말야.' 그는 방까지 그녀를 안내했다. 그는 걸으면서 그녀가 마지못해 따라오고 있음을 간파했다. ……갑자기 빌리는 '아니야, 여긴 안 되겠어' 라고 말하며 도망쳤다. 물론 프랑크도 빌리가 자기 방에서 자기와 함께 눕지 않을 것이라는 걸 처음부터 알고 있었다. 그는 그들이 함께 누워야 한다면, 그건 친구들 방이 될 것이라고 생각했었다. 프랑크가 굉장히 좋아했던 것은 망설임의 표시이다. 그와 헤어지고 싶은 마음도 없으면서 그에게 격렬하게 저항하는 것은 사랑 고백이 아닐까?"(pp.73-74) 공간과의 관계는 표현만큼이나 사랑하는 관계 정립을 나타내고 있다.

평상시에 그들은 빌리의 서재에 있는 소파 위에서 성관계를 갖고 있다. 프랑크가 그곳을 회상한다. "그가 자기 인생의 가장 따스한 순간의 일부분을 보냈던 곳은 바로 거기였지요. 조금도 편안하지 않는 아주 작은 긴 의자 위에서였어요. 아주 많이 그는 그의 주변에 있는 것들을, 어떤 책상이든지 책상 위로, 회색의 금속 선반들, 그녀가 서류를 분류하던 흰색 가구를 둘러보았어요. 자기 품에 안겨 있는 사람에 대해 궁금해하면서 말이죠."(pp.76-77)[122] 사적인 공간에 놓인 침대는 스토리를 가지고 있지만, 반면 호텔에 놓여져 있는 침대는 단지 지나가는 사물에 불과할 뿐이다. 바로 이런 이유 때문에 외도를 하는 남자들 중 몇몇은 호텔에 가는 것을 거의 좋게 생각지 않고 있다. 그들은 여자 애인과의 관계가 변질되는 것 같은 느낌이 들어 자신들이 '고객' 이라는 느낌이 든다. 알랭은 '애정적인 관계를, 즉 성적인 관계는 있지만 희로애락의 감정적인 관계는 없는 그런 관계' 를 가지길 바라고 있다. "제가 동물이라고는 생각지 않아요, 감정이 있으니까요. 전 그녀의 집에서 그녀의 살아가는 방식, 저를 맞이하는 태도, 저를 사랑해 주는 방식을 찾았어요. 전 그녀와 함께 잘 지내고 있다고 느꼈어요. 그녀는 이제껏 가져보지 못한 애정적인 관계를 제게 만들어 주었어요. 아내는 제가 사랑해 주기 바라는 대로 절 사랑해 주지 않거든요." 인간의 동물적인 측면에 대한 불신은 단순한 성욕에 불과할 것 같은 [그리고 서비스와 유사할 것 같은] 관계를 갖는 것에 대한 거부를 나타낸다.

여자 애인의 집에 가고, 거기서 잘 있다고 느끼는 것은 사랑과 섹스가 서로 연결되어 있는 관계를 바라는 사람들에게는 아주 중요하다. 그러나 그 공간이 부부의 또 다른 공간과 동일할 수는 없다. 이런 변화를 불가능하게 하는 장소 그 자체는 없다. 두 애인 사이의 특별한 관계가 있을 뿐이다. 그 두 사람 사이의 합의문 작성은 두 배우자간의 합의문 작성에 상응하는 원칙들을 바탕으로 해서 이루어지고 있지 않다. 폴(50세, 영업관리인, 27년 전에 결혼)의 경험이 이런 차이를 느낄 수 있게 해준다. 3년간의 첫번째 혼외 관계를 가진 뒤, 그는 새로운 정부가 된 두번째 여자를 만난다. 8개월이 다 돼서 그는 그녀와 정착할 것을 생각한다. 그러나 결정적으로 시작하기 전에 그는 테스트에 운명을 맡겨 본다. 그는 가족의 거주지를 떠나서 부모 소유의 아파트에서 묵는다. 그는 매일 밤 새 아파트로 귀가하면서도 점점 더 자주 정부를 만난다. 점차적으로 그는 애인이 살고 있는 아파트를 공동 공간으로 생각하기 위해 적응하려고 시도한다. 그러나 이는 성공을 보지 못한다. 두 애인은 함께 사는 데 성공하지 못한다. 폴은 여자 친구가 조절하고 있는 사물과 습관의 세계에서 갈피를 잡지 못한다. 그는 '사소한 것' 이라고 여겼던 것에서부터도 이해가 부족함을 느낀다. "전 그녀의 집으로 빨래할 것을 가지고 갔었어요. 그녀는 좋게 생각지 않았고, 원하지 않았다고 확신해요. 그래서 전 곧 철회했어요. 그러고는 제 집에서 세탁을 하고 제 일을 했죠. 그녀의 집에 살면서 말이죠. 그런 다음 전 15일쯤 지나서 부모님 댁으로 다시 들어갔어요. '안 돼, 그런 식으로는 살 수 없어' 라고 결론을 내렸으니까요. 그러나 우린 계속해서 서로 만났고, 전 저녁마다 그녀의 집에 다시 갔어요. 그러나 전 이미 철회를 했잖아요. 그러니까 다시 말해 전 고려해 보지 않았죠. 전 무의식적으로 그녀와 함께 사는 것에 대해 더 이상 생각해 보지 않았다고 확신해요." 서서히 그는 부부의 거주지로 되돌아갈 것을 생각한다. "전 제 아이들을 원했어요. 그리고 또 집으로 되돌아가고 싶었어요. 저의 집은 항상 애착이 가는 곳이었어요. 전 항상 집에서 일했어요. 오래 전부터 전 물질적인 것에 의지하고 있었어요. 그래서 전 집으로 돌아왔어요. 그녀[아내]에게는 그 전날 말했어요. 그녀에게 제가 돌아가기를 바라는지 묻지 않았어요. 어찌됐건 집은 제 것이었으니까요. 모두 집에서 살고 있었어요, 전 없었고요. 하지만 전 항상 집을 책임졌어요. 어느 날 전 집으로 돌아왔어요."

폴은 잘못 생각하고 있었다. 가족과 부부의 관계를 규정하는 데는 사랑만으로는 충분치 못하다. 집단 내에서 개별적인 습관으로 각자의 위치를 지키며 집단 구성원들 사이에서 분리가 되는 행동 방식도 결혼 생활의 일부분이다. 분명 열정적인 사랑에 더 가까운 두 애인간의 사랑은, 비록 그 사랑이 어떤 공간 속에 뿌리를 내리고 있다 할지라도 부부간의 사랑보다는 더 '추상적' 이다. 그러므로 그 사랑은——만남으로 끝이 나는 시간이기 때문에——비견할 만한 일상 생활의 조절을 요구하고 있지 않다. 폴은 집으로 돌아가기로 결심한다. 그는 가족의 공간 속에서 자신을 나타내는 표지들을 자동적으로 되찾고 있다. 사랑은 덜 문제시된다. 개개인은 어떠어떠한 임무를 수행해야 하는 권리와 의무를 가지고 있기 때문에 집단의 구성원으로서 자신을 구축하고 있는 각자의 위치가 훨씬 더 문제가 되고 있다. 폴은 애인의 집에서보다는 부인과 함께 자기 집에서 더 잘 지내고 있다고 느끼고 있다. 애인은 자신을 거부하는 느낌을 주었기 때문이다. 그는 두 세계를——그가 정성을 쏟았던 가정의 세계와 여자 친구의 세계——정리했을 때 이전보다 더 잘살고 있었다.

폴은 애인 자격으로서, 초대받은 사람으로서의 접대와 둘이서는 공동 공간을 공유하는 행위를 혼동했었다. 반대로 에르베(41세, 영업판매원)는 그 차이를 파악하고 있었다. 그는 자신이 자기 집에 있지 않다는 것을 알고 있으며, 그런 사실을 한결같이 보여 주고 있다. "우리가 서로 알고 지낸 지는 15년 되었어요. 전 노크하지 않고는 들어가지 않아요. 서랍을 열어 보지도 않고요. 제 집에 있는 게 아니니까요. 15년 전부터 집 안 구석구석을 아주 세밀하게 알고는 있지만, 그래도 전 마치 모르는 집에 들어가는 것처럼 그렇게 행동하고 있어요. 만약 컵이 하나 필요하면 전 '있잖아, 컵 하나 써도 될까' 라고 말해요. 그녀의 집이잖아요. 그녀의 집에 저의 흔적을 강하게 남겨두지 않아야 하죠." 이 남자는 자신은 인정받지 않으면서 자기 여자 친구를 존중해 주고 있으며, 남편의 역할을 하지 않기 때문에 그들의 관계가 갖는 특수성을 존중하고 있다. 그는 초대받은 사람이고, 그래서 그의 여자 친구는 환

대해 줄 수 있다.

호텔에서 애인을 만날 때에는 남자가 모든 비용을 지불하고 있는 반면, 애인의 집으로 갈 때에는 초대받은 사람이 된다. 그래서 알랭(58세, 엔지니어)이 강조하고 있듯이, 남자의 위치가 바뀐다. "이 여자 친구 집에서 많이 느꼈던 것은, 제가 그녀의 집에서 먹을 때에는 그녀가 지불한다는 거예요. 우린 슈퍼마켓에 함께 장을 보러 가곤 했었는데, 그때도 지불은 그녀가 했어요. 그러나 함께 레스토랑이나 영화관에 갈 때, 차를 빌릴 때, 그런 때는 제가 돈을 냈지요. 우린 한번도 돈 때문에 싸운 적이 없어요. 없었어요. 그렇게 하는 게 일종의 암묵적인 규칙이었어요." 상호 교환이 이 집단에게는 상당히 균형잡혀 있다. 여자는 첩처럼 보일 위험이 없다. 그녀는 자기 비용을 들여 남자 애인을 맞이하고 있다. 알랭은 아내가 융자금에 대해 상기시키는 것을 열등감으로 느끼고 있는 만큼 이런 평등을 더 좋게 평가하고 있다. 그는 자신이 완전하게 제공자 역할을 제대로 하지 못하는 남편의 역할 속에 있는 것보다는 비용을 분담하는 초대의 상태에 있는 걸 더 편하게 느낀다.

또 다른 규칙들로 돌아가는 '다른 곳'

여자 친구의 집은 두 개의 부부 생활이 나란히 전개되는 때를 제외하고는 제2의 가족 공간이 아니다. 두 개의 생활이 동시에 병행되는 경우는 아주 드물다. 이런 차이는 부부간의 관계 속에서는 참을 수 없을 것 같은 여자 친구의 행동들을 남자 애인이 받아들일 수 있게 해주고 있다. (그 역도 마찬가지이다.) 부부 생활에서 중요하게 생각하는 것들이 혼외 관계에서는 부차적인 것이 된다. 이는 남자 애인은 남편의 복사물이 아니며, 여자 애인은 아내의 복사물이 아니라는 표시이다. 《프랑크와 빌리》에는 두 곳 생활을 하고, 그리고 함께 사는 두 가지 생활 방식에 대한 비교가 잘 드러나 있다. "가끔 우리 두 사람의 마음이 애정으로 가득할 때——두 사람 모두 옷을 벗은 상태에서 서로를 다정하게 바라보면서 구름 위를 떠다니는 아주 극도로 행복함을 느끼는 순간에——정부와 저는 꿈꾸는 듯한 모습으로 미소를 짓지요. 만약 사랑의 보금자리 같은 데서가 아닌 현실 세계에서 2,3일 이상을 함께 살았다면 우리는 금방 서로를 미워했을 거라는 걸 의식하고 있어요. 이런 일은 절대 일어나지 않을 거예요."(p.22)[123] 프랑크는 먼저 성격 차이를 말하고, 다음에는 자신과 다른 빌리의 습관에서 마음에 들지 않는 것을 강조하고 있다. "더욱이 우리는 괜찮은 식사를 절대 할 수 없을 거예요. 제가 비록 요리를 할 줄은 모르지만 그래도 잘 대접하고 싶어요. 아주 빨리 전 그녀가 가사에 관심이 없다는 것을 원망하게 되겠죠. 그리고 그녀도 제가 그녀를 탓하는 것을 원망할 테고요. 거기다가 빌리는 정돈이 안 되는 사람이에요. 그녀는 욕실 바닥에 수건이 널브러져 있는 걸 가만두지 않아요. 그녀는 수건을 접어두거나 수건이 건조될 수 있게끔 적당하게 걸어두는 대신, 샤워 커튼 바에 아무렇게나 던져 놓죠."(상동) 프랑크는 빌리의 집에 갈 수 있고, 자신의 위치를 지킬 줄 안다면 그곳에서도 잘 지낼 수 있다. 그는 개혁하는 사람의 역할을 해서는 안 된다. 빌리를 변모시키려고 해서도 안 된다. 이는 역으로도 마찬가지이다.

혼외 관계가 초래하는 것은 정의하기가 쉽지 않다. 빌리와 프랑크는 함께 정착할 정도로 이혼을 바라고 있지 않기 때문에 이 점에 대해서 서로 의문을 가지고 있다. "빌리에게 우리 관계는 우리가 서로 아주 조금만 만났었기 때문에 가능했었어요. 일상의 생활 단면이 우리의 숙명인 것 같아요. 그녀는 우리가 서로 의견 일치 일치를 보았던 것은 유일하게 서로에 대한 애정이었다고 강조했었죠. 게다가 우리는 단순한 애인도 아니고, 단순한 친구도 아니었어요. 우리가 함께 생을 마칠 수는 없기 때문에 다른 선택이 없었던 거예요. 전 말하지 않았어요. '우리 앞에 놓여 있는 것들을 봐 봐, 존재할 이유가 없어' 라고 지칠 줄 모르는 저의 정부가 말해요. 이론의 여지가 없이 분명했었어요. '만약 우리가 존재할 이유가 없다면, 빌리, 그럼 어떻게 해야 하지?'"(pp.23-24) 공동 토론이 있은 후에, 프랑크는 "서로에 대한 우리의 애정이 존재 이유 아닐까?"라고 제시한다. 그들은 자신들의 관계의 비밀을 간파하지 못하고 이런 사실 확인으로――"맞아, 분명 사랑이야"――그들 관계의 의미를 요약하고 있다.

프랑크는 그들의 관계가 '적은 분량' 을 넘어선다면 참을 수 없을 것이라고 지칭할 때, 그는 자신을 속이고 있다. 더욱이 빌리가 당시 그에게 "우리가 헤어지면 넌 무엇을 하며 보낼 건데?"(p.24)라고 물어볼 때, 그는 뭐라 대답해야 할지 몰라했다. 사실 그들은 많은 시간을 함께 보내고 있다. 그 시간은 거의 '여가 시간' 처럼 코드화된 시간이다. 우리는 젊은 커플들이 주말 계획을 세우면서 그들이 공통적인 뭔가를 하려고 함께 있었던 시간이 얼마나 적은지를 깨달았음을 기억하고 있다. 반면 그들은 같은 공간에서 '나란히' 있는 데 시간을 할애하고 있었다. 혼외 관계의 생활 속에서 사라지는 것은 바로 이런 공존의 형식이다. 애인들은 서로 거의 만나지 않고 있다――부부들끼리보다는 분명 더 적게 만나고 있다――그러나 그들은 함께 있을 때 서로를 쳐다보고 있다. 그들은 부수적인 활동은 거의 하지 않는다. 애인들의 관계는 '활동하지 않는다' 고 판단되는 그런 시간을 거의 포함하고 있지 않기 때문에 강렬하게 체험될 수 있다. 생활이 주로 여자의 집에서 이루어지는 그런 커플에게서조차도 일상 생활은 주변 상황을 포함하고 있다. 애인이 있는 동안에 해야 할 집안일은 많지 않지만(임의로 줄이고 있으므로 잃어버릴 시간이 없다) 시작하는 젊은 커플들의 경우처럼 아주 평등하게 가끔은 조금씩 나누어서 하고 있다.

비밀스런 세계의 구축

두 사람의 생활로 제한된 시간은 공동의 기준과 습관을 만드는 것을 제한하고 있다. 그것은 고정된 역할 속에 가둬져 있다는 느낌과 관습을 아주 강하게 피하는 효과가 있기 때문에 꼭 나쁘게 이해되지는 않고 있다. 그 시간은 공유 세계를 만드는 데 방해가 되지 않는다. 애인들이 서로 말하고 얘기를 나누는 데 시간을 할애하기 때문이다. 그리고 그들이 다른 사람들과 함께한 경험을 공유할 수 없다는 사실이, 그들의 은밀한 관계 때문에 그들만의 세계를 만들어 주고 있다. 로리 콜빈의 소설에서, 육체 관계를 넘어선 그들의 혼외 관계가 갖는 특수성이 바로 거기에 있음을 감지하는 사람도 바로 빌리이다. "현실 세계에서 우리를 끄집어 내는 일시적인 충동이 문제예요. 모든 단편들이 모여서 만들어진 세계 속에 우리를 빠지게 하는 충동이 문제죠. 오직 우리들에게만요."(p.25) 프랑크는 빌리의 명석함을 인정하고 있다. "어떤 관계는 예술 작품 같아요. 셀 수 없는 우리들의 환영과 우스운 일들, 우리들의 우정에 대한 스토리, 베르몽으로의 탈출, 우리들의 전화, 이

건물, 저 건축물, 이런 것들은 단지 우리들에게만 잘 알려진 것들이고 우리 둘이서 만든 문화인데, 그것들이 어떻게 될까요?"(p.27) 그들은 서로 헤어지리라는 것을 알고 있고, 그런 비밀 세계는 항상 위태롭다. 그러나 우리는 '모든 사람들로부터 고립되어 있는 세계 속에서' 기다리고 있는 "프랑크와 빌리이다. 서로를 위해서가 아니면 다른 사람 누구를 위해서는 어떤 의미도 부여하지 않고 있다. 오, 얼마나 끔찍한 고독인가, 사랑하는 관계로부터의 고립은 얼마나 끔찍한가!"(p.28) 어느 날 빌리는 프랑크에게 누군가 그녀에게 그가 어떤 순간에 책을 읽고 어떤 순간에는 결코 책을 읽지 않는지 물을 때 제시할 수 있을 것 같은 책 제목을——욕구 결핍에 대하여——제시한다. "프랑크와 빌리를 제외하고는 세상의 어떤 사람도 결코 그 의미를 알지 못할 것이다. ……애정 관계를 가지고 있다는 것은 약간은 멀리 떨어진 국가에서 아주 작은 비밀 왕국의, 오로지 두 거주자, 즉 당신과 다른 지배자만이 쓰는 왕국의 공동 지배자로 있는 것과 같다. 그 왕국은 플로라와 목신, 국가적 상징, 언어, 전권, 국가적 자존심, 국가(國歌)(욕구 결핍에 대하여), 격려하는 외침들, 노래, 그리고 제스처들을 가지고 있다. 국가적 검열 또한 가지고 있다. 왕국 밖에서 인생을 가질 수 있다는 생각은 항상 고통을 준다." (pp.44-45)[124] 실제 세계 속에[125] 애인들이 만들어 놓은 비밀 세계는 첫번째 인생과는 아주 다른 제2의 인생의 길을 열어 준다.

3. 부부 생활과 다른 곳 사이의 긴장 상태

현대에는 자아 발견, 통일성, 안정성, 진실성에 대한 다양하고 상반되는 요구 사항으로 인해 발생된 자아의 외침이 매순간 분출되어 나올 수 있다. 이중 생활은 이런 여러 가지 요구들의 구성 문제들을 해결하기 위한 것처럼 보일 수 있다. 공식적인 커플 안에서 법적으로 주어지는 주된 신분에 대한 거부, 즉 욕구를 충족시켜 주기도 하는 하나의 역할로 축소된다는 인상은[126] 더 이상은 자기 자신으로 있지 않으려는 감정을 만들어 준다. 그러므로 사랑은 뜻하지 않게 나타날 수 있다. 그것은 누군가가 무엇보다도 당신 자신에게 관심을 가지고 있다는 신호이다. 사랑에 대한 신화는, 외형을 추월해서 애인들의 내재된 진실에 대한 인정을 바탕으로 하고 있다. 따라서 신체 노출은 가식의 허물을 벗음을 나타내기 때문에, 섹스는 사랑에 대한 표현의 일부분이다. 즉 옷을 벗은 남자와 여자는 있는 그대로의 모습으로, 그들이 보여 주기를 바랐던 대로 신뢰하며 그렇게 서로를 보는 것이다.

때때로 사랑은 불만족스럽다는 표현이 이전에 분명하게 드러나지 않았어도 갑작스럽게 나타나고 있다. 예를 들어 빌리는 자기 남편에 대해 비판적이지 않다. 그녀는 남편에 대해 대단히 좋게 생각하고 있다. 프랑크가 그녀에게 왜 자기를 좋아하는지 물었을 때, 그녀는 월트 휘트먼의 시구를 인용하며 대답하고 있다. 즉 "나는 거대하다, 그리고 다수를 포함하고 있다." (p.17)[127] 자아의 내면 깊숙한 곳에 숨겨져 있는 정체성은 어떠한 사람도 정체성을 전체적으로 인식할 수 없는 그런 것이다. 구조적으로 현대성의 특징인 이런 믿음은 인간 관계의 불만족함을 생성하고 있다. 사람들은 누구나 자기 인생의 이러저런 순간에 자기 파트너가 자아에 대한 한 가지 정의 속에 자신을 가두어 놓고 있다고 생각할 수 있다. 자아에 대한 정의는 그 사람이 또 다른 숨겨진 보물을 획득하는 데 방해가 되는 것이다.(F. de Singly, 1996) 그러므로 여자 애인과 또는 남자 애인과 비밀스런 세계를 만드는 것은 자아의 또 다른 일부분이 존재하고 있다는 증거와 자아의 전체가 자신의 정체성에 대한 공식적인 해석으로 축소되지 않는다는 증거로 이용되고 있다. 이런 비밀 세계는 앞으로 공식적으로 되어 버릴 새로운 정립의 근간이 될 수 있다. 이는 부정(不貞)의 두번째 유형이다. 비밀 세계는 단지 일시적으로 나타나며, 첫번째 세계를 대신하기 위해 공식적인 첫번째 세계의 소멸을 초래하며 정상적으로 사라질 것이다.

양분되고 있음에도 불구하고 나타나는 자아 통일

숨겨진 세계는 또한 첫번째 세계와 나란히 공존할 수 있다. 그것이 바로 이중 생활이다. 예를 들어 자신을 '커튼의 또 다른 측면으로' 가보도록, 이전 장식품의 또 다른 면을 가질 수 있도록 도와 주었던 여자 친구를 알게 된 것에 행복해하는 로저(80세, 전 장교)의 경우처럼 말이다. 그는 아내와 함께 합의 과정을 통해 만든 정체성을 저버리지 않고 있다. "남자의 역할은 가족의 생활비를 대는 거예요. 무엇보다도 온통 잔치 기분이 나는 쾌적한 환경을 유지해 주는 거예요. 싸움은 안 돼요. 말다툼도 안 되고, 아무것도 안 되죠." 그는 강력한 가치를 끄집어 낼 수 있는 남자로서의 그의 역할을 잘해냈다고 생각하고 있다. "전 아내가 일을 하지 않게 했어요. 프랑스 밖으로 자주 나간다는 사실이 제게 프랑스 내에 머물면서 벌 수 있었던 것보다 훨씬 많은 돈을 벌 수 있게 해주었으니까요. 사치스럽지는 않지만 아주 규칙적인 생활을 할 수 있게 해주었던 봉급을 항상 받았어요. 그 봉급으로 의학 공부를 하는 아들의 생활비를 대주었고, 이 아파트와 코트다쥐르에 별장으로 사용하는 아파트 하나를 가질 수 있었어요. 우리는 아주 균형 있는 삶을 살았어요. 제 커플 생활에서는 전혀 언쟁이 없었죠."

무엇보다도 로저는 자신을 이런 이미지에 전체적으로 동일시하고 있지 않다. 그는 또한 다른 누군가이고 싶어한다. 그는 똑같은 친구들을 통해 자아의 통일을 추구하지 않고 있다. 그는 이중성을 선호하고 있다. "정말이지 간섭도 없고, 한 사람이 다른 한 사람을 해치지 않는 두 개의 평행선이 있어요. 아내와 함께하는 건 가족 인생이었어요. 언쟁도 토론도 아무것도 없는 아주 즐거운 인생이었죠. 그리고 다른 측면에는 폭발이었어요." 유일하게 공간이 실제로 둘로 나뉘지 않고 있다. 로저가 호텔로 가고 있기 때문이다. 가족의 거주지는 정체성 재구성이 실행되는 주변의 구성 요소를 분명히 보여 주기 때문에 기준으로 남아 있다.

20년 전에 결혼한 에르베(41세, 영업판매원)는 15년간 혼외 관계를 갖고 있다. 그는 두 여성 사이에서 분명하게 행동하고 있다. 그는 대충 안정성의 개념으로 자아의 통일을 심사숙고해 만들고 있었다. 그는 아내와 여자 친구가 그에게 제시하는 것을 지칭할 수 있도록 똑같은 기록을 이용하고 있다. 그 내용은 다르지만 기능은 똑같다. 반론이 사라졌다. "모든 게 안정성의 원칙을 바탕으로 하고 있죠. ……그건 저의 촌스러운 측면이에요. 안정되어 있죠. 그런 모습이 든든해야 해요. 그건 변함이 없어야 하죠." 그의 애정 관계가 지속되는 기간이 그를 안심시키고 있으며, 그것은 그가 믿고 있는 가치들을 잘 나타내고 있다. 그는 이혼을 거부하고 있다. "저는 부인과 함께 같은 배를 타고 있어요. 우린 안정되어 있어요. 우린 같은 쟁기를 달고 있는 두 마리의 소와 같아요. 우린 쟁기를 끌어야 하기는 해요. 성공하려는 목적에서가 아니라 아이들을 길러야 한다는 하나의 약속과 같은 거죠. 끝까지 가야죠. 우리가 시작했던 것은 마무리지어야죠. 존중하고 있어요. 전 제 아이들의 어머니는 존경하고 있어요. 그녀와 헤어지지 않을 거예요. 저의 촌스러운 모습이 저를 한결같도록 해주어요. 정말 한결같이오. 주어진 약속을 지키고 있어요. 사람들이 약속을 하면 누구는 약속을 지키지 않고, 누구는 약속을 하죠." 따라서 그는 결혼의 안정성과 외도의 안정성을 일치시키는 세 번째 길을 선택하고 있다.

불가능한 재구성

또 어떤 남자들은 이중 생활을 잘 견디지 못한다. 그래서 3년 동안이나 여자 애인이 있었던 제롬(50세, 중간층)은 관계의 이중 분할 속에 있는 자신을 생각하는 데 성공하지 못했다. "우린 좋지 못해요. 정신적으로 아주 나쁘죠. 아내와 사이가 그리 나쁘지 않았거든요. 그러니까 아내와의 사이가 나쁘지 않았기 때문에, 우린 우리가 어떤 상황에 처해 있는지를 모르고 있었지요. 전 여러 해 동안 제가 어떤 상황에 처해 있었는지를 몰랐어요. 제가 만족해했기 때문에 그건 문제가 되지 않아요. 그게 절 곤란하게 했다고 말할 수는 없어요. 하지만 그래요, 저를 괴롭혔다고 말할 수 있겠네요. 우린 우리가 어디 있는지 모르겠어요. 누군가 문제를 제기하죠. 우린 문제를 제기하는 것조차 할 수 없어요. 우리가 원하는 게 뭔지를 모르거든요. 아뇨, 전 아내와 헤어지고 싶지 않아요. 그녀[여자 친구]와도 헤어지고 싶지 않았고요. 둘 다 갖고 싶지만, 그러나 그 둘을 모두 첫번째로 둘 수는 없겠죠, 그렇겠죠?" 제롬은 이런 감정 폭발에, 이런 번민에 의미를 부여하는 이야기를 결국 글로 쓰지 못하고 있다. 그는 끊어 버리기로 결심을 했고, 어찌됐건간에 단절은 갑작스럽게 일어났다. "그녀는 그녀고, 전 저죠. 전 당신에게 말할 수 없어요. 그 두 사람이 있어요. 아니 오히려 저라고 할 수 있겠는데요. 전 정말이지 더 이상 운영할 수 없었기 때문에 그것을 벗어 버릴 수 있는 것에 만족했었어요. 그러나 그만두는 것도 매우 힘들었어요." 여자 친구와의 관계에서 맛본 만족감이 있음에도 불구하고 제롬은 헤어지기를 더 바랐다. 그에게 있어 사생활은 배우자와 협력해서 실행된 작업을 통해 자아의 통일을 보호해 주어야 하는 것이다. 피터 베르거와 한스프라이드 켈너의 이론(1988)에 맞는 이 남자는 가장 의미 있는 타인, 즉 배우자와의 공동 생활을 통해 주로 만들어진 동일한 세계의 이미지를 필요로 하고 있다. 이런 관점은 결혼한 경우에는 남자 애인과 여자 애인에게, 또는 절친한 남자 친구에게 자리를 주지 않는다. 즉 남자와 여자는 잘 지내기 위해서 단일화된 환경에 만족해해야만 할 것이다. 이 이론은 통일성의 측면이 오로지 친구와 대화라는 매개를 통해서만 정확하게 만들어질 수 있음을 전제로 하고 있으면서도, 한편으론 정체성의 욕구들의 서열 선두에 통일성 측면을 분명하게 순위 매기고 있다.

베르거와 켈너는 동일한 자아를 부여받으려는 작업이 (에르베에게서처럼) 서술자의 교육적인 이야기를 이용해서 개인을 통해——가까운 사람의 도움 없이——실현될 수 있음을 고려하지 않고 있다. 이들 작가들은 또한 부부의 생활로 완전히 소생된 정체성 형성이 개인의 자율성의 원칙을 해치고 있다고 과소평가하고 있으나, 이는 아직까지도 더 중요하다. 개인과 개인의 자율성을 중심에 두고 있는 현대 사회의 기능은 이론적 가정과 상반되고 있다. 현대 사회의 기능은 개인의 통일된 작업을 가리키는 이중성의 욕구를 이해시켜 주는 또 다른 관점을 요구하고 있다.

배우자, 남자(여자) 애인, 자녀

이는 결국 배우자이건 아니건 무엇이 발생되고 있는지, 그리고 의미 있는 제삼자이건 아니건 무엇이 제시되고 있는지를 자문하는 것과 같다. 따라서 자아에 대한 새로운 발견은 항상 파트너를 통해 이루어진다. 버나드 쇼의 '피그말리온'은 남편이 아니라 교수이다. 그리고 저자는 희곡 끝부분에서 자신이 부정적으로 대답을 하기 전에 교수와 엘리자의 결합을 고려해야만 하는지를 자문하고 있다. 그는 엘리자에게는 '신사' 중에서 오히려 젊은이다운 해석을 줄 수 있는 남편을, 즉 살면서 예의바르게 그녀를 동행하게 될 사람(F. de Singly, 1996)을 제공하고 있다. 부정한 부부에 대한 이야기들을 읽어보면 결혼은(또는 내연 관계는) 고정된 기준을 정립하는 데, 즉 어떤 커플에 어떤 가족에 소속되어 있다는 공개된 정체성을 형성하는 데 그 무엇과도 바꿀 수 없을 정도로 중요한 것 같다. 아이는 함께하는 생활에 대한 애정을, 앞으로 우리가 보게 되듯이 상반되는 애정을 구성하는 요소들 중의 하나일 것 같다.

빌리의 이야기를 다시 보자. 이 여자는 남편과의 사이에서 아이가 있기 때문에 애인과 헤어졌다. 그녀는 그럴 것이라고 예상했었다. "당신도 애완동물을 가지고 있는 사람들을 알잖아. 당신은, 당신은 나의 사랑스런 강아지야, 아니면 사랑스런 야옹이든가." 프랑크는 "이봐, 진지하게 말해 줘!"라고 말하며 이의를 제기한다. 빌리는 그에게 다음과 같이 대답을 한다. "좋아, 당신이 옳아. 강아지와 고양이들은 단지 아이들 대용에 불과해. 당신은 내가 아이를 하나 가지겠다고 결심이 설 때까지 아이를 대신하는 대체품이야."(pp.21-22) 결국 그녀는 어머니가 되어 우연히 프랑크를 또다시 만나게 됐을 때, 빌리는 "아이를 갖는 것이나 미치도록 사랑을 하는 것은 완전히 비슷했다고 생각하며"(p.139)[128] 그를 바라보고 있다. 이런 비교는 무엇보다도 먼저 한 인간 속에 들어 있는 애정 집중의 강도를 가리킨다. 안나 가발다는 아이를 기다리는 여성 계층의 이야기에 대해서는 주목하지 않고 있다. "임신한 여성을 보세요. 당신은 그녀가 길을 건너거나 일하는 것을, 또는 그녀가 당신에게 말하는 것 자체를 믿고 계시는군요. 거짓이에요. 그녀는 아기를 생각하고 있어요. 그녀는 그것을 인정하지는 않겠지만, 9개월 동안 아기를 생각하지 않고 보내는 시간은 단 일 분도 없을 거예요. 좋아요, 그녀가 당신의 얘기에 귀를 기울이겠죠. 그러나 제대로 듣지는 않을 거예요."(1999, p.28) 애인과 아기는 또한 또 다른 공통점을 가지고 있다. 그들은 다른 가까운 사람과 관계가 가능하도록 길을 열어 주고 있다. 그들은 결혼 생활 측면에서 제2의 인생을 생성시키고 있다. 사실 어머니와 아이의 관계는 대부분 아버지의 통제 범위 밖에서 구축되며, 게다가 남자는 이 새로운 세계에서 배제되어 있는 느낌을 받을 수 있다.[129]

반면 애인과 자녀는 여러 가지 점에서 서로 다르다. 특히 애인(또는 여자 애인)과 구축한 세계는 배우자에게 말할 수 없다. 그러나 자녀와 함께하는 세계는 적어도 토막토막 단편적으로 배우자와 함께할 수 있다. 이런 두 세계의 당위성 또한 서로 다르다. 자녀는 두 부모의 일원이기 때문에 자녀가 어떤 별거를 초래하게 될 때에도 관계를 맺고 있다. 반면 남자 애인이나 여자 애인은 '부족함'을 지칭하기 때문에 항상 배우자를 위협한다. 자녀는 남편과 부인을 떼어 놓을 수 있기도 하지만, 동시에 그들을 친밀하게 만들어 줄 수도 있다. 이런 변화는 부부 관계를 맺고 있는 세계가 '부모' 자격으로서 부부 각자의 세계를 따로 포함하고 있는 방식에 따라 다르다.

애인과 자녀는 공통의 기능도 있다. 애인과 자녀는 서로 각자 자기 방식대로 개별적인 자율성을 허용해 주고 있다. 그들은 배우자와 함께 만든 공동의 노모스(nomos commun)에 빠져서 지내지 않고 있다. 그러나 자녀와 함께 만든 세상은 혼외 관계의 세계보다는 부부의 세계와 더 쉽게 연결된다. 부부의 세계와 혼외 관계의 경쟁이 외도의 존속을 자주 불안하게 한다. 그래서 별거는 사랑하는 애정과 연결된 고통을 조월해 대립을 제거해 주는 해결책처럼 보인다. 폴은 죄의식 때문에 성생활에 문제를 가지게 되었다. (이것이 "가끔 저의 능력을 중단시키곤 했어요.") 또한 그는 관계를 끊고 있다. "전 어떤 평온을 되찾았어요. 평화, 평화, 평화를요. 그건 분명 평화였어요. 게다가 제가 그만뒀다면 그건 그것 때문이죠. 제가 불안했기 때문이었어요. 그래서 전 애인에게 '나 별로 안 좋아, 괴로워, 정말 불안해' 라고 말했어요. 신체적으로도 전 정말 긴장하고 있었죠. 그래서 전 '난 어쩌면 쾌락을, 사랑을 잃게 될지도 몰라. 하지만 평온은 되찾을 수 있을 거야' 라고 생각했었죠. 전 더 잘 지냈어요. 평화도 되찾고요. 제게는 그게 가장 중요했어요."

세번째 공간, 기억

부부 생활은 매력적이다. 그러나 그 생활이 개인의 자율성에 대한 요구 사항으로 제기된 문제를 완전히 해결해 주지는 못한다. 남자와 여자는 두 사람의 생활이 하나의 완전한 제도이지 않도록 '오불관(五佛冠)의 태도' 를 유지하게 해주는 다양한 기술을 동원해 사용할 수 있다.[130] 독립적인 개인으로서 존재하려는 감정을 가지려는 방법들 중의 하나는 애인을, 여자 애인을 가지는 것이다. 애인을, 여자 애인을 가지는 것은 약간의 무질서를 만들기 위해, 어떤 고통을 맛보게 되더라도 너무나도 정돈이 잘돼 있고 지나칠 정도로 분명한 세계를 피할 수 있다는 것이다. 예를 들어 빌리의 경우 그녀의 운명은 뜻밖의 일이 없어 보였고, 그녀의 남편은 어린 시절의 친구였다. 그녀의 삶은 '평화로운 긴 강줄기' 였다.(p.115) "물건들이 각자 제자리에 있었다.

빌리가 밤마다 물을 마시고 싶어했기 때문에 물병은 빌리 옆에 놓여 있고, 문 뒤에는 잠옷과 그레이표 파자마를 걸어 두기 위한 옷걸이가 있었다. 그녀의 공식적인 생활은 조직적인 세계 속에서 펼쳐졌고, 사람들은 그 생활의 시작을 설정할 수 있었다. 아주 사소한 것도 세밀하게 훤히 검토할 수 있었을지도 모른다. 그녀의 비밀 생활은 바로 프랑크였다. 그는 그녀가 절대 합법적으로는 연결되어질 것 같지 않은 사람이다. 그와 함께 그녀는 사람들이 그들을 알아볼 위험이 있어 보이는 장소에는 어떤 장소라도 대낮에 산책하러 나갈 수 없을 것 같다."(pp.53-54)[131]

불법적인 세계는 다른 모든 사람들의 시선을 벗어나 있다. 그것은 유폐되어 있는 게 효력이 없었음을 입증해 준다. "특별한 스토리가 없는 생활 속으로 들어온 프랑크의 갑작스런 출현이, 그녀에게는 인간이 달에 첫발을 내디뎠던 이래로 발생된 것 중 가장 특별한 사건이었다."(p.115) 빌리는 이 남자가 자신의 역사에서 입지를 가지고 있지 않기 때문에 역사의 방향을 바로잡기 위해 관계를 끊으려고 규칙적으로 애를 쓰면서, 모든 것이 더 복잡하게 되어가고 있음을 알게 되었다. "빌리와 그는 공통적인 게 아무것도 없었다. 두 사람이 다르게 존재할 수 있듯이 그들은 서로 달랐다. 그러나 그들은 분명 서로 사랑에 빠져 있었다. ……사랑하는 관계…… 그것은 하나에서 열까지 모든 게 규칙과 언어, 그리고 은밀한 합의를 통해 만들어진 그런 대단한 것이었다. 사랑하는 관계가 끝이 났을 때 그것은 그 관계가 만들어 낸 대상들을, 즉 다양한 추억거리와 제스처들을 체험했다."(p.144) 이런 사실은 빌리와 프랑크에게는 그들이 헤어진 뒤에도 이 비밀 세계가 그들과 함께 계속해서 남을 것이기 때문에 정당한 것으로 드러나고 있다. 비밀 세계의 영속성을 확보하기 위해서 두 애인은 추억을 쌓고 있다. 그래서 그들은 각자의 거주지와 멀리 떨어진 곳에 있는 공원에서 산책을 할 때, "시간을 낭비하면서도 그들은 함께 있는 시간에 특별한 힘을 실어 주었다. 그들은 서로 아주 헤어질 수도 있었다. 하지만 그런 것은 전혀 중요하지 않았다. 그 순간들이 너무도 생명력 있고 너무도 강력해서, 사람들이 끝없이 다시 재연할 수 있는 음악의 한 부분처럼 영원하고 선명하게 남아 있었다. ……그들은 어쩌면 그때의 달콤한 오후를 한순간 잊을 수 있을지도 모르겠다. 그러나 조금만 노력하면 그때의 아주 사소한 부분들까지도 충분히 되살려낼 수 있

을 것 같다."(pp.62-63)[132]

애인들은 자신의 내면에 추억의 세계를 만들고 있다. 추억의 세계는 그들이 법적으로 정의된 자신들의 신분 상태를 벗어날 줄 알았다는 신호이며, 앞으로 그런 신호가 될 것이다. 애인에 대한 추억 세계는——이는 그들 내면의 증거이다——그들이 헤어진 뒤에도 살아남을 것이다. 그들 두 사람 모두 그 세계에 관심을 가지고 있다. 그 세계는 그들이 사랑하는 관계라는 증거로, 공식적인 생활에서 뺏은 시간들이 있다는 증거이다. 그리고 또한 한 남자와 한 여자가 자유롭게 있을 수 있다는 능력의 증거이다. 그들의 기억 속으로 피신해 있는 이 '외딴곳' 은 그들이 사적인, 아주 사적인 정체성을——그들의 결합이 비밀이기 때문이다——가지고 있음을, 즉 모든 법적 신분 상태로 완전히 단순화시킬 수 있는 개인적인 정체성을 가지고 있음을 입증하게 될 것이다.

11

헤어진 부모 각자의 집에 방을 갖기

베누아트 드퀴프-파니에

사회학자들(특히 어빙 고프먼)은 생활 공간을 여러 개 갖는 것이 사람에게는 필요하다고 주장하고 있다. 다양한 공간으로부터 독립의 가능성이 생겨난다. 반면 누군가 단 하나의 공간만을 이용한다면, 그 사람은 '총체적인' 시선의 압력을 받아들이고 있다. 그렇기 때문에 유급 노동에 대한 부차적인 관심 중의 하나는 부부 중의 한 배우자에게 파트너의 통제를 피할 수 있는 장소를 가질 수 있도록 해준다는 것이다. 감금되어 있다는 느낌은 뒤집어 보면 가정주부들의 정체성 위기에 대해 이야기하고 있는 소설들의 이미지이다. 가정주부들이 오로지 가정을 자아 실현 장소로만 제한하고 있기 때문이다. 동시대 사회에서는 사람들이 개별적인 자유화의 객관적인 조건들을 만들어 주는 공간들을 다양하게 찾고 있다. 공식적으로는 가족의 집인 별장들은 번번이 그 용도가 변질되고 있다. 즉 집단의 구성원 중 한 사람이 어떤 시기에 혼자 별장에 감으로써 가정의 압력으로부터(가족의 것이라고 약호화된 장소에 있기 때문에 신중하게) 벗어나고 있기 때문이다.(A. Gotman, J.-M. Léger, 1999)

여러 개의 주소를 가진다는 것은 개인이 단 하나의 신분으로만 축소되지 않으려고 실행하는 방법 중의 하나이다. 여전히 현대성의 모순은 드러나고 있다. 상상 세계 속에서는 현대성이 사적인 신분에 유리하도록 법적인 신분들의 가치를 떨어뜨리고 있으나, 현실 세계에서는 개별적인 자아를 가지고 있다는 사실에 안심하고자 가장 빈번하게 사용하는 수단이 서로 일치하지 않는 여러 개의 법적 정체성 사이를 잠깐 동안 체류하는 것이다. 다음과 같은 표현을 취하고 있는 논리에 따라 개별적인 독창성의 느낌이 생겨나는 것은 바로 정체성의 유연성 안에서이다. "삶의 여러 장소에서 전 같은 방식으로 이해되지 않아요. 모든 정의로부터 벗어나 있고요. 그러므로 전 저 아닌 다른 사람은 누구도 통제하지 못하는 교차점에 존재하고 있어요."

아이들에게 관심을 둠으로써 심리학자들은 법률가로 대체되어 상이한 입장을 취하고 있다. 그들은 젊은이들이 기준이 되는 공간을 필요로 하고 있다고 믿고 있다. 그들은 부모가 이혼한 상황에 처한 아동을 위한 '평소 거주지'의 개념을 만들어 냈다. 이런 공간이 없으면 아동은 정체성 분열의 위기에 처하게 된다. 다양한 공간은 계층화하려는 강압에 의해 허용되고 있다. 아동은 중심을 가지고 있어야 한다. 아동은 《생각하기/분류하기》(1998)에서 조르주 페렉이 던진 '나는 어디에서 살고 있는가?' 라는 질문에 분명하게, 다시 말해 단 하나의 주소, 단 하나의 '자기 집'을 제시하면서 대답할 수 있어야만 한다. 별거중인 부모를 둔 아동은 부부 커플의 분열에 고통스러워하지 않아야 한다. (관리자인 아버지의 책임이 있는, 흔히 어머니도 책임이 있는) 평소 거주지 덕분에 아이는 다른 사람들과 마찬가지로 정체성의 안정성을 가질 수 있어야 한다. 이런 견지에서는 적어도 젊은이들에게, 정체성은 오로지 견고하고 명백하고(이름 없는 부인에게서 나오는 출산에 대항해, 태생을 가질 권리가 요구되는 것도 바로 이런 관점에서이다) 그리고 안정된 기반 위에서만 구축될 수 있다.

이 장에서는 이론 제기를 넘어서 아이들이 공간의 이중성의 상황을 어떻게 관리하고 있는지 살펴볼 수 있기를 바란다. 그들이 자신들이 갖게 되는 두 개의 방에 똑같은 강도로 투자를 하고 있는가? 반대로 그들은 부모들의 원칙 선포에도 불구하고 그들 개인적인 공간의 계층화를 선택하고 있는가? 이를 알아보기 위해, 일주일을 나누어 쓰거나 주 단위로 바꾸든가 하는 방법을 사용하면서 반은 어머니 집에서 반은 아버지 집에서 생활하고 있는 청소년들에게 질문을 던졌었다. 첫번째 단계에는, 이혼한 부모들이 심리적이고 법적으로 지배적인 규범을 따르며, 너무도 큰 분열을 피하기 위해 예를 들어 통합해 주는 관습을 만들면서 어떻게 하고 있는지 관찰하게 될 것이다.(1절) 두번째 단계에서는, 거주지의 이중성을 경영하는 두 가지 유형이 강조될 것이다. 젊은 사람들은 단 하나의 공간에서 살고 있다는 느낌을 주는 새롭고 상징적인 공간 하나를 고안해 내고 있다.(2절) 그들은 '평소' 거주

지를 재창조함으로써 그들이 갖고 있는 두 개의 방 중 하나의 방을 계층화하고 있다.(3절)

1. 공간이 갖는 자유와 이중성

두 가지 목표, 독립성과 자아 통일

(상대적으로) 동등한 두 개의 거주지를 가지고 있는 아이들에게, 변화하는 것은 매번 부모님들이 그들이 다른 공간에서 하는 것을 모르고 있다는 사실이다. 객관적으로 볼 때 '통제'의 정도는 떨어지고 있다. 적어도 통제 수준이 분할되고 있다. 아이는 아버지 집에 있을 때 어머니로부터 더 독립적이 되고 있다. 역으로도 마찬가지이다. '전통적인' 가정에서는 어머니의 시선이 두 부모와 관련이 있다. 커플은 하나의 단위로 이해되기 때문이다. 두 개의 방을 가진다는 사실은 주관적인 자유를 증가시켜 준다. 더군다나 고등학교나 중학교가 상당한 압력을 행사한다 하더라도, 기숙생인 아동은 필적할 만한 격한 감정을 경험할 수 있다. 젊은 사람은 자신을 자유로운 존재로 만들기 위해 자신에 대한 시선의 이질성을 유리하게 이용할 수 있다. 부모가 별거중인 아동은 재결합된 가족 안에서 생활하며, 그들이 성인일 때에는 다른 아이들보다는 덜 오래 부모의 집에서 생활하는데, 그런 사실은 이런 관점에서 이해될 수 있다. 그들은 여러 개의 거주지를 가짐으로써 다양한 통제 속에서 자신을 구축하는 데 익숙해져 있었기 때문에, 아이들이 받은 교육은 그들을 좀더 독립적으로 만들어 주었다.

반면 또 다른 목적——자아 통일——은 달성하기가 더 어렵다. 이는 평소 거주지를 지지하는 많은 전문가들이 생각하고 있는 것이다. 전문가들은 확실한 자아 통일의 감정이 나타날 수 있기를 요구하고 있다. 그들이 걱정하는 것은 여러 개의 공간에서의 생활이 아니다——어떠한 아이도 단 하나의 개인 공간 속에 갇혀서 살고 있지는 않다. 예를 들어 아이들은 조부모님 댁이나 친구들 집으로 바캉스를 떠나고 있다——그들은 바로 기준점의 부재, 다른 공간들이 중심점 주변으로 맴돌고 있는 바로 그 중심점의 부재를 염려하고 있다. 마치 자아 통일이 어떤 공간 속에 들어 있는 중심점을 요구했던 것처럼 그렇게 모든 일은 일어나고 있다. 심리학자들이 내건 이런 슬로건——기준이 되는 유일한 방——은 여성 해방 운동가들의 슬로건——자신의 방——과는 유사하지 않다. 첫번째의 경우, 정체성의 초점은 자아 통일이다. 두번째의 경우에는 독립과, 그리고 가능하다면 자율성이 정체성의 초점이 되고 있다. 별거하고 있는 부모들의 자녀인 경우는 두 원칙, 즉 지나칠 정도로 너무 많은 '자유'와 너무 많은 자율성간에 긴장 관계가 드러나기 때문에 흥미롭다. 적어도 아이들 집에서는 '통합되고' 단일화되어 있으므로 인격 형성을 혼란스럽게 할 수 있을 것이다.

통합 의식

어떤 가정에서는 별거중인 부모들이 중간 단계를 만들어 내면서 이런 통일을 구현할 수 있도록 노력하고 있다. 중간 단계에서는, 예를 들어 아버지의 집에서 방금 일어났었던 아동의 생활의 한 부분이 두 부모가 있는 데서 어머니에게 이야기되고 있다. 부모의 커플은 아동의 정체성 분열을 피하고자 하는 염려를 그런 식으로 분명하게 나타내면서 잠시 재구성되고 있다. 아동은 아직도 '화목한' 가정에 속해 있다는 느낌을 가지면서 자신 또한 '단일화되어' 있다는 느낌을 가진다. 반면 비밀스런 순간에서 얻는 이익은 잃게 된다. 가브리엘과 피에르의 부모님이(아버지는 노동자이며 가정을 다시 꾸렸고, 어머니는 관리자이며 혼자 지낸다) 이런 선택을 했었다. 그들의 자녀들은 일주일은 아버지 집에서, 일주일은 어머니 집에서 함께 보내고 있다. 교체는 주말에, 일요일마다 자녀를 맡을 차례가 되는 가정에서 환영의 표시로 먹는 저녁 식사 시간 전에 이루어지고 있다. 어머니의 집이든 아버지의 집이든 자녀들에게 약속을 하는 사람은 아버지이다. 두 자녀는 준비하고 있어야 한다. 그런 시간에 그들이 없으면, 가브리엘(12세, 자기 방이 두 개)이 설명해 주고 있듯이 그들은 그렇게 자기 짐을 직접 가져와야 하는 대가를 치러야 한다. "매주 일요일 저녁 6시예요. 항상 비슷해요, 6시예요. 집에 있어야 하고, 짐을 챙겨야 하죠. 제 동생은 친구 집에 있었기 때문에 약속을 어긴 적이 여러 번 있었어요. 아버지는 동생에게 '피에르, 네가 알아서 해. 소지품을 챙겨서 네가 가지고 와라' 라고 그러셨어요. 보시다시피 알아서 해야 한다니까요!"

아이들은 자신들이 두 분 중 어느 한 부모님의 집에서 했던 일을 또 다른 부모님 집에서 하리라 생각하고 있는 것을 이야기한다. 증인이며 동시에 관계를 운반해 주는 사람들인 부모와 아이들은 거리를 줄이기 위해 그들이 '네 사람의 결산' 이라고 부르고 있는 것 주위로 모이고 있다. 가브리엘은 그 장면을 이렇게 묘사하고 있다. "전 아버지 집에 있었을 때 했던 한 주의 일과를 어머니와 함께 얘기해요. '응, 잘 지냈어? 주말에는 뭐했어?' '어, 그거 봤어. 이건 봤구, 저것도 봤어!' 전 '그거 봤어요' 라고 하죠. 제 동생은 '나도 거기에 있었어요' 라고 해요. 아버지도 비슷해요. 이런 식으로 우리는 거실에 있어요……. 의견을 나눠요, ……30분쯤, 1시간쯤. 그런 다음에 우린 밥을 먹어요. 어머니 집에서는 이런 일이 거실에서 일어나요. 아버지 집에서는 테이블에서 그러고요. 그러니 어머니 집에서는 앉아서 그 주에 대해 잡담을 나누어요. '잘 지냈었어? 뭘 했었니?' 라고, 그리고 또 저와 제 동생을 위해 식당 비용 지불 같은 유의 얘기도 해요. 어머니가 '내가 피에르의 몫을 냈으니까, 당신이 가브리엘의 몫을 지불해' 라고 말하세요. 그런 것들을 얘기해요. 사실은 매일매일의 생활을 계획해야 해요." 부모들은 마치 단일성이 부부간의 분리를 초월해 존재했다는 듯이 행하고 있다. 그들은 거의 부모 커플을 유지하는 규범을 실행하고 있다. 부모들은 자신들이 별거를 하고 있음에도 불구하고 한 가족의 구성원의 자격으로서 구축될 수 있다는 것을 자녀들에게 정규적으로 보여 주고 있다. 그렇기 때문에 피에르와 가브리엘은 아버지의 아들딸이 아니며, 어머니의 아들딸도 아니다. 그들은 이런 모임 때문에 계속해서 부모님의 아들딸로 남아 있다. 법적인 허구는 이런 관례 속에 들어 있다.

자아의 단일성을 위한 교육적 통일

피에르와 가브리엘의 부모가 보여 주는 교육적인 기술은 단순히 상징적인 기능만을 포함하고 있지는 않다. 그 기술은 교대로 보호하는 것의 선택을 연장하고 있다. 교대로 보호할 때 두 부모는 (적어도 이론적으로는) 동등한 중요성을 지니며, 그들은 증인 같은 자녀들 앞에서 공동 결정을 해야만 한다. 극단적인 경우에 이혼은 그들에게 집단 행동의 규칙을 좀더 분명하게 나타내도록 하고 있다. 반면 노동의 분할이 잘돼 있는 전통적인 가정에서는, 아이가 부모를 대표하는 어머니에게 특히 접근할 수 있다. 부모의 단일성은 대개 어머니 때문에 입증되는 것 이상으로 전제되고 있다. 별거의 경우, 이 부인은 별거한 이후 자기 자신만을 보여 주기 때문에 계속성을——이는 재판관을 안심시키고 있다——즉 가공된 계속성을 보장해 줄 수 있다. 부모들이 역할과 공간의 서열화를 거부할 때, 그들은 가족 모두를 이해시키는 종합 평가까지를 포함할 수 있는 교대 보호를 선택하고 있다. 이 두 공간에서 자녀는 가족 모임으로 제공되는 관점 때문에 협상의 여유를 잃으면서도 지나치게 큰 분열을 피하고 있다. 그러나 그 자녀는 부모의 면전에서 그들이 각자의 영역에서 따로따로 자신의 역할을 하고 있음을 보기 때문에, 부모들이 부모라는 역할로만 한정되지 않는다는 것을 아주 잘 알고 있다. '오직 엄마로서의' (또는 '오직 아버지로서의') 역할과 '부모로서의' (두 사람이 한 팀이라는 구성원으로서의) 역할 사이의 명백한 분리는 자녀로 하여금 정체성 정립의 복잡성을 배우도록 하는 데 기여하고 있다. 재구성된 가정에서 아이 또한 자신의 어머니가 동시에 어떤 계모일 수 있는지를, 자신의 아버지가 어떤 계부인지를 보면서 그런 현상을 주시하고 있다. 아이는 자신이 바라본 정체성의 유동성을, 자신 또한 아들이면서 동시에 의붓아들이기 때문에 자신의 것으로 만들 수 있다.

이런 유동성은 자녀를 불안정하게 만드는 혼란을 생성해 내고 있으므로 극단적일 수 있다. 가정 안에서의 고정성이 정체성의 엄격함을 낳을 수 있는 것처럼 말이다. 그 증명은 선천적인 입장을 바탕으로 하지 않고, 두 개의 거주지를 가지고 있는 아이들의 견해를 바탕으로 이루어져야 한다. 따라서 별거중인 부모는 자신의 자녀들이 적어도 일주일에 이틀은(주말을 제외한) 한쪽 부모네 집에서 보내고 나머지 날들은 다른 한쪽 부모네 집에서 생활하고 있는 것처럼 그런 식으로 두 개의 거주지를 공유하도록 구성하고 있는데, 그런 구성을 하였던 별거중인 부모를 가지고 있는 청소년들은 자기 생활에 대해 얘기하도록 권유를 받았다. 그들은 부모들이 평소 거주지의 개념을 인정하지 않을 때 어떻게 공간적 이중성을 체험하고 있는가? 그들은 번갈아 갖게 되는 두 개의 거주지를 어떻게 정돈하고 있는가? 그들은 연속성을 느끼기 위해 자기들 방에 유사한 공간을 만들려고 애쓰고 있는가? 아니면 그들은 (아버지의 아들딸로서, 그리고 어머니의 아들딸로서) 자신이 지니는 정체성의 측면들과 그 두 관계를 구별하기 위해 차이를 만들고 있는가? 두 부모의 거주지에서 거의 똑같은 방법으로 살려고 하는 행동은 소수의 상황이다.[133] 대개 아버지가 휴일의 절반을 가지고, 어머니는 학교 다니는 날 전체와 휴일의 나머지 절반을 가진다. 번갈아 사용하는 거주지에서 젊은 사람은 일주일의 절반을(학기중에는 2,3일과 격주 주말을) 살거나, 한 주 전체를 한쪽 부모 집에서 산 뒤 다음 한 주를 다른 한쪽 부모 집에서 살고 있다. 매주 수요일은 마치 그날이 유연하게 구조 변화를 허용해 주었다는 듯이, 흔히 이행해 가는 시기를 나타낸다.

거주 비용 때문에 번갈아 사용하는 거주지의 모델은, 특히 질문받은 아이들이 소속되어 있는 계층인 중상류 계층에 퍼져 있다. 부모들은 두 가지 유형의 정돈을 제공하고 있다. 다시 말해 절반은 독방을 두 개 제공하고 있고, 다른 절반은 독방 하나와 공유하는 방 하나를 제공하고 있다. 모든 경우에 아이들은 두 거주지 사이에서 자신의 생활을 공유할 수 있도록 기획하고 있다. 다수의 아이들이 두 가지 해결책 중에 하나를 채택하면서 부모의 별거생활로 불거져 나온 상황을 관리하고 있다. 그들은 방 하나에는 특권을 부여하고, 다른 하나는 (공식적인 해석이 있음에도 불구하고) 부수적인 장소로 구성하고 있다. 아니면 그들은 마치 두 개의 방을 포함하는 단 하나의 영토만을 가지고 있는 것처럼 행동하고 있다. 그때는 물건들을 다량으로 옮기면서 그 관계를 강조하고 있다. 아주 상이한 것 같음에도 불구하고 이런 두 가지 해결책은 서로 유사하다. 의식적이든 그렇지 않든간에 아이들은 마치 자신이 하나의 거주지를, 하나의 공간을, 그것도 아니면 단 하나뿐인 공간을, 적어도 주된 공간 하나를 가지고 있는 것처럼 행동하고 있다. 아이들이 두 개의 방을 서열화시키면서, 또는 좀더 섬세하게 물건 이동 덕분에 개인의 공간을 재정의하면서, 하나의 영역과 단 하나의 기준 영역을 가지기 위해 모든 것을 실행하고 있기 때문에 교체는[134] 부분적으로는 속임수이다. 이런 시각에서는 어떠한 방도 기준이 되지 않고, 개인의 세계는 이 장소에서 저 장소로 옮겨질 수 있는 사물들 속에 들어 있다. 따라서 이중성의 기쁨은 조사의 결과로 나타나는 것이 아니다. 아이들은 그들이 바라는 관점에서 현실을 왜곡할 수 있도록 알아서 적절한 조처를 취하고 있다. 즉 자신의 두 세계를 소유하는 것이 아니라 하나의 세계를 소유하고 있다.

2. 상당히 큰 영역 내에서의 순환

흔히 부모들은 자녀들에게 이제부터는 개별적인 두 개의 영역을 소유하기 위해 원래 가족의 공간을 어쩔 수 없이 떠나게 해야 하는 것을 염려한다. 그들은 또한 두 방의 격차를 줄여 주려고 애쓰고 있다. 마틴 E. 웩슬러(1998)가 자신의 사진 도면에서 주시하고 있듯이, 어떤 부모들은 별거하는 순간에 또 다른 방을 같은 방식으로 정돈해 주면서, 가끔은 같은 가구로 방을 꾸며 주면서 두 방의 차이를 줄여 주고 있다. 그때 아버지와 어머니는 공간적 표시의 차이를 지워 주었기 때문에 두 개의 교육적 공간 사이에서 별거와 변화로 인해 슬퍼하는 부분을 없애 주었다고 확신하고 있다. 이는 어쩌면 무용지물이 아닐 수도 있다. 특히 자녀가 공간적인 일관성을 유지하길 바란다면, 자녀는 그런 식으로 연결되어 준시스템을 형성하고 있는 두 공간 사이에서 연결 다리를 만들게 될 것이다. 젊은 사람들이 이 집에서 저 집으로 이동하고, 이 방에서 저 방으로 많든 적든 이동하는 태도는 그들이 추구하는 연속성의 정도를 나타내 준다. 마지막으로 어떤 이들은 매번 바꿀 때마다 그들의 세계를 끌고 가는 달팽이이기를 꿈꾸고 있다. 그들은 그들 부모의 집단을 복원시킬 수 없다. 그들은 자신들의 부모 집단을 가족의 세계의 지속성으로 벌충하고 있다. 그들은 두 방에서 가장 공통적인 요소들과 함께 살면서 단 하나만의 세계를 가지고 있다는 환상을 가질 수 있다. 따라서 더 많이 단일화된 자아를 가지고 있다는 환상을 가질 수 있다. 어떤 이들은 이런 이동에 민감한 반응을 덜 보이고 있다. 그들은 분명 자신들이 소유한 공간 중의 하나를 서열화시키면서 단일성을 정립하는 데 성공하고 있기 때문이다.

이행 단계의 의식, 그리고 저항 의식

젊은 사람이 거주지를 바꾸는 순간은 어떤 시간을 가리키는 이행 단계의 의식일까? 그 시간에 집단이나 사람은 '어떤 상태에서 다른 상태로의, 또는 어떤 지위에서 다른 지위로의 자아의 이행을 준비하거나 혹은 동반하고' 있다. 모든 것은 젊은 사람과 그 부모들이 이런 교체에 부여하고 있는 의미에 따라 달라진다. 사실 계속성을 바탕으로 해 강조되고 있다면, 젊은 사람이 무엇보다도 그들 두 부모의 자녀라면, 그렇다면 그때는 습관이 형성되었다 할지라도 어떠한 지위 변화도 기록하고 있지 않기 때문에 의식은 없다. 반면 단절성이 강한 경우에는, 자녀가 아버지의 '딸'(또는 '아들')의 지위와 어머니의 '딸'(또는 '아들')의 지위 사이를 번갈아 가질 때 이행 단계는 하나의 의식으로 인식될 수 있다. 이는 젊은 사람이 이런 단절로부터 스스로를 보호하려고 애쓰고 있는 한 아주 드물다. 전통적인 결혼 의식을 통해 바라는 변화는—— '누구의 딸'이라는 지위에서 '누구의 부인'이라는 지위로의 이행——공간 속에서, 특히 신부 부모님의 집, 시청, 교회와 결혼한 젊은 커플의 집 사이에 동반되는 공간 속에서 나타난다.[135] 교대로 보호하는 경우에는 목적은 똑같지 않다. 그러나 부모와 자녀는 대개 자녀가 과도기를 부드럽게 체험할 수 있도록 만들어 주는 데 서로 동의하고 있다.

그러나 어떤 부모들은 자발적이든 그렇지 않든간에 가브리엘(12세)의 어머니의 진술처럼, 종교 의식들 중 정화 의식의 일환으로 제식을 집행하는 성직자처럼 행동할 수 있다. "일반적으로 사람들이 도착해서 제일 먼저 하는 말은 이거예요. '괜찮니? 한 주 잘 지냈어? 응, 응, 잘 지냈다구, 아주 좋구나. 너희들, 옷 더러운 거 뭐 있니?' 저의 아버지는 별로 그렇지는 않으세요. 아버지는 일요일 저녁 때보다는 오히려 월요일에 물어보세요. '아참, 너희들한테 말하는 거 깜빡했네. 너희들 옷 더러운 거 있니?' 라고요. 다만 우리 엄마는 저녁에 물어보시죠. 저녁 8시에 '내일 아침 세탁할 건데, 너희들 옷 더러운 거 가지고 있지?' 라고. 얼마나 직선적이라고요. 요령이 대단하시죠!" 모든 일은, 마치 어머니가 (특히) 다른 부모의 공간에서 보냈던 이전 주일의 흔적을 지워 버리고 싶었다는 듯이 마치 자녀가 자기 자리를 되찾을 수 있도록 깨끗하게 옷을 입어야 했었다는 듯이 그렇게 일어나고 있다. 그녀의 요구는 모든 청결 의식에서처럼 또 다른 당위성들을 가지고 있다. 그러나 그 요구가 도착하자마자 아주 빨리 반향되어 온다는 사실은 또 다른 쟁점이 ——마술적으로 이전 시기의 존재를 제거하려는 쟁점이——있음을, 생각할 여지를 남겨 주고 있다. 어머니는 아버지의 집에서의 체류를 지움으로써 교육적인 연속성을 확보하기를 바라고 있다.

자녀들 편에서는 이와 같은 이행 단계 의식들이 거의 존재하지 않는다. 그러나 그들은 저항 의식들이라고 명명될 수도 있을 그런 의식들을 실행하고 있다. 두 공간 사이의 연결, 즉 두 가정 사이의 연결을 상징적으로 표현하기 위해, 이런 이중성을 견딜 수 있도록 하기 위해 개인이 함께 동반해서 가지고 가는 것이 바로 물건들이다. 아이가 부모의 집에서 보모의 집이나 유아원으로 가지고 가는 옷가지들처럼, 어쩌면 위니코트에게 소중한 이행 대상들을 유추해서 생각할 수도 있을 것이다. 그래서 아들린(14세, 일주일은 관리인이고 재결합해 가정을 꾸린 아버지 집에서 살고, 일주일은 사무원이고 재결합해 가정을 꾸린 어머니 집에서 살고 있다)은 가방에 일기장을 가지고 다닌다. 그녀가 하루 종일 떠나지 않는 유일한 대상은, 그녀가 한 공간에서 다른 공간으로(그녀의 두 거주지 사이를, 그리고 거주지와 학교 사이를) 왕래하면서 시간이 흘러가는 추이에 따라 제작하고 있는 계속성의 주요 매체로 나타나고 있다. 이 청소년은 외부의 명령, 모순, 그리고 자신이 느끼고 있는 갈등까지도 상세하게 기록하고 있다. 그녀는 조금 뒤 또 다른 집에서 그것을 다시 읽고 있다. 그 공책은 이동하고 있음에도 불구하고 그 자신으로 있고자 하는 그녀의 바람을 구체적으로 나타내 주고 있는 물건이다. 일기장은 자기 자신과 거리를 두고 다른 사람들과도 거리를 둔 보고서이며, 반성적 작업이다. 이는 그녀가 어쩔 수 없이 돌아다녀야 하는 필연적인 여정을 받아들이도록 도움을 주고 있다. "예, 일기장이오. 전 여기저기서 일어났던 일들을 조금씩 서술해 놓고 있어요. 예, 조금씩 묘사해 놓고 있어요. 그건 제가…… 제가 어머니 집에 있을 때 가끔 그 집에서 일어났던 일에 불평할 수 있게 해줘요. 그리고 아버지 집에 있을 때는 그 집에서 일어났던 일을 불평하고요. 그런 다음에 그걸 보면서 '어리석었네'라는 생각을 해요. 저는 이 노트에, 예를 들어 화가 난 상태에서 글을 쓸 수 있겠죠. 그런 다음 조금 뒤에, 예를 들어 제가 부모님과 언쟁을 한 경우라면 한 편의 드라마를 가지게 될 거예요. 그러고 나서 조금 시간이 흐른 뒤에 보면 '정말 바보 같았어!' 라고 말하겠지요."

교대가 좋은 상황에서 이루어질 수 있기 위해서는 약속 장소에 대한 합의가 필요하고, 동행인의 도움이 필요하다. 아들린(14세)의 경우처럼 동행인은 흔히 아버지이다. "알아요. 예를 들어 일요일마다 제가 교체하려고 어머니 집에 있을 경우 전 아버지께 전화를 해요. 짐을 가지고 가야 하니까 일요일마다 집에 계신지 알기 위해 전화를 하고 있어요." 아버지는 운전사와 짐꾼 역할을 떠맡고 있어 두 집을 왕래하고 있다. 아버지는 어머니 집에 자녀를 데려다 주고(교통 수단이 무엇이든지간에) 데려가기 위해서 들른다. 또한 가끔은 어머니를 만나지 않기 위해 어느 길모퉁이로 아이를 찾으러 가기도 한다.

아이에게 가장 중요한 것은 자기 물건을 두 방 사이를 오가며 옮기는 방법이다. 아이는 다음 세 가지 방법 중 하나를 사용하고 있다. 첫번째로는, 아주 큰 가방을 이용해서 한 번에 필요한 모든 것을 가지고 간다. 따라서 그런 이동을 통해서 아이는 마치 유일하게 주소만 바뀌는 움직이는 방 하나만을 가지고 있다는 듯이 행동하는 건가! 두번째로는, 아이는 예측을 잘 못하기 때문에 잊고 있었던 뭔가를 다시 사용하기 위해 자신이 일시적으로 비워둔 집으로 다시 되돌아가는 것을 선호하고 있다. 이런 왕래는 아이에게 단일성의 증거를 제공해 준다. 즉 아이는 항상 두 공간에 접근하며, 그 두 공간을 총괄하는 아주 큰 영역 안에 자기 집을 두고 있다. 아들린은 자신이 '점적기' 의 기술이라고 멋있게 칭한 것을 선택함으로써 그런 식으로 행동하고 있다. "그러므로 경우에 따라서 저쪽 집에 놓기 위해 이곳의[어머니의 집] 물건들을 사용하고 싶다면, 그건 아주 쉬워요. 그러니까 전 모든 걸 꾸릴 시간이 없을 때 주중에 자주 찔끔찔끔 그렇게 하고 있어요." 세번째로는, 아이는 아주 작은 가방 하나에만 자기 짐을 챙기고 있다. 그렇다고 물건을 가지러 다시 오지는 않는다. 아이는 한쪽 방에서는 거의 만족스러워하지 않는다. (마지막장에서 그것을 다시 생각해 볼 것이다.) 자아의 연속성은 주로 지배적으로 사용하는 거주지를 기준으로 해서 만들어지고 있다. 따라서 매번 이중성은 '자기 집' 을 (하나뿐인 방 안에든 커다란 영역 안에든) 오직 하나만 가지고 있다는 감정을 강화시켜 주는 그런 전술 덕택에 과소평가되는 경향이 있다.

두툼한 가방

가방——소위 여행 가방——은 부모가 별거중인 아동의 생활 공간들 사이에서 연속성을 보장해 주는 물건이다. 자기 짐을 싼다는 것은 세 단계로——가지고 갈 물건과 두고 갈 물건의 유형 '선택하기,' 물건 '모으기,' 방 '정돈하기'——요약될 수 있는 어떤 준비의 실행을 요구하고 있다. 가방에 들어가는 내용물은 크기에 따라 달라진다. 즉 자기 소유물의 거의 전체를 항상 지니기 위해 모든 물건을 가져가고 싶어하는 아이가 있는가 하면, 두 번째 방이 첫번째 방과 대등하다고 판단되지 않기 때문에 가져갈 것을 아주 세심하게 선택하는 아이도 있다. 가브리엘의 경우 최대한 많은 물건을 가져가야만 하는 게 명백하다. 그녀는 자기 세계에 둘러싸여 있지 않은 생활은 생각하고 있지 않다. 가브리엘의 세계는 부모의 별거 때문에 이동해야 한다.

가브리엘은 좀더 실리적이고 무관심한 오빠와는 달리 어린 '달팽이' 소녀이다. "두툼한 여행 가방이에요. 사실 우리는 매주 이사를 다니는 거나 다름없어요. 우리들의 물건 모두가 가방에 들어 있으니까요! 우리는 예측해 보려고 하고 있어요. 우린 모든 학교 소지품들을 가지고 다녀요. 그리고 가끔은 컴퓨터 주변기기나 시디와 음반 같은 것들을 가지고 가기도 해요. 우리는 한 번 분량의 짐을 싸고 있어요. 예, 모르겠어요……. 전, 제 오빠는 자기 짐을 챙길 때 가방 하나, 책가방, 그리고 작은 트렁크 하나를 가져가는 거 같아요. 전요, 가득 찬 두툼한 가방과 또 다른 두 개의 가방, 그러니까 플라스틱으로 된 큰 가방들하고 책가방이 필요해요. 그렇게 하지 않으면 학교 소지품하고 이런저런 물건들을 모두 넣지 못하거든요. 오빠도 약간은 정리 정돈을 안하는 사람이라고 말해야 할걸요! (웃음) 오빠는 엄마 집에 물건을 남겨두고, 아버지 집에서는 다른 물건을 쓰고 있어요. 그렇게 하니까 오빠는 이사할 때 물건을 많이 싸지 않아도 돼요. 그러나 전 매번 제 물건을 모두 싸야 하죠. 가방 속에 모두 넣어 가야 한다니까요! 그렇지 않으면, 모르겠어요, 전 뭘 할 수가 없어요. 해내지 못하죠. 그건 제 습관이에요. 예, 그런 식이죠. 전 여기에다 물건을 놔둘 생각이 들질 않아요. 예를 들어 세탁을 했을 경우에, 옷이 젖은 상태일지라도 전 가방에 넣어서 가지고 가요. 그리고 도착해서 젖은 세탁물들을 꺼내 놓고 있죠."

가브리엘은 부모의 별거가 방이 교체되더라도 똑같은 상태에 있어야만 하는 자신의 세계를 빼앗지 않아야 한다고 생각하고 있다. 그녀는 매주 그런 식으로 다시 시작하고 있으므로 이사하는 데 전문가가 되어 자신의 세계를 재창조하고 있다. 그녀는 유용한 것과 무의미한 것 사이에서, 꼭 필요한 것과 불필요한 것 사이에서의 제비뽑기를 거부하고 있다. 그녀는 뭘 입을지 예측하기가 어려운 옷가지들이, 학교 소지품들이, 여가 활동을 위한 물건들이, 추억이 담긴 물건들이 필요하다. 그렇기 때문에 그녀는 매번 출발할 때 집을 다시 둘러보고 있다.

집착은 모든 물건이, 예를 들어 교과서, 자명종, 향수, 화장품들, 장난감, 좋아하는 책들이 모두 꼭 필요하다는 것이다. 그 '모든 것'은 사람에 따라 다르다. 그러나 중요한 것은 안정의 요소인 자기 세계와 분리시키지 않으려 한다는 것이다. 바티스트(16세, 고위 간부인 아버지가 혼자 사는 집에는 함께 쓰는 방이 있고, 자료관리원인 어머니가 재구성한 가정에는 개인 방이 있다)는 그런 두툼한 가방을 실현하기 위해 비상 수단을 쓰고 있다. "꼭 옷장에 있는 걸 완전히 비우는 거 같다니까요! (웃음) 전 모두 비운 뒤에 좋은 옷들과 아주 자질구레한 물건들을 잔뜩, 그리고 책상 위에 늘어져 있는 것 모두를 들어요. 전 그것이 필요할 것인지, 그렇지 않을 것인지를 알아요. 아주 자질구레한 물건들의 대표적인 예요? 모르겠어요, 예를 들어 원고들요. 올 여름과 관련이 있는 것들이오. 전 그것들을 다 읽지 못했어요. 그러니 그것들을 가지고 갈 거예요. 가방에 넣어 갈 거예요. 나중에 보려고요. 시디 음반들도 마찬가지로 가져가고 있어요. 어느것이냐에 따라 사정이 달라지겠지요. 전 '이게 듣고 싶어질까?' 라고 생각하죠. 더군다나 대부분은 제 가방 속에 있어요." 이 소년은 무게 제한을 두지 않고 있다. 그는 지나치게 많이 가져가는 것을 두려워하지 않는다. 그는 무엇보다도 부족할까 봐, 예를 들어 음악이 부족할까 봐 걱정하고 있다. 또한 그는 주거지가 바뀐다는 핑계로 방해받는 것을 좋게 생각하고 있지 않다. 그래서 그는 원고를, 읽고 있는 중인 읽을거리들을 가지고 간다. 가브리엘처럼 바티스트는 그가 매주 부모들 중의 한 사람과 어쩔 수 없이 헤어져 있어야 하므로, 어쩌면 그만큼 더 적게 자기 세계를 포기하지 않는지도 모른다. 무슨 이유로 결핍을 증가시켜야 하는가?

장 클로드 코프만(1992)의 견해로는, 몇몇 내연 관계를 가지고 있는 커플들에게 세탁 가방은 망설임과 주거에 대한 약한 투자를 의미한다. 그 세탁 가방은 '더러운 세탁물과 깨끗한 세탁물을 수송함과 동시에 정돈을 보편적으로 하고 있다[할 수 있게 해준다].' 실제로 남자와 여자는 자신들이 가사의 습관에 정착되어 있지 않음을 지적하고 있다. 결국 그들은 아직도 임시 상태로 있기 때문에 임시로 거처하고 있다는 것을 타인에게 증명하기를 바라며, 그렇게 보어지기를 바라고 있다. 그들에게 이는 긍정적인 표시이다. 부모가 별거 상태에 있는 젊은이들은 자신들의 가방에 똑같은 의미를 부여하지 않으며, 비견할 만한 태도로 행동하고 있다. 초연함을 입증하는 것은 중요하지 않다. 그러나 이동해야 하기 때문에 기이한 정착의 형태를 찾는 것은 중요하다. 우리가 큰 가방들을 선택하는 자녀들을 지칭하는 데 달팽이 이미지를 사용했던 것은 바로 이런 이유에서이다. 자녀들은 내연 관계의 부부와는 달리 짐이 가벼워지는 것을 바라지 않는다. 그들은 자기 소유인 것 모두를, 계속성의 느낌을 보장해 줄 수 있는 것 모두를 가득 채우고 싶어한다.

따라서 우리는 가구보다는 가방을 더 선호하고 있는 가브리엘(12세)을 다시 보자. "그렇지 않으면 제가 어머니 집으로부터, 그리고 아버지 집으로부터 가지고 오는 제 물건들은 저기에, 저기 자리에 있어요. 그 물건들은 여기까지 왔어요. 그것들은 가방에서 꼼짝도 안하는 걸요! 전 절대로 서랍장에다 그걸 정돈하지 않아요. 그것들은 가방에 그대로 있어요." 이 소녀가 자기 가방을 놔두는 두 개의 방은 특히 가방의 받침대처럼 사용되고 있다. 가브리엘은 두 개의 방보다 먼저 가방을 설정하고 있기 때문에 공개되지 않은 서열을 확립하면서 문제의 자료들을 뒤집어 놓고 있다. 두 개의 방은 '그래도' 중요하다. 그러나 부수적인 방식으로 중요하다. 그 방들은 서로 경쟁 관계에 놓여 있지 않다. 그러나 가방과는 경쟁 관계에 놓여 있다. "그건[제 방들은] 제 소유의 자그마한 장소들이지요. 그러나 그것들 또한 중요해요. 전 모르겠지만, 제게 그런 장소들이 없었다면, 그럴 리는 없겠지만 그래도 제가 잘 지내지 못했을 거라는 것을 의미하죠. 그건 저만의 작은 장소들이기 때문에 바로 거기에다 제 물건들과 거시기들을 놔두고 있어요. 그러기 때문에 그것들은 그래도 제 눈에는 상당히 중요해요! 예, 그래요. 그것 때문이에요! [제 방들은] 그것들은 서로 달라요. 그래도 제 거예요. 그 중에는 아버지와 함께 더 많이 만들었던 방이 하나 있고, 어머니와 더 많이 만든 또 다른 방이 하나 있어요. 그럼에도 불구하고 전 그곳에서 잘 지내고 있어요. 그것은 ……아주 좋아요!"

바티스트(16세)는 두툼한 가방의 짐을 즉각 풀지 않는다. 그는 휴식을 취한다. 정돈하는 걸 좋아하지 않기 때문일 수도 있지만, 가방의 존재가 또 다른 공간을 상기시켜 주고 있으므로 그는 자신이 아직까지는 새로운 방에 완전하게 들어가 있지 않는 순간인 중간 단계가 필요하다고 느끼기 때문이다. 이런 과도기 시간이 지난 뒤에, 그는 현재 머물러 있는 방에 자신의 삶을 끼워넣기 위해 이중성을 일시적으로나마 잊고 있다. 호텔에 도착했을 때, 어떤 사람은 정돈을 하고 소지품들을 그런 용도일 거라고 예상되는 가구에 최대한 넣어두면서 장소에 신경을 쓰는가 하면, 어떤 사람은 가방 속에 소지품을 그대로 놔둔다. 마찬가지로 젊은 사람도 여러 개의 자기 방 중에서 어느 한 방에 도착하는 것이기 때문에 선택을 한다. 가방을 비우든가, 아니면 가지고 있는 짐을 풀지 않고 바닥의 구석에 가방을 놔두든가 한다. 연속성의 증거라고 할 수 있는 가방은 한 장소에서 오랫동안 머무르며 기다리고 있다. 옷장들은 비어 있는 상태로 어떤 기득권의 상실을 의미한다. 그러므로 '자기 자신을 위한 코너'를 형성하고 있는 것은 가방이다. 화장케이스, 화장품, 향수, 일기장, 약, 또는 어떤 의복들처럼 사물과는 긴밀한 관계가 있으므로 가방은 방 그 자체보다 더 사적인 공간을 형성하고 있다. 가방은 정착과 그 반대를 피하고 있다.

작은 가방

또 다른 젊은이들은 다른 방에 가면서 물건을 거의 가지고 가지 않는다. 그들은 그런 사실을 필요한 물건의 양이 아닌 또 다른 욕구를 기준으로 해서 정당화하고 있다. 주거지 교체가 그들 세계의 전복을 의미하지 않게 하려면 어떻게 해야 하는가? 그들은 정돈, 즉 그들의 정돈이 유지될 수 있도록 가능한 한 물건을 적게 이동시키고 있다. 안정성을 바라는 그들의 욕구는 사적인 사물들이 항상 주위에 있게 하려는 행동을 통해 나타나는 것이 아니라, 가능한 변하지 않는 기준이 되는 세계를 통해 드러나고 있다. 그들은 방 하나에 특권을 부여하며 중시하고 있다. 이것이 바로 옥타브(17세)가 느끼고 있는 것이다. (그는 두 개의 개인 방을 가지고 있다. 주중에 4일 밤은 재결합해 가정을 꾸린 교수인 아버지 집에서 살고 있고, 그외 나머지는 재구성한 가족을 이루고 있는 자료관리원인 어머니 집에서 살고 있다.) "아니오, 전 제 방이 있는 그대로 있길 바라기 때문에 그런 것들을 가져가고 싶지 않아요. 제가 다시 돌아왔을 때, 전 제 방이 작년에 그 방에서 일주일을 살았던 것처럼 똑같이 항상 그렇게 있어 주길 바라요. 그러니까 거기에서는 물건을 가지고 가고 싶지 않아요. 여기는 그냥 서재로 있는 게 더 좋아요. 여기에 항상 놔두고 있는 하이파이 세트만 가져갔어요. 그게 전부예요! 그리고 거기에는 그저 작은 라디오만 있죠. 그게 다예요!"

디미트리(13세, 두 개의 개인 방을 가지고 있고, 재구성한 가족이 있는 건축가 아버지 집과 혼자 지내는 심리학자 어머니 집에서 똑같은 방식으로 생활하고 있다)도 똑같이 행동하고 있다. 즉 그는 두 개의 방을 분명하게 구분짓고 있다. 작은 가방은 '진짜' 방에서 다른 방으로 이동하기 위해 사용하고 있다. 그는 매주 자기 세계의 근간이 흔들리는 것을 바라지 않는다. 그래서 그는 중요한 물건들을 제외하고는 조사자가 환기시켜 주는데도 불구하고 최대한 적게 줄이려고 애쓰는 '사소한 물건들' 과 그가 지칭하는 바를, 사람들이 잘 알아채지 못하는 표현인 자신이 '원하는' 것들로 분할하고 있다. "제 물건들은 모두 여기[어머니 집]에 있어요. 물론 저쪽에도 사소한 것들이 있어요. 중요한 것은 아니에요. 저쪽에는 실내 게임기들하고 연재 만화들, 그리고 옷이 있어요. 있을 건 거의 다 있어요. 모두 제가 사용하는 것들이에요. 그리고 여기에도 갖고 싶은 것들이 모두 있어요."

3. 우선시하는 방

거의 대등한 시간을 보내며 방 두 개를 차지하고 있다는 사실이 대등한 소유권을 만들어 주지는 않는다. 어떤 젊은이들은 소유하고 있는 공간을 서열화시켜 선호하고 있는 것을 표현하고 있다. 예를 들어 옥타브(17세)——

우리는 그를 작은 가방의 사용자로 검토했다――는 어머니 집에 있는 걸 더 좋아한다. 그는 다른 방에서 진행되었던 대화 도중에 이런 사실을 밝혔다. 그는 자신이 기본으로 삼고 있는 두 가지 기준을 지적하였다. 즉 그는 독립성과 '자기 집'에 있다는 느낌을 기준으로 삼고 있다. 독립성은 과중하지 않은 통제 덕분에 누릴 수 있는 것이고, '자기 집'에 있다는 느낌은 좀더 좋은 인간 관계의 환경과 연결되어 있다. "제 방을 가지는 것은 누구도 저를 방해하지 않게 하기 위해서예요. 저의 기준을 가지는 것이지 뭐겠어요. 게다가 어머니 집에 있을 때에는 사람들이 절 괴롭히지 않는 걸요. 전 저의 모든 소지품과 개인 물품들이 있는 아주 큰 방을 가지고 있어요. 더구나 어머니 집에 있을 때에는 어머니·의붓아버지와 좀더 사적인 관계를 가지고 있어요. 그렇기 때문에 어머니 집에 있는 걸 더 좋아해요." 자신이 가진 두 방을 분류하고 있는 아이들에게서 나타난 두 방의 차이점들은 상당히 분산되어 나타나고 있다. (하나의 권리요, 바람으로 존속하고 있는) 독방 소유를 제외하고는 체계적으로 드러나는 정보는 아무것도 없다. 그러나 가끔은 그 차이점들이 서열화의 원칙을 참고로 하지 않고 있다. 차이점의 의미는 각각의 방에서 보낸 시간에 따라 맛본 안락함에서 파생되어 나오기도 하고(그래서 젊은 사람들은 부모들 중의 한쪽 부모님 집에서 좀더 많은 학기를 보내고 있다), 또는 두 집 중에서 어느 한 집이 위치한 소재지와 여러 개의 바깥 활동 중 어떤 하나의 활동이 일어나는 곳의 소재지 사이의 거리 차이에서 파생되어 나올 수도 있다.

선호도의 비밀은 젊은 사람 곁에 있는 부모의 성격에 달려 있는 것 같아 보인다. 피에르(가브리엘의 오빠)를 제외하고, 선호도를 표명하고 있는 또 다른 아이들 모두는 어머니 집에 있는 방을 선택하고 있다. 부모의 평등성이 법적으로 표명되었음에도 불구하고 확실히 평소 거주지는 대체로 아버지보다는 어머니에게 할애되고 있다. 그러나 남자와 여자들은 자신들의 자녀를 돌보려고 자기 집에서 시간을 보내면서 가장 젊은 나이 때부터 이런 권리를 가지고 있다. 그런데 그들이 가지는 권리의 방식이 주관적인 선호도에 대한 객관적인 조건들을 만들고 있다――주관적인 선호도는 청소년들이 아버지보다는 어머니에게서 더 친근함을 느끼고 있으므로 대다수의 가정에서 찾을 수 있다. 교체되는 거주지는 아버지가 부모로서의 평등성을 충실히 지키고 싶어한다는 증거에 속한다. 교체되는 거주지는 종류별로 나타나는 모든 차이를 제거하기에는 충분치 못하다. 무엇보다도 두 방의 격차에 중점을 두고 지금 벌이고 있는 앙케이트 조사는 선호도 생성을 이해하도록 해주는 모든 정보를 파악하지 못한 상태이다. 그 정보들은 분명 두 부모가 보여주는 배려의 특성에서, 어머니와 아버지가 할애하는 시간 속에서, 부모가 권위의 형식을 행사하고 있는 방식에서 찾아야 한다. 자녀들이 그들의 방을 똑같은 용도로 사용하지 않고 방을 점유하고 있는 것 이상으로, 그들이 특권을 부여한 공간을 이용하는 태도가 드러나고 있다. 그래서 개인 방의 용도가 은연중에 모습을 드러내고 있다.

장식, 그리고 빈 공간

부모들이 젊은이에게 주는 승인은 성인의 미학에 의해서가 아니라 관련 있는 자녀의 미학에 따라 장식할 수 있는 가능성 속에서 나타나고 있다. 따라서 바티스트(16세)는 어머니 집에 있는 자기 방을 변형시킬 권리를 가졌다.[136] "거기서는[어머니 집] 그래도 그게 그런대로 방 같았기 때문에, 그게 아주 적당하다고 전 생각해요. 더군다나 전 그곳을 제 방으로 만들 시간이 있었어요! 그 방에 있는 벽을 모두 제가 다시 칠했어요. 게다가 제 것들도 있고요. 아버지 집에서는 컴퓨터가 아버지 방에 있지만, 그 방에는 제 컴퓨터가 있어요." 별거는 개인 방을 점유하는 과정을 가속화시킬 수 있다. 부모들 중의 한 사람이 그렇게 해주는 것이 보상해 줄 수 있는 여러 방법 중의 하나라고, 아니면 적어도 어른들끼리의 사건으로 말미암아 자녀의 욕구가 소홀히 여겨지고 있지 않다는 것을 증명해 주려는 하나의 방법이라고 생각하고 있기 때문이다. 그러므로 어머니 또는 아버지는 자기만의 세계가 생성될 수 있는 가능성을 아들 또는 딸에게 제공해 주고 있다. 친구들에 비해 자기가 훨씬 더 응석받이라고 생각하는 뤼시앵(16세, 세 번 중에 두 번은 지루한 주말을 교사인 아버지와 함께 공유하는 방에서 보내고, 나머지는 역시 교사인 어머니 집에 있는 개인 방에서 보내고 있다. 아버지는 가정을 다시 이루었고, 어머니는 혼자다)이 느낀 것이 바로 그런 느낌이다. 그의 방은 두 세대 간의 기호의 합의를 별로 보지 못한 방이며, 편애가 드러나고 있다. "제 자랑을 하고 싶지는 않지만, 전 단짝 친구들의 방보다는 제 방이 더 좋아요. 걔네들도 물론 방에 텔레비전을, 컴퓨터를 가지고 있기는 하죠. 전 텔레비전이 있는 게 더 좋아요. 친구들이 왔을 때 걔들은 보통 그걸 좋게 생각해요. 사실 걔들은 부모님들이 '어, 멍청한 것 같으니!' 라고 말씀하시지 않더라도 여기저기에다 태그를 놔두고 싶어하고, 교통 표지만이나 지하철 표시판을 가질 수 있길 바라기 때문이에요."

일반적으로 '두번째' 방은 '첫번째' 방보다는 장식이 더 적게 되어 있다. 두번째 방은 과거의 흔적인 쓸모없는 물건들(낡은 장난감, 서류들, 책들, 자질구레한 것들)이 덜 차 있어서 보다 기능적이다. 선호하는 방은 좀더 현대적이고——장식물 때문에——동시에 개인사로 가득 차 있다. 다른 방은 중성적인 호텔 객실에 한층 더 가깝다.[137] 옥타브(17세)의 감정이 그러하다. "그래요, 어찌됐건 여기에는[아버지의 집] 사적인 게 아무것도 없어요. 오로지 제 책들만 있어요. 따라서 떠날 때 전 그냥 책들만 챙겨서 저쪽에 저의 모든 사적인 물건들이 있는 제 방으로 가요. 거기에는 저의 모든 추억들이 담겨 있어요. 그러나 여기에는, 그러니까 아무것도 없어요. 그렇게 떠나고 있어요."

대체로 두번째 방의 성격이라고 규정짓고 있는 간결한 장식은, 어떻게 보면 부모님 집이나 조부모님 집에서 물건을 가져다 쓰기 때문에 가구를 배치하지 않은 채 같이 살고 있는 젊은 동거인들의 집과 유사하다. 내연 관계의 부부 커플인 경우에는 그것은 곧 비거주, 즉 일시적인 상태임을 드러내 보이는 신호이다. 그 신호의 기능은 그들 커플이 부모들의 (간소한) 원조로 규정되지 않음을 표명하는 것이다. 부모가 별거중인 아이들에게 간결함은 의미가 다르다. 그들은 다른 거주지에서 가지는 안락함을 수용하고 있다. 그들은 자신들의 존재가 단지 상대적일 뿐이라고 특히 밝히고 싶어한다. 두 집단의 공통점은 참여를 거부하는 것이다. 즉 어떤 경우에는 부부의 거처 안에 참여(결혼은 그것의 기준으로 남아 있다)하는 것을, 두 부모들과의 관계를 이중적으로 평등하게 맺으면서 참여하는 것을 거부하는 공통점이 있다. 그런 식으로 옥타브는 포스터를 선택해 방을 장식하면서 자기 방을 차지하라고 제안했던 아버지의 제의를 받아들이지 않았다. 그는 어머니 집에는 '자신의' 방이 있고, 아버지 집에는 '초대받은 사람' 자격으로 '손님' 으로서

(다시 말해 조금은 이방인으로서) 방문하고 있다고 평가하고 있다. "전 고급스런 물건들하고, 약간의 옷가지와 음반들을 가지고 왔어요. 그게 전부예요. 몇 권의 책, 하이파이 세트. 사적인 물건들은 모두 어머니 집에 있는 제 방에 있어요. 나머지 옷들이라든가, 포스터들 같은 거요."

침대 모퉁이

선호하는 방을 가지고 있는 젊은이는 특히 아주 개인적이라고 생각하는 영역을 규정하면서 침대 영역을 표명하고 있다. 침대는 특히 하루 종일 바른 자세(예를 들어 "바른 자세로 있어")를 유지하라는 요구와, 학교에서 상당히 긴 시간을 앉은 자세로 있으라는 요구의 단절을 가능하게 해주기 때문에 자주 선택되고 있다. 아들린(14세)은 이 공간을 좋아한다고 말한다. "[어머니 집에서는] 항상 침대 위에 있어요. 전 항상 침대 위에서 숙제를 해요. 제가 책상에서 숙제를 했다고 [아버지 집에서] 말했을 때에는 그때는 제 방에서였어요. 전 책상에서 절대 숙제하지 않아요. 좋아하지 않거든요." 그녀는 어머니 집에 있는 가구 중에서 선호하는 가구에 대해 질문했을 때 주저하지 않고 다음과 같이 대답했다. "제 침대요. 언제나 그래요. 전 제 침대 위에서 매니큐어를 칠하고, 침대 위에서 머리를 해요. 또 침대에서 잠도 자고요. 전 침대 위에서 모든 걸 하고 있는 걸요!"

침대는 '첫번째' 방에서 더 클 수도 있다. 그래서인지 피에르(17세)는 일인용 침대보다 더 넓은 침대를 가지는 데 성공했다. 둘이서도 잘 수 있을 것 같은 침대는 또한 그에게 또 다른 지위를 부여해 주고 있다. "여기가 더 편안해요. 게다가 여기서는 1.5인용 침대를 가지고 있지만 저쪽 집에는 딱 일인용 침대거든요. 침대가 일인용 침대보다 더 크거든요. 전 그래서 여기 침대가 더 좋아요. (웃음, 거북해함) 더 편안해요." 이런 예를 통해서, 우리는 선호하는 방에 직결되어 있는 편안함의 개념이 어떻게 객관적인 요소와 주관적인 요소들을 혼합시키고 있는지를 이해할 수 있다. 피에르는 '커플 침대'는 아니지만 어린이용이 아닌 침대를 가지고 있다. 그의 개인 여정을 잘 나타내 주는 '1.5인용' 침대는 아버지로부터 인정을 받고 있었고, 피에르는 그것에 대해 대단히 만족감을 느끼고 있다.

계획을 회피하기

청소년 시절에 방은 가능한 최대한의 활동을 할 수 있도록 허용해 주어야 하는 영역이다. 방은 많은 것들을 포함하고 있어야 하며, 그래서 젊은 사람은 하고 싶은 것을 미리 예측하고 대비하지 않아도 된다. 젊은 사람이 뭔가 하고 싶다면 그는 그것을 실행할 수 있다. 방에 뭔가 많이 있다는 것은 자유와 만족감의 정도를 높여 준다. 두번째 방에서 젊은 남자나 소녀는 단지 자신이 미리 계획했던 것, 예를 들어 일부러 챙겨 온 잡지 보기 같은 것만을 행할 수 있다. 반대로 첫번째 방이 갖는 이점은 '바라는 것을 할 수 있게' 허용해 준다는 것이다. 그리고 그곳에서부터 상반되는 것을 즉흥적으로 할 수 있게 해준다는 것이다. 실제로도 젊은 사람은 모든 것을 행할 수 있기 때문에 그는 더 적게 행동하고, 몽상에 잠기고, 게으름을 부리고 있다. 그러나 두번째 방에서는 반대로 자신은 어쩔 수 없이 진행중인 활동을 항상 할 수밖에 없다고 생각하고 있다. 이런 이유가 디미트리(13세)의 경우처럼 선호하는 방에 놓여 있는 침대의 중요성을 부각시켜 주고 있다.[138] "어…… 아무것도 하지 않아요. 음악을 들어요. 랩을 좋아하는 걸요! 그리고 하드록도요. 그렇지 않으면 휴식을 취하고 있어요. 더 이상은 뭘 하는지 모르겠어요. 그래도 소일거리를 하게 되겠죠. 침대에 있으면 평온해져요."

지루하지 않으면서 아무것도 하지 않고 있으려면 두 가지 조건이 충족되어야 한다. 즉 자기 자신의 집에 있다고 느낄 것, 그리고 (다른 것을 할 수 없다는 이유로) 활동이 없는 것을 구속처럼 느끼지 않을 것. 두번째 방에서는, 권태가 여기저기 내재되어 있기 때문에 젊은 사람은 자기 방에서 나가려는 성향이 있다. 자신의 은신처에 더 많이 숨어 있으려고 하지 않는다. 피에르(17세)는 자신이 잘 지내고 있다고 생각하는 방에 주로 많이 있으며, 반면 또 다른 거주지에서는 다른 공간들을 더 많이 드나들고 있다. "그쪽 집과 이쪽 집에서 하는 습관이 정확히 똑같지 않아요. 여기 집에서는[아버지 집] 제 방에 더 많이 있어요. 방이 더 조용하니까요. 이따금씩 음악을 듣고 있어요. 어머니 집에서는 조금 달라요. 거실에 있는 걸 더 좋아하거든요. 그쪽 집에 있을 때는 예를 들어 엄마하고 여동생하고 함께 거실에 있는 게 더 좋아요. 반면 여기서는 혼자 있으면서 음악 듣고 책을 읽고 소일하며 시간 보내는 것, 그림 그리는 것이 더 좋아요." 바티스트(16세)의 경우에는 두 거주지 사이의 분리가 똑같은 모습을 취하고 있다. "그래요. 똑같아요. 그냥 제 방이에요. 그렇기 때문에 여기[어머니 집] 있을 때에는 대개 제 방에 있어요. 그러나 어버지 집에 있을 때에는 주로 거실에 있어요. 그러니까 제 방에 많이 있지 않아요. 그 방에서는 잠을 자고요. 제가 아버지 집에서 공부를 할 때에는 대개 거실에서 해요. 여기에 비해 아버지 집에 있는 제 방을 더 직게 사용하고 있어요."

젊은 사람들이 두번째 방이 설치되어 있는 거주지에서 아버지와 나머지 가족을 더 많이 보고 있다는 이런 결과가 놀라운 것일 수도 있다. 따라서 젊은이들의 정체성은 '함께 있는 자아'를 더 많이 쉬게 하고 있다. 청소년 시기에 피난처의 주된 기능은, 그 반대로 가족 내부간의 관계의 영역을 잠식하고 있다. 두 개의 방을 소유하고 있다는 사실은 두 개의 방을 구별하고 있는 젊은이들에게 그 방에 대해 이중의 정의를 내리도록 유도하고 있다. 즉 한편으로는 방을 사생활과 개별화의 욕구를 만족시켜 주는 영역인 자신의 공간으로 만들기(그래서 거기에서는 '하나뿐인 자아'가 지배적이다), 그리고 다른 한편으로는 또 다른 공유 공간들을 가지고 있는 일종의 대기실로 만들기.

또한 젊은 사람들이 대개 선호하는 방은 접대실이다. 그 방은 (알고 있듯이 장식으로는 '젊은이의' 문화를 가리키는) 개별적인 세계에 더 많이 해당되며, 친구들과 함께 시간을 보내기에도 아주 편안하다. 거리 차이는 대개 중학교, 고등학교, 도시, 즉 기준점들과 더 가까운 곳에 위치해 있는 첫번째 방에 유리하도록 개입되고 있다. 두번째 방은 첫번째 방과 아주 멀리 떨어져 있지 않을지라도 접근하기가 더 어려운 것처럼 이해될 수 있다. 피에르가 이를 설명해 주고 있다. "저의 어머니는 5백 미터 떨어진 곳에 살고 계시기 때문에 실용적이에요. 전 이 집에서 저 집으로 제가 원할 때 왕래할 수도 있어요. 사실 전 완전히 자유롭거든요. 그러나 여기서[아버지 집], 그러니까 도시에 친구들이 있기 때문에, 좀더 가깝게 있을 수 있기 때문에 여기 있는 걸 아주 좋아해요. 저쪽 집에 있는다 하더라도 멀리 떨어져 있는 건 아니죠. 제 여자 친구 또한 도시에 살고 있고, 전 모든 것들과 가까운 여기에서 지내고 있어요."

그 젊은이가 여러 개의 방 중에서 하나의 방이 우위를 차지하고 있음을 인정할 때, 그는 그곳을 생활의 중심으로 삼고 있으며, 또한 다른 방에는 선별적인 활동과 가족들과의 관계를 지니는 보충 기능을 남겨 주면서 '젊은이'의 정체성을 형성하고 있다. 선호하는 방에 의해 만들어진 고정점은 여가 활동을 관리하는 중에도 드러나고 있다. 스포츠 활동이나 음악 활동에 필요한 소지품들은 두 부모 사이에서 보내고 있는 한 주간의 시간 분할이 어떻게 되어 있든지간에, 주로 첫번째 방에 정돈되어 있다. 수요일마다 또는 저녁 때, 대부분의 젊은이들은 그들이 설사 다른 부모의 집에 체류하고 있더라도 운동이나 음악 활동을 하러 가기 전에 첫번째 방이 있는 거주지로 관련 운동복이나 악기를 가지러 들르고 있다.

어디에서나, 다른 곳에서

두 개의 방을 가지고 있는 젊은이들이 부모의 별거로 인해 처하게 된 자신의 상황을 항상 통제하지는 못한다. 그들은 안정되고 주된 기준이 되도록 항상 방을 선택하고 있지는 않다. 또한 개인 소유물들을 집중시켜 놓고, 이중성의 문제를 해결하고 있는 두툼한 가방의 원리도 선택하고 있지 않다. 가끔 그들은 또 다른 공간에서 아직까지는 또 다른 방, 즉 조부모님 댁에 있는 방이라고 할 수 있거나 또는 세번째 거주지, 즉 남자 친구나 여자 친구의 거주지라고 할 수 있는 다른 곳에서 생활을 하고 있다. 그들은 미셸(17세, 경찰관인 아버지는 가정을 다시 꾸렸고, 초등학교 교사인 어머니는 혼자이다. 한 주일은 아버지 집에서 한 주일은 어머니 집에서 보내고 있다. 개인 방은 없다)처럼 예전에 대한 향수를, 개인적인 공간을 가졌었던 시기에 대한 향수를 가질 수 있다. "지금이 더해요. 예전에는 제 방이 있었어요. 동생과 함께 우리 새도 있었어요. 우리 오디오도 있었고, 우리 소파도 있었죠. 정말 우리들 방이었어요! 지금도 좋아요! 저한테 그 방은[현재] 공동 침실이에요. 아버지와 할머니 댁에 있는 그건 다른 거예요. 진정한 제 방은 아니에요. 그건 손님들 방이죠. 그러나 제가 할머니 댁에 자주 있기 때문에 대개는 제가 그 방에서 자요. 그러나 진정한 제 방은 아니에요. 따라서 사실 전 제 방이 있다고 말할 수 없어요. 예전에 아베세스에 살았을 때에는 어머니 집에 제 방이 있었어요. 동생과 함께 사용한 우리들의 방이 있었으니까요. 그땐 얼마나 끔찍했었는데요! 우린 하고 싶은 것을 했었어요. 우린 방해받지 않았지요. 문이 있었으니까요! 그러나 거기에는 문이 없어요! 얼마나 귀찮은데요!" 미셸은 이제는 자기 방이 없다. 그는 그런 사실을 유감스럽게 생각하고 있다. 우리는 부모가 헤어진 상태일 때에는 개인 방이 필연적으로 있어야 한다고 생각할 수 있기 때문에 그의 유감 표명은 분명 정당하다. 사실 선호하는 방에서, 또는 큰 가방을 통해 보호된 영역에서 자기 자신을 되찾는다는 것은, 가족이 실질적으로 분산되어 있기 때문에 정체성 분열이 일어날 위험이 있으므로 그만큼 더 필연적인 목표가 되고 있다. 이 젊은 남자는 친구들과 함께 청춘 시절의 공간으로 변형시키기 위해 공공 장소에서 시간을 보내며 처신하고 있다. "그러나 우리는 그곳에 있지는 않아요. 관심이 없으니까요. 우린 친구들과 밖에 있는 게 좋아요. 단지 잠자고 먹기 위해서만 들어오죠. 그뿐이에요. 저녁마다 외출해서는 잠자러 다시 들어오죠. 나갔다가 먹으러 들어오고, 먹은 뒤에는 바로 나가요. 그렇기 때문에 전 상관없어요. 우린 익숙해졌어요. 지금은, 그래서 그건 제게 더 이상은 문제가 되지 않아요." 이러한 것은 아주 사적인 점유를 할 수 있는 독점적인 공간을 대신하지 못한다.

미셸의 경우는 오로지 젊은 사람이 적어도 한쪽에서라도 개인 방을 가지고 있는 경우에만 교체되는 거주지가 기능을 수행할 수 있다는 것을 이해시켜 주고 있다. 모든 것을 공유할 경우——한 주는 어머니 집에서, 그리고 한 주는 아버지 집에서 보낸 시간과 어느 시기에는 남동생과 함께 보내고, 또 다른 시기에는 이 남동생과 의붓남동생 그리고 의붓여동생과 함께 보낸 공간들——이 젊은 남자는 자기 자신을 잃게 된다. 이 연구의 결과로 나타난 것은 바로 여러 개의 방을 서열화시킨다든가, 자신의 세계를 이동시킨다든가 하면서 단 하나뿐인 개인 공간 속에 포함되어 있는 것처럼 보이는 자아의 단일성에 대한 욕구이다. 교체되는 거주지는 두 부모와의 계속되는 관계를 유지할 수 있는 가능성을 제공해 준다. 젊은 사람들의 경험이 있기 때문에, 교체되는 거주지가 이런 청소년들에게 '복수 존재'가 될 수 있는 가능성의 길을 열어 주는 대체 모델로 해석되어서는 안 된다. 청소년들은 청소년기에 '단수'로 남아 있으려는 욕구를 느끼고 있으며, 따라서 분명 기준이 되는 세계를 가지고자 하는 욕구를 느끼고 있다.

결론: 공동 생활과 자아 확인

그녀가 얼마나 그를 사랑하고 있는지,
아니면 그가 그녀를 얼마나 사랑하고 있는지 우리는 알지 못한다.
어느 정도까지는 비밀 행각이다.
그들이 사적인 관계가 되면 될수록,
그들간의 공간은 낮 시간에도 커져 간다.
그녀는 그가 자신에게 남겨 준 거리를 사랑하며,
그들이 권한을 가지고 있다고 그가 추정한 공간들을 사랑하고 있다.

—— 미카엘 온다티에, 《영국인 환자》

상반되는 두 요구 사항

현대인들은 점점 더 자신들 개인의 정체성을 보존하고 싶어한다. 그렇다고 해서 그들이 동행을, 가능하다면 기분 좋은 동행을 거부하길 바라고 있는 것은 아니다. 그러므로 그들은 인간 관계의 구속을 심하게 감내하지 않아도 다른 사람들과 함께 살 수 있는 어떤 합의를 바라고 있다. 잡지들이 공동 생활에 대한 이런 모호한 관계를 설명하고 있다. 그런 까닭에 우리는 책 표지에서 '독신자들은 혁명가들이다' 라는 문구를 읽을 수 있었다. 그 자료에서는 솔로 생활이 예찬되고 있다. 어떤 다른 잡지에서는 '대가족은 새로운 거주 방식의 추세이다' [139]라고 강조하고 있으며, 커플로 살고 있지 않는 사람들의 공동 임대를 상찬하고 있다. 찬사가 상반되어 번갈아 나타나는 것은, "사람들을 지배하며 누구나 안정감을 주는 사회성(socialité)에 젖을 수 있도록 해주는 아주 사소한 모든 것, 즉 부부 가족의 출현과 그리고 가족 전체

론의 부정인 개인의 출현"을 겪었던 현대성의 특징이다.(J.-C. Kaufmann, 1988, p.94) 개인으로서 자신을 보호하려고 하는지, 공동으로 그룹지어 살려고 하는지, 개인의 이해 관계가 강조되고 있다. 이와 같은 이중적인 유혹을 지니고 있는 생활 방식이 우리들의 사생활의 구조를 복잡하게 만들고 있다. 이런 긴장 상태를 해결하기 위해서 어떤 사람들은 솔로 생활 시기와 둘, 셋, 또는 넷이 사는 생활 시기를 잇달아 연이어서 하고 있다. 어떤 다른 이들은 집단 장소들과 버지니아 울프(1951, E. Le Garrec, 1979)에게 값진 자기만의 방을 가지고서 그런 두 요구 사항이 조화를 이룰 수 있는 장소를 만들어 내고 있다.

공동 생활이 '개인적인' 공간과 시간을 포함하지 않을 때, 일시적인 별거의 부재는 부부를 불쾌하게 하고 그들이 헤어지도록, 즉 이혼하도록 자극하는 위험이 상당히 크게 있다. 이는 개인과 집단간의 조절이, 앤소니 기든스의 표현에 의하자면 현대 사회가 《이혼하고 별거하는 사회》(1992)라는 것을 실행에 옮기는 데 성공을 보지 못했기 때문이 분명하다. 개인적인 휴식을 너무 적게 취하게 되면 휴식할 자기 차례가 돌아왔을 때 회피하고 싶은 욕구를 유발시키는 감금된 감정을 일으킨다. 특히 루이 루셀(1989)이 설명하고 있는 기대 인플레이션에 대한 논문은 아마도 작성될 수 있는 유일한 논문은 아닐 것이다. 그 논문에 따르면 이혼이 자기 파트너에 대한 강력한 요구에서 비롯되고 있다. 우리는 또한 별거와 이혼은 부부 생활 속에 개별적인 독립성의 부재로 인해 발생되고 있다고 생각해 볼 수 있다. 완벽하기조차 한 배우자와의 융화에 대한 바람이 항상 밤마다 나타나지는 않는다. 그 반대 또한, 즉 구속이 없는 자유로운 개인의 꿈도 《위험한 사회》(1992)에서 울리히 벡이 주장하고 있듯이 나타나고 있다.

집단적이고 개인적인 상상 세계에 대한 이런 두 가지 해석 중 어떠한 해석도 동시대의 열망을 설명하기에는 충분치 않다. 대부분의 남자와 여자들이 '올바른 생활'에 대한 경이로운 표현은 혼자 사는 생활과 함께 사는 생활의 이점들을 동시에 겸하는 곳에, 따라서 분명하게 드러나고 있는 대립의 절충 속에 있다고 생각하고 있다.

공동 생활을 하는 개인의 이득

성인들의 관점에서 볼 때 친구와의 관계가 유일하게 자아 발견만을 초래한다면 공동 생활은 분명 필요치 않다.[140] 두 친구 사이에서 인간 관계 작업이 이루어질 수 있기 위해서는, 두 곳의 거주지를 가지고 있으면서 동거하지 않는 커플들이 번갈아 하는 생활 방식이 효율적일 수 있다. 공동 생활은 적어도 또 다른 두 개의 이득을 바탕으로 해서 이루어지고 있다.

첫번째로는 타인 존중을 통한 지속적인 사회화. 공간을 함께 공유하고 있는 사람(또는 사람들)은 당신이 가진 좋은 추억 속에서 기억되고 있으며, 당신은 당신의 영역에 혼자 있을 때조차도 그 사람을 잊을 수 없으며 잊어서는 안 된다. 그 사람 또한 마찬가지로 당신을 잊을 수 없다. 다른 사람을 의식하지 않는다는 게 가능하다고 믿는 것은——"지금 우리는 침대에서 방귀를 뀌는 바보 같은 짓을 해요. 커플의 기술은 당신 혼자 있을 때처럼 각자 행동하는 것이에요."(M. Perrot, 1998, p.86)라고 주장하는 마르탱(18세, 교통수단 제공자)처럼——불만족스러움의 원천이다. 공동 생활이 지속되는 기간이 초기의 좋은 의도들을 모두 점차적으로 지울 수 있다. 따라서 마리옹은 동거남(22세, 실직 상태)의 행위가 품위를 잃었다고 판단하고 있다. "예전에는 그가 하지 않았던 것인데, 지금은 샤워를 할 때 침을 뱉으려고 해요. 그런 모습이 전 실망스러워요. 전에는 그런 소리가 제게 들릴까 봐 그가 불편해했을 수도 있을 거예요. 그러나 지금은 제가 불편해요."(상동, p.85) 방해하지 않고자 하는 너무 많은 행동의 제약과 아무도 집에 없다는 듯이 행동하는 지나치게 태만한 행동 사이의 균형은 이루어 내기가 쉽지 않다. 습관은 절대 타인 존중 작업을 제거하지 않는다. 어느 날 저녁에 친구가 평온을 또는 공유 시간을 요청할 수 있고, 그 다음날에는 그 반대가 될 수 있기 때문이다. 마찰을 통한 조절은 매일매일 일어나는 일상이다.

두번째로는 타인에 의한 자아의 승인, 그리고 그 역 또한 마찬가지. 현대 사회인 시장 사회와 위험 사회에서 개인은 불안정하다고 느끼기에 자신의 '존재론적 안전 보장' (A. Giddens, 1994) 요구에 불만족스럽다고 느낄 수 있다. 우리들 생각으로는 공동 생활이 자아의 어떤 연속성을 새로 만들어 내고, 그리고 보장해 줄 수 있는 가장 편리한 방식 중의 하나인 것 같다. 우리들은 점점 더 우리 자신을 책임지라고 독촉받기 때문에 일부 진보된 현대 사회에서 발생되고 있는 불안을 상쇄하기 위해 개인은 보장받고 싶어한다.[141] 타인과의 관계 속에서, 개인은 로널드 랭(1971)이 마르틴 부버에게서 빌려다 쓰고 있는 개념을 계승하기 위해 '확인' 메시지를 받고 싶어한다. 마르틴 부버에 의하면 개인은 '현재 자신이 처한 모습을, 앞으로 자신이 될 수 있는 모습조차도' 다른 개인을 통해 확인받고 있다. 이런 작업은 확인 방식들이 "(시각적인) 호의적인 미소와, (촉각적인) 악수와, (청각적인) 호의적인 표현의 행동"이기 때문에 폭로하는 작업보다 훨씬 폭넓다.(R. Laing, 1971, p.121)

자기 자신을 확인하고자 하는 기대와 공동 생활이 밀접한 관련이 있는 이유는 무엇인가? 우리 생각으로는, 특히 젊은 커플에게 했던 조사를 근거로 해보면, 이는 한 지붕 아래 산다는 것이 자기 자신만의 고유한 활동들의 계속적인 추구와 발송, 즉 확인 메시지의 수용의 병렬을 가능케 하기 때문이다. 동거의 범위 내에서는 이런 확인의 강도가 항상 높지는 않으나, 그러나 그 강도는 확인 작업의 빈도수로 상쇄되고 있다. 그렇기 때문에 화장할 때 거울을 통해 엷은 미소를 띠며 동거녀를 바라보는 남자의 시선은, 그녀의 마음속에 존재의 감정을 충분히 만들어 줄 수 있다. 같은 거주지 안에서는 친구들과의 관계가 제스처, 표현, 그리고 특히 관계와 인간에 대한 확인 의식들(이 용어는 분명 고프먼이 사용했다)을 보편화시켜 주는 가능성의 길을 열어 주고 있다. 같은 공간에서 사는 것은 서로 교차하고, 그래서 키스나 '애정 표현' 등을 이용해 배려 표시를 상호 교환할 수 있는 기회를——공동 활동(이는 동거하지 않는 커플들의 공동 활동보다 반드시 더 많은 것은 아니다) 이외의——증가시켜 준다. 그리고 이런 메시지는 자주 사용되면 될수록 점점 더 많이 타인은 자기 자신을 확인하게 된다. 바로 이런 이유 때문에 공동 생활은 남자와 여자에게, 그리고 개별화가 진행되는 절차에 아주 민감한 반응을 보이고 있는 사람들에게도 중요하다. 반대로 이런 메시지들을 보내지도 받지도 않는다면, 공동 생활은 고통스럽게 혼자 사는 생활보다 훨씬 더 고통스럽게 될 수 있다.[142]

이와 같은 자아의 확인은 다른 생활 형식들보다는 공동 생활이 만들 수 있는 정체성 정립을 이루어 가는 과정 중의 하나이다. 이런 사실 때문에 피터 베르거와 한스프라이드 켈너(1988)의 이론을 재검토하게 된다. 그들의 견해에 의하면 부부 생활은 대화 덕분에, 파트너의 속삭임 때문에 부부의 세계관을 확고히 하는 것을 특히 목표로 삼고 있다. 우리들의 견해로는, 자아 확인은 세상의 법적인 인정보다는 좀더 보편적인 기능을 나타낸다. 세상의 '고체화' 는 첫번째 절차에 속하는 요소 중의 하나에 불과하기 때문이다. 개인은 자신이 살고 있는 세상이 명백한 것처럼 보이기 때문에, 그리고 또 친구가 단 하나뿐인 개인 자격으로 존재하고 있음을 자신에게 분명히 표명하기 때문에 안심하고 있다.

확인 작업의 요구

현대 사회에서 개인은 개인 그 자체로 존재하기를 바라며, 그러기 위해서는 자신이 누군가에게 몇몇 사람들에게 의미가 있어야 한다고 생각한다.[143] 이런 사실은 현재 친구이고, 그리고 친구이고 싶은 사람들 편에서는 그만한 구속이 있는 확인 작업을 필요로 한다. 안나 가발다의 단편 소설 《생제르맹데프레의 사소한 행동들》(1999)에서는, 확인하는 관례 의식이 동시에 개시하는 의식일 때 그런 절차가 관계 초기에 어떻게 돌아가는지 보여 주고 있다. 어느 날 오후, 한 남자와 한 여자가 생페르 거리와 같은 위치에 있는 생제르맹데프레에서 서로 스쳐 지나간다. 그들은 서로에게 미소를 지어 보인다. 그 남자는 발걸음을 돌려 그녀에게 저녁 식사 초대를 한다. 그녀는 승낙한다. 그래서 그들은 음식점에서 다시 만난다. 식사를 하면서 그녀는 맞은편에 앉아 있는 남자의 발목을 발로 살짝 건드린다. 그는 그녀의 손을 잡는다. 그러나 휴대전화가 울린다. 남자는 주위사람들의 노한 시선을 받으며 전화벨 소리를 끈다. 그는 미안하다고 말한다. 자신을 용서해 달라고 하기 위해 그는 그녀의 옆에 가서 앉는다. 그들의 몸은 가깝게 있다. 그들은 나가기로 결정을 한다. 음식점 입구에서 남자는 여자에게 외투를 내민다. 그녀는 그때 다음과 같이 언급을 한 제스처의 증인이다. "예술가의 수완이 감탄스러워요. 낮은 모자. 그것은 정말 남의 눈에 띄지 않는 것이었죠. 겨우 보일 거예요. 정말이지 대단히 주도면밀했어요. 우습게도 아주 잘 움직였어요. 비단처럼 부드럽게 드러난 제 어깨 위로 자신을 기대면서 그는 필요한

0.5초를 가졌고, 휴대전화의 메시지를 슬쩍 볼 수 있게 상의의 속주머니 쪽으로 완벽하게 몸을 기울였거든요." 그 아내는 화가 난다. 그래서 그녀는 그의 집까지 동행하지 않기로, 택시를 타기로, 그들의 관계를 거기서 끝내기로, 바로 결심한다. 그녀는 다음과 같은 생각을 한다. "그러니까 내 어깨가 그렇게 둥글고 촉촉하고 당신 손이 그렇게 가까이에 있었을 때, 당신은 무엇을 걱정했는가? 당신의 시선에 노출됐던 내 가슴보다 더 중요해 보였던 것이 당신에게 무엇이란 말인가? 내가 등가에 당신의 입김을 기다리는 동안 당신은 무엇 때문에 괴로워하는가? 그러므로 당신은 오직 나와 육체 관계를 갖은 뒤에서야 당신의 그 가증스런 것을 만지작거리지 않을 수 있었다는 것인가?"(pp.21-22)[144]

이 여성은 남자가 자기에게 완전한 관심을, 즉 육체 관계를 가지기 전에는 자신을 독점했었다고, 그래서 그 남자가 그녀를 아주 많이 소중히 여기고 있음을 그녀에게 증명해 주었다고 생각하고 있다. 그 남자는 자신의 전화기에 시선을 줌으로써 자신이 다른 것들을, 어쩌면 다른 사람들을 걱정하고 있음을 드러내고 있다. 이 이야기는 공동 생활 속에서의 확인 작업에 대한 어려움을 드러내고 있기 때문에 아주 흥미롭다. 남자는 일이 생겼을 때 그 여자와 헤어지지 않았다. 그는 아주 짧은 순간 '함께 있는 존재'에서 '헤어져 있는 존재'로 넘어가고 있다. 그러나 그 순간은 적어도 한편으론 관계를 형성함에 있어서의 배려의 중요성을 드러내며, 다른 한편으론 지적을 하는 사람들의 양질에 대해서 관련자들끼리의 합의의 의무를 보여 주고 있다. 그 소설 속의 남자는 아마도 반사적으로 휴대전화를 슬쩍 봤을 것이다. 그는 여자를 화나게 하고 싶지는 않았다. 그러나 그녀는 그런 행동을 이 남자가 자신에게 가지는 현실적 이득의 실질적인 부족을 나타내는 표시로 해석했다.

성별 차이와 자아의 확인

이 단편 소설 주인공들의 성적 정체성이 되는 대로 정해지는 건 아니다. 여자들보다는 남자들이 약간의 관계 비용을 들여 성관계를 가지려는 환상을 가지고 있는 것 같다. 이 남자가 이를 다음과 같이 표현하는 것처럼 말이다. "전 아주 평범한 남자예요. 전 매일매일 저를 원하는 여자를 우연히 만나는 꿈을 꿔요. 지극히 단순하게요. 그러나 여자들이 전혀 원하지를 않아요. 그같은 충동이 아직까지 일 년에 한 번은 생겨요. 나머지 시간은 저녁을 먹고 비위를 맞춰야 하죠."[145] 인용문의 마지막이 인간 관계 작업을 하는 몇몇 남자들의 불분명한 관계를 나타내며, 그들은 끝까지――성행위――가기 위해 관계를 맺고 있다. 그들은 이런 확인 의례를 실행해야 하는 것에 만족을 적게 느끼는 것 같다. 일부는 이런 이유 때문에 거의 남성의 3분의 2가, 그리고 여성의 3분의 1이 '사랑하지 않아도 누군가와 성관계'를 가질 수 있다고 분명하게 밝히고 있다.(A. Spira, N. Bajos et ACSF, 1993, p.145) 이런 사실은 사랑하는 관계와 우연히 하게 되는 성적인 행위를 따로 떼어 생각하는 것과 관련해서 성별에 따른 불평등한 능력을 보여 준다.(F. de Singly, 1995a) 달리 말해 여성들은 이런 활동에――우리가 보기에야 다른 활동들에서도 마찬가지인 것 같다――사적인 중요성을, 다시 말해 다른 사람의 법률상의 정의를 초월하는 확인을 받거나 확인해 줄 수 있는 가능성을 더 많이 연결시키고 있다. 실제로 남자들은 성적 활동에서 남성다움을 확인하고 싶어하며, 파트너에게 즐거움을 주려고 유의할 수 있다.[146] 그러나 그들은 또 다른 측면에서 이를 체험해 보려고 애쓰지 않는다. 그렇기 때문에 새로운 남성 잡지들에서 눈에 띄는 자아와 타인에 대한 연구는 여성 신문들과는 다르게 심리학을 거의 포함하고 있지 않다.

성에 따른 이런 차이는 젊은 커플들에 대한 전공 논문에서도 마찬가지로 나타나고 있다. 일반적으로 남자들은 여자들보다 관심의 표시를 더 적게 한다. 남자들은 집이나 아파트에 있게 되는 순간부터 자신들의 존재가 그 관계 속에, 그 그룹 속에 개인적으로 참여하고 있음을 충분히 입증해 준다고 생각하고 있다. 남자들 생각에는 영역화하자는 명령에의 복종이, 즉 그들이 설령 다른 곳에 있을지라도 집에 있다는 사실이 그들 부부간의 선의를 아주 강하게 나타내기 때문에 다른 모든 증거는 무용지물이 되고 있다. 그러나 남자들은 어떤 세심한 배려를 보여 주고 있다. 그렇기 때문에 흔히 그들은 음악적 근간을 생성시킬 정도로 합의를 수용하고 있다. 이런 사실은 확인하는 과정 속에서 두 가지 형태를 변별할 수 있도록 해준다. 즉 파트너 중 한 사람이 상대가 선호하는 음악을 인정할 때, 그는 (자신의 기호로 인정받은) 자아를 확인하고 있다. 그리고 그가 두 사람 중 그 누구도 선택하지 않은 것을 제안하거나 그것에 동의를 할 때 그는 자신이 처한 관계, 즉 커플임을 확인하고 있다. 음악과 관련해서는 관계 확인이 우세한 것처럼 보이는 반면, 텔레비전과 관련해서는 자아의 확인이 지배적으로 번갈아 나타나고 있다. 시청하는 방송 프로그램은 남성과 여성의 기호를 계속적으로 반영하고 있다. 텔레비전은 몇몇 부부가——거기서는 남자들이 더——접대를 하는 동안에 부동주의력을 가지는 데 어려움이 있는 한 문제가 되고 있다. 그들은 자신들이 커플의 구성원이라는 것을, 그리고 그들 파트너가 가끔은 같이 있다는 신호를 기대하고 있음을 망각한 채 텔레비전을 시청하느라 정신이 없다. 이상적으로는 텔레비전 프로그램을 보는 동안에도 확인 작업은 중단되지 않아야 할 것이다.

이기주의적인 개인주의, 이타주의적인 개인주의

커플을 이루며 살고 있는 남자와 여자들은 정체성의 균형을 같은 방식으로 잡고 있지 않다. 즉 남자들은 '혼자인 개인' 의 측면을 더 많이 강조하고, 여자들은 '함께 있는 개인' 의 측면을 더 많이 강조하고 있다. 자아의 표현 속에서 나타나는 이런 차이는 성별에 따른 개별화 과정의 차이를 반영하고 있다.[147] 울리히 벡(1992)의 관점에서 보면, 남자들은 '보잘것없는 현대화' 라고 일컬어지는 '첫번째' 과정의 혜택을 입었다. 그들은 공공의 공간으로 왕래했고, 가족 생활과는 다른 사적인 공간들에 접근하였다. 좀더 최근의 것인 개별화의 두번째 과정은 두 가지 생활 방식과 관계되어 있었다. 남성들처럼 여성들도 그때 학업을 계속한 덕분에, 그리고 직업 세계로의 참여 덕분에 그들의 독립의 정도가 향상됨을 보았다. 그러나 두번째 과정이 첫번째 과정과 연결되어 있는 결과를 지우지는 못했다. 만약 여성들이 아주 불만족스러운 결합을 했을 경우 결혼 제도에 덜 의존하고 결별을 요청하면서 어떤 독립을 얻었다면, 그녀들은 사생활 속에서 남자들의 이해 방식과는 다른 '자아에 대한 이해 방식' 을 계속해서 가질 것이다. 여성들은 조금은 더 이타주의적인 개인주의를 적용하고 있다. 물론 여성들은 헌신과 자기 망각의 측면에 관해서는 이전 세대의 여성들보다는 더 적게 생각하고 있다. 그러나 그녀들의 말에 따르면, 그녀들은 친구를 염려할 때 개인적인 뭔가를 항상 표현하고 있다. 이런 이타주의는 어떤 보상물을, 즉 그 친구의 편에서 볼 때에는 배려를 요구하기 때문에 개인주의자가 된다.

이타적 개인주의에 대한 좋은 측면들이 명백하게 있다면, 그 메달의 이면 또한 있다. 안나 가발다의 소설 여주인공은 그것을 의식하고 있다. 그녀는 집에 귀가할 때 혼자서 자신이 보이는 반응의 정당성에 대해 의문을 가져 본다. "전 휴대전화도 싫고, 사강도 싫어요. 보들레르와 모든 협잡꾼들이 미워요. 전 저의 오만함도 싫어요."(p.23) 자신의 잠재 애인의 부주의를 아주 강하게 확인한다는 것은, 자기 자신을 벌하는 것일 뿐만 아니라 타인의 판단에 민감함을 보여 주는 것이다. (적어도 자기 자신에게 보여 주는 것이다. 이 부인이 자신의 행동을 정당화시키지 못하고 있기 때문이다.) 이타주의적인 개인주의는 이기주의적인 개인주의보다 더 고양된 의존 관계의 형태와 연결될 수 있다. 그래서 자급자족 체제에 관한 모든 질문이——자신을 바라보는 자신만의 시각으로도 충분하다——제기되고 있다.

이타주의적인 개인주의에 대한 긍정적인 측면에서, 우리는 캐럴 길리건이 소년소녀들의 정신적인 성장 속에서 그들에게 적합한 '배려의 윤리학' 의 교육으로 관찰한 것을(1986)[148] 아니면 탈코트 파슨스(1955)가 여자들이 더 많이 보여 주는 '의미심장한 역할' 속에서 지칭한 것을 발견하고 있다. 이미 오귀스트 콩트가 사회화의 작업을, 타인에 대한 배려를 습득하는 작업을 보장하는 것은 여성의 몫이라고 생각했다. "가정은 개인의 정신적 성장이 이루어지는 장소이다. 천성적으로 이기주의자인 개인은 그곳에서 사회성을 배운다. 가정의 정신적 중심인 여성은 이기주의적인 인간에서 사교적인 인간으로 이행하는 데 중요한 기능을 보유하고 있다."(A. Comte, 1929, K. Chaland에서 인용, 1998, p.22) 당연히 오귀스트 콩트는 사생활이 개인이 조금은 덜 이기적이 되는 걸 배우는 공간이라고 이해하고 있다. 그러나 천성적인 차이와 사회적 차이를 혼합하고 있는 그는 무슨 이유에서 여성들이 남성들보다 덜 이기적인지 자문해 보는 것을 망각하고 있다. 그런데 여성들이 만약 이기적이라면, 그것은 타인에 대한 배려의 습득을 책임지고 있기 때문이다. 사회의 관점에서는 노동의 분리가 이롭지 못했다는 결론을 지을 수 있었을 것 같다. 남자들과 여자들이 가사를 전체적으로 구분짓지 않을 때, 남자들도 여자들처럼 똑같이 이타주의적일 것이다. 사회 관계에 대한,

이타주의에 대한 질문은 불평등한 가사 분담에 대한 비평을 가리킨다.

여자들은 자녀들에게 줄 충고 속에 타인을 위한 배려에 대한 사회화 과정을 아주 드물지만 확실히 실행하고 있다. 그녀들은 한편으로는 가사 업무를 실행하면서도, 한편으로는 그렇게 행하고 있다. 저녁 식사하기 전에 저녁마다 주방에 들어가서 관찰해 보자. 어머니가 요리를 하는 동안 아이들은 엄마를 보러 올 수 있다. 스테파니(20세, 학생. 어머니는 가정주부, 아버지는 트럭 운전사)는 다음과 같은 이야기를 한다. "식사하는 동안보다 조금은 더 많이 의논해 볼 수 있는 순간이에요. 저의 어머니는 그곳에서 식사 준비를 하는 중이세요. 전 앉아서 저의 하루 일과를 어머니와 이야기해요. 보통 그렇게 하죠. 전 무슨 일이 진행되는 곳은 항상 여기라고 생각해요. 대화도 항상 주방에서 해요. 비밀을 유지하기 위해서요. 제가 어머니한테 하는 얘기를 다른 가족들은 듣지 못하도록 하기 위해서죠. 주방 분위기요? 우린 자주 웃어요. 그러기에 적합한 장소인지 어떤지는 모르겠지만, 그러나 매번 좋은 시간들이고 항상 좋은 기억들이 있고 폭발하듯 웃었던 일들이 있어요."(S. Mäere, 1998, p.64) 아이들은 속내 이야기를 하고, 의논을 하고, 또 어머니가 얘기해 주는 그녀의 하루 일과를 경청하고 있다. 다음은 실렌(25세, 석사 과정 학생. 그녀의 어머니는 재판소의 서기이며, 이혼녀이다)의 경우이다. "저의 어머니는 집에 들어오시면 음식을 하세요. 상당히 느슨해지시죠. 전 이런 일이 어머니를 귀찮게 하지 않는다는 걸 알아요. 종국에는 그녀도 매우 좋아하고 있어요. 또 라디오도 들으세요. 가끔은 동시에 라디오를 들으시죠. 그래도 전 말할 수 있지요."(상동, p.65) 그리고 다음은 알렉산드라(20세, 학생. 어머니는 의료 담당 비서, 아버지는 엔지니어)의 경우이다. "만약 제가 엄마에게 아주 개인적인 뭔가를 털어놓고 싶으면 전 주방으로 가요. 엄마는 그곳에 계시니까요. 집 안에서 엄마는 거실에 앉아 계시는 경우가 극히 드물거든요. 그러나 마지막에 엄마가 텔레비전을 보려고 거실에 앉아 계시면 엄마와 얘기하고 싶은 마음이 별로 들지 않아요. 주방에서는 다른 사람들이 오지 않을 거라는 걸 알아요. 아버지가 아직 집에 들어오시지 않았다거나, 식사 준비가 되기를 기다리거나 하시니까요. 제 동생은 자기 방에 있고요."(상동, p.67) 이런 대화 속에서 아버지보다는 어머니가 개인적인 확인 메시지 전파의 중심에 계시다는 인식이 든다. 음식을 준비하는 것은 텔레비전을 시청하는 것보다 더 낫다. (우리는 공동 생활을 형성하려는 이런 행동의 모호성을 찾아볼 수 있다.) 왜냐하면 말은 요리를 하면서도 충분히 같이할 수 있기 때문이다. 또한 어머니는 남자와는 달리 이런 경청을 수용해 주어야 한다. 남자는 서재나 작업실에 은신해 있기를 더 선호하기 때문에 '행동' 이 '말' 과 겸하게 되는 것을 바라지 않는 경향이 있다.(F. de Singly, 1996)

허락된 부재, 또는 허락되지 않은 부재

세대간에도 마찬가지로 분명한 차이가 있다. 아이들이 부모들보다는 부재해도 된다는 허락을 가질 권한이 더 많다. 아이들이 자신들의 방을 가질 수 있는 것이 바람직할 것 같다. 사실 독립과 자율을 배운다는 것은 집 밖으로 외출하는 행위, 자기 공간에 은신해 있을 수 있는 행위, '누구의 아들' 또는 '누구의 딸' 이라는 정체성으로 한정되지 않는다는 것을 분명하게 지적할 수 있는 행위를 내포하고 있다.[149] 부부 관계에서 분리, 즉 '혼자서 하는' 활동을 할 권리는 선험적으로 대부분의 경우 인정되고 있지만, 실질적인 실행은 긴장의 원천일 수 있다. 안나 가발다가 서술한 여성을 상기하는 것으로 충분하다. 그 여성은 자신의 잠재적 애인의 부재를 견디지 못하고 있다. 분리는 배반을 두려워한다는 신호이다. 따로따로 하는 활동 형태하에서의 개별화는, 그것을 적용하는 사람이 바로 파트너일 때, 불안정한 감정이 끊임없이 생겨날 때 아무리 매력적이라 해도 자아를 위해서는 필요가 없다. 떨어져서 하는 별개의 활동들은 매정하게 거절하는 행위처럼 느껴질 수 있다. 다른 것은 파트너가 중요하게 여기는 자신의 존재를 통해 나타날 것 같기 때문이다. 집 안에, 또는 집 밖에 있는 자기 세계로 도망가면서 파트너의 실재를 잊고 있는 건 아닌가? 어떤 불만족을, 저항의 형태를, '퇴장' 을 표현하고 싶은 건 아닐까.(A. O. Hirschman, 1995) 모든 것은 두 사람이 자리를 비우고, 그 부재를 정당화시키고, 그것을 허용하거나 또는 허용하지 않는, 그리고 상대에 대한 지속적인 염려와 관계에 대한 염려를 다르게 보여 주려고 애쓰는 그런 태도에 좌우되고 있다. 사랑에 대한 상상 세계는 시련과 증거를 포함하고 있다.(B. Péquignot, 1991) 그리고 둘이 사는 일상의 삶 또한 마찬가지이다. 방송이 자신의 관심을 끌지 않는데도 배우자 곁에 기꺼이 남아 있으려는 행위는 긍정적인 신호일 수 있다. 기억하건대 그것은 또한 감정을 자극할 수도 있다. 그런 행위가 경우에 따라서는 조용하게 혼자 있는 것을 방해하고, 상대에게 강하게 의존하고 있음을 보여 주기 때문이다. 함께하는 생활 속에서 별개의 활동들을 요구하는 것은 혼란의 씨앗을 뿌리는 것일 수 있다. 개별적인 정체성에 대한, '혼자인 개인' 에 대한 신분 규정은 인정은 받지만 절대 최종적으로 정해지지는 않는다.

비밀, 그리고 투명성

'분열된 커플' (1999)의 모델을 묘사하면서, 세르주 쇼미에는 이런 양면성을 분명 과소평가하고 있다. 부재함을——특히 부부의 틀을 벗어난 곳에서의 성행위와 연결되어 있는 부재를——항상 명확하게 진술하고 있다는 사실이 두 사람에게 받아들일 수 있는 계약의 근간을 만들어 준다고 그는 생각하고 있다. 따라서 세 요소가 문제다. 하나는 별개의 행위들의 중요성, 즉 파트너들의 독립과 자율성에 대한 중요성, 다음은 숨기지 않고 거짓말하지 않는 파트너들끼리의 투명성, 마지막으로 각자의 진실성이다. 일관된 관점이긴 하나, 그러나 유일하게 가능한 관점은 아니다. 그래서 사람들은 비밀을 함축하고 있는(이상적인 의미에서가 아닌 '이론화' 의 의미에서) 상이한 모델을 제시하고 있다. 현대성은 사람들의 개별화를 더 높게 가치평가하기 때문에 사생활 속에서도 자신의 세계를 요구하고 있다. 그런데 투명한 대화 속에 들어 있는 진실성은 그런 세계의 소유를 제한하는 결과를 가진다. 즉 개인은 말을 한 경우에만 자유로이 행할 수 있다는 것이다. 개인은 대화를 하면서 자신이 간파했던 것을 공유하기로 한다면, 그리고 그런 경우에만 자기 마음대로 행할 수 있다.

무슨 이유에서 비밀을 그렇게 부정하는가? 게오르크 지멜은 또 다른 견해를 옹호하고 있다. "비밀은 놀랍도록 삶을 확대시켜 줄 수 있다. 완전한 공개는 핵심적인 내용들이 표면화되는 것을 방해하기 때문이다. 비밀은 어떻게 보면 눈에 보이는 가시적인 세계의 측면에 있는 또 다른 세계를 가질 수 있는 가능성을 제공해 준다. 가시적인 세계는 측면에 있는 또 다른 세계의 영향을 아주 강하게 받고 있다."(1991, p.41) 배우자에게 모든 것을 말하지 않는다는 것 또한 현대성의 요구를 취하는 일관된 입장이다. 투명성을 옹호한다면, 사람들은 두 배우자가 소유하고 있는 모든 영역의 통합을 상징적인 단계에서 변호하지 않는 것인가? 그러므로 이는 개별화의 관점에서 볼 때 참여하고 있는 개인이 가장 은밀한 것으로 여기고 있는 것에 대한 소유를 포기하게 되기 때문에 어떤 반론을 이끌어 낸다. 따라서 개인은 딜레마에 빠지게 된다. 즉 개인은 진실성과 투명성을 중시하든가, 아니면 비밀을 선호하든가 한다. 전자의 경우에 개인은 독립성에 제한을 두고 있다. 후자의 경우에는 파트너와 맺은 신뢰 관계와 진실성에 대한 요구에 제한을 두고 있다.

현대성은 흔히 서로 유기적으로 연계되기 어려운 규범들을 제시하고 있다. 대립되는 이런 요구 사항들간의 균형을 응급조치를 취하면서 찾는 것은 개인들의 몫이다. 그들은 그들 자신의 입장에 맞게 진실성과 독립성을 다르게 견제할 수 있다. 따라서 그들은 투명성 있는 태도나 조심성 있는 태도를 더 많이 실행하고 있다. 이는 자기 자신과 타인의 정체성 구축을 위한, 그리고 커플이 잘 돌아가도록 하기 위한 동등한 선택 사양들이 아니다.

이런 사실은 투명성의 요구가 세대간의 관계로 옮겨질 때 느낄 수 있다. 모든 이야기는 아이가 성장할 때, 조심성과 비밀에 유리하도록 잊혀지고 있다. 자기 부모에게 모든 것을 말할 수 있을 것 같은 젊은 성인도 잘 지내고 있다고 느끼지 못할 것 같으며, 그리고 그 근친들 또한 걱정을 할 것 같다. 어머니(수공업자)와 좋은 관계를 지니고 있는 젊은 여성 마리(20세, IUFM의 1학년)는 이런 명목상의 거리 유지를 요구하고 있다. "저의 어머니는 그런데도 제 생활의 많은 것들을 알고 계세요. 그렇지만 금기 사항들도 엄청 많아요. 전 어머니에게 모든 걸 말하지 않는 쪽을 선택했어요. 어머니가 저와 똑같은 관점을 조금도 지니고 있지 않다는 것을 알기 때문이죠. 그렇기 때문에 대화도 유익하지 않을 걸 아니까요. 전 어리석은 일들, 죽음, 술담배 같은 금지 사항[걱정거리]에 대해서는 말하지 않아요. 그러나 어머니가 내막을 잘 모르고 있다고 생각하는 것들에 대해서는 말해 줄 수도 있어요. …… 그리고 제가 만약 정치적인 것들에 대해, 그들이 저보다 훨씬 더 잘 알고 있는 인생 경험에 대해 제가 불평을 터뜨리고 있다는 것을 어머니가 이해한다면 그런 일들은 전달되지요. 전 어머니와 딸의 관계가 사람들이 모든 일에 대해 완전히 알고 있다는 그런 관계일 수는 없다고 생각해요. 필수적이지는 않지요. 당신이 모든 것을 말하고 싶지 않게 되는 것은 신뢰 관계와 관련이 있어요. 상호 침투는 아니에요. 융화도 아니고요. 사람들은 생각하는 방식이 전혀 같지 않아요. 똑같은 정신 상태를 가지고 있지 않잖아요."(S. Mäere, 1998, pp.95-96) 비밀은 독립을 쟁취하기 위한 하나의 수단이다. 그것은 마리가 그렇게 할 줄 알고 있는 것처럼 그 관계가 대화의 수단으로, 조언을 요구하는 수단으로, 배려와 관심을 표시하는 수단으로 지속되고 있는 한 공격처럼 생각되지 않을 수 있다.

비밀과 투명성은 보이지 않는 영역에 여전히 남아 있을 정도로 서로 연결되어 있다. 부부간의 관계에서도 마찬가지이다. 공동 생활이 결코 완전히 공유되지는 않는다. 공동 생활은 억압처럼 체험될 수 있을 것 같다. 그러나 적어도 조금씩은 항상 공유되고 있다. 그렇지 않으면 혼자인 두 개인의 병렬이 명목상의 관계처럼 이해될 수 있을 것 같다. 모든 것은 두 측면이 받아들일 수 있는 배합의 정도가 문제이다. 어찌됐건 개인 상호간의 관계 속에 들어 있는 비밀의 실재는 여전히 베르거와 켈너(1998)의 이론의 재검토를 요구하고 있다. 부부간의 대화 속에서 만들어진 세계관은 한정되어 있다. 그리고 그 결과인 '결혼한 자아'는 단지 자아의 한 부분만을 형성할 뿐이다. 새로운 관점에서, 개인의 정체성을 가지고 있다는 느낌은 세 가지 구성 요소와 관련되어 있다. 첫번째 구성 요소는 배우자의 기여, 즉 모든 의미 있는 타인의 기여가 결정적이므로 안정된 세계관을 가지는 데 있다. 두번째는 숨겨져 있는 자신의 잠재 가능성들을 발견하기 위해 자신의 내면 속으로 가볼 수 있는 가능성에 있다. (여기서 또한 배우자는 중요한 역할을 할 수 있다.) 세번째는 다른 사람들이 가리키는 다양한 이미지들로 자신을 변환할 수 없다고 생각하게 하는 단일화된 자아라는 감정을 필요로 한다. 개인의 정체성은 다음 두 가지 보완적인 움직임 속에서 만들어지고 있다. 자기 자신을 알기 위해 한 친구의 또는 여러 친구들의 지지, 즉 개방을 타인에게 요구하는 본질적인 자아의 탐색 운동과, 그리고 타인을 위한 정체성의 강력한 영향력에서 벗어나기 위해 비밀, 즉 폐쇄를 요구하는 사적이고 개인적인 자아의 정립이 이루어지는 속에서 형성되고 있다.

원 주

1) 〈멀리 있다면, 가까이 있다면, ……이 커플들은 떨어져 있으면서 서로를 사랑하고 있다〉, *Elle*, 1996년 9월 2일자.

2) 반대자의 경우는 89퍼센트. 차이는 상당하지만, 그러나 공동 거주지의 규준이 아주 불안정한 것은 아니다. Ifop-Emap-femmes의 여론 조사 결과, 1999년 2월.

3) J. Fénoglio, 〈어느 하숙집이 '일상 생활의 평소 습성을 통한 치료'를 할 수 있을 때〉, *Le Monde*, 1998년 12월 11일자.

4) 따라서 개인은 (예를 들어 커플에 비해서) '혼자' 일 수 있고, 그러면서 한편으로는 사적인 친구들과 함께 있을 수 있다. 개인은 배우자로서는 '혼자' 이고, 친구로서는 '함께' 있다. 그러므로 '혼자' 라는 정의는 거주지를 공유하고 있는 자신의 집단과 관련해 상대적인 위치를 가리킨다.

5) 사생활로 가장 빈번하게 사용되는 조직 형태는 커플 아니면 가정이다. 공동 임대 또한 그런 효과를 낳고 있다.(N. Testut, 1998) 우리가 대부분 동등한 세 용어——공동 생활, 동거, 그리고 같은 지붕 아래에서 살기——를 사용하는 것은 바로 이런 연속체를 나타내기 위해서이다.

6) 은퇴 시기에 커플의 난점들은 또한 부부 생활로부터 벗어나려는 알리바이 부재로부터 발생되고 있다.

7) 공동 생활에서의 문제는 다문화주의이다. C. Taylor, 1994; M. Wieviorka, 1997 참조.

8) 학사-석사 과정의 '가정사회학의 심층 방법론' 과목(파리5대학) 2장, 3장, 6장에서 제시하고 있는 젊은 커플들에 대한 조사와 관계가 있다.

9) 그에 따르면 '정보 저장' 은 다시 말해 '그와 관련이 있고, 그리고 개인이 다른 사람과 대면하고 있을 때 접근을 통제하길 바라는 현상들 전체' (Goffman, 1973b, p.53)는 '개인 공간' 과 똑같이 몇몇 상황에서는 다른 사람에게 개방될 수 있는 자아의 영역을 구성하고 있다.

10) A. Golan, 〈'세 사람을 위한 아파트는' 수감자들을 사회로 복귀시키는 데 성공하고 있다〉, *Ha'Aretz repris dans Courrier International*, n° 402, 1998년 7월 16-22일.

11) 기사 〈그건 내 이야기이다〉, *Elle*, 1998년 2월 9일자, n° 2719.

12) 스테판 맥콜레이, **《나의 애정의 대상》**, 드노엘 출판사, 1989.

13) 어쩌면 기한이 정해져 있어서 그것은 동거가 애정 논리 없이도 주인공들을 개인적인 표현을 하지 않은 채 역할을 하도록 이끄는 19세기말의 부르주아의 결혼과 유사하지 않게 될 수도 있을 것 같다.

14) 공동체는 단지 세탁 관리가, 엄밀히 말해 여성의 것을 제외하고 적어도 자기 통제하에 주도적인 참여로 이루어질 때에만 세탁물 관리 속에서 나타나고 있다. 부부 생활이 아주 강력한 것은 단지 각자가 자신의 오래된 습관을, 억압된 성 역할로의 회귀를 계승하게 될 때뿐이라는 이유는 무엇인가? 그 반대로 부부 생활이 남자와 여자가 성별 역할을 이루고 있는 자신들의 정체성을 적어도 조금은 포기하며 자신의 표시를 찾은 순간에, 이전 단계에서 취약한 이유는 무엇인가?

15) Catherine Cicchelli-Pugeault와 Vincenzo Cicchelli(1998)가 발굴.

16) 오귀스트 콩트 이외의 다른 저자들도 마찬가지로 가정에 이런 가치를 부여하지 않아도 가정은 사회화의 장소라고 생각했다. 따라서 사회적으로 조정될 수밖에 없었던 개인의 욕구가 억압되는 것에 관심을 가졌던 에밀 뒤르켐의 견해에 의하면, 가정은 학문적인 질문의 측면에서는 학교보다는 덜 효율적이었다.(Durkheim, 1963)

17) C. Cicchelli-Pugeault와 V. Cicchelli(1998)가 인용.

18) 특히 P. Bourdieu(1986), B. Lahire(1998) 참조.

19) 첫번째 초안에 관해서는 L. Bernier(1998), F. De Singly(1988c), J. Ion, M. Peroni(1997), K. Chaland(1999) 참조.

20) 이 단계에서 고전사회학과 심리분석은 공통점을 가지고 있다.

21) 부부 생활은 점차적으로 창의적인 면이 줄어드는데, 그렇다고 해서 그렇게 안락하게 되는 것도 아니다. 사실 타인에 대한 배려는 항상 요구되며, 습관은 이런 존중에 관련해서도 상호 만족에 있어서도 충분한 수준을 보장해 줄 정도가 아니다. 별거의 수가 이를 뒷받침해 주고 있다.

22) Laurent Soret(1996)가 나눈 대화.

23) 그들은 함께 산 지 2년 됐다. Philippe Avice de Bellevue의 서류.

24) 그들은 공동 생활을 한 지 4년 됐다. Elisabeth Kaiser와 Latifa Boutourach의 조사.

25) 그들은 세드릭의 할머니 아파트에 산다. Myriam Mokhbi de Lartigue의 자료.

26) 그들은 결혼한 지 1년이 안 됐으며, 결혼한 이후 함께 살고 있다. Valérie Bou-yahioui의 자료.

27) 남자는 정치학 연구소와 저널리즘학교에서 공부했다. 여자는 인사 관리에 대한 고등 전문 연구 학위(DESS)를 가지고 있다. 그들은 같이 산 지 2년이 넘었다. Éric Desroziers의 자료.

28) 의심의 여지없이 강요를 하는 경우는 사실 남성들이다.

29) Thomas Brisson의 자료.

30) Marie Saby의 자료.

31) 성적 행위는 연결되고 있다. 그러나 축구는 가사처럼 어떻게 해서 정체성의 의미가 결합 요인만큼이나 분리 요인이 되고 있는지를 보여 주고 있다.

32) 그들은 결혼한 지 1년이 채 안 됐다. 먼저 그들은 함께 살았었고, 공동 생활을 다시 시작하기 전에 별거한 적도 있다. Maryse Lapairy의 자료.

33) 그들은 3층에 살고 있다. Claire-Christolomme의 자료.

34) 학비를 충당하기 위해 그녀는 슈퍼마켓에서 계산원으로 일하며, 그는 보험 중개인으로 일하고 있다. 그들이 함께 산 것은 1년 6개월 전부터이다. Delphine Homage의 자료.

35) Sonia Branca-Rosoff, 〈휴대전화와 관련된 광고 문구 분석〉, 휴대전화에 대한 기사, 모토롤라, 파리, 1998 참고.

36) 각각의 배우자들은 전화를 주고받은 것을 수첩에 적었다. 이는 대담을 준비하기 위한 보조 기억이며, 정보의 원천이다. 전화한 사람, 대화 시간, 통화 내용, 집에서 전화받은 사람들이 수첩에 적혀졌기 때문이다. 그리고 나서 남자와 여자는 따로따로 질문을 받았다.

37) 응답기는 특히 식사중에 켜둠으로써 공동 생활을 보호해 줄 수 있다.

38) 성인들보다는 젊은 사람들이 아직은 전화기의 이중적인 측면을 잘 파악하고 있다. 그들은 시간 초과를 했을 경우에, 또는 장소 변경을 할 경우에는 전화하겠다는 조건으로 외출할 권한을 아주 쉽게 얻고 있다. 그들은 미리 고정되어 있거나, 또는 그렇지 않는 포괄 예산의 범위 내에서 외출하지 않고도 집에서부터 벗어나 있을 수 있다.

39) 사설 기관에서는(학교 기숙사, 병원……) 공동 침실과 공동 공간의 가치를 떨어뜨리는, 눈에 띄는 변화가 일어났었다. 개별화는 예로 라에넥 드 파리 병원의 혈액 종양학과의 실험에서처럼 개성화로 이어질 수 있다. 병실들은 환자가 고른 삽화 · 그림 · 사진들로 '꾸며져' 있다. *L'Express*, 1998년 12월 31일자, 올리비에가 쓴 〈병원〉 참조.

40) 상류 계층에 속하는 부인들과 10여 번의 대담이(직접적으로, 또는 그들 남편의 중재로) 있었다. 그들에게는 한 방을 같이 쓰는 두 아이들이 있었다.

41) 이 세 그룹과 대화를 나눔으로써 우리는 어떻게 해서 교육적 과정이 여러 요인——부모의 기준, 나이로 정해지는 아이들의 상황, 나이 차이, 성별, 두 아이들의 협상——과 관련해서 생성되는지를 알게 된다. 앙케이트에 응한 가정은 자율성을 더 가치 있게 여기는 계층에, 중상층에 속한다.(J. Kellerhals, C. Montoadon, 1991와 M. Kohn, 1997 참조) 여기서 우리가 그런 사실을 찾을 수 있듯이, 자율성은 사회적 위치와는 또 다른 기준에 따라서 내적인 다양성을 제외시키고 있지 않다.

42) 아버지는 마케팅 부장, 어머니는 만화 영화 연출가이다. 로빈과 짐의 방은 13평방미터이다.

43) 아버지는 회사 부장, 어머니는 개인회사의 고위 간부이다. 카미유와 바질의 방은 15평방미터이다.

44) 대가족의 옹호는 거기서 '내부적인' 논증 중의 하나를 찾아냈고, 반면 출산율의 기여는 '외부적인' 논증을 이루고 있었다.

45) 어머니는 여가활동센터 부장이고, 아버지는 건축 사무소의 정보처리기술자이

다. 교외의 빌라로 이사 가기 전에 살던 아파트에서 아서와 톰의 방은 10평방미터였다.

46) 어머니는 공기업 회사원이고, 아버지는 회계 전문가이다. 엠마와 뱅자맹의 방은 15평방미터이다.

47) 어떤 커플들 중에는 은퇴 시기에 배우자들이 다음과 같은 감정을 느끼고 있다. "우리는 서로가 어떤 독립적인 것들을 보존해 왔기 때문에, 지금 함께 있어도 우린 아주 큰 기쁨을 느끼고 있지요. 제가 제 일을 한다거나 단어 퍼즐 알아맞히기를 한다거나, 또는 책을 읽는다 할지라도 말이죠. 그도 마찬가지고요. ……우리는 말을 하고 싶지 않은 거예요. 서로 말을 하지 않은 상태로 함께 있는 때도 있어요. 우리는 모임 공간이라고, 결합을 위한 공간이라고 느끼고 있지요."(V. Caradec, 1996, p.132)

48) 동거인 마리는 27세이며, 직업자격증(CAP)을 가지고 있고, SNCF(철도청) 영업사원이다. 그녀는 10년 전부터 살고 있던 브리지트의 아파트에 머물고 있다. Martine Pessard의 자료.

49) 그들은 1년 6개월 전부터 같이 살고 있다. 둘 다 학비를 벌기 위해 일하고 있다. Delphine Homage의 자료.

50) 공동 생활을 한 지 10개월 되었다. Anne Charlotte의 자료.

51) 그들은 같이 산 지 1년이 조금 안 된다. Baptiste Coulmont의 자료.

52) Christelle Avril의 자료.

53) 앙케이트를 작성할 때 가족들과 보낸 일요일이나 친구들 집에서 보낸 일요일은 제외시켰다.

54) 그들은 3년간의 교제 끝에 결혼했고, 함께 산 지 9개월 되었다. Claire Christo-lomme의 자료.

55) 다시 놓은 수첩 위에다 각자 자신이 했던 것을 30분 단위로 적어야 했다. 번호가 매겨져 사각형으로 나뉘어 있는 아파트 도면 위에 그는 자신이 있었던 곳을 표시해야만 했다. 그리고 또 그는 배우자와 함께 교류가 있었는지 없었는지를 적었다.

56) 또 다른 커플은 소파가 없었다. 그러나 침대를 소파처럼 사용하고 있었다.

57) 그들은 '1년 1개월' 전부터 아주 작은 두 개의 방에서 살고 있다. Guillaume Bu-rnod의 자료.

58) 아멜리 때문에 그들은 이사를 했다. 그들은 몇 개월 전부터 함께 살고 있다. Az-dine Henni의 자료.

59) 같은 소도시 출신인 그들은 파리에서 일 때문에 서로 다시 만났다. 그리고 함께 머물고 있다. Jean Paul Le Mouël의 자료.

60) Nadine Laborde의 자료.

61) 그들은 남자의 아파트에서 함께 살고 있다. ("여기는 제 집이에요, 케이티 집이 아니에요. 언젠가 끝이 나면 그녀는 가버리겠죠.") Nadine Thomas의 자료.

62) Michaëlle Héraclide의 자료.

63) 그들은 결혼했다. 가족과 함께 1년간 공동 생활을 한 뒤 같은 아파트에서 2년 전부터 살고 있다. Elisabeth Kaiser와 Latifa Boutourach의 자료.

64) 그들은 만난 지 3개월이 채 안 돼서 함께 살았다. 약 4년 전의 일이다. 그들은 먼저 12평방미터 크기의 방 하나에서 같이 살았었다. 지금은 35평방미터 크기의 스튜디오에서 살고 있다. Jeuse Martinez Melgar의 자료.

65) 고등사범학교 학생인 그들은 9개월 전부터 함께 살고 있다. 그들은 커플로서의 생활을 처음 경험하고 있다.

66) Béatrice Teyssier의 자료.

67) 이 장에서 맥도널드(이하 짧게 맥도라고 줄여 간편하게 지칭할 것이다)는 모든 패스트푸드점의 전형으로 제시된다. 대화중에 코카콜라와 맥도, 그리고 디즈니 영화사가 가끔 함께 지명된다. 이는 미국의 현대화의 상징으로서 양면성을 띠는 세 가지이다. 어떤 어머니는 '자기 아들이 디즈니에서 벗어나지 못하게 되는 것처럼' 맥도를 벗어나지 못할 것이라는 바를 증명하기 위해 '아메리칸 황제주의'를 언급하고 있다.

68) 앙케이트는 파리 중심부에 있는 맥도 레스토랑 두 군데에서 두 단계로 나뉘어 진행되었다. 조사원이 자신의 아이와 함께 점심을 먹으며 직접 참여해 관찰하고, 다른 사람들과 점심을 먹으며 관찰하고 대화를 나누었다. 열두 번의 대화는 (중간 계층이고 맥도 사용자인) 어머니나 아버지에 대해 그들의 집에서 심도 있게 이루어졌다.

69) 그리고 그들도 마찬가지로 지켜야만 한다. 그런 원칙들은 새로운 규범 체계에 속하기 때문이다.

70) F. de Singly, 1998d 참조.

71) 그는 아이들이 접시에 '남은 음식을' 내버려둔 채 있는 걸 참지 못한다. 반면 카롤린은 당연한 것으로 받아들이고 있다. 이 점에 있어서 이 커플은 의견 일치를 보지 못하고 있었다. "아이들에게 그것을 끝내라고 강요하지 않는 어머니의 영향과 끝내라고 부추기는 제 영향이 있지요. 그러니 우리 둘 중에 현재 그곳에 함께 있는 사람에 따라 상황은 달라져요. 변화하는 거죠." 조사자는 그에게 "그럼 규칙이 없는 건가요?"라고 묻자, 프랑크는 "가변적인 규칙이 있는 거죠"라고 대답했다.

72) 그들은 4년 전부터 함께 살고 있다. 그들은 결혼했다. Clotilde Avenet의 자료.

73) 1년 전부터 그들은 아주 작은 방 두 개짜리에 함께 있다. Guillaume Burnod의 자료.

74) So Hammolay의 자료.

75) 그들은 무역 상급 학원을 마쳤다. 그들은 처음부터 니코를 위해 준비한 아파트 1층에서 살고 있다. 그 아파트는 아멜리가 마련했었던 것이고, 몇 개월 전부터 함께 사용하고 있다. Azdine Henni의 자료.

76) 그녀의 남편은 국제 무역 상급 교육을 받은 뒤로는 정원사와 접골의로 활동하며 이중 활동을 하고 있다. 그들은 결혼했다. 남편은 일에 대한 어떤 분할을 옹호, 주시하고 있다. "이건 아마도 가장의 역할일 거예요. 배를 이끄는 건 바로 저예요." Elisabeth Kaiser와 Latifa Boutourach의 자료.

77) 그들은 7년 전부터 서로를 알고 있다. 그들은 파란만장한 긴 교제를 했다. 여러번 헤어진 뒤에 다시 만났다. 함께 산 지는 1년이 조금 넘었다. Ko Chao-Jung의 자료.

78) 그들의 공동 생활은 1년 조금 안 된 결혼과 함께 시작되었다. Valérie Bou-yahioui의 자료.

79) 그들은 8년 전부터 서로를 알고 있다. 멜로디는 자크 동생의 가장 친한 친구이다. 그들은 2년 훨씬 전부터 함께 외출을 하고 있다. 30평방미터 크기의 스튜디오를 가지게 된 지는 6개월 조금 안 됐다. Anne-Sophie Mondange의 자료.

80) 그들은 티에리가 자기 이름으로 빌린 18평방미터 크기의 스튜디오에 살고 있다. Nadine Thomas의 자료.

81) Laurent Soret(1996)가 연구한 이 커플의 경우, 남자와 여자가 따로 질문을 받았다.

82) 공동 생활 2년 6개월. Éric Desroziers의 자료.

83) 그들은 3년 전부터 서로를 알았고, 2년 전부터 함께 살고 있다. Myriam Mokhbi de Lartigue의 자료.

84) '-(이)어야 한다' 는 표현은 이 책에서 자주 나왔듯이 사회 규범을 가리킨다.

85) 우리는 Jane Campion(1994)의 영화 《피아노 수업》의 스토리에 접근해 볼 것이다. 《자아, 커플, 그리고 가족》(1996)의 개봉작도 참조.

86) 이런 분석은 Clotilde Avenet가 자료에서 제시하고 있는 분석에서 얻어낸 것이다.

87) Laurent Soret(1996)의 대담문집에서 발췌.

88) Hyo Kyung Kim의 자료.

89) C. Poissenot, F. de Singly, 1996 참조.

90) 그들은 6년 전부터 함께 있었으며, 공동 생활을 한 지는 4년 됐다. 결혼을 준비하고 있는 중이다. Eucaris Balanta Garcia의 자료.

91) 19세기의 반동분자들은 '가족이 사회의 기본 단위' 라고 여겼다. 반대로 1789년의 혁명 후손들은 개인이 우선한다고 전제하고 있다. D. Renard, 1988; K. Chaland, 1999a 참조.

92) 젊은 커플들에 대한 조사는 세 시기에 걸쳐 이루어졌다. 한 번은 아파트에 대한 설명이 곁들여졌던 방문과 커플 구성원들의 점령 영역과 활동 표시를 위한 수첩 인도가 있었고, 한 번은 주말에 두 배우자들이 그들의 수첩을 채워 주었다. 마지막 한 번은 이번 주말에 대한 설명에 초점을 맞춘 심도 있는 대화를 나누었다.

93) 우리는 공동 세입자 관계에서 사랑하는 관계의 동거로 바뀐 그들의 이야기를

기억하고 있다. 그 커플은 '샹탈의 집'에 있다. Anne Charlotte Cuny의 자료.

94) 다른 장면에서는, 크리스티앙이 너무 오랫동안 냉장고 문을 열어두는 게 (샹탈의 비난이 되어) 문제가 되고 있다. 이 부인은 이의를 제기하려고 남편이 사용한 계략을 아직도 기억하고 있다. "그는 제게 말했었죠. '당신은 내게 그 점에 대해 [시간에 대한 비난] 말하고 있는데, 당신도 때로는 냉장고 문을 열어둔 채 내버려두고 있는 시간을 깨닫지 못하고 있잖아. 딱, 딱, 딱, ……'"

95) 그들은 그들 소유의 50평방미터 크기의 아파트에 칸막이 없이 살고 있다. 거기 있은 지 5년 됐다. Dorothée Lecallier의 자료.

96) 그런 무능력을 통해 그들의 행동을 정당화시키려는 것은 현대 개인들의 역설이다.

97) 세대간의 관계와는 다르게 부모들은 '당연한' 것이라 생각하고 있는 이치를 상기시킬 수 있다.

98) 그는 상류 계층 출신이고, 그녀는 중류 계층 출신이다. 그들은 결혼했다. 드레스가 옷을 걸어두는 방에 있었다. 주로 사용하는 방은 마치 그들의 결혼 박물관 같다. 면사포가 소파 위에 펼쳐져 있고, 벽에는 결혼식날 그들을 나타내 주는 포스터들이 있다. 그리고 선반 위에는 데코레이션 케이크에 장식한 인물 인형들, 신부 들러리의 매듭, 결합을 의미하는 쿠션, 마른 부케 다발이 놓여져 있었다. Sandra Vergnaud의 자료.

99) 그렇기 때문에 젊은이들의 문제는 사회적인 문제가 되었다. F. de Singly, 1998b 참조.

100) 이 문제는 논쟁의 대상이다. 지식인들이 반대로 자녀가 완전히 독립적이고 자율적이지 못하는 동안에는 '어린이'로서 간주되어야 한다는 입장을 취하고 있기 때문이다.

101) 사회 계층에 따라서(J. Kellerhals, C. Montandon, 1991), 유럽의 국가별로(N. Malpas, P.-Y. Lambert, 1993) 현저하게 차이가 나는 가치이다.

102) 이 개념은 Lea Shamgar-Handelman과 Ruth Beakin(1984)에게서 이끌어 낸 것이다. 그러나 영속적인 지위는 이혼으로 인해 재거론되고 있다.

103) 그들은 반권위적인 교육의 원칙 중 하나를 따르고 있다. F. de Singly, 1988b 참조.

104) David Lodge(1991)의 소설에서, 작은 세계는 직업 사회 내부의 여러 조직망 중에 협소한 크기를 나타내고 있다.

105) 실질적으로도 리모컨은 아버지가 더 많이 쥐고 있다. A. J. Walker, 1996 참조.

106) 둘이 살기 위해 부모 곁을 떠나는 젊은 사람들은 이런 상황을 이해하지 못한다. 본래 가족 안에서의 삶과 커플로서의 삶은 두 세계의 병렬 기준에 따라 서로 유사하기 때문이다.

107) 저자 가운데 한 사람(F. de Singly)의 아버지가 이 방 앞을 지났을 때, 그는 부

인과 함께 다시 올라가서는 자신은 그곳에 절대로 가고 싶지 않다고 반복했다. 그가 보기에 이 방은 노쇠의 상징이었다.

108) 저자 가운데 한 사람(Isabelle Mallon)이 참여 관찰을 하겠다는 명목으로 그런 클럽에 자원봉사자로 있었다.

109) 한 저자(F. de Singly)가 자신의 어머니를 보러 갈 때마다, 그 어머니는 사돈과 같은 마을 출신인 가정부에게 그를 소개시켜 주었다. 그녀는 그런 식으로 자신과 그 직원이 가까운 관계라는 것을 강조하곤 했다.

110) 이상적으로는 그게 좋다. 그러나 실제로는 거주지에서 발생되는 소리들이 사생활을 반공동체 생활로 변형시킬 수 있다.

111) 단지 질투심을 피하기 위해서만은 아니다. (G. Mauger와 C. Fosse이 서술한 1968년 이후의 공동체 사회의 힘든 경험, 1977 참조.) 각자의 '진짜' 사생활을 갖기 위해서이다.

112) 헤어진 뒤 여성들은 결국 자신들이 바라는 대로 살 수 있어서 안도감을 표현하고 있다. 솔로 생활의 긍정적인 측면은 그런 이해를 근거로 하고 있다. J.-C. Kaufmann, 1999; F. de Singly, 1991 참조.

113) Serge Chaumier(1999)는 투명하다는 입장을 취하면서 이런 긴장 관계를 과소평가하고 있다.

114) 1999년 5월 잡지 *Marie-Claire*에서 Isabelle-Yhuel이 모은 이야기들.

115) 남성들에 대한 서른 번의 인터뷰가 있었다. 그 남성들은 모두가 적어도 한번은 이중 생활을 했던 사람들이다.

116) 어떤 이야기들은 이미 지나 버린 과거였다. 남자들이 중단될 수 있는 혼외 관계를 이야기해 주기 때문이다.

117) 작가들은 되도록 애인 또는 친구, 여자 친구라는 표현을 사용할 것이다

118) Ifop-Emap 여론 조사, 1999.

119) 그렇지만 성생활에 대한 조사는 외도가 증가하지 않았음을 보여 주고 있다.

120) 폴 또한 자신이 파트너들에게 즐거움을 줄 수 있는 남성의 힘을 지니고 있다는 느낌을 끄집어 낸 성과가 있음을 자백하고 있다. 그의 파트너들은 '함께 있어서 아주 좋았다' 고 느끼고 있었다. "따라서 결국 전 허영심 같은 대단한 것을 느꼈던 것이 아니라 그건 제게 위안이 되었어요."

121) 이 모델의 고안에 관하여 A. Corbin, 1987 참조. 19세기 첩의 예시를 위해서는 Y. de la Bigne의 Valtesse de la Bigne(1999)를 읽을 것.

122) Laurie Colwin의 *Frank et Billy*에서 발췌, 1999.

123) Laurie Colwin의 발췌, *op. cit.*, 1999.

124) Laurie Colwin의 발췌, *op. cit.*, 1999.

125) 이미 민영화된 공간——여자 애인의 공간처럼——속에서보다 호텔 객실에서처럼 변화하고 특성이 없는 공간 속에서 실제 세계를 만드는 것이 훨씬 더 쉽다.

126) 그것은 '지배적인 요소'들조차도 숨막히는 느낌을 맛볼 수 있게 해줌을 설명할 수 있다.

127) Laurie Colwin, *op. cit.*, 1999.

128) Laurie Colwin, *op. cit.*, 1999.

129) 아버지의 입장에서는 더 복잡하다. 왜냐하면 흔히 남자는 어머니의 중재를 통해서만 아버지로 있을 수 있기 때문이다.

130) 궁지에 몰린 Berger와 Kellner의 모델은 작품 《은신처》(1968)에서 Goffman이 만들어 낸 모델과 유사할 수 있다. 결혼 제도는 커플 구성원들의 정체성을 완전히 변화시키고 있다. F. de Singly(1988) 참조.

131) Laurie Colwin의 발췌, *op. cit.*, 1999.

132) Laurie Colwin의 발췌, *op. cit.*, 1999.

133) 대략 전체의 7퍼센트에 해당되는 아이들의 부모가 별거하고 있다.

134) 교체가 오늘날 어떤 상황에서 체험되고 있는 것처럼 그 상황에서 주된 규범은 '평소 거주지'의 규범이다.

135) 내연 관계에 있던 부부간의 결혼으로 의식과 같은 결혼의 의미는 적어도 이런 측면에서는 상실되었다.

136) 그는 아버지의 집에서는 나이 많은 누이와 함께 방을 같이 쓰고 있다.

137) 아니면 변하기 쉽고, 사람들이 더 이상은 바라지 않는 물건들로 꾸며진 별장의 방과 가깝다.

138) 성인들도 침대가 지니는 이중 기능――수면과 성생활――을 왜곡할 줄 안다. 그러나 세대간의 차이는 거기서 나타나는 것 같다. 성년으로의 이행은 어쩌면 대체되는 자신의 공간이 없는 여성보다는 남성에게서 더 많이, '모든 것을 할 수 있는' 침대에 대한 상대적인 포기를 포함하고 있는 것 같다.

139) G. de Sairigné, 〈코프만과의 대담〉, *Madame Figato*, 1999년 2월 20일자. 그리고 E. Cohen, I. Brockeman, 〈새로운 거주 방식들〉, *Marie-Claire*, 1999년 12월호 참조.

140) 자신, 커플, 그리고 가족이 갖고 있는 여러 가지 한계 중 하나가 바로 피그말리온 효과와 공동 생활 사이에서 일어날 수 있는 단절을 충분히 강조하지 않는다는 것이다.

141) Jean-Claude Kaufmann(1988)과 Jean Kellerhals는 사생활과 공공 생활의 상쇄에 대한 가정을 제기했었다. 그러나 주로 대중 영역에서 자신의 가치 확인을 충분히 받지 못한 사회적으로 가장 가난한 사람들을 위해서이다. 여기서 전개된 주장은 그것과 구분된다. 확인 요구는 사적인 정체성과 관련이 있으며, 이 때문에 가장 특혜를 받고 있는 사람들조차도 확인 메시지들을 받고 싶어한다. 선험적으로 표현 형식이 사회 계층에 따라 바뀔지라도 요구 단계에서는 사회적 차이가 없다.

142) 〈그와 함께 산다는 것은 혼자 사는 것과 같다〉(*Femme Actuelle*, 1999년 10월

18일자)에서, 지금의 배우자가 형식적으로는 부재하고 있다는 느낌은, 증언에 따르면 여성은 어머니로서의 자신의 역할에, 남성은 전문적인 직업에 아주 강력하게 집중하고 있음을 가리킨다. 남자와 여자는 이제는 배려에 대한 긍정적인 메시지를 전하는 사람으로 이해되지 않고 있다. 그들은 '유령' 그 이상은 아니다. 심리분석학자는 아이 없는 두 사람의 휴가를 가지라고 조언해 준다. "그러니까 대화를 되찾으려고 노력할 필요가 있습니다. 이를 위해 만남을 계획해야 합니다." 그러한 해결책을 고려한다는 것은 같은 지붕 아래에서의 삶이 배려 표지의 일상적인 생성을 조금도 보장하지 않는다는 증거이다. 〈한 지붕 아래 두 이방인〉, *Famille magazine*, 1998년 1월호 참조.

143) 강아지, 고양이, 즉 '함께 있는 동물들'이 있는 사람들에 대한 아이러니는 심문해 볼 가치가 있다. 사실 당신이 귀가할 때 강아지가 당신에게 인사를 할 때, 당신이 앉아 있을 때 고양이가 애무를 바라며 당신의 손 아래에서 가르랑거릴 때, 당신은 사적으로 받는 특별한 확인 신호들을 받고 있다. 그러므로 우리가 관계의 측면에서 인간과 비인간 사이를 분할할 수 없는 연속체의 본질에 대해 의문을 가지는 것은 당연하다.

144) Anna Gavalda의 발췌문. 〈난 누군가가 어디서건 나를 기다리고 있었으면 좋겠다〉, *Le Dilettante*, 1999.

145) B. Casta,〈솔직하게 여자를 낚으러 돌아다니라, 유료인가 아니면 무료인가?〉, Biba, 1999년 12월.

146) 두 개의 예시는 다음과 같다. "성적 동물이 돼 보세요. 완벽한 애인은 생기지 않아요. 충동 때문에 그렇게 되는 거죠. ……[계획을] 계속하다 보면 당신은 그녀들이 바라는 것이 될 수 있는 모든 기회를, 입가의 미소, 좋은 행동을 가지게 될 거예요."(*Men's Health*, 1999년 4호) 또는 "그녀들 모두를 기절초풍시키세요. 그녀가 쉽게 사정을 한다거나 다가오는 데 시간이 많이 걸리는 것은 항상 원하고 있다거나 절대 원하지 않고 있다는 거예요. 열정적인 여성들의 감정을 억제하거나 미온적인 여성들의 감성을 북돋우기 위한 해결책은 언제나 존재합니다."(*M. magazine*, 1999년 19호)

147) K. Chaland, 1999a, pp.239-243 참조.

148) 이런 페미니즘의 양상에 따르면 그 윤리학이 남성 지배의 결과라는 것은 거의 중요하지 않다. 이는 그러한 이타주의적인 자아의 생성을 파괴하려는 이유가 안 된다. F. de Singly, 1995b 참조.

149) 어떤 과정은 이행 관례를 통해서 기술될 수 없고, 모든 것은 점진적으로 진행되며, 무관심은 조용히 진행된다. E. Maunaye, 1999 참조.

참고 문헌

ALBERONI F., 1987, *L'Érotisme*, Paris, Ramsay.

ALBERONI F., 1997, *Je t'aime. Tout sur la passion amoureuse*, Paris, Plon.

ARIÈS P., 1997, *Petit manuel anti McDo: à l'usage des petits et des grands*, Lyon, Golias.

ATTALI J., 1998, *Dictionnaire du XXIe siècle*, Paris, Fayard.

ATTIAS-DONFUT C.(dir.), 1995, *Les Solidarités entre générations*, Paris, Nathan.

BARTHE J.-F., CLÉMENT S., DRULHE M., 1990, 〈Vieillesse ou vieillissement? Les processus d'organisation des modes de vie chez les personnes âgées〉, *Revue Internationale d'Action Communautaire*, 23/63, pp.35-46.

BECK U., 1992, *Risk Society. Towards a New Modernity*, Londres, Sage.

BERGER P., KELLNER H., 1988, 〈Le mariage et la construction de la réalité〉, *Dialogue*, n° 102, pp.6-21.

BERNIER L., 1998, 〈La question du lien social ou la sociologie de la relation sans contrainte〉, *Lien social et politiques*, n° 39, pp.27-32.

BIGNE DE LA Y., 1999, *Valtesse de la Bigne*, Paris, Perrin.

BOURDIEU P., 1986, 〈L'illusion biographique〉, *Actes de la Recherche en Sciences sociales*, n° 62-63, pp.69-72.

BOURDIEU P., PASSERON J.-C., 1970, *La Reproduction*, Paris, éd. de Minuit.

CAMPION J., 1994, *La Leçon de piano*, Paris, UGE, coll. 〈10/18〉.

CARADEC V., 1996, *Le Couple à l'heure de la retraite*, Presses Universitaires de Rennes.

CASTEL R., 1995, *Les Métamorphoses de la question sociale*, Paris, Fayard.

CATHER W., 1994, *La Maison du professeur*, Paris, Rivages.

CHALAND K., 1998, 〈Les discours familialistes chez les réformateurs et pré-sociologues du XIXe siècle〉, *Regards sociologiques*, n° 15, pp.15-25.

CHALAND K., 1999a, *Individualisation et transformation de la sphère privée*, thèse de doctorat(dir. P. Watier), Université Marc Bloch de Strasbourg.

CHALAND K., 1999b, *Pour un usage sociologique de la double généalogie philosophique de l'individualisme*, Colloque international 〈Famille et individualisation〉, Centre de recherches sur les liens sociaux, 7-9 octobre, Paris.

CHAUMIER S., 1999, *La Déliaison amoureuse*, Paris, A. Colin.

CICCHELLI-PUGEAULT C., CICCHELLI V., 1998, *Les Théories sociologiques de la famille*, Paris, La Découverte.

Cicchelli V., 1999, *Nouer, dénouer, renouer. La construction du lien intergénérationnel à l'âge des études*, thèse de doctorat(dir. F. de Singly), Université de Paris V.

Colwin L., 1999, *Frank et Billy*, Paris, Autrement.

Comte A., 1929, 〈Théorie positive de la famille humaine〉, *Système de politique positive ou Traité de sociologie*, tome 2, Fontenay-aux-Roses, sans éditeur.

Corbin A., 1987, 〈La relation intime ou les plaisirs de l'échange〉, in Perrot M. (éd.), *Histoire de la vie privée*, tome 4, *De la Révolution à la Grande Guerre*, Paris, Le Seuil, pp.503-561.

Dodson F., 1972, *Tout se joue avant six ans*, Paris, Laffont.

Douglas K., 1997, *Dernier tango à Brooklyn*, Paris, Presses Pocket.

Dubar C., 1991, *La Socialisation. Construction des identités sociales et professionnells*, Paris, A. Colin.

Dubet F., 1994, *Sociologie de l'expérience*, Paris, Le Seuil.

Durkheim É., 1963, *L'Éducation morale*, Paris, Presses Universitaires de France.

Eleb-Vidal M., Debarre-Blanchard A., 1989, *Architectures de la vie privée*, Bruxelles, A. A. M éditions.

Elias N., 1991, *La Société d'individus*, Paris, Fayard.

Frugoni C., 1997, *Saint François d'Assise. La vie d'un homme*, Paris, Noémis.

Gacem K., 1996, *Les Propriétés individuelles dans la chambre conjugale*, mémoire de maîtrise(dir. F. de Singly) Universoté de Paris V.

Gacem K., 1999, 〈Le succès du *fast-food* auprès des familles: une pratique récréative〉, *Dialogue*, n° 144, pp.79-87.

Gavalda A., 1999, *Je voudrais que quelqu'un m'attende quelque part*, Paris, Le Dilettante, pp.9-23.

Gayet D., 1993, *Les Relations fraternelles*, Lausanne, Delachaux et Niestlé.

Giddens A., 1992, *The Transformation of Intimacy: Sexuality, Love and Eroticism in Modern Societies*, Cambridge, Polity Press.

Giddens A., 1994, *Les Conséquences de la modernité*, Paris, L'Harmattan.

Gilligan C., 1986, *Une si grande différence*, Paris, Flammarion.

Goffman E., 1968, *Asiles. Études sur la condition sociale des malades mentaux*, Paris, éd. Minuit.

Goffman E., 1973a, *La Mise en scène de la vie quotidienne. La présentation de soi*, Paris, éd. de Minuit.

Goffman E., 1973b, *La Mise en scène de la vie quotidinne. Les relations en public*, Paris, éd. de Minuit.

GOFFMAN E., 1974, *Les Rites d'interaction*, Paris, éd. de Minuit.

GOFFMAN E., 1975, *Stigmates. Les usages sociaux des handicaps*, Paris, éd. de Minuit.

GOFFMAN E., 1988, 〈Les ressources sûres〉, in GOFFMAN E., *Les Moments et leurs hommes*, Paris, Le Seuil, pp.104–113.

GOTMAN A., 1988, *Hériter*, Paris, Presses Universitaires de France.

GOTMAN A., LÉGER J.-M., avec DECUP-PANNIER B., 1999, 〈Variations saisonnières de la vie familiale. Enquête sur les secondes résidences〉, in BONNIN P., VILLANOV DE R.(éds.), *D'une maison l'autre, parcours et mobilités résidentiels*, Paris, Créaphis, pp.171–205.

GOURNAY DE C., MERCIER P.-A., 1996, *Téléphone, lieux et milieux: usages privés, usages professionnels*, rapport de recherche CENT-CRNS, Paris.

GRAFMEYER Y., JOSEPH I.(éds.), 1979, *L'École de Chicago. Naissance de l'écologie urbaine*, Paris, éd. du Champ urbain.

GUICHARD-CLAUDIC Y., 1997, *Identité de femmes de marins. Le poids du statut d'épouse*, thèse de doctorat(dir. A. Guillou), Brest, Université de Bretagne occidentale.

HALBWACHS M., 1925, *Les Cadres sociaux de la mémoire*, Paris, Presses Universitaires de France.

HALBWACHS M., 1950, *Le Mémoire collective*, Paris, Presses Universitaires de France.

HALL E. T., 1971, *La Dimension cachée*, Paris, Le Seuil.

HIRSCHMAN A. O., 1995, *Défection et prise de parole*, Paris, Fayard.

ION J., PÉRONI M.(éds.), 1997, *Engagement public et exposition de la personne*, La Tour d'Aigues, éditions de l'Aube.

JAUREGUIBERRY, F., 1998, 〈Lieux publics, téléphone mobile et civilité〉, *Réseaux*, n° 90, pp.71–84.

KAUFMANN J.-C., 1988, *La Chaleur du foyer. Analyse du repli domestique*, Paris, Méridiens Klincksieck.

KAUFMANN J.-C., 1992, *La Trame conjugale. Analyse du couple par son linge*, Paris, Nathan.

KAUFMANN J.-C., 1993, *Sociologie du couple*, Paris, Presses Universitaires de France.

KAUFMANN J.-C., 1997, *Le Cœur à l'ouvrage*, Paris, Nathan.

KAUFMANN J.-C., 1999, *La Femme seule et le Prince charmant*, Paris, Nathan.

KELLERHALS J., PERRIN J.-F., STEINAUER-CRESSON G., VONECHE L., WIRTH G., 1982, *Mariages au quotidien*, Lausanne, éd. P.-M. Favre.

KELLERHALS J., MONTANDON C., 1991, Les *Stratégies éducatives des familles*, Lausanne, Delachaux-Niestlé.

KOHN M. L., 1997, *Class and Conformity: a Study in Values*, Chicago, University of Chicago Press.

LAHIRE B., 1998, *L'Homme pluriel. Les ressorts de l'action*, Paris, Nathan.

LAING R. D., 1971, *Soi et les autres*, Paris, Gallimard.

LE GARREC E., 1979, *Un lit à soi*, Paris, Le Seuil.

LÉGER J.-M., DECUP-PANNIER B., 1995, *Chambres-bains et terrasses avec vue. Évaluation de la bande active à Villejuif*, rapport de recherche PCA-IPRAUS, Paris.

LODGE D., 1991, *Un tout petit monde*, Paris, Rivages.

MAËRE S., 1998, *La Cuisine: un lieu de socialisation 〈en retour〉*, mémoire de maîtrise(dir. F. de Singly), Universoté de Paris V.

MALPAS N., LAMBERT P.-Y., 1993, 〈les Européens et la famille〉, *Eurobaromètre*, n° 39, Commission des Communautés européennes, Bruxelles.

MARTISKAIENEN DE KOENIGSWARTER H., 1997, *Le Couple et son logement. Le cas des artistes peintres*, mémoire de maîtrise(dir. F. de Singly), Université de Paris V.

MAUGER G., FOSSÉ C., 1997, *La vie buissonnière*, Paris, Maspero.

MAUNAYE E., 1995, 〈La chambre après le départ des enfants〉, *Dialogue*, n° 127, pp.98-108.

MAUNAYE E., 1999, *Passer de chez ses parents à chez soi: entre attachement et détachement*, Collque international 〈Famille et individualisation〉, Centre de recherches sus les liens sociaux, 7-9 octobre, Paris.

MCCAULEY S., 1989, *L'Objet de mon affection*, Paris, UGE, coll. 〈10/18〉.

MEAD G. H., 1963, *L'Esprit, le soi et la société*, Paris, Presses Universitaires de France.

MENDRAS H., 1968, *La Seconde Révolution française*, Paris, Gallimard.

MUNOZ-DARDÉ V., 1999, 〈Is the family to be abolished then?〉, *Proceeding of the Aristotelian Society*, vol. XCXIX, part, 1, pp.37-56.

MUXEL A., 1996, *Individu et mémoire familiale*, Paris, Nathan.

NEITZERT F., 1990, *La Chambre d'enfant*, rapport de recherche PCA-FNEPE, Paris.

NEYRAND G., 1994, *L'Enfant face à la séparation des parents. Une solution, la résidence alternée*, Paris, Syros.

PARSONS T., BALES R. T., 1955, *Family, Socialization and Interaction Process*, Glencoe, Illinois, The Free Press.

PÉQUIGNOT B., 1991, *La Relation amoureuse. Analyse sociologique du roman sen-*

timental moderne, Paris, L'Harmattan.

PEREC G., 1998, *Penser/Classer*, Paris, Hachette littérature.

PERROT M.(éd.), 1987, *De la Révolution à la Grande Guerre*, tome 4, *Histoire de la vue privée*, Paris, Le Seuil.

PERROT M., 1998, *Pudeurs et salles de bains*, mémoire de maîtrise(dir. J.-C. Kaufmann, M. Oberti), Université de Rennes II.

PEYRAUD C., 1998, *Les Couples non-cohabitants. Vers une renégociation des rapports hommes/femmes?*, mémoire de maîtrise(dir. D. Welzer-Lang), Université de Toulouse le Mirail.

PLACÉ D., 1995, *Logement et conjugalité: exemple des couples vivant à distance*, mémoire de DEA secondaire(dir. J.-P. Warnier), Université de Paris V.

POISSENOT C., DE SINGLY F., 1996, 〈Les enseignants en couple〉, *Éducation et fornations*, n° 46, pp.93-108.

RENAED D., 1988, *La Famille comme catégorie de l'action sociopolitique*, rapport de recherche, Paris, MIRE.

RENAUT A., 1989, *L'Ère de l'individu*, Paris, Gallimard.

RENAUT A., 1995, *L'Individu*, Paris, Hatier.

RENDELL R., 1999, *Noces de fue*, Paris, Calmann-Lévy/Le Livre de Poche.

ROUSSEL L., avec la coll. d'O. BOURGUIGNON, 1976, *La Famille après le mariage des enfants*, Paris, Presses Universitaires de France.

ROUSSEL L., 1989, *La Famille incertaine*, Paris, Odile Jacob.

SALLENAVE D., 1988, *La Vie fantôme*, Paris, Le Seuil.

SCHWARTZ O., 1990, *Le Monde privé des ouvriers*, Paris, Presses Universitaires de France.

SENNETT R., 1979, *Les Tyrannies de l'intimité*, Paris, Le Seuil.

SHAMGAR-HANDELMAN L., BELKIN R., 1984, 〈They won't stay home forever: patterns of home space allocation〉, *Urban Anthropology*, vol. 13, n° 1, pp.117-144.

SIMMEL G., 1991, *Secret et sociétés secrètes*, Strasbourg, Circé.

SINGLY DE F., 1987, *Fortune et infortune de la femme mariée*, Paris, Presses Universitaires de France.

SINGLY DE F., 1988a, 〈Un drôle de moi, le moi conjugal〉, *Dialogue*, n° 102, pp.3-5.

SINGLY DE F., 1988b, 〈Les ruses totalitaires de la pédagogie anti-autoritaire〉, *Revue de l'Institut de Sociologie*, n° 1-2, pp.115-126.

SINGLY DE F., 1990, 〈L'homme dual〉, *Le Débat*, n° 61, pp.138-151.

SINGLY DE F., 1991, 〈Le célibat contemporain〉, in HIBERT T., ROUSSEL L.(eds.),

La Nuptialité, Paris, Presses Universitaires de France-INED, pp.75-87.

SINGLY DE F., 1995a, 〈Le vizir et le sultan. Ou les deux amours〉, in BAJOS N., BOZON M., GIAMI A.(éds.), *Sexualité et Sida*, Paris, ANRS, pp.159-181.

SINGLY DE F., 1995b, 〈Casser le temps. Habiliter l'altruisme de proximité〉, Forum Gender et emploi du temps, Institut Universitaire Européen, 23-24 juin, Florence.

SINGLY DE F., 1996, *Le Soi, le couple et la famille*, Paris, Nathan.

SINGLY DE F., avec la coll. de C. DE SINGLY, 1998a, *Habitat et relations familiales*, Paris, Plan construction et Architecture, collection 〈Recherches〉.

SINGLY DE F., 1998b, 〈La question politique des jeunes adultes〉, in THÉRY, I. (éd.), *Couple, filiation et parenté aujourd'hui*, Paris, O. Jacob, pp.361-381.

SINGLY DE F., 1998c, 〈Individualisme et lien social〉, *Lien social et politiques*, n° 39, pp.33-46.

SINGLY DE F., 1998d, 〈Le soi statutaire et le soi intime à l'épreuve de la fête〉, in EIGUER A., LERPINCE C., BARUCH F.(éds.), *La Fête de famille*, Paris, in Press, pp.127-136.

SORET L., 1996, *L'Installation conjugale. Les usages de l'espace lors de la première année de vie commune*, mémoire de DEA principal(dir. F. de Singly), Université de Paris V.

SPIRA A., BAJOS N., et le groupe ACSF, 1993, *Les Comportements sexuels en France*, Paris, La Documentation française.

TAYLOR C., 1992, Grandeur et misère de la modernité, Québec, éditions Bellarmin.

TAYLOR C., 1994, *Multiculturalisme. Différence et démocratie*, Paris, Aubier.

TAYLOR C., 1998, *Les Sources du moi*, Paris, Le Seuil.

TESTUT N., 1998, *La Co-location des 20-30 ans*, mémoire de maîtrise(dir. F. de Singly, dir. adjoint, D. Desjeux), Université de Paris V.

THÉRY I., DHARVENAS M.-J., 1993, 〈La parenté aux frontières de l'amitié: statut et rôle du beau-parent dans les familles recomposées〉, in MEULDERS-KLEIN M.-T., THÉRY I.(dir.), *Les Recompositions familiales aujourd'hui*, Paris, Nathan, pp.159-190.

TODOROV T., 1995, *La vie commune. Essai d'anthropologie générale*, Paris, Le Seuil.

TÖNNIES F., 1977, *Communauté et société*, Paris, Retz.

VILLENEUVE-GOKAKP C., 1997, 〈Vivre en couple chacun chez soi〉, *Population*, n° 5, pp.1059-1082.

WALKER A. J., 1996, 〈Couples Watching Television: Gender, Power, and the Remote Control〉, *Journal of Marriage and the Family*, vol. 58, n° 4, pp.813-823.

WATZLAWICK P., HELMICK-BEAVIN J., JACKSON D., 1972, *Une logique de la communication*, Paris, Le Seuil.

WEXLER M. E., 1998, 〈Une vie dans deux foyers: les enfants en garde partagée〉, in GRAFMEYER Y., DANSEREAU F.(éds.), *Trajectoires familiales et espaces de vie en milieu urbain*, Presses Universitaires de Lyon, pp.355-370.

WIEVIORKA M.(dir.), 1997, *Une société fragmentée? Le multiculturalisme en débat*, Paris, La Découverte.

WOLTON D., 1999, *Internet, et après?*, Paris, Flammarion.

WOOLF V., 1951, *Une chambre à soi*, Paris, Denoël-Gonthier.

역자 후기

전통 사회에 비해 현대 사회에 이르면서 공동체보다는 개인주의가 크게 두드러지고 있음을 느낀다. 그러나 사람들은 혼자 살기를 바라지 않으며 함께 어우러져 사는 생활을 여전히 선호하고 있다. 공동체 생활 속에 뒤따르는 불편함이 있는데도 말이다. 인간의 가치를 증가시켜 주며 서로 커플 생활에 만족스러워하는 경우에는 커플로서의 생활이 혼자 사는 삶보다 선호되겠지만, 커플 생활이 만족을 주지 못한다거나 감금되어 있다는 느낌을 초래하는 경우에는 혼자 사는 생활이 선호시될 것이다. 혼자 사는 생활 그 자체가 가치를 증진시켜 주는 경우는 본질적으로 드물기 때문에, 혼자 사는 생활은 불만족스런 결혼 생활을 경험한 뒤에 호흡을 가다듬기 위해 일시적으로나마 이용되는 것 같다.

사람들은 저마다 자기 자신의 모습을 찾고 지켜 나가길 바람과 동시에 자아의 모습이 타인의 중재에 의해 확인되고, 타인과의 공동체 생활 속에서 존중되기를 간절히 소망하고 있다. 서로 일치할 수 없는 개인의 독립과 개인들간의 공유를 추구하며, 그리고 저마다 혼자 있을 수 있는 상황을 자신에게 마련해 주면서 동시에 함께 있을 수 있게 해주는 어떤 방법을 찾고 싶어하기에, 현대인은 커플을 이루며 살 때에는 자신의 독립을 되찾으려고 커플 속에서 헤어나길 꿈꾸지만, 반면 자유로운 솔로일 때에는 바라는 대로 자신을 구현시킬 수 없을까봐 두려워한다.

혼자인 자아로서의 개인과 함께하는 공동체의 자아로서의 개인이 서로 균형을 이루며 실재하려면, 공동 생활을 하는 개인들간에 적절한 타협과 이해가 있어야 한다. 다른 사람에게 배려를 한다는 것은 개인적인 만족을 포기한다는 것이기도 하다. 어떤 순간에 음악을 듣고 싶은데 다른 사람을 방해하지 않기 위해 음악 듣기를 포기한다면, 그것은 자신의 즐거움을 희생하는 것이 된다. 그러므로 행위를 함께 실행하는 것, 즉 두 사람이 함께하는 공동의 리듬을 생각하는 것은 자기 자신만의 리듬을 완벽하게 따르지 못하도록 한다. 공동 생활을 하면서 개인이 원하는 시간에 잠들고 자신이 바라는 바로 그것을 먹을 수 있다면, 그것은 공유라기보다는 일시적인 분리가 일어나 개인의 리듬을 따르는 것이 될 터이고, 반대로 함께 소파에 앉아 텔레비전을 시청하거나 식탁에서 함께 저녁을 먹는 행위는 개인의 성숙과 공동의 리듬에 긍정적이라고 이해할 수 있다. 따라서 타인에 대한 배려는 언제나 자기 자신을 추구하는 행동의 이면이다. 사생활 속에서 우리는 어떤 때는 '함께' 있는 존재로, 또 어떤 때는 '혼자' 있는 개인으로 존재한다. 그렇기 때문에 커플의 삶은 매우 복잡하다. 커플의 구성원이 품고 있는 각기 두 모습이 서로 얽혀 커플 속에서 작용을 하기 때문이다.

모든 커플들은 상당 시간을 함께 보내기를 바라면서 별개의 시간을 따로 가질 수 있기를 바란다. 그리고 낮 시간은 각자의 일 때문이라는 정당한 이유로 시간 공유가 이루어질 수 없기에 저녁 시간만은 함께 공유되어져야 한다고 생각한다. 그러면서도 자기 자신을 돌보고 유지하려는 개인주의가 언제나 발동을 한다. 그렇기에 함께 공유해야 하는 시간에도 사람들은 짬짬이 저마다 혼자서 음악을 들으면서, 또는 텔레비전에서 중계하는 축구 경기를 관람하면서, 또는 전화 통화를 하면서 상대에게서 교묘히 공유 시간을 훔쳐내고 있다. 개인주의를 지키고 공동 생활을 보호하는 이런 상반되는 두 모습간의 절충은 쉽지가 않은 듯하다.

공동 생활 안에서 파트너로부터 독립해 있다는 표지들이, 예를 들어 혼자 음악을 듣고, 혼자만 좋아하는 프로를 시청하고, 전화를 하는 행위들이 상대 파트너에게는 자신과 함께 있기를 거부하는 행위로, 자신과 경쟁하려는 행위로 체험되기 때문이다. 정당한 이유를 대며 공유 시간을 거부하는 것도 항상 공동 생활에 애정을 보이지 않는 행위로 생각하게 하는 위험이 있다. 이중의 거주지를 가지고 있는 커플들의 경우도 마찬가지이다. 결국 결혼 생활은 공식적으로는 공동 생활의 본질인 함께하는 시간과, 개인적인 정체성을 구축하려는 개인의 시간을 추구하는 하나의 경주인 셈이다.

그렇다면 한 지붕 아래 사는 것이 파트너임을 공시하는 강력한 요구 조건인가. 상호간에 어떤 협상이나 설명을 피할 수는 있을 것이다. 한 지붕 아래 산다는 것은 욕실이나 주방 · 거실을 스쳐 지나가면서 우연히 발생되는 최소한의 시간들을 만들어 준다. 사실 현대성의 모델은 규칙의 부재와 두 개인간의 영속적인 협상이 존재한다는 특징을 지니고 있다. 따라서 공유하는 지붕을 가진다는 것은 함께 있는 순간에 현대적이라는 하나의 방법이 된다.

놀라운 점은 커플들이 각각 개인의 거주지를 지니고 있을 때보다 한 지붕 아래 함께 살 때 커플로서 서로 공유하는 행위들을 더 찾아보기 힘들다는 것이다. 함께 살지 않을 때에는 둘이서 함께 레스토랑에서 식사를 하고 산책을 하고 함께 영화를 보기 위해서, 즉 서로 만나기 위해 시간을 할애하고 약속하고 상대의 눈을 바라보며 상대에게 신경을 쓰지만, 서로 헤어지지 않고 한 지붕 아래 함께 있게 되면 같은 공간에 적을 두고 있는 것만으로도 함께 호흡하는 것이라는 무신경한 생각 때문에 우습게도 함께하는 공유 활동과 상대에게 쏟는 집중적인 배려가 상대적으로 그만큼 줄어들고 있다. 같은 공간의 사용은 공동 생활을 의미하고, 공동 생활은 곧 공간과 시간을 공유하게 된다는 의미일 텐데 말이다……. 예를 들어 주말이면 남편은 늦은 시간까지 잠을 자고, 오후에는 서재에 박혀서 자신이 좋아하는 바둑을 하거나 컴퓨터 게임에 빠진다. 그동안 아내는 휴가 때 찍은 사진들을 정리하고 책을 본다. 현대적인 커플들에게 주말은 공식적으로도 공유되고 부부 생활을 회복시키는 날이다. 그렇다고 이런 사실이 자아를 가치롭게 하는 데 필요한 별개의 활동들을 빼앗지는 않는다. 하지만 바둑에 빠져 있는 남편의 행위가 관대히 넘겨지지 않는 것은, 부인의 입장에서 봤을 때 남편이 집에 있으면서도 서재라는 공간에 처박혀 있음으로써 잃어버렸다는 부재의 느낌을 갖게 되기 때문이다.

함께 공유하는 공간들과 물건들이 주는 의미들도 한번 생각해 보자.

먼저 복도는 공간을 이동하는 곳 이상의 의미가 있다. 아침마다 설깬 모습으로 욕실이나 화장실을 갈 때 부딪치면서 서로에게 보내는 미소와 가벼운 눈인사, 다정한 제스처가 오가는 곳이기 때문이다. 두 사람의 조화로운 삶은 선택된 시간으로만 한정되지 않는 바로 이런 상황들 속에서 상대에 대한 배려의 표시가 상호간에 지속적으로 전달되면서 그렇게 만들어지고 있다.

소파의 존재는 다른 그 어떤 물건보다도 커플의 표시라고 할 수 있다. 우선 예의를 요구하는 테이블과는 달리 소파에서는 개인의 유연한 정체성이 드러난다. 드러눕기도 하고, 외부의 구속으로부터 해방되어 진정한 자기 자신의 모습으로 있을 수 있기 때문이다. 그러나 소파는 공동의 공간이면서 동시에 서열화와는 거리가 먼 공유 공간이다. 더욱이 그곳은 나란히 앉아 각자 책을 읽을 경우에는 개인적인 공간으로 점유되었다고 할 수 있으며, 텔레비전을 시청하는 것을 공유하는 활동으로 판정하는 경우에는 집단의 공간으로 점유되었다고 할 수 있다. 생텍쥐페리는 "사랑이란 같은 방향에서 바라보는 것"이라 했다. 소파에 앉아 나란히 앉아 텔레비전을 시청하는 모습이 그러할진대, 문제는 그런 공유 활동이 숙명적으로 어떤 합의를 요한다는 것이다. 합의란 둘 모두가 좋아하는 프로그램이어야 한다는 것인데, 남자와 여자가 함께 좋아하는 프로그램을 찾기란 그리 쉽지 않다. 텔레비전의 프로그램은 부부간의 취향을 확장시켜 나갈 수 있는 음악 분야와는 또 다르다. 일반적으로 남자들은 축구 경기의 시청에 열정적이고, 여자들은 〈앨리의 사랑 만들기〉 같은 드라마를 좋아한다. 예외적으로 2002년 한반도를 달궜던 월드컵의 열기가 붉은 악마라는 모습으로 평소 축구 경기에 관심을 전혀 보이지 않던 수많은 여성들을 시청 앞으로, 텔레비전 수상기 앞으로 불러모아 시선을 고정시켰던 것을 떠올릴 수는 있다. 그러나 몇 달 전 축구에 보여 준 여성들의 열정이 지금도 그때와 같다고는 확신할 수 없다.

다음은 전화기. 전화기는 다른 무언가를 하면서, 예를 들어 음식을 마련하면서 동시에 수다를 길게 이어서 할 수 있게 해준다. 무선전화기, 나아가 휴대전화는 언제 어디서나 상대를 불러내어 둘만의 대화를 나누도록 해주고 있다. 스피커폰으로 가족 모두가 함께 얘기를 나누는 경우는 극히 드물다. 그만큼 전화는 개인적인 시간을 가질 수 있게 해준다는 의미가 된다. 때로는 전화기가 통제의 수단으로 사용될 수 있고 가족들간의 관계를 유지시켜 주기도 하지만, 무엇보다도 전화기는 개인이 공동 생활 속에 억류되지 않고 바깥 세상과의 연결을 자유롭게 할 수 있도록 해주고 있다. 문제는 전화가 커플 속에 끼어들어 공유 시간과 공유 행동을 방해하는 경우이다. 전화를 건 사람이 누구인지는 그리 중요하지 않다. 다만 공동 생활의 리듬을 깨는 잦고 긴 시간 동안의 전화가 위협적일 수 있다. 이런 제삼자의 간섭으로, 우리는 공간의 공유가 꼭 시간의 공유는 아님을 알 수 있다.

반면 자신의 존재를 뚜렷이 나타내기 위해서는 자신의 공간이나 자신의 물건을 가지는 것이 중요하다. 처음부터 의식적으로 정한 것은 아니나 암묵적으로 정해져 버린 공간, 즉 침대나 식탁 · 소파 등에서는 개별적으로 사용하는 자리가 거의 고정되어 있다. 식탁에서 아내의 자리는 음식을 날라오기 편한 불가나 싱크대와 가까운 곳이고, 소파에서 남편의 자리는 텔레비전이 가장 잘 보이는 각도의 위치가 된다. 형제가 많아 독방을 가지지 못하고 방을 함께 쓰는 아이들의 경우에는 책상이나 책장, 또는 벽면의 일부를 장식하면서 자신의 소유로 여기며 자신의 물건들을 정돈해 두고 있다.

동문선

개인주의와 자율성 · 독립성을 보장하고 키워 주기 위한 제1의 장소인 방은 보통 사적인 공간으로 이해되고 있다. 자녀를 바라보는 부모의 입장에서도 마찬가지이다. 그러나 자녀는 자기 방의 진정한 주인은 되지 못하고 있다. 언젠가 동생에게 방을 넘겨 줘야 하는 자녀의 경우라면, 좋아하는 연예인의 포스터로 벽면을 장식하면서 자신의 개성을 표출할 수는 있지만, 방의 벽면을 원하는 색으로 다시 칠할 수는 없다. 그리고 문을 닫을 수는 있으나 열쇠로 문을 잠그고 방에 틀어박혀 지낼 수만은 없다. 부모의 슬하에 있는 성인 자녀들의 경우, 이성 관계에 눈을 뜨고 있지만 부모의 집에 있는 자신의 방, 즉 자율성과 독립성이 보장되는 자신의 방에서 이성과의 관계는 쉽지 않다. 독립된 공간으로 인정을 받고 있기는 하나, 공동 생활 공간에 속해 있는 하나의 공간이어서 완전하게 독립적으로 보장되지 않기 때문이다. 그리고 자녀의 독립적인 행위들은 흔히 부모가, 특히 어머니가 청소를 한다는 핑계로, 전화가 왔음을 알리거나 뭔가를 전해 준다는 구실로 방에 자유로이 출입을 하면서, 정도의 문제는 있겠지만 관찰과 탐색으로 노출되어 가족 공동의 것이 되기도 한다.

이처럼 이 책은 많은 사람들과의 인터뷰를 바탕으로 공동 생활 안에서의 개인 생활이, 커플과 개인 자아가, 공유와 독립이 어떻게 공존하고 있는지를, 별거 부모를 둔 자녀들의 생각과 행동, 방을 함께 쓰며 성장하는 아이들의 소유와 의견, 자녀에게 의존하지 않고 양로원에 기거하는 노인들의 태도와 의식들 등에 대한 생활의 일면들을 담고 있으며, 공동 생활과 솔로 생활의 다양한 단계를 목격하며 고독의 순간과 공동체의 순간을 겸할 수 있는 삶을 원하는 현대인들의 바람을 읽을 수 있게 해준다.

2003년 1월 최 은 영

최은영
단국대학교 불어불문학과 졸업
서강대학교 대학원 졸업
역서: 《이성의 한가운데에서》(東文選)
《철학 연습》(東文選)

문예신서
200

공동 생활 속의 개인주의

초판발행 : 2003년 1월 20일

지은이 : 프랑수아 드 생글리
옮긴이 : 최은영
총편집 : 韓仁淑
펴낸곳 : 東文選
제10-64호, 78. 12. 16 등록
110-300 서울 종로구 관훈동 74번지
전화 : 737-2795

편집설계 : 李姃旻

ISBN 89-8038-170-0 94330
ISBN 89-8038-000-3 (문예신서)

【東文選 現代新書】

1 21세기를 위한 새로운 엘리트	FORESEEN 연구소 / 김경현	7,000원
2 의지, 의무, 자유 — 주제별 논술	L. 밀러 / 이대희	6,000원
3 사유의 패배	A. 핑켈크로트 / 주태환	7,000원
4 문학이론	J. 컬러 / 이은경·임옥희	7,000원
5 불교란 무엇인가	D. 키언 / 고길환	6,000원
6 유대교란 무엇인가	N. 솔로몬 / 최창모	6,000원
7 20세기 프랑스철학	E. 매슈스 / 김종갑	8,000원
8 강의에 대한 강의	P. 부르디외 / 현택수	6,000원
9 텔레비전에 대하여	P. 부르디외 / 현택수	7,000원
10 고고학이란 무엇인가	P. 반 / 박범수	근간
11 우리는 무엇을 아는가	T. 나겔 / 오영미	5,000원
12 에쁘롱 — 니체의 문체들	J. 데리다 / 김다은	7,000원
13 히스테리 사례분석	S. 프로이트 / 태혜숙	7,000원
14 사랑의 지혜	A. 핑켈크로트 / 권유현	6,000원
15 일반미학	R. 카이유와 / 이경자	6,000원
16 본다는 것의 의미	J. 버거 / 박범수	10,000원
17 일본영화사	M. 테시에 / 최은미	7,000원
18 청소년을 위한 철학교실	A. 자카르 / 장혜영	7,000원
19 미술사학 입문	M. 포인턴 / 박범수	8,000원
20 클래식	M. 비어드·J. 헨더슨 / 박범수	6,000원
21 정치란 무엇인가	K. 미노그 / 이정철	6,000원
22 이미지의 폭력	O. 몽젱 / 이은민	8,000원
23 청소년을 위한 경제학교실	J. C. 드루엥 / 조은미	6,000원
24 순진함의 유혹 〔메디시스賞 수상작〕	P. 브뤼크네르 / 김웅권	9,000원
25 청소년을 위한 이야기 경제학	A. 푸르상 / 이은민	8,000원
26 부르디외 사회학 입문	P. 보네위츠 / 문경자	7,000원
27 돈은 하늘에서 떨어지지 않는다	K. 아른트 / 유영미	6,000원
28 상상력의 세계사	R. 보이아 / 김웅권	9,000원
29 지식을 교환하는 새로운 기술	A. 벵토릴라 外 / 김혜경	6,000원
30 니체 읽기	R. 비어즈워스 / 김웅권	6,000원
31 노동, 교환, 기술 — 주제별 논술	B. 데코사 / 신은영	6,000원
32 미국만들기	R. 로티 / 임옥희	근간
33 연극의 이해	A. 쿠프리 / 장혜영	8,000원
34 라틴문학의 이해	J. 가야르 / 김교신	8,000원
35 여성적 가치의 선택	FORESEEN연구소 / 문신원	7,000원
36 동양과 서양 사이	L. 이리가라이 / 이은민	7,000원
37 영화와 문학	R. 리처드슨 / 이형식	8,000원
38 분류하기의 유혹 — 생각하기와 조직하기	G. 비뇨 / 임기대	7,000원
39 사실주의 문학의 이해	G. 라루 / 조성애	8,000원
40 윤리학 — 악에 대한 의식에 관하여	A. 바디우 / 이종영	7,000원
41 흙과 재 〔소설〕	A. 라히미 / 김주경	6,000원

42 진보의 미래	D. 르쿠르 / 김영선	6,000원
43 중세에 살기	J. 르 고프 外 / 최애리	8,000원
44 쾌락의 횡포·상	J. C. 기유보 / 김웅권	10,000원
45 쾌락의 횡포·하	J. C. 기유보 / 김웅권	10,000원
46 운디네와 지식의 불	B. 데스파냐 / 김웅권	8,000원
47 이성의 한가운데에서 — 이성과 신앙	A. 퀴노 / 최은영	6,000원
48 도덕적 명령	FORESEEN 연구소 / 우강택	6,000원
49 망각의 형태	M. 오제 / 김수경	6,000원
50 느리게 산다는 것의 의미·1	P. 쌍소 / 김주경	7,000원
51 나만의 자유를 찾아서	C. 토마스 / 문신원	6,000원
52 음악적 삶의 의미	M. 존스 / 송인영	근간
53 나의 철학 유언	J. 기통 / 권유현	8,000원
54 타르튀프 / 서민귀족 〔희곡〕	몰리에르 / 덕성여대극예술비교연구회	8,000원
55 판타지 공장	A. 플라워즈 / 박범수	10,000원
56 홍수·상 〔완역판〕	J. M. G. 르 클레지오 / 신미경	8,000원
57 홍수·하 〔완역판〕	J. M. G. 르 클레지오 / 신미경	8,000원
58 일신교 — 성경과 철학자들	E. 오르티그 / 전광호	6,000원
59 프랑스 시의 이해	A. 바이양 / 김다은·이혜지	8,000원
60 종교철학	J. P. 힉 / 김희수	10,000원
61 고요함의 폭력	V. 포레스테 / 박은영	8,000원
62 고대 그리스의 시민	C. 모세 / 김덕희	7,000원
63 미학개론 — 예술철학입문	A. 셰퍼드 / 유호전	10,000원
64 논증 — 담화에서 사고까지	G. 비뇨 / 임기대	6,000원
65 역사 — 성찰된 시간	F. 도스 / 김미겸	7,000원
66 비교문학개요	F. 클로동·K. 아다-보트링 / 김정란	8,000원
67 남성지배	P. 부르디외 / 김용숙·주경미	9,000원
68 호모사피언스에서 인터렉티브인간으로	FORESEEN 연구소 / 공나리	8,000원
69 상투어 — 언어·담론·사회	R. 아모시·A. H. 피에로 / 조성애	9,000원
70 촛불의 미학	G. 바슐라르 / 이가림	근간
71 푸코 읽기	P. 빌루에 / 나길래	8,000원
72 문학논술	J. 파프·D. 로쉬 / 권종분	8,000원
73 한국전통예술개론	沈雨晟	10,000원
74 시학 — 문학 형식 일반론 입문	D. 퐁텐느 / 이용주	8,000원
75 《시민 케인》	L. 멀비 / 이형식	근간
76 동물성 — 인간의 위상에 관하여	D. 르스텔 / 김승철	6,000원
77 랑가쥬 이론 서설	L. 옐름슬레우 / 김용숙·김혜련	10,000원
78 잔혹성의 미학	F. 토넬리 / 박형섭	9,000원
79 문학 텍스트의 정신분석	M. J. 벨멩-노엘 / 심재중·최애영	9,000원
80 무관심의 절정	J. 보드리야르 / 이은민	8,000원
81 영원한 황홀	P. 브뤼크네르 / 김웅권	9,000원
82 노동의 종말에 반하여	D. 슈나페르 / 김교신	6,000원
83 프랑스영화사	J.-P. 장콜 / 김혜련	근간

84 조와(弔蛙) 金敎臣 / 노치준 · 민혜숙 8,000원
85 역사적 관점에서 본 시네마 J. -L. 뢰트라 / 곽노경 8,000원
86 욕망에 대하여 M. 슈벨 / 서민원 8,000원
87 산다는 것의 의미 · 1 — 여분의 행복 P. 쌍소 / 김주경 7,000원
88 철학 연습 M. 아롱델-로오 / 최은영 8,000원
89 삶의 기쁨들 D. 노게 / 이은민 6,000원
90 이탈리아영화사 L. 스키파노 / 이주현 8,000원
91 한국문화론 趙興胤 10,000원
92 현대연극미학 M. -A. 샤르보니에 / 홍지화 8,000원
93 느리게 산다는 것의 의미 · 2 P. 쌍소 / 김주경 7,000원
94 진정한 모럴은 모럴을 비웃는다 A. 에슈고엔 / 김웅권 8,000원
95 한국종교문화론 趙興胤 10,000원
96 근원적 열정 L. 이리가라이 / 박정오 9,000원
97 라캉, 주체 개념의 형성 B. 오질비 / 김 석 9,000원
98 미국식 사회 모델 J. 바이스 / 김종명 7,000원
99 소쉬르와 언어과학 P. 가데 / 김용숙 · 임정혜 10,000원
100 철학적 기본 개념 R. 페르버 / 조국현 8,000원
101 철학자들의 동물원 A. L. 브라-쇼파르 / 문신원 근간
102 글렌 굴드, 피아노 솔로 M. 슈나이더 / 이창실 7,000원
103 문학비평에서의 실험 C. S. 루이스 / 허 종 8,000원
104 코뿔소 〔희곡〕 E. 이오네스코 / 박형섭 8,000원
105 《제7의 봉인》 비평연구 E. 그랑조르주 / 이은민 근간
106 《쥘과 짐》 비평연구 C. 르 베르 / 이은민 근간
107 경제, 거대한 사탄인가? P. -N. 지로 / 김교신 7,000원
108 딸에게 들려 주는 작은 철학 R. 시몬 셰퍼 / 안상원 7,000원
109 도덕에 관한 에세이 C. 로슈 · J. -J. 바레르 / 고수현 6,000원
110 프랑스 고전비극 B. 클레망 / 송민숙 8,000원
111 고전수사학 G. 위딩 / 박성철 근간
112 유토피아 T. 파코 / 조성애 7,000원
113 쥐비알 A. 자르댕 / 김남주 7,000원
114 증오의 모호한 대상 J. 아순 / 김승철 8,000원
115 개인 — 주체철학에 대한 고찰 A. 르노 / 장정아 7,000원
116 이슬람이란 무엇인가 M. 루스벤 / 최생열 8,000원
117 간추린 서양철학사 · 상 A. 케니 / 이영주 근간
118 간추린 서양철학사 · 하 A. 케니 / 이영주 근간
119 느리게 산다는 것의 의미 · 3 P. 쌍소 / 김주경 7,000원
120 문학과 정치 사상 P. 페티티에 / 이종민 8,000원
121 가장 아름다운 하나님 이야기 A. 보테르 外 / 주태환 8,000원
122 시민 교육 P. 카니베즈 / 박주원 9,000원
123 스페인영화사 J.- C. 스갱 / 정동섭 8,000원
124 포켓의 형태 J. 버거 / 이영주 근간
125 내 몸의 신비 — 세상에서 가장 큰 기적 A. 지오르당 / 이규식 7,000원

126 세 가지 생태학	F. 가타리 / 윤수종	근간
127 모리스 블랑쇼에 대하여	E. 레비나스 / 박규현	근간
128 위비 왕 〔희곡〕	A. 자리 / 박형섭	근간
129 번영의 비참	P. 브뤼크네르 / 이창실	8,000원
130 무사도란 무엇인가	新渡戶稻造 / 沈雨晟	7,000원
131 천 개의 집 〔소설〕	A. 라히미 / 김주경	근간
132 문학은 무슨 소용이 있는가?	D. 살나브 / 김교신	근간

【東文選 文藝新書】

1 저주받은 詩人들	A. 뻬이르 / 최수철·김종호	개정근간
2 민속문화론서설	沈雨晟	40,000원
3 인형극의 기술	A. 훼도토프 / 沈雨晟	8,000원
4 전위연극론	J. 로스 에반스 / 沈雨晟	12,000원
5 남사당패연구	沈雨晟	10,000원
6 현대영미희곡선(전4권)	N. 코워드 外 / 李辰洙	절판
7 행위예술	L. 골드버그 / 沈雨晟	절판
8 문예미학	蔡 儀 / 姜慶鎬	절판
9 神의 起源	何 新 / 洪 熹	16,000원
10 중국예술정신	徐復觀 / 權德周 外	24,000원
11 中國古代書史	錢存訓 / 金允子	14,000원
12 이미지 — 시각과 미디어	J. 버거 / 편집부	12,000원
13 연극의 역사	P. 하트놀 / 沈雨晟	절판
14 詩 論	朱光潛 / 鄭相泓	9,000원
15 탄트라	A. 무케르지 / 金龜山	16,000원
16 조선민족무용기본	최승희	15,000원
17 몽고문화사	D. 마이달 / 金龜山	8,000원
18 신화 미술 제사	張光直 / 李 徹	10,000원
19 아시아 무용의 인류학	宮尾慈良 / 沈雨晟	절판
20 아시아 민족음악순례	藤井知昭 / 沈雨晟	5,000원
21 華夏美學	李澤厚 / 權 瑚	15,000원
22 道	張立文 / 權 瑚	18,000원
23 朝鮮의 占卜과 豫言	村山智順 / 金禧慶	15,000원
24 원시미술	L. 아담 / 金仁煥	16,000원
25 朝鮮民俗誌	秋葉隆 / 沈雨晟	12,000원
26 神話의 이미지	J. 캠벨 / 扈承喜	근간
27 原始佛敎	中村元 / 鄭泰爀	8,000원
28 朝鮮女俗考	李能和 / 金尙憶	24,000원
29 朝鮮解語花史(조선기생사)	李能和 / 李在崑	25,000원
30 조선창극사	鄭魯湜	7,000원
31 동양회화미학	崔炳植	18,000원
32 性과 결혼의 민족학	和田正平 / 沈雨晟	9,000원
33 農漁俗談辭典	宋在璇	12,000원

34 朝鮮의 鬼神	村山智順 / 金禧慶	12,000원
35 道敎와 中國文化	葛兆光 / 沈揆昊	15,000원
36 禪宗과 中國文化	葛兆光 / 鄭相泓 · 任炳權	8,000원
37 오페라의 역사	L. 오레이 / 류연희	절판
38 인도종교미술	A. 무케르지 / 崔炳植	14,000원
39 힌두교의 그림언어	안넬리제 外 / 全在星	9,000원
40 중국고대사회	許進雄 / 洪　熹	30,000원
41 중국문화개론	李宗桂 / 李宰碩	15,000원
42 龍鳳文化源流	王大有 / 林東錫	25,000원
43 甲骨學通論	王宇信 / 李宰碩	근간
44 朝鮮巫俗考	李能和 / 李在崑	20,000원
45 미술과 페미니즘	N. 부루드 外 / 扈承喜	9,000원
46 아프리카미술	P. 윌레뜨 / 崔炳植	절판
47 美의 歷程	李澤厚 / 尹壽榮	22,000원
48 曼荼羅의 神들	立川武藏 / 金龜山	19,000원
49 朝鮮歲時記	洪錫謨 外/李錫浩	30,000원
50 하 상	蘇曉康 外 / 洪　熹	절판
51 武藝圖譜通志 實技解題	正　祖 / 沈雨晟 · 金光錫	15,000원
52 古文字學첫걸음	李學勤 / 河永三	14,000원
53 體育美學	胡小明 / 閔永淑	10,000원
54 아시아 美術의 再發見	崔炳植	9,000원
55 曆과 占의 科學	永田久 / 沈雨晟	8,000원
56 中國小學史	胡奇光 / 李宰碩	20,000원
57 中國甲骨學史	吳浩坤 外 / 梁東淑	35,000원
58 꿈의 철학	劉文英 / 河永三	22,000원
59 女神들의 인도	立川武藏 / 金龜山	19,000원
60 性의 역사	J. L. 플랑드렝 / 편집부	18,000원
61 쉬르섹슈얼리티	W. 챠드윅 / 편집부	10,000원
62 여성속담사전	宋在璇	18,000원
63 박재서희곡선	朴栽緖	10,000원
64 東北民族源流	孫進己 / 林東錫	13,000원
65 朝鮮巫俗의 硏究(상 · 하)	赤松智城 · 秋葉隆 / 沈雨晟	28,000원
66 中國文學 속의 孤獨感	斯波六郎 / 尹壽榮	8,000원
67 한국사회주의 연극운동사	李康列	8,000원
68 스포츠인류학	K. 블랑챠드 外 / 박기동 外	12,000원
69 리조복식도감	리팔찬	절판
70 娼　婦	A. 꼬르벵 / 李宗旼	22,000원
71 조선민요연구	高晶玉	30,000원
72 楚文化史	張正明 / 南宗鎭	26,000원
73 시간, 욕망, 그리고 공포	A. 코르뱅 / 변기찬	18,000원
74 本國劍	金光錫	40,000원
75 노트와 반노트	E. 이오네스코 / 박형섭	절판

76	朝鮮美術史研究	尹喜淳	7,000원
77	拳法要訣	金光錫	30,000원
78	艸衣選集	艸衣意恂 / 林鍾旭	14,000원
79	漢語音韻學講義	董少文 / 林東錫	10,000원
80	이오네스코 연극미학	C. 위베르 / 박형섭	9,000원
81	중국문자훈고학사전	全廣鎭 편역	23,000원
82	상말속담사전	宋在璇	10,000원
83	書法論叢	沈尹默 / 郭魯鳳	8,000원
84	침실의 문화사	P. 디비 / 편집부	9,000원
85	禮의 精神	柳 肅 / 洪 熹	20,000원
86	조선공예개관	沈雨晟 편역	30,000원
87	性愛의 社會史	J. 솔레 / 李宗旼	18,000원
88	러시아미술사	A. I. 조토프 / 이건수	22,000원
89	中國書藝論文選	郭魯鳳 選譯	25,000원
90	朝鮮美術史	關野貞 / 沈雨晟	근간
91	美術版 탄트라	P. 로슨 / 편집부	8,000원
92	군달리니	A. 무케르지 / 편집부	9,000원
93	카마수트라	바짜야나 / 鄭泰爀	10,000원
94	중국언어학총론	J. 노먼 / 全廣鎭	18,000원
95	運氣學說	任應秋 / 李宰碩	8,000원
96	동물속담사전	宋在璇	20,000원
97	자본주의의 아비투스	P. 부르디외 / 최종철	10,000원
98	宗教學入門	F. 막스 뮐러 / 金龜山	10,000원
99	변 화	P. 바츨라빅크 外 / 박인철	10,000원
100	우리나라 민속놀이	沈雨晟	15,000원
101	歌訣(중국역대명언경구집)	李宰碩 편역	20,000원
102	아니마와 아니무스	A. 융 / 박해순	8,000원
103	나, 너, 우리	L. 이리가라이 / 박정오	12,000원
104	베케트연극론	M. 푸크레 / 박형섭	8,000원
105	포르노그래피	A. 드워킨 / 유혜련	12,000원
106	셸 링	M. 하이데거 / 최상욱	12,000원
107	프랑수아 비용	宋 勉	18,000원
108	중국서예 80제	郭魯鳳 편역	16,000원
109	性과 미디어	W. B. 키 / 박해순	12,000원
110	中國正史朝鮮列國傳(전2권)	金聲九 편역	120,000원
111	질병의 기원	T. 매큐언 / 서 일 · 박종연	12,000원
112	과학과 젠더	E. F. 켈러 / 민경숙 · 이현주	10,000원
113	물질문명 · 경제 · 자본주의	F. 브로델 / 이문숙 外	절판
114	이탈리아인 태고의 지혜	G. 비코 / 李源斗	8,000원
115	中國武俠史	陳 山 / 姜鳳求	18,000원
116	공포의 권력	J. 크리스테바 / 서민원	23,000원
117	주색잡기속담사전	宋在璇	15,000원

118	죽음 앞에 선 인간(상·하)	P. 아리에스 / 劉仙子	각권 8,000원
119	철학에 대하여	L. 알튀세르 / 서관모·백승욱	12,000원
120	다른 곳	J. 데리다 / 김다은·이혜지	10,000원
121	문학비평방법론	D. 베르제 外 / 민혜숙	12,000원
122	자기의 테크놀로지	M. 푸코 / 이희원	16,000원
123	새로운 학문	G. 비코 / 李源斗	22,000원
124	천재와 광기	P. 브르노 / 김웅권	13,000원
125	중국은사문화	馬　華·陳正宏 / 강경범·천현경	12,000원
126	푸코와 페미니즘	C. 라마자노글루 外 / 최 영 外	16,000원
127	역사주의	P. 해밀턴 / 임옥희	12,000원
128	中國書藝美學	宋　民 / 郭魯鳳	16,000원
129	죽음의 역사	P. 아리에스 / 이종민	18,000원
130	돈속담사전	宋在璇 편	15,000원
131	동양극장과 연극인들	김영무	15,000원
132	生育神과 性巫術	宋兆麟 / 洪 熹	20,000원
133	미학의 핵심	M. M. 이턴 / 유호전	14,000원
134	전사와 농민	J. 뒤비 / 최생열	18,000원
135	여성의 상태	N. 에니크 / 서민원	22,000원
136	중세의 지식인들	J. 르 고프 / 최애리	18,000원
137	구조주의의 역사(전4권)	F. 도스 / 이봉지 外	각권 15,000원
138	글쓰기의 문제해결전략	L. 플라워 / 원진숙·황정현	20,000원
139	음식속담사전	宋在璇 편	16,000원
140	고전수필개론	權　瑚	16,000원
141	예술의 규칙	P. 부르디외 / 하태환	23,000원
142	"사회를 보호해야 한다"	M. 푸코 / 박정자	20,000원
143	페미니즘사전	L. 터틀 / 호승희·유혜련	26,000원
144	여성심벌사전	B. G. 워커 / 정소영	근간
145	모데르니테 모데르니테	H. 메쇼닉 / 김다은	20,000원
146	눈물의 역사	A. 벵상뷔포 / 이자경	18,000원
147	모더니티입문	H. 르페브르 / 이종민	24,000원
148	재생산	P. 부르디외 / 이상호	18,000원
149	종교철학의 핵심	W. J. 웨인라이트 / 김희수	18,000원
150	기호와 몽상	A. 시몽 / 박형섭	22,000원
151	융분석비평사전	A. 새뮤얼 外 / 민혜숙	16,000원
152	운보 김기창 예술론연구	최병식	14,000원
153	시적 언어의 혁명	J. 크리스테바 / 김인환	20,000원
154	예술의 위기	Y. 미쇼 / 하태환	15,000원
155	프랑스사회사	G. 뒤프 / 박　단	16,000원
156	중국문예심리학사	劉偉林 / 沈揆昊	30,000원
157	무지카 프라티카	M. 캐넌 / 김혜중	25,000원
158	불교산책	鄭泰爀	20,000원
159	인간과 죽음	E. 모랭 / 김명숙	23,000원

160	地中海(전5권)	F. 브로델 / 李宗旼	근간
161	漢語文字學史	黃德實·陳秉新 / 河永三	24,000원
162	글쓰기와 차이	J. 데리다 / 남수인	28,000원
163	朝鮮神事誌	李能和 / 李在崑	근간
164	영국제국주의	S. C. 스미스 / 이태숙·김종원	16,000원
165	영화서술학	A. 고드로·F. 조스트 / 송지연	17,000원
166	美學辭典	사사키 겡이치 / 민주식	22,000원
167	하나이지 않은 성	L. 이리가라이 / 이은민	18,000원
168	中國歷代書論	郭魯鳳 譯註	25,000원
169	요가수트라	鄭泰爀	15,000원
170	비정상인들	M. 푸코 / 박정자	25,000원
171	미친 진실	J. 크리스테바 外 / 서민원	25,000원
172	디스탱숑(상·하)	P. 부르디외 / 이종민	근간
173	세계의 비참(전3권)	P. 부르디외 外 / 김주경	각권 26,000원
174	수묵의 사상과 역사	崔炳植	근간
175	파스칼적 명상	P. 부르디외 / 김웅권	22,000원
176	지방의 계몽주의	D. 로슈 / 주명철	30,000원
177	이혼의 역사	R. 필립스 / 박범수	25,000원
178	사랑의 단상	R. 바르트 / 김희영	근간
179	中國書藝理論體系	熊秉明 / 郭魯鳳	23,000원
180	미술시장과 경영	崔炳植	16,000원
181	카프카 — 소수적인 문학을 위하여	G. 들뢰즈·F. 가타리 / 이진경	13,000원
182	이미지의 힘 — 영상과 섹슈얼리티	A. 쿤 / 이형식	13,000원
183	공간의 시학	G. 바슐라르 / 곽광수	근간
184	랑데부 — 이미지와의 만남	J. 버거 / 임옥희·이은경	18,000원
185	푸코와 문학 — 글쓰기의 계보학을 향하여	S. 듀링 / 오경심·홍유미	근간
186	각색, 연극에서 영화로	A. 엘보 / 이선형	16,000원
187	폭력과 여성들	C. 도펭 外 / 이은민	18,000원
188	하드 바디 — 할리우드 영화에 나타난 남성성	S. 제퍼드 / 이형식	18,000원
189	영화의 환상성	J. -L. 뢰트라 / 김경온·오일환	18,000원
190	번역과 제국	D. 로빈슨 / 정혜욱	16,000원
191	그라마톨로지에 대하여	J. 데리다 / 김웅권	근간
192	보건 유토피아	R. 브로만 外 / 서민원	근간
193	현대의 신화	R. 바르트 / 이화여대기호학연구소	20,000원
194	중국회화백문백답	郭魯鳳	근간
195	고서화감정개론	徐邦達 / 郭魯鳳	근간
196	상상의 박물관	A. 말로 / 김웅권	근간
197	부빈의 일요일	J. 뒤비 / 최생열	22,000원
198	아인슈타인의 최대 실수	D. 골드스미스 / 박범수	16,000원
199	유인원, 사이보그, 그리고 여자	D. 해러웨이 / 민경숙	25,000원
200	공동생활 속의 개인주의	F. 드 생글리 / 최은영	20,000원
201	기식자	M. 세르 / 김웅권	24,000원

202 연극미학 — 플라톤에서 브레히트까지의 텍스트들	J. 셰레 外 / 홍지화	24,000원
203 철학자들의 신(전2권)	W. 바이셰델 / 최상욱	근간
204 고대세계의 정치	M. I. 포리 / 최생열	근간
205 프란츠 카프카의 고독	M. 로베르 / 이창실	근간
206 문화 학습 — 실천적 입문서	J. 자일즈·T. 미들턴 / 장성희	근간
207 호모 아카데미쿠스	P. 부르디외 / 임기대	근간
208 朝鮮槍棒敎程	金光錫	40,000원
209 자유의 순간	P. M. 코헨 / 최하영	16,000원
210 밀교의 세계	鄭泰爀	16,000원
211 토탈 스크린	J. 보드리야르 / 배영달	19,000원
212 영화와 문학의 서술학	F. 바누아 / 송지연	근간
213 텍스트의 즐거움	R. 바르트 / 김희영	15,000원
214 영화의 직업들	B. 라트롱슈 / 김경온·오일환	근간
215 소설과 신화	이용주	15,000원
216 문화와 계급 — 부르디외와 한국 사회	홍성민 外	18,000원
217 작은 사건들	R. 바르트 / 김주경	근간
218 연극분석입문	J.-P. 링가르 / 박형섭	근간
219 푸코	G. 들뢰즈 / 허 경	근간
220 우리나라 도자기와 가마터	宋在璇	근간
221 보이는 것과 보이지 않는 것	M. 퐁티 / 남수인·최의영	근간
222 메두사의 웃음/출 구	H. 식수 / 박혜영	근간

【기 타】

▨ 모드의 체계	R. 바르트 / 이화여대기호학연구소	18,000원
▨ 라신에 관하여	R. 바르트 / 남수인	10,000원
▨ 說 苑 (上·下)	林東錫 譯註	각권 30,000원
▨ 晏子春秋	林東錫 譯註	30,000원
▨ 西京雜記	林東錫 譯註	20,000원
▨ 搜神記 (上·下)	林東錫 譯註	각권 30,000원
■ 경제적 공포〔메디치賞 수상작〕	V. 포레스테 / 김주경	7,000원
■ 古陶文字徵	高 明·葛英會	20,000원
■ 古文字類編	高 明	절판
■ 金文編	容 庚	36,000원
■ 고독하지 않은 홀로되기	P. 들레름·M. 들레름 / 박정오	8,000원
■ 그리하여 어느날 사랑이여	이외수 편	4,000원
■ 딸에게 들려 주는 작은 지혜	N. 레흐레이트너 / 양영란	6,500원
■ 노력을 대신하는 것은 없다	R. 쉬이 / 유혜련	5,000원
■ 노블레스 오블리주	현택수 사회비평집	7,500원
■ 미래를 원한다	J. D. 로스네 / 문 선·김덕희	8,500원
■ 사랑의 존재	한용운	3,000원
■ 산이 높으면 마땅히 우러러볼 일이다	유 향 / 임동석	5,000원
■ 서기 1000년과 서기 2000년 그 두려움의 흔적들	J. 뒤비 / 양영란	8,000원